La cucina della nonna

Carol Field

La cucina della nonna

Die traditionelle italienische Landküche
Mit über 200 Rezepten

Deutsch von Gabriele Gockel und Rita Seuß,
Kollektiv Druck-Reif, München

edition spangenberg bei Droemer

Originaltitel: In Nonna's Kitchen. Recipes and Traditions from Italy's Grandmothers
Originalverlag: HarperCollins Publishers, Inc., New York

Besuchen Sie uns im Internet:
www.droemer-knaur.de

Dieses Buch wurde auf chlor- und säurefreiem Papier gedruckt.

Umschlaggestaltung: Agentur ZERO, München
Umschlagfoto: Ulrich Kerth, München
Satz: Ventura Publisher im Verlag
Druck und Bindung: Franz Spiegel Buch GmbH, Ulm
Printed in Germany
ISBN 3-426-27119-2

1 3 5 4 2

Inhalt

Zur Erinnerung an meine Großmutter, Erma Arnstein,
1887–1978

meine Mutter, Ruth Hart,
1917–1977

meine Schwiegermutter, Gladys Field,
1903–1997

La nonna

La nonna, la nonnina: Jeder Italiener weiß eine Geschichte über seine Großmutter zu erzählen: »Meine Großmutter verwöhnte mich mit Leckerbissen: Sie füllte eine kleine Form mit feuchtem Kastanienmehl, und ich sah ihr dabei zu, wie sie den Teig fest hineindrückte und die Form dann zwischen die glühenden Holzscheite warf«, erinnert sich ein alter Mann aus der Toskana. »Nach ein paar Minuten holte sie die Form wieder heraus, schlug einmal kräftig darauf, und heraus purzelte ein köstliches Gebäckstückchen. Das war etwas ganz Besonderes, nur für mich.«

Und ein anderer erzählt: »Ich weiß noch, wie ich meiner Großmutter dabei zusah, wie sie sich die Zähne mit einem Salbeiblatt putzte.« Die Großmütter selbst, *le nonne*, pflegen diese Traditionen noch heute und sorgen für die besonderen Augenblicke im Alltag. Viele italienische Großmütter, siebzig-, achtzig-, ja sogar neunzigjährige Frauen sind begeisterte Köchinnen und haben, was das Kochen betrifft, noch dieselben Vorstellungen wie ihre eigenen Großmütter und Urgroßmütter – deshalb heißt ihre Küche *la cucina della nonna.* Sie sind das Verbindungsglied zur Vergangenheit des Landes, und ihre liebevoll zubereiteten, wohlschmeckenden Gerichte, die außerordentlich vielfältig sind, wurden von der älteren Generation an die jüngere weitergegeben. Großmutters Küche benötigt weder außergewöhnliche Zutaten noch raffinierte Zubereitungsarten. Die Cucina della nonna besteht vielmehr aus einfachen Zutaten, die sich fast jeder beschaffen kann: eine reife Tomate, ein paar Zweige Rosmarin, ein kleines Bund Basilikum, eine Scheibe Landweißbrot, eine Handvoll Reis oder Bohnenkerne, ein wenig Olivenöl, Teigwaren, Parmesankäse, ein bißchen frisch geriebene Semmelbrösel.

Die meisten dieser älteren Frauen wurden in einer Zeit geboren, in der der Wechsel der Jahreszeiten das Leben bestimmte und Tradition und überlieferte Rezepte klare und unveränderbare Maßstäbe setzten. Unumstößlich, als ob für alle Zeiten in die Balken und Steine des Hauses eingemeißelt, waren die Aufgaben der Frauen: Sie kochten und backten das Brot. Sie hingen Zöpfe aus Knoblauchknollen und rote Pfefferschoten zum Trocknen an die Deckenbalken, bereiteten Marmeladen, Saucen und Ragù, um den Geschmack des Sommers für das ganze Jahr zu bewahren, und stellten sie in Glas- oder Tongefäßen auf die Regale der Vorratskammern. Sie trockneten alle möglichen Bohnenarten, Linsen, Kichererbsen und andere Hülsenfrüchte, Berge von Nüssen und Unmengen von Speck. Trauben, die an den Reben blieben, bis ihr Geschmack hoch konzentriert war, wurden in Weinblätter eingewickelt, über dem Kaminfeuer geräuchert oder an langen Holzpflöcken zum Trocknen aufgehängt und bis zum Jahresende aufgehoben, um sie zu verschenken. Frauen waren die Hüterinnen der Kupfer- und Bronzetöpfe, der irdenen Kasserollen und spezieller Kochlöffel für die Zubereitung von Polenta. Sie waren wandelnde Lexika der Haushaltsführung – sie wußten, wo man Wildfrüchte und Kräuter sammeln konnte, wie und zu welchen Mondphasen man Bohnen sät und erntet, wie man ein Schwein mästet und wie man den natürlichen Hefeansatz am Leben erhält, mit dem sie ihr Brot zubereiteten. Und obwohl viele von ihnen nicht lesen und schreiben konnten, gaben sie ihr Wissen an ihre Töchter und Enkelinnen weiter. Denn wenn bekannt wurde, daß ein Mädchen nicht kochen konnte, fand es keinen Mann. In der Tradition des Piemont spielte Brot eine so bedeutende Rolle, daß ein Mädchen erst dann als heiratsfähig galt, wenn es den Brotteig für die Familie herstellen und zum Gemeindeofen bringen konnte, wo dann gebacken wurde.

Küchengeheimnisse wurden von der Mutter an die Tochter weitergegeben, und mit den kulinarischen Traditionen wurden auch die Mythen am Leben erhalten.

Die Bräuche und die unglaublich vielfältigen Spezialitäten variieren nicht nur von Region zu Region und von Stadt zu Stadt, sondern auch von Ort zu Ort, von Hügel zu Hügel und sogar innerhalb einzelner Dörfer, je nachdem, ob die Menschen auf einer Landzunge leben, die sich ins Meer erstreckt, oder auf abgelegenem Felsland, das sich bis hoch in die Berge hinaufzieht. Da Italien erst vor 135 Jahren zu einer Nation geeint wurde, verfügt es bis heute über eine Vielzahl von Regionen mit individueller Küche. Die einfachen, alltäglichen Speisen wie auch die speziell für die Dorffeste zubereiteten Gerichte haben einen charakteristischen, je nach Region unterschiedlichen Geschmack, der einen wichtigen Bestandteil des Erbes und der Identität eines Menschen ausmacht. »Wenn ich mit meiner Großmutter sprechen will«, erzählte mir eine junge Frau, »dann verwende ich ihre Zutaten und koche ihre Gerichte.« Meistens gehören diese Frauen zur letzten Generation, die noch über ein Repertoire von Gerichten verfügt, deren Geschmack und Zubereitungsart typisch für eine Familie sind. Sie wissen, welche Gemüse und Kräuter in ihrer näheren Umgebung wachsen, und verwenden sie für die Zubereitung von Gerichten, die tief in der Familiengeschichte verwurzelt und Ausdruck einer regionalen Tradition sind. Diese Generation stellt die Verbindung zu einer Lebensweise dar, die in Italien mehr und mehr verschwindet; mit ihr wird auch der Kontakt zur jüngsten Vergangenheit verlorengehen.

Der Wandel, der sich im Land vollzieht, wurde mir besonders deutlich vor Augen geführt, als ich Sofia Savelli kennenlernte, die mit ihrer Familie in der kleinen Stadt Pergola in den Marken lebt, einer Region Mittelitaliens, deren sanfte grüne Hügel und stille Täler an die Ruhe vergangener Zeiten erinnern. Sofia, der Mode entsprechend schlank und mit einem schicken Minirock bekleidet, ist Anfang Zwanzig und arbeitet in einem Büro in der nächsten größeren Stadt, lebt jedoch immer noch bei ihren Eltern. Freimütig gesteht sie, daß sie nicht kochen kann. »Ich habe nicht einmal eine Großmutter, die ich Ihnen vorstellen könnte, aber ich werde Sie zu unserer Nachbarin Lina Morasini bringen. Sie hat für alles ein Rezept«, meint sie, als wir ins Auto steigen. Nachdem wir eine Weile über eine holprige Straße gefahren sind, erreichen wir ein Gut, geschmückt von violetten Petunien, blühenden Obstbäumen, einem Küchengarten und umgeben von Feldern. In einem nahegelegenen kleinen Schuppen brennt sogar ein Holzofen. Der Hund, der gerade noch faul in der Sonne gelegen hat, regt sich und bellt, bis Lina, ihr Mann, ihre Tochter und ihre Schwiegertochter auf der Treppe auftauchen. Lina kocht offenbar noch in derselben Art und Weise, wie die Frauen auf dem Land dies vor ein oder zwei Generationen taten. Ein Blick in den großen Raum, in dem sie im Lauf des Jahres die Marmeladen, Würzzutaten und Saucen angesammelt hat, bestätigt diese Vermutung. Die Regale sind voll von Gläsern mit eingemachten Auberginen und Pilzen, in Öl eingelegten Oliven, Marmeladen, *passata* – einem Püree aus frischen Tomaten –, mit Gemüsen zubereiteten Tomatensaucen und einer konzentrierten Paste aus gekochten und anschließend in der Sonne getrockneten Tomaten.

»Hier, probieren Sie mal«, meint sie und öffnet ein Glas Eingemachtes aus Äpfeln der Sorte Golden Delicious. Er schmeckt süß und riecht intensiv nach Äpfeln. »Die Herstellung dauert einen ganzen Tag.«

Das Geheimnis dieser Köstlichkeit ist *mosto*, ein frisch gepreßter Traubensaft, der über Stunden zu einem dicken Sirup eingekocht wird. Er dient als natürlicher Süßstoff – wie Honig – und schmeckt intensiv nach Rosinen. Sofia sieht verdutzt drein. Sie hat noch nie von Mosto gehört. »Aber das ist doch gar nichts Besonderes«, erklärt Lina ein wenig überrascht. Es ist noch nicht lange her, da hatte jede Familie ihre eigenen Trauben, aus denen sie Mosto herstellte. Lina folgt nur dem Beispiel ihrer Mutter und ihrer Großmutter, wenn sie kocht, was die jeweilige Jahreszeit bietet, und möglichst viel einmacht, um die Familie über die langen Wintermonate zu bringen.

Bei einem Rundgang durch Linas *cantina* entdecke ich ein riesiges Holzfaß mit Wein aus eigenen Trauben und einen Raum mit dem süßlichen Geruch von Prosciutto, Salami und Würsten, die wie duftende Stalaktiten von der Decke hängen. Da es früher keine richtigen Kühlmöglichkeiten gab, stellte man Lebensmittel her, die sich möglichst lange hielten. Das Schwein, das nach wie vor hohe Wertschätzung genießt, lieferte, gut gemästet, Salami, Prosciutto, *pancetta, zampone* und das Fleisch für ein ganzes Jahr.

»Meine Familie waren *contadini*, Bauern, die im Dienst eines Gutsherrn standen, und ich sah, daß die Familie des Padrone Gerichte aß, die wir gar nicht kannten. Fast alles, was bei uns auf den Tisch kam, hatten wir selbst angebaut oder hatte meine Mutter selbst gemacht. Sie war berühmt für ihre Marmeladen und Backwaren.«

Sofia fuhr mich nach San Lorenzo in Campo in den Marken zurück, wo ich mit Efresina Rosichini sprechen wollte. Efresina kocht in dem Restaurant ihrer Familie. Eine ihrer Spezialitäten ist *saba*, das ist Mosto, der zu einem noch dickeren Konzentrat eingekocht wird. Sie holte ein Glas mit espressofarbenem Inhalt aus der Vorratskammer und ließ mich von dem intensiv, stark süß und ein wenig nach Erde schmeckenden Sirup kosten. In ganz Mittelitalien stellen Frauen ihres Alters immer noch Saba her und verwenden ihn zum Backen anstelle von Zucker, doch nur in den Marken dürfen sie ihn nicht verkaufen. Sofia wäre erstaunt gewesen. Erst Mosto und jetzt Saba – nicht nur kann sie nicht kochen, von diesen weitverbreiteten Zutaten hat sie nicht einmal gehört.

Die Zahl der älteren italienischen Frauen – Großmütter, Großtanten und Urgroßmütter wie Efresina und Lina – nimmt immer weiter ab, und damit verschwinden langsam auch Mosto, Saba und ähnliche lokale Spezialitäten, die für sie noch selbstverständlich waren. Deshalb ist es auch nicht weiter erstaunlich, daß Sofia nichts von den einfachen Zutaten weiß, die ihre eigene Großmutter noch selbst herstellte und verwendete, ohne groß darüber nachzudenken. Innerhalb von fünfzig Jahren hat sich die italienische Gesellschaft von einer vorwiegend agrarischen zu einer Industriegesellschaft gewandelt. Der große Sprung kam nach dem Zweiten Weltkrieg, von dem sich Italien mit erstaunlicher Schnelligkeit erholte. Die agrarische Welt veränderte sich radikal mit der Abschaffung der *mezzadria*, des jahrhundertealten Abgabesystems, bei dem der Pächter die Hälfte der Ernte behielt und die andere Hälfte an den Gutsherrn abgeben mußte. Als die *contadini* somit nicht mehr mühselig um ihr Überleben kämpfen mußten, blieben zwar einige auf dem Land, doch der Großteil versuchte sein Glück in den Städten. Im Süden wurden die großen Güter aufgeteilt und Land an die Bauern vergeben, obwohl gar nicht viele blieben. Die Reichen waren gezwungen, Opfer zu bringen und Privilegien aufzugeben, die sie bis dahin als ihr unveräußerliches Recht betrachtet hatten. Dann kam der Wirtschaftsboom der Jahre 1957 bis 1967, durch den Italien zur siebtstärksten Wirtschaftsmacht der Welt aufrückte. Das Los vieler Menschen verbesserte sich, und es entstand eine breite Mittelschicht, wie sie Italien bis dahin nicht gekannt hatte. Innerhalb kürzester Zeit verfügten Menschen, die ohne Elektrizität, fließendes Wasser, Telefon und Transportmittel gelebt hatten, über das Geld, all diese Dinge und zum Beispiel auch elektrische Küchengeräte zu erwerben. Dieser Wandel wird besonders deutlich, wenn man sich vor Augen führt, wie die Frauen heute im Gegensatz zu jener Zeit leben. Damals hielten sich die Nonne fast ausschließlich in der Küche auf, und die Frauen regierten über Herde und Feuerstellen, auf denen in

Kupfertöpfen wärmende Wintersuppen köchelten. Es ist noch gar nicht so lange her, da backten die meisten dieser legendären Nonne bereits in aller Herrgottsfrühe Brot und süße, ringförmige Kaffeeplätzchen für die Enkel, die erst viel später aufstanden. Zu diesem Zeitpunkt hatten die Großmütter schon die Tiere im Hof gefüttert, Gemüse aus dem Küchengarten geholt und vielleicht schon auf dem Feld gearbeitet, oder sie hatten Radicchio, Wildgemüse und Pilze für den Salat, die Gemüsetorte oder für *frittata* gesammelt. Und in großen Töpfen köchelten bereits Quittenscheiben, dicke reife Pfirsiche oder goldfarbene Aprikosen für die Frühstücksmarmelade oder für die Füllung einer *crostata*, einer Gittertorte, die in Italien zu den klassischen Desserts gehört.

Trotz all dieser Veränderungen halten viele italienische Großmütter auch heute noch an der Cucina della nonna fest. Vielleicht benutzen sie moderne Gerätschaften zur Herstellung der Speisen, aber die Speisen selbst sind nach wie vor dieselben, die schon ihre Mütter und Großmütter kochten. Diese alten Rezepte sind das kulinarische Erbe des Landes, obwohl viele von ihnen erst im achtzehnten Jahrhundert entstanden, als der Grundstein für die Eßgewohnheiten des modernen Italiens gelegt wurde. Etliche Pasta-, Polenta-, Suppen-, Pizza- und Gemüsegerichte basieren auf Zutaten, die erst Kolumbus aus Amerika mitbrachte, so daß man sich heute kaum vorzustellen vermag, was die italienischen Großmütter kochten, als ihnen noch keine Kartoffeln oder Paprikaschoten zur Verfügung standen, kein Mais – der Hauptbestandteil der im Norden des Landes allgegenwärtigen Polenta –, keine Tomaten, die das Herz jedes Süditalieners höher schlagen lassen, keine weißen Bohnen, von denen vielleicht der Spitzname für die Bewohner der Toskana stammt: *mangiafagioli* – Bohnenesser.

Die Frauen, die ich im Lauf der Zeit in Italien kennenlernte, waren ausnahmslos leidenschaftliche Köchinnen mit einer goßen Begeisterung für die Gerichte ihrer Familie, ihres Dorfes oder ihrer Stadt – trotz ihrer sehr unterschiedlichen Herkunft. Da ist zum Beispiel die Tante meiner Freundin Anna, Lina, eine aristokratische Sizilianerin in blauem Chanel-Kostüm, dessen Rock kurz genug war, um ihre tollen Beine zur Geltung zu bringen. Mit ausgestreckten Armen betrat sie den Raum und rief: *»Sono nonna, sono nonnissima!«* Da sind aber auch sehr schüchterne, bescheidene Großmütter vom Land, die nur Dialekt sprechen und sich nur in Gegenwart eines männlichen Familienmitglieds mit mir, einer Fremden, einer Ausländerin, unterhalten durften.

Die hier vorgestellten Frauen stammen aus dem Norden Italiens, aus der Toskana, aus Umbrien und den Marken sowie aus dem Süden des Landes und aus Sizilien. Einige kommen aus Großstädten wie Neapel oder Rom, andere aus Dörfern mit weniger als 250 Einwohnern. Ich lernte Frauen aus den Bergen, von der Küste und aus hügeligen Landstrichen kennen, wo Trauben und Oliven und die verschiedensten Feldfrüchte gedeihen. Manche Frauen wuchsen in äußerster Armut auf und besuchten nie eine Schule, andere stammten aus wohlhabenden Adelsfamilien und viele aus unterschiedlich begüterten Familien der Mittelschicht. Über Jahrhunderte hinweg gab es im wesentlichen zwei Küchen: die abwechslungsreiche Küche der Adeligen und das Essen der Armen, das sich nach den jeweils zur Verfügung stehenden Zutaten richtete. Der Geschmack der Speisen wurde vom Gemüse des jeweiligen Landstrichs und den dort wild wachsenden Kräutern bestimmt, davon, ob es Pasta, Polenta oder Reis gab, und nicht zuletzt von der Phantasie der Köchin. Immer aber stellen die Gerichte, die diese Frauen kochen und die sie von ihren Müttern, Großmüttern und Tanten übernommen haben, ein wichtiges Verbindungsglied zu ihrer Vergangenheit dar; sie spiegeln die von der Region und den sozialen Verhältnissen geprägte Familiengeschichte wider.

Die Speisen, die diese Frauen für mich kochten, reichten von köstlichen Gnocchi, die in einer winzigen Küche gezaubert wurden, bis hin zu cremigen Desserts, die in riesigen, aus mehreren Räumen bestehenden Küchen mit zahlreichen Spülbecken, Tischen und Kühlschränken entstanden. Eine ältere Frau, die immer noch auf einem alten Holzofen kocht, servierte mir Pasta aus den Eiern ihrer eigenen Hühner, und eine redselige und hingebungsvolle Großmutter aus dem Chianti bot mir ihren Vin Santo als Aperitif an, bevor ich in den Genuß mehrerer Gänge ihrer außergewöhnlichen Kochkunst kam.

Beinahe alle waren besorgt, die riesigen Portionen, die sie mir vorsetzten, könnten nicht ausreichen, und forderten mich beim unausweichlichen zweiten Gang mit einem Schubser gegen den Ellbogen auf, mehr zu nehmen, obwohl absehbar war, daß noch weitere opulente Gerichte folgen würden. Vorsichtige Proteste wurden gerade noch hingenommen, aber daß ein Gast sich schlichtweg weigerte, mehr zu essen, galt als taktlos, unaufmerksam, ja als Herabwürdigung des köstlichen Essens, das die Platten und Schüsseln auf dem Tisch füllte. Mochten Ehemann oder Großvater um ihre schlanke Linie fürchten und die Köchin selbst nur wenig essen, aber von den Gästen, den Söhnen, Töchtern und Enkeln wurde erwartet, daß sie kräftig zulangten und mit Appetit ihre Löffel in die Suppe tauchten, ihre Gabeln in die Pasta stießen und in das gegrillte Fleisch oder den Eintopf, die anschließend folgten. Um fünf Personen zu verköstigen, war bei einer Großmutter ein Rezept für acht gerade recht.

Vielleicht ist bei italienischen Frauen die Kunst des Kochens in die Gene eingeschrieben, denn viele scheinen nur den Inhalt ihres Küchenschranks in den Topf schütten zu müssen, um die köstlichsten Suppen und Eintöpfe zuzubereiten. Sie verstehen es, mit einem Kartoffelschäler feinste Parmigiano-Reggiano-Löckchen und mit einem *tartufaio*, dem Spezialwerkzeug zum Trüffelschneiden, hauchdünne Artischockenscheiben zu zaubern. Getrocknete Bohnen weichen sie mit etwas Mehl oder Natron ein, damit die Haut weich wird, und Tomaten, die zu viel Säure haben, fügen sie eine Prise Zucker bei. Zum Pilzsammeln verwenden sie Körbe mit großen Ritzen, so daß die Sporen wieder zu Boden fallen und so neue Pilze wachsen können. Einfachsten Zutaten wie Wurzelgemüse, Suppenhühnern, Maismehl, Fava-Bohnen und kaum bekannten Innereien entlocken sie die intensivsten Aromen.

Fast jede Italienerin und jeder Italiener hat Erinnerungen an die Kochkünste der Großmutter. So saß Paola Pettini an ihrem langen Eßtisch in Bari – an den Wänden hingen farbenprächtige alte Majolikateller und -schüsseln – und seufzte bei dem Gedanken an ihre weißhaarige Nonna, die mit zwei Eßlöffeln den Teig für *bigné al forno* formte: »Den Duft in ihrer Küche werde ich nie vergessen«, meinte sie selig, und ihr Blick schien dabei in die ferne Vergangenheit zu schweifen. Gianna Modotti, eine warmherzige und nachdenkliche Frau, die von dem Wunsch beseelt scheint, es allen behaglich zu machen, wuchs bei ihren Großeltern in den Karnischen Bergen im Friaul auf. Sie erinnert sich, daß schon morgens beim Aufwachen köstliche Küchendüfte in ihr Schlafzimmer im ersten Stock drangen. Alles wurde auf dem offenen Feuer zubereitet. »Suppen, Fleisch- und Dessertgerichte wechselten mit den Jahreszeiten.« So bereitete ihre Großmutter Schnecken zu, wenn sie am reichlichsten zu finden waren, und briet Frösche, die der Großvater gefangen hatte. Sie wurden in Ei und Semmelbrösel getaucht und in Fett gebacken, bis sie eine goldfarbene, knusprige Kruste hatten.

Solche Frauen gibt es in Italien immer noch. Pia Zoli Maestri, zum Beispiel, eine kleine, aber lebhafte Frau mit scheinbar unerschöpflicher Energie, wurde 1917 bei Piacenza in der Emilia Romagna geboren und wuchs in einem mittelalterlichen Festungsschloß mit Graben und Zugbrücke auf. Sie liebte es, ihre freie Zeit bei den *contadini* zu verbringen, die im Dienst ihrer Familie standen, und sie bei ihrer Arbeit zu beobachten. Daher weiß sie sehr gut Bescheid darüber, was es bedeutet, in Kriegszeiten einen Haushalt zu führen, wenn es keine Seife, keine Butter, kein Mehl gibt. Gemeinsam mit ihrer Schwester backte sie Brot, stellte Seife und Käse her. Damals gab es weder Gefrier- noch Kühlschränke, dafür aber – bisweilen schrankgroße – Kästen mit Doppelwänden, die mit einem Hahn versehen waren. In den Raum zwischen den Wänden schichtete man Schnee und Stroh, und wenn der Schnee schmolz, drehte man den Hahn auf, so daß das Wasser herauslaufen konnte. Vom Beginn dieses Jahrhunderts bis zum Ende des Zweiten Weltkriegs lebten viele Menschen in Armut – auch was das Essen betraf. Trotzdem sind sich heute viele Nonne in ihrem Urteil über diese schwierigen Zeiten einig: *»Si stava meglio quando si stava peggio.«* – Es ging uns besser, als es uns schlechter ging.

»Obwohl wir von früh bis spät schwere Arbeit verrichten mußten, hatten wir unseren Spaß«, meinte Nella Galletti. »Wir sangen bei der Weizenernte, und wir wetteiferten darin, wer mit der Sense am schnellsten die meisten Ähren schneiden konnte. Abends saßen die Leute oft vor dem Feuer zusammen. Die Frauen stickten oder häkelten Spitzen, während die Männer Akkordeon spielten, sich unterhielten oder Geschichten erzählten. Und wir haben gern gesungen und getanzt.« Die Traubenpflückerinnen im Piemont sangen von Hügel zu Hügel – bisweilen im Wettstreit, bisweilen im Wechselgesang mit den Frauen von der anderen Seite des Tals. Alle sind sich darin einig, daß das Leben heute leichter ist, und dennoch: »Die Menschen sind nicht mehr so freundlich wie damals, und ich höre niemanden mehr singen«, sagte eine der Frauen zu mir.

Auf dem Land arbeiteten die Frauen genauso schwer und lange wie die Männer. Ob Gras, das in Bettlaken eingewickelte Heu, große Wasserkrüge oder Holzbündel, alles transportierten sie auf dem Kopf. Und daneben trugen sie Kinder aus, zogen sie auf und sorgten dafür, daß die ganze Familie zu essen bekam. Während der *mezzadria*, die bis Anfang der sechziger Jahre in Italien vorherrschend war, lebten die Menschen von dem, was angebaut wurde, und waren stets den Launen der Jahreszeiten und der Großgrundbesitzer ausgesetzt. Die Kinder gingen nur ein paar Jahre in die Schule und mußten schon bald auf dem Feld helfen. Die Frauen kamen nur selten in die Stadt – und wenn, dann nur anläßlich eines Festes oder um etwas Bestimmtes zu kaufen, wie beispielsweise Schuhe. Die Menschen waren an das Land gebunden, und die schwere Arbeit bot keine Garantie dafür, daß sie halbwegs anständig zu essen hatten.

Die Frauen, besonders die stoischen Frauen vom Land, besitzen eine Würde und eine stolze Haltung, die zutiefst beeindrucken. Es gebe, so meinte eine der Frauen nachdenklich, einen Unterschied zwischen einem Leben in Armut, bei dem man noch von einem gewissen Wohlergehen sprechen könne, und jener Armut, bei der es nur darum gehe, einigermaßen satt zu werden, und dieser Unterschied lasse sich daran ermessen, ob bei Tisch genügend Brot da sei. In den meisten Familien war Brot das wichtigste, das grundlegende Nahrungsmittel.

Fleisch, insbesondere Rindfleisch, gab es lediglich in den Haushalten des Adels und der Mittelschicht reichlich. Bei der Mehrzahl der Italiener hingegen kam Fleisch nur dreimal im Jahr auf den Tisch – zu Weihnachten, zu Ostern und zum Fest des Schutzpatrons des Ortes. In der Regel stammte das Fleisch von dem einzigen Schwein, das eine Familie besaß, und es wurde auf erstaunlich vielfältige Weise konserviert, damit es während des Jahres in kleinen Portionen verspeist oder auch nur als Geschmacksgeber verwendet werden konnte. Rindfleisch kam nur dann auf den Tisch, wenn das Tier zur Feldarbeit nicht mehr zu gebrauchen war, und auch dann mußte es für viele Mahlzeiten reichen und lange gekocht werden, damit es einigermaßen zart wurde. Milchkälber, manchmal auch Hühner, waren kleinen Kindern und Kranken vorbehalten. »Wenn Kalb und Mensch an einem Tisch erscheinen, muß einer von beiden krank sein«, lautet ein altes Sprichwort.

Für die Kranken bereitete die Nonna ein Essen *in bianco* – weißes Essen –, leichte, in Brühe gekochte Gerichte, die die Genesung förderten. »*Riso in bianco* war weder eine toskanische Spezialität noch besonders kompliziert: Langkornreis, der ausreichend lange, jedoch nicht zu weich gekocht und mit viel frischer Butter und geriebenem Parmesan gewürzt wurde«, schreibt Aldo Buzzi in seinem Buch »A Journey to the Land of the Flies«, in dem er dieses wunderbare Gericht der Köchin seiner Tante schildert. »Es war ganz weiß, mit einer Spur hellen Azurblaus, und schmeckte köstlich. Vielleicht lag es an dem guten Reis, vielleicht war es auch die Butter oder der Parmesan. Oder Assunta hatte einen besonderen Trick. Ich habe mehrmals versucht, das Gericht nachzukochen, aber ich habe es nie so hinbekommen wie sie.« *Pollo in bianco, pesce in bianco, riso in bianco*: In Krankheit oder Gesundheit, von der Kindheit bis zum Erwachsenenalter, ob am häuslichen Eßtisch oder bei den großen Festen auf dem Land und in den Villen der Städte, es waren die Frauen, die ihre Familien auch in schwierigen Zeiten mit Essen versorgten.
In ihrem Roman »Umbertina« schildert Helen Barolini das Leben einer Italienerin in einer armen Familie: »Sie wußte um den Kampf, satt zu werden, und die gelegentlichen Freuden eines Festtages. Sie kannte die Regeln: Alles war so unverrückbar wie das Kopftuch, das sie stets trug, und die schwarzen Filzkappen ihres Vaters und ihrer Brüder – dies waren ihre Erkennungszeichen, so wie die Hüte die Erkennungszeichen der Oberschicht waren. In der Welt, in der sie lebte, standen die Männer über den Frauen und die Reichen über den Armen. Und über allen war Gott ... Es war Gottes Wille, daß die Mädchen heirateten, für die Männer arbeiteten und Kinder austrugen, so daß das Leben sich endlos wiederholte.« Auf dem Land saßen die Frauen nie mit am Tisch, sondern blieben stehen und bedienten ihre Männer. In Arbeiterfamilien durften sich die Frauen zwar setzen, hatten aber kaum die Zeit dazu. Nur die Frauen der Mittel- und Oberschicht in der Stadt nahmen ihre Mahlzeiten gemeinsam mit den anderen Familienmitgliedern ein.

Einige Frauen besitzen glücklicherweise noch die kleinen Küchenbücher, in die einst ihre Großmütter mit schwarzer Tinte die alten Familienrezepte eintrugen. Sorgfältig bewahren sie sie in einer Schublade auf, und einige benutzen sie bis heute, denn dort finden sie die Familiengerichte, die von Generation zu Generation weitergegeben wurden. Oft handelt es sich um einfache Anmerkungen zur Haushaltsführung, doch nicht selten geben diese Bücher Einblick in eine Welt, die im Verschwinden begriffen ist. Einige der in diesem Buch erwähnten Nonne haben ihre Rezepte auf ein paar zusammengebundenen Karten festgehalten oder bewahren ganze Stapel von Zetteln in ihrer Kommode auf. »Mein Archiv«, erklärte Vanna Corbellani lachend, während sie einen hübschen Schrank öffnete, ein paar Seiten aus ihrer Sammlung herauszog und sie durchblätterte.

Bis vor kurzem gab es in Italien nur sehr wenige wirklich bedeutende Kochbücher. »La Scienza in Cucina e l'Arte di Mangiar Bene« (Von der Wissenschaft des Kochens und der Kunst des Genießens. Dt. 1998) von Pellegrino Artusi, das Ende des neunzehnten Jahrhunderts erschien, war das erste Kochbuch für die Mittelschicht, das die italienische Küche vereinheitlichte, obwohl die Gerichte fast ausnahmslos aus der Emilia Romagna und der Toskana stammten. In »Il Talismano della Felicità« beschreibt Ada Boni, die bedeutendste italienische Kochbuchautorin dieses Jahrhunderts, die üppigen Gerichte der Mittel- und Oberschicht und legt sorgfältig und systematisch die einzelnen Schritte der Zubereitung dar. Vielleicht besitzt die eine oder andere Nonna auch »Il Cucchiaio d'Argento«, ein Buch, das mehrere Autorinnen gemeinsam verfaßt haben, doch die meisten benutzen überhaupt kein Kochbuch. In der Regel schöpfen sie allein aus ihrer Erinnerung, der Erinnerung an Gerichte, die sie einst gegessen haben, an Beobachtungen in der Küche ihrer Mutter oder Großmutter, die Tag für Tag ihre vielfältigen und endlosen Aufgaben erledigten, und an die Gerüche und Aromen, die sich tief ins Gedächtnis eingegraben und das Gefühl der Nonne für die alte, tief empfundene Lebensweise für immer geprägt haben – eine Lebensweise, um die heute viele Menschen die Alten beneiden.
Die Frauen, die überlieferte Familienrezepte in geschriebener Form besitzen, verwenden sie unter anderem auch, um ihr Wissen an die nächste Generation weiterzugeben. Auf Drängen ihrer Schwiegertochter hin holte die fünfundachtzigjährige Giovanna Passannati das sorgfältig aufbewahrte Rezeptbuch hervor, das ihre Großmutter im sizilianischen Partinico begonnen und ihre Mutter Anfang dieses Jahrhunderts weitergeführt hatte. Sie seufzte sehnsüchtig, als sie das Rezept für *agnellino al forno* las – Milchlamm mit Kartoffeln, die so lange gebraten werden, bis sie eine goldene Kruste haben – oder für *torta con ripieno di mandorle tritate*, eine außergewöhnliche Schokoladen-Mandeltorte mit Zitronenaroma.
Die siebzigjährige Laura Mansi Salom, eine elegante und äußert schick gekleidete Dame, wuchs im Palazzo Mansi in Lucca auf, wo in der Küche drei Köche beschäftigt waren. Dort gab es zweimal am Tag eine Mahlzeit mit zwei Vorspeisen, einem feinen Hauptgang, einem Dessert und vier oder fünf verschiedenen Weinen. Laura hat all die komplizierten Rezepte ihrer Familie sorgfältig aufbewahrt und in moderne Schrift übertragen. Obwohl sie bei größeren Gesellschaften immer noch auf diese Gerichte zurückgreift, meint sie entschuldigend: »Es hat sich alles von Grund auf geändert! Wir essen jetzt viel weniger – mittags nehme ich nur eine Vorspeise und einen Salat zu mir, das ist alles. Oft esse ich mit meinen Enkeln in der Küche, und wir haben nicht mehr so viele Kellner. Selbst bei großen Abendessen habe ich keine Lust, stundenlang am Tisch zu sitzen. In meinem Haus gibt es keine fünf- oder sechsgängigen Menüs mehr, und ich serviere auch nur noch zwei Weine und nicht mehr wie

früher zu jedem Gang einen anderen. Der Zweite Weltkrieg brachte große Veränderungen mit sich. Es gab keine Kellner mehr, und wir mußten uns beim Essen einschränken, weil viele Lebensmittel knapp waren. Nach dem Krieg jedoch wollten meine Großeltern, daß alles wieder war wie zuvor ... Ich bin glücklich darüber, jenes andere Leben kennengelernt zu haben, aber ich hege nicht den Wunsch, es wieder aufzunehmen. Das Leben von heute gefällt mir besser; es ist viel unkomplizierter und dynamischer ... Ich bestelle jetzt den Blätterteig im Geschäft, und das Resultat ist dasselbe wie früher, als wir noch einen eigenen Koch dafür hatten ... Man muß nur Bescheid wissen, wo man was kauft und wie man die einzelnen Gerichte zusammenstellt. Das gilt für die einfache, bäuerliche Küche genauso wie für die vornehme.«

In Italien hat sich das Leben schon immer um die Küche gedreht. In der alten toskanischen Sprache bedeutet *cucina* – Küche – gleichzeitig auch Haus. La cucina della nonna ist jene Art zu kochen, die von den Großmüttern überliefert wurde, der Begriff bezieht sich aber auch auf die Feuerstelle und den Herd, über die diese Frauen herrschten. Die Küche war immer der meistfrequentierte Raum, der wärmste Teil des Hauses, und ihre Gerüche und Farben und die dort vorherrschenden Sinneseindrücke waren die Kulisse für die täglichen Dramen und Rituale der Familie, bei denen die Frauen Regie führten. Hier tauschte man Neuigkeiten aus, erzählte sich Geschichten, tratschte, und die Frauen kochten nicht selten für zwanzig bis fünfundzwanzig Personen. Die Küche war das Zentrum des weiblichen Herrschaftsbereichs, und dessen Kern wiederum war die Feuerstelle mit dem Rauchfang.

Jahrhundertelang wurde in italienischen Häusern in einem Eisen-, Messing- oder Kupferkessel gekocht, der an einer rauchgeschwärzten Kette über der ständig schwelenden Glut hing. In diesen Topf mit kochendem Salzwasser wanderten *strutto* oder *lardo*, die der langsam köchelnden Suppe oder Polenta Würze verliehen, Bohnen für Eintöpfe oder die dicken Saucen, in die man das Brot tunkte. Kartoffeln, Maiskolben, Zwiebeln und andere Gemüsearten wurden zum Garen in die heiße Asche gelegt. Später kamen die gemauerten Öfen, die mit dem Holz aus der Umgebung befeuert wurden. Sobald der Boden heiß war, fegte man die Asche heraus, und die verschiedensten Gerichte wurden direkt auf dem glühendheißen Stein gebacken – von *focaccia* bis zu Amalia Ceccarelli di Ridolfis *crescia di Urbino*, einem einfachen Teig, der ganz dünn ausgerollt und dann zu mehreren Lagen zusammengefaltet wird, zwischen die man Schmalz strich. Manchmal legte man die heiße Glut auch auf das Brot oder das Fleisch (das vor dem Servieren von der Asche befreit wurde) oder bedeckte das Gericht mit einem Deckel aus Gußeisen, auf den glühende Kohlen gelegt wurden. Diese Methode des Garens zwischen zwei Wärmequellen ist fast vollständig abhanden gekommen – und damit auch ein ganz spezieller Geschmack.

Auf dem Herd – italienisch *sul focolare* – heißt im Dialekt der Marken *s'l'arola*, was sich vom lateinischen *areola*, kleiner Bereich, ableitet. Die fünfundsiebzigjährige

Adele Rondini, in den Marken geborene Künstlerin und Lehrerin, die im Lauf ihres Lebens vierundzwanzig Bücher geschrieben hat, meint, in armen Familien sei die Küche ein kleiner Altar gewesen, auf dem jeder seine Opfer darbrachte – eine Ansicht, die zweifellos richtig ist und mich anrührte. Adele beschreibt die Küche ihrer Kindheit: die große, geräumige Feuerstelle, den großen Abzug über dem Herd, die Herdkammer mit dem Schnappschloß zum Warmhalten der Speisen, in der die Asche aufbewahrt wurde, die man zum Waschen brauchte. Es gab einen niedrigen, breiten Backofen sowie einen Herd aus dunklem Eisen. Vor der Einführung von Gasöfen wurde wie fast überall auch in Adeles Familie auf einem Herd oder *fornello* mit einer einzigen großen Deckplatte gekocht, unter der sich mehrere Kammern für das Kohle- oder Holzfeuer befanden. »Mich fasziniert alles, was mit Essen zu tun hat. Ich liebe es, wenn von alten Eßgebräuchen erzählt wird, von den verschiedenen Geschmäckern je nach Zubereitungsart. Es ist genauso wie mit dem Dialekt: Er ist der Saft der Sprache, ihr Aroma, ihre Modulation, und auch er verschwindet mehr und mehr. Immer wenn etwas verlorengeht – ein Dialekt, eine bestimmte Art des Kochens, eine bestimmte Zutat –, verschwindet ein wesentlicher Teil der lokalen Tradition. Man verliert tatsächlich ein Stück Kultur.«

Wie Adele Rondini haben die meisten Großmütter das Kochen gelernt, als es noch keine Kühlschränke oder modernen Herde mit mehreren Kochplatten oder Flammen gab, ja oftmals, bevor Gas oder Elektrizität vorhanden war. Einige begannen den Tag mit dem Aufsammeln von Holz für das Herdfeuer und mußten beträchtliche Entfernungen zurücklegen, um Wasser aus einem Brunnen zu holen. Doch ungeachtet solcher Widrigkeiten kochten die Frauen die köstlichen Gerichte – Eintöpfe und herzhafte Suppen, Pasta, Risotto, Polenta und Bohnen –, die ihre Familien für die tägliche schwere Arbeit stärkten.

Die meisten Küchen waren sehr einfach eingerichtet. In der Regel gab es ein Steinbecken unter dem Fenster, eine tiefe *madia* aus Holz, in der Mehl und Hefe zum Brotbacken aufbewahrt wurden, sowie Truhen für Gläser und Teller. An der Wand hingen Regale für die verzinnten Kupfertöpfe, für die Töpfe und Kasserollen aus Ton, die Suppenschüsseln und Schöpfkellen und für die Mörser, in denen Salz zerrieben und einfache Würzmischungen wie beispielsweise jene aus Knoblauch, Petersilie und *lardo* zubereitet wurden, die man zu einer Pastasauce verarbeitete. Körbe für Brot und Zwieback wurden so hoch gehängt, daß auch die gewieftesten Mäuse und Käfer sie nicht erreichen konnten. Man aß meist an einem Holztisch, doch viele Familien setzten sich zu den Mahlzeiten auch auf schmale Bänke an beiden Seiten der Feuerstelle, um sich zu wärmen.

Auf dem Land war die Küche das Zentrum jenes Reichs, das aus Dreschboden, Mühle, Ställen für Hühner, Kühe und Schweine, aus dem Brunnen und dem Holzofen bestand. In der Stadt gab es eine Speisekammer und einen Holzlagerplatz sowie einen eigenen Raum für all die zum Brotbacken und Kochen benötigten Geräte. Viele Frauen bauten den Großteil der Küchenzutaten selbst an. Für sie war »biologisch« kein Etikett, sondern eine Selbstverständlichkeit. Ein- oder zweimal in der Woche kamen vielleicht Wandermärkte in die kleineren Städte, auf denen man sich mit den wenigen Dingen versorgte, die man selbst nicht herstellen konnte. Doch abgesehen davon erledigten die Nonne alles, bis hin zum Einmachen und Konservieren für den Winter, in eigener Regie.

Über Jahrhunderte hinweg haben in ganz Italien Frauen die riesigen runden Bauernbrote gebacken, die bei keiner Mahlzeit fehlen durften – man reichte sie morgens, mittags und abends. In der Toskana kam ein ungesalzener Laib auf den Tisch, in Südtirol und im Trentino meist Roggenbrot und in Sizilien Laibe aus Durumweizen, die mit Sesamsamen bestreut waren; in Apulien aß man radgroße, knusprige Fladen, deren großporiges Inneres die satte Farbe des Weizens hatte. Diese Brote wurden in Holzöfen zu Hause oder im Gemeindeofen gebacken, oder die Frauen improvisierten, indem sie den Teig direkt auf die glühendheiße Herdplatte legten und ihn mit einem gewölbten Deckel bedeckten, auf den die heiße Glut geschichtet wurde. Unter dem Schutz des Deckels gingen die Brote auf und wurden im Laufe des Backvorgangs zunehmend leichter. Doch ganz gleichgültig, welche Art von Brot die Italiener essen, es ist ihnen heilig wie kein anderes Nahrungsmittel. Brot zu verschwenden gilt als große Sünde. So wird nach althergebrachtem Glauben ein Verstorbener unmittelbar nach dem Tod ins Fegefeuer geschickt, wo er Rechenschaft darüber ablegen muß, wieviel Brot er im Laufe seines Lebens vergeudet hat. Als Strafe muß er die Anzahl der vergeudeten Brotkrümel mit den Augenwimpern auflesen.

Auf dem Land backten die Frauen traditionell zuerst eine Art Pizza oder *focaccia* zur Probe, um festzustellen, ob der Ofen heiß genug war. Manchmal wurde dieses Brot mit Zwiebeln, Tomaten, Käse oder Kräutern belegt und dann mit Öl beträufelt. Dieses erste Stück – in den Marken *cacciananze*, in Sizilien *faccia vecchia* genannt – gab man meist den Kindern, um ihren Hunger oder ihre Ungeduld zu stillen. Und nicht selten war eine Puppe aus Brot – *la pupa di pane* – das einzige Geschenk, das eine Mutter oder Großmutter den Kleinen hin und wieder geben konnte.

Oft bekommen die Frauen einen verträumten Blick, wenn sie von dem Brot ihrer Kindheit erzählen.

»Ich weiß noch, wie meine Mutter Trauben- und Olivenzweige draußen im Ofen verbrannte und dann den Boden mit in Regenwasser getauchten Zweigen bestrich, um Dampf zu erzeugen. Sie füllte den Ofen – und er war riesig! – mit großen, dünnen Brotfladen. Und wenn es Zeit war, sie herauszuziehen, versammelten wir uns um den Backofen, um zuzusehen, wie sie die Tür zur Seite schob und einen Fladen nach dem anderen herausholte. Kein Geruch auf der Welt ist so gut wie der von Brot, das gerade aus dem Ofen kommt, das schwöre ich. Und kein Brot, das man kaufen kann, schmeckt auch nur annähernd so gut!«

Pia Zoli Maestri erzählt, daß sie 30 Pfund Mehl auf einmal zu Brot verarbeitete und dazu die Hefe verwendete, die von der Woche zuvor übriggeblieben war, sowie ein wenig gekaufte Hefe, die sie in Wasser auflöste. Unter Mithilfe von ein paar anderen Frauen bereiteten sie und ihre Schwester den Teig. »Das Kneten und Zerteilen machte eine Menge Arbeit, doch sobald der Holzofen heiß genug war, entfernten wir Asche und Zweige und schoben den ersten Laib hinein. Obendrauf legten wir eine Hühnerfeder. Wenn sie nach vorn, zur Öffnung des Ofens hin, herunterfiel, war der Ofen zu heiß; wenn sie sich aufrichtete und in einer Rückwärtsrolle nach hinten fiel, war er genau richtig.«

Aber nicht immer erinnern sich die Nonne mit solcher Begeisterung. Eine Frau im bergigen Norden erzählte mir, daß das Roggenbrot ihrer Mutter so hart gewesen sei, daß man nach zehn Tagen praktisch eine Axt brauchte, um es zu zerteilen. Reiner Weizen war ein Luxus, und so bestand das Brot der Armen häufig aus einer Getreidemischung. Nella Galletti, die ihr ganzes Leben in einem kleinen ländlichen Gebiet in Umbrien verbracht hat, weiß noch, wie schwierig das Brotbacken war, wenn nur eine kleine Menge des kostbaren Weizens zur Verfügung stand. Das Brot, das ihre Familie aß, bestand häufig aus drei Teilen Maismehl und nur einem Teil Weizenmehl, so daß der Teig leicht riß und nicht gut aufging. »Für eine Pizza mischte meine Mutter kochendes Wasser mit Maismehl und Salz. Sie mußte den Teig kräftig kneten, bevor sie ihn zu Kugeln formte und diese anschließend flachdrückte. Dann breitete sie jedes Teigstück über ein Kohlblatt und schichtete eins über das andere. Nachdem sie im Holzofen ein riesiges Feuer entfacht hatte, schob sie den Pizzaturm hinein und bedeckte ihn mit der heißen Glut, so daß er gleichzeitig von unten und oben gebacken wurde. Es dauerte sehr lange, bis die Pizze fertig waren. »*Era buona, ma anche c'era fame*. – Die Pizza war gut«, sagte sie nachdenklich, »aber man litt auch Hunger.«

Auf dem Lande backten die Frauen häufig flache Brote, die wenig Zeit in Anspruch nahmen, weil sie ohne Hefe zubereitet und auf einem Blech oder einer Platte in den Ofen geschoben wurden. Die *piadina* der Romagna – manchmal auch als italienische Version der mexikanischen Tortilla bezeichnet – wird zubereitet, indem man einen einfachen Teig ohne Treibmittel zu einem dünnen Kreis auszieht, diesen auf eine Terrakottaplatte legt und im heißen Ofen gart. Dabei wird er einmal umgedreht, so daß beide Seiten gleichmäßig Blasen werfen. Nicht weit entfernt, in der Emilia, bereiteten die Frauen früher kleine runde *tigelle* zu, indem sie den Teig auf glühendheiße Terrakottaplatten legten, die übereinandergeschichtet wurden. Während die Platten Hitze abgaben, garte der Teig. Neuerdings hat man diese Terrakottaplatten durch miteinander verbundene Eisenplatten ersetzt – die italienische Version eines

Waffeleisens. In einem kleinen Dorf in der Lunigiana im Westen der Toskana gab es früher bei den Straßenhändlern und in Läden die knusprigen *focaccette di Aulla* aus Mais und Weizen. Heute klagt Rina Ramponi über deren Verschwinden und die dürftige Ware, die an deren Stelle getreten ist: »Die *focaccette*, die wir essen«, sagt sie, »machen wir zu Hause im eigenen Ofen.« Sie legt glühendheiße Platten mit einem kleinen Stück Teig aus, den sie zuvor hat aufgehen lassen, schichtet die Platten übereinander und stellt dann den ganzen Stapel zum Backen in den Ofen. »Soll ich Ihnen etwas verraten? Die modernen Eisenplatten sind tatsächlich besser als die aus Terrakotta, die wir früher benutzt haben.« All diese einfachen flachen Brote werden heiß mit frischer Ricotta, *raviggiolo*, mit Stracchino-Käse oder Prosciutto, mit Salami oder *coppa* oder, wie bei den *tigelle*, mit einer Mischung aus fein gehacktem Knoblauch, Rosmarin und *lardo* oder *pancetta* belegt.

Wie vor ihnen ihre Mütter und Großmütter haben die Nonne eine ganze Reihe von Gerichten aus Brotresten erfunden. Natürlich ißt man zuerst einmal von dem Brot, das frisch aus dem Ofen kommt. Doch mit der Zeit wird es trocken und hart. In diesem Zustand wird das Brot zu Semmelbröseln zermahlen, für Crostini und Bruschetta geröstet oder zu Brotsalat, Brotsuppe oder Knödeln verarbeitet. Oder man gibt es in eine Minestrone. So ist die *ultima ribollita* von Luisa Cappelli nichts weiter als eine Suppe vom Vortag, die mit altem Brot gekocht wird. Hart gewordenes Brot kann aber auch als Basis für *cappon magro* dienen, ein vornehmes und kompliziertes Gericht aus Ligurien, oder zum Eindicken von einfachen bäuerlichen Suppen verwendet werden. *Sopa mata, zuppa matta, suppa cuata* – jede Region hat ihre eigenen Varianten der Suppen und Salate auf Brotbasis. *Panzanella* heißt der Brotsalat in der Toskana, *cialda pugliese* in Apulien und *caponata dei marinai* in Neapel. Der lombardische *pancotto* besteht aus Brotscheiben, die in Brühe gekocht, mit Muskat gewürzt und mit gemahlenem Parmigiano Reggiano serviert werden. In den Abruzzen sorgt ein Lorbeerblatt für ein besonderes Aroma, während er in Kalabrien mit Tomaten, Petersilie, Lorbeerblättern, Peperoni, Knoblauch und Sellerie auf den Tisch kommt. In irgendeiner Variante genießen alle Italiener zwischen Aostatal und Palermo den Pancotto. So vielfältig die regionalen Küchen Italiens sind, Brot – und insbesondere übriggebliebenes – spielt eine große Rolle, es ist die Konstante, die die Küchen der Aristokraten und Bauern, der Städter und der ländlichen Bevölkerung, der Nord- und Süditaliener verbindet.

Bis vor fünfzig Jahren spielte die geographische Lage eine immense Rolle für die Eßgewohnheiten der einzelnen Regionen. Der Transport von Lebensmitteln war nahezu unbekannt, so daß, was nicht an Ort und Stelle wuchs, schlicht und einfach nicht zu haben war. In einem bergigen Gebiet, wo das Land mit seinen Schätzen knausert, die Winter schier endlos und die Ernten dürftig sind, läßt die Landwirtschaft nicht viel erwarten. Viele Bewohner solcher Gegenden mußten mit dem auskommen, was sie anbauen, jagen oder durch Aufstellen von Fallen erbeuten konnten. Schnecken und Frösche, die es an den zahlreichen Flüssen und Kanälen des Landes in Hülle und Fülle gab, waren die Nahrung der Armen. Und da in großen Höhen kein Weizen wuchs, wurde im Veltlin die Pasta aus Buchweizen gemacht und in Südtirol und im Trentino das Brot aus Roggen.

Aber wie steht es um die Zukunft? In den letzten fünfzig Jahren – der Zeit also, in der viele der hier erwähnten Frauen aufwuchsen, heirateten und Familien gründeten – hat sich Italien radikal verändert: In der urbanen Industriegesellschaft sind an die Stelle der Großfamilie Kleinfamilien mit einem oder höchstens zwei Kindern getreten. Die einst abhängigen Bauern und Pächter besitzen nun eigenes Land, können über den Ertrag ihrer Felder selbst verfügen und arbeiten nach modernen Methoden und mit Maschinen. Und die Frauen, die früher für eine Vielzahl von Erntearbeitern festlich aufkochten und in dieser lieblichen und harmonischen Landschaft die großen Traditionen der Vergangenheit lebendig hielten, tun all dies heute nur noch selten.

Ein jahrhundertealtes Kontinuum hat Brüche und Risse bekommen. Die meisten Frauen sind heute nicht mehr gezwungen, ein so hartes Leben zu führen, wie es in früheren Jahrzehnten gang und gäbe war. Sie leben selbständig und wollen nicht mehr zu einem Dasein mit endloser, erschöpfender Arbeit zurückkehren. Und niemand wird ihnen dies streitig machen. Heute gehen diese Frauen in den Schönheitssalon, sehen sich Fernsehserien an, schicken ihre Kinder zur Universität und haben ein ganz anderes Selbstbild als ihre Mütter und Großmütter. »Tut mir leid«, sagten mir viele von ihnen, »wir sind nicht die Richtigen. Wir sind heute alle *signore*.«

Was aber bedeutet dies für die Kultur, die in den kulinarischen Traditionen der früheren Generationen einen Ausdruck fand? Italien ist immer noch ein stark an der Eßkultur orientiertes Land, doch die Strukturen, die einst selbstverständlich waren, verschwinden mehr und mehr.

Verschwunden sind die großen Ernten der Vergangenheit. Wo früher dreißig Leute vier Tage lang nur Weizen droschen, wird heute die ganze Ernte mit einem einzigen Mähdrescher an einem einzigen Tag eingefahren. Und da es keine Arbeiter mehr gibt, die ganze Tage auf dem Feld verbringen, gehören auch die Gelage mit Fettucine in Gänsebrühe, mit knusprigen Gänsebraten und einem riesigen ringförmigen, mit Marsala getränkten Kuchen, mit dem das Ende der schweren Arbeit gefeiert wurde, der Vergangenheit an.

Vorbei sind die Tage, als die Schafe über die Hänge wanderten und dabei die Wildgräser fraßen. Natürlich hatte der Pecorino, der aus ihrer Milch gemacht wurde, das Aroma der Wiesen und einen unvergeßlichen, durch nichts zu ersetzenden Geschmack.

Auch die Schweine, die beim Schlachten dick und fett waren, gibt es nicht mehr. Heutzutage werden Schweine bis zu einem Gewicht von 2,5 Zentnern gezogen – gerade genug für gutgewachsene Keulen, aus denen man den Prosciutto macht, aber gewiß nicht ausreichend für *lardo* und *strutto*, die den Backwaren und Gerichten vergangener Zeiten ihren charakteristischen Geschmack verliehen.

Vorbei sind die Tage, als stillende Mütter acht Tage im Wochenbett verbrachten und nichts als Taubenbrühe zu sich nahmen. Auch bringt die Großmutter bei ihrem ersten Besuch kein fettes Hühnchen oder einen Kapaun und Unmengen Vermicelli in ihrer Schürze mehr mit. Das Essen, das anläßlich einer Hochzeit, einer Taufe oder einer Erstkommunion immer zu Hause zubereitet wurde, läßt man sich heute im Restaurant servieren.

Ja, das Italien der Kindheit und frühen Jugend dieser Nonne hat sich grundlegend verändert. Ganz unabhängig davon, mit welcher Leidenschaft sie sich um das Essen für ihre Familie kümmern, sind doch viele der heutigen Großmütter überglücklich, weil ihnen neue Produkte und neue Techniken zur Verfügung stehen. Viele von ihnen haben ihre Nudelhölzer durch Nudelmaschinen, ihre Handmühlen durch Küchenmaschinen ersetzt und sich Mikrowellenherde zugelegt. Selbst diejenigen, die es sehr genau nehmen mit der Zubereitung, verzichten nicht auf elektrische Polentatöpfe mit einem Knetarm, mit dem die garende Masse beständig gerührt wird. Beschichtete Pfannen sind in vielen Küchen an der Tagesordnung, obwohl es schon vor langer Zeit ein natürliches Äquivalent dafür gab: Schwere Gußeisenpfannen waren schwarz vom ständigen Gebrauch auf der offenen Flamme. Und anstatt sie zu spülen, reinigten die Frauen sie mit Asche und polierten sie mit einem Lappen, so daß sie mit der Zeit eine Patina bekamen, an der ebenso wenig haftenblieb wie an den modernen Teflonpfannen.

Die jüngeren Frauen sind berufstätig, und die durchschnittliche italienische Familie ist so klein geworden, daß die Geburtenrate in Italien heute die niedrigste in den westlichen Industrieländern ist. Vielleicht gibt es heute schon mehr Großmütter als Enkelinnen. Italienische Frauen lebten in der Regel dort, wo sie geboren worden waren, es sei denn, sie folgten ihren Männern in deren Heimatort. Inzwischen sind viele Menschen zu Einwanderern im eigenen Land geworden und ziehen von einer Region zur nächsten. Die Familien sind auseinandergerissen, die regionalen Wurzeln zerstört, und viele der Nonne von gestern haben ihren Posten am Herd aufgegeben. Der wirtschaftliche Boom der Nachkriegszeit und der Aufschwung der achtziger Jahre haben Italien einen nie gekannten materiellen Wohlstand beschert.

Und damit ist auch jene Zeit vorbei, da Kinder wie hypnotisiert zusahen, wenn ihre Großmütter Pasta machten und mit ihren flinken Händen verschiedene Formen zauberten. Heutzutage stammen die Tortellini und Orecchiette, die sie essen, höchstwahrscheinlich vom örtlichen *pastificio* oder aus der *salumeria*. Und die besonderen Gerichte, die es nur zu Feiertagen gab, verschwinden ebenfalls von den festlich gedeckten Tischen. Wer aber bewahrt heute nicht nur all die Rezepte im Gedächtnis, sondern auch die Geheimnisse ihrer Zubereitung?

Die Italiener registrieren sehr wohl, daß der Verlust dieses Wissens eine ernste Bedrohung ihrer kulturellen Identität darstellt. Die Franzosen, vor dasselbe Problem gestellt, schicken Küchenchefs in die Schulen, damit sie den Kindern die französische Kochkunst beibringen. In Italien dagegen werden die Schulkinder aufgefordert, ihre Großmütter zu befragen: Was aßen sie in ihrer Jugendzeit, was haben sie gekocht, als sie verheiratet waren und eine Familie zu versorgen hatten, wie feierten sie und was kam zu den wichtigen Ereignissen im ländlichen Jahreslauf wie auch zu religiösen Festtagen auf den Tisch? In Fabriano und Ancona in den Marken, in Rimini in der Emilia Romagna, in Arezzo in der Toskana haben die Kinder die Antworten ihrer Großeltern in Fragebögen festgehalten, sie mit in die Schule gebracht, zusammengestellt und in Büchern veröffentlicht. Diese Bücher sind köstlich und anrührend zugleich, denn sie zeugen von der Verwunderung und Hochachtung der Enkel und legen Zeugnis ab von der überraschenden Wissensfülle der Großeltern, die voller Sehnsucht und mit tiefem Gefühl von der Vergangenheit sprechen. Und sie zeigen, wie stolz die ältere Generation darauf ist, eine neue Verbindung zu den jüngsten Mitgliedern ihrer Familie gefunden zu haben. Andere Frauen im Großmutteralter haben an die örtliche Schulbehörde geschrieben und freiwillig ihre Hilfe bei ähnlichen Projekten in ihren Gemeinden angeboten. In Rimini hat die Gesundheitsbehörde die Bewohner von Altersheimen befragt und deren Erinnerungen an die Gerichte ihrer Jugendzeit in einer Dokumentation festgehalten.

Doch trotz all der Rezepte und Erinnerungen, die in diesem Buch bewahrt werden, sowie der vielen anderen, die bis heute unentdeckt geblieben sind, bleibt eine Frage unvermeidlich: Ist es in der modernen Zeit überhaupt möglich, die Geschmackserlebnisse und die Aromen von früher zu wiederholen? Getreide wird heute anders angebaut, und die Zutaten schmecken zweifellos anders als damals. Einst kochten Frauen nur, was in der jeweiligen Jahreszeit wuchs, aber die Tiefkühlkost und der Transport der Zutaten über große Entfernungen haben den natürlichen Rhythmus zerstört. Pfirsiche gibt es mittlerweile auch im Januar, Radicchio im Sommer, und niemand muß bis Ostern warten, um ein Milchlamm essen zu können. Heute kochen in Italien nur noch wenige Frauen in Tontöpfen, und auch die Töpfe aus dem weichen *pietra ollare*, einem Naturstein, der sich wunderbar für langes, langsames Garen eignet, sind fast völlig verschwunden. Auf einem Herd, der mit Holz befeuert wird, erhalten die Gerichte eine völlig andere Konsistenz und einen völlig anderen Geschmack als auf einem modernen Elektro- und Gasofen; auch sie sind heute nur noch äußerst selten zu finden.

Gewiß, die Frauen sind sehr mit ihrem Beruf beschäftigt, und ja, Nahrungsmittel werden zur leichteren Handhabung vorher verpackt, und selbst Gemüse für ein *battuto* kommt geschnitten und gefroren auf den Markt, damit es schnell zubereitet werden kann. Jeder ist in der Lage, aus einer Packung bereits zusammengestellter Zutaten einen Minestrone zu zaubern, indem er nur noch einen Bouillonwürfel hinzufügt. Und man kann den Einkauf für die ganze Woche auf einmal in einem der großen Supermärkte erledigen. Dafür existieren immer mehr Gerichte nur noch in der Erinnerung. Und fast vergessene Speisen sind bereits hinter einem geheimnisvollen Nebelschleier verborgen.

Und doch erlebt *la cucina della nonna*, die köstliche Hausfrauenküche, im ganzen Land eine Wiedergeburt. Obwohl Italien großen Veränderungen unterworfen ist und fast die Hälfte der Männer nicht mehr zum Mittagessen nach Hause kommt, obwohl der Nachmittagsimbiß *(merenda)* der Kinder oftmals aus einer Scheibe Brot mit Nutella besteht, obwohl das Fernsehen regionale Unterschiede einebnet und Faxgeräte das Leben beschleunigen, trotz alledem schauen die Menschen ebenso in die Vergangenheit zurück, wie sie vorwärts blicken. Neuerdings zeigen Werbespots im Fernsehen sogar Frauen, die geduldig die Cucina della nonna zubereiten und sie in ländlicher Umgebung einer großen Familienrunde auftischen. Die Werbung appelliert an das Gefühl, etwas verloren zu haben, an die Sehnsucht nach einem Leben, wie es früher war – tief verwurzelt in der engen Verbindung zwischen Familie und Küche, zwischen Erde und Jahreszeiten. Einige Frauen bedauern den Verlust der Gemeinschaft, der Solidarität, wie sie sie früher kannten. So sehr die Italiener die Dynamik und die materiellen Genüsse der Gegenwart lieben, so sehr sehnen sie sich auch nach dem Geschmack der häuslichen Küche. Niemand möchte, daß sich das Leben so rasch und so dramatisch verändert, daß er eines Tages – wenn es zu spät ist – erkennen müßte, was ein italienischer Einwanderer in den USA sehnsuchtsvoll aussprach: »Die Steine der Straße werden weinen, wenn es uns nicht mehr gibt.«

Materia prima
Grundzutaten

Die Küche einer italienischen Großmutter ist ein gepflegter Raum. Auf dem Fensterbrett stehen Töpfe mit Kräutern, von einem Wandbrett hängen Küchenutensilien wie Schöpfkellen und Schneebesen, eine Käsereibe und ein Sieb; ein Espressomaschinchen steht auf dem Herd, auf der Anrichte eine Schüssel mit grobem Meersalz und eine Flasche Olivenöl, an der Wand sind Töpfe verschiedener Größe aufgereiht, und die Schublade im Holztisch enthält das Eßbesteck. Was Sie vergeblich suchen werden, sind Meßbecher und Waage. Als Maße dienen Espressotäßchen und Weingläser, Kaffee- und Schöpflöffel. Vor allem aber vertraut eine italienische Großmutter ihren Augen, ihrer Nase und ihren Händen, den wichtigsten Werkzeugen einer echten Köchin. Die Schüsseln passen vielleicht nicht zusammen, womöglich gibt es nur wenige Töpfe und Pfannen, und der Backofen hat nur drei Wärmestufen (niedrig, mittel und hoch). Aber wenn Sie die Köchin fragen, woher sie weiß, wann ein Gericht fertig ist, ist die Antwort nur ein Schulterzucken (was soviel heißt wie: das merkt man doch); oder sie erklärt Ihnen, daß sie mit einer Stricknadel oder der Borste eines Besens in den Teig sticht – ist sie sauber, wenn man sie wieder herauszieht, dann ist das Gericht gar.

Die italienische Großmutter, die nach schriftlich festgehaltenen Rezepten kocht, ist selten. Die Frauen wissen auch so, wie es gemacht wird. Sie messen *all'occhio* (nach Augenmaß), nehmen *un pugno* (eine Handvoll, wörtlich: eine Faustvoll) und gießen *al dito* (pro Finger). »Wieviel ist *due dita*, zwei Finger?« fragte ich eine Nonna, als sie Wein in eine heiße Pfanne goß. Zur Antwort legte sie Zeige- und Mittelfinger parallel nebeneinander an ein Trinkglas und goß ein, bis der Wein die obere Kante des Zeigefingers erreicht hatte. Also Schluß mit dem Meßbecher.

Spielt es denn keine Rolle, daß die »Handvoll« der einen Frau mehr ist als die der anderen, daß die eine viel dickere Finger hat als die andere? Daß das Mehl von Region zu Region unterschiedlich ist, daß also auch die Menge der Flüssigkeit, die es aufnimmt, variiert? Nicht für diese Nonne. All das scheinen sie mit der Muttermilch aufgesogen zu haben. Sie wissen, daß man hellgrüne und rosa Tomaten für Salat und rote, vollreife Tomaten für die Sauce verwendet. Sie erkennen die feinen Unterschiede zwischen einzelnen Artischocken und sind dafür berüchtigt, daß sie einen Gemüsehändler scharf zurechtweisen, wenn er es bloß wagt, ihnen Pfirsiche von offensichtlich schlechter Qualität anzubieten. Wenn man die Frauen beim Gemüse- und Obsteinkauf beobachtet, merkt man rasch, daß viele von ihnen ein sicheres Gespür dafür haben, welche Früchte und welches Gemüse auf ihren Tisch kommen sollen.

Sie wissen, wann man anspruchsvoll sein muß und wann nicht. Viele Gerichte variieren je nach den Zutaten, die es gerade im Garten gibt oder die in der Speisekammer auf die Verarbeitung warten. Keine Zucchini? Dann macht man die Minestrone eben ohne. Es gibt viele Kartoffeln? Dann verdickt man damit die Suppe. Man braucht Gemüse und Kräuter? Dann geht man eben hinaus aufs Feld und holt sie sich. Ihre Gerichte schriftlich festzuhalten, erscheint vielen Frauen als geradezu grotesk. »Es gibt kein Rezept«, meinte eine von ihnen, »es gibt nur Zutaten.«

Manchmal sind sie aber auch äußerst pingelig: Das Fleisch muß von einem auf der Weide gefütterten Schaf stammen, das nicht mehr als acht Kilogramm wiegt; es müssen unbedingt weiße Frühlingszwiebeln sein, oder man muß, was noch mehr verblüfft, eine Stricknadel in Olivenöl tauchen und zwölf Tropfen davon auf einen Teller träufeln lassen. Und bei manchen Gerichten darf man auf gar keinen Fall Knoblauch verwenden!

Manchmal ist die Herstellung einer Zutat so mühevoll wie die Zubereitung eines ganzen Gerichts. Giuseppina Ianné Piazza aus Valledolmo in Sizilien bereitete Panettone mit selbstgemachter Weizenstärke zu. Mehl wird in Wasser eingeweicht, das acht Tage lang zweimal täglich gewechselt wird, dann wird das eingeweichte Mehl durch die Gemüsemühle gedreht und das Wasser abgegossen. Erst das verbliebene bröckelige Mehl liefert die zur Herstellung des Teigs notwendige Stärke.

Zutaten, die einst gang und gäbe waren, sind heute schwer aufzutreiben, selbst in Italien. In früheren Zeiten, als sich nur die Reichen Zucker leisten konnten, stellten die Großmütter einen natürlichen Süßstoff aus Trauben und Feigen her, die in Hülle und Fülle wuchsen. Dieses Süßungsmittel hieß je nach Grundstoff *sapa*, *saba* oder *vincotto di uva*. Überreife frische Feigen können zu Brei zerstoßen und mehrere Stunden lang gekocht werden, bis eine Art Feigensirup entsteht. Die Süße all dieser Siruparten schmeckt anders und auch intensiver als Zucker.

Ähnlich sparsam verfuhren die Bauern, wenn sie Honig aus den Bienenstöcken holten. Sie legten die Waben in einen großen Korb und beschwerten sie, damit das Wachs aufgefangen werden konnte. Wenn man die Körbe mit Wasser ausschwenkte, erhielt man *acqua mielata*, Honigwasser, das zum Süßen von Plätzchen und Kuchen verwendet wurde.

Einige der wichtigsten Zutaten der italienischen Küche tauchten erst im achtzehnten Jahrhundert auf, als die Früchte und Gemüsearten, die Kolumbus aus Amerika mitbrachte, Eingang in die Landesküche fanden. Man fragt sich, was die italienischen Großmütter machten, bevor sie aus süßen, saftigen Tomaten Sauce herstellen

konnten oder bevor sie Polenta kannten, die heute ähnlich wie Pasta oder Reis ein mit allerlei Zutaten verfeinertes Urgericht der italienischen Küche ist. Was wurde anstelle der weißen Bohnen verwendet, die die Grundlage für Suppen und herzhafte, sättigende Minestrone bilden? All diese Zutaten sind im heutigen Italien ganz selbstverständlich.
Natürlich gab es in Italien schon vor vielen Jahren Grundnahrungsmittel, die bis heute verwendet werden. Manche von ihnen wachsen nur in bestimmten Gegenden oder in kleinen Tälern, so daß in jeder Region ganz individuelle Gerichte entstanden. *Mele in pietre*, ein Winterapfel, der Monate zur Reife braucht, wächst nur in den Marken, wo er zum Beispiel zu *crescia sfogliata*, einem strudelartigen Dessert, verarbeitet wird. Für die Bewohner der Toskana sind manche Suppen und Pilzgerichte undenkbar ohne die Verfeinerung mit *nepitella*, einem Gewächs aus der Familie der Wilden Minze. Die Römer schwören auf *mentuccia*, eine der Poleiminze ähnliche Abart der Wilden Minze, als Gewürz für Artischocken. Für die Piemonteser wiederum ist die *erba di San Pietro*, ein unter dem Namen Marien- oder Balsamkraut bekanntes Gewürz, für eine gute *frittata* unverzichtbar.
Manche Gewürze bekommt man auch abgepackt und gebrauchsfertig zu kaufen. Die Basis für eine Reihe von Würsten aus Brescia und Parma ist eine Kräutermischung, bestehend aus Koriandersamen, Nelken, Zimt, Sternanis und Kümmelsamen, die zusammen fein gemahlen werden. Eine Großmutter aus Lucca weigerte sich einmal, mir das Geheimnis einer Kuchenspezialität zu verraten, deutete aber an, daß das Aroma durch eine toskanische Gewürzmischung entsteht, die den Gewürzen für Panforte verdächtig ähnelt.
Andere Zutaten sind heute nicht mehr zu finden. Morena Spinelli aus der toskanischen Stadt La Panca schwelgte in Erinnerungen an winzige Auberginen mit einem intensiven Geschmack, die heute im Chianti nirgendwo mehr angebaut werden. Und von kleinen Fischen aus dem Arno, als der Fluß noch sauber war. »Und die gekochten Äpfel, die wir an Festtagen kauften ... Wir trockneten die Schalen und hängten sie auf, da sie mit ihrem wunderbaren Duft die Küchengerüche vertrieben.«
Die siebenundachtzigjährige Ines Pernarella schwärmte von einer Ziegenmilch-Ricotta, die Schafhirten nahe der Hügelstadt Monte San Biagio im südlichen Latium herstellten, wo Ines ihr Leben lang wohnte. Viele Frauen erinnern sich noch an das wunderbare Getränk, das ihre Mütter und Großmütter für sie zubereiteten, wenn sie aus der Schule kamen. Ein Eigelb, Zucker und Milch wurden – zuweilen mit Schokolade – lange miteinander verquirlt und die Mischung manchmal so lange gekocht, bis sie eine zabaioneähnliche Konsistenz hatte.
Ornella Reneglio weiß noch, wie in ihrem Elternhaus im Piemont Nudelteig hergestellt wurde. Die Teigblätter wurden zum Trocknen über Stuhllehnen gelegt. Es gab nur ein einziges Nudelteigrezept und zwei Arten von Nudeln: lange und kurze.

Die Spaghetti, die die Firma Agnesi später im großen Stil herstellte (da war Ornella schon kein Kind mehr), wurden in langen Kisten angeliefert, und der Krämer brach die Nudeln in der Mitte entzwei, bevor er sie verkaufte.
Daß Frauen heute noch Nudeln selbst herstellen, ist nicht ungewöhnlich, aber nur selten findet man eine hausgemachte Entsprechung zu Bucatini oder hohlen Spaghetti. In der albanischen Gemeinde Ururi im Molise allerdings stellen die Frauen heute noch solche Nudeln her, indem sie ein Ei, zwei Pfund Hartweizenmehl, Wasser und Salz zu einem Teig verkneten und ihn dann portionsweise um die dünnen Metallspeichen eines Regenschirms rollen. Mit erstaunlichem Geschick ziehen sie dann die Speichen heraus, so daß innen ein Hohlraum bleibt, der typisch ist für diese Nudelart. Die Metallspeichen von Regenschirmen, wie sie früher hergestellt wurden, sind sehr gefragt, denn die heutigen Speichen sind aus Plastik und nicht rund und daher nicht zu gebrauchen. So kaufen die Frauen alte Regenschirme von umherziehenden Händlern und verschenken die Speichen an andere Frauen.
Antonia Morelli lebte mit ihrer Tochter Graziella Picchi über Jahrzehnte in den Marken auf dem Land unweit von Pesaro und kannte mit der Zeit ihre Umgebung wie ihre Westentasche. Als dann der Zweite Weltkrieg ausbrach und die Nahrungsmittel knapp wurden, rettete sie viele Menschen vor dem Verhungern, weil sie wußte, welche wilden Pflanzen, Kräuter, Pilze und Gräser man sammeln und essen konnte.
Andar per erbe, Kräuter sammeln, galt einst als Tätigkeit der Armen, die wildwachsende Pflanzen wie *rucola*, *cicoria*, die farnähnliche *agreti* oder die winzig kleinen *strigoli* auf den Wiesen und in den Wäldern suchten; diese Kräuter wurden zum Würzen von Nudeln oder Getreide verwendet.
Lange Zeit waren die Frauen davon überzeugt, daß die Speisen langsam gekocht werden mußten. Ein Topf Suppe köchelte den ganzen Tag vor sich hin. Eintopfgerichte wurden stundenlang bei schwacher Hitze gekocht. Brotteig wurde dem Tagesrhythmus der Hausfrau entsprechend vorbereitet und gebacken. Die Frauen Süditaliens stellten das *ragù* frühmorgens auf den Herd, wo es bis zum Abend köchelte, so daß die Familie nach einem harten Arbeitstag auf dem Feld zu Hause das fertige Essen vorfand.
Vielleicht nahmen sich die Frauen die wunderbare Brotvermehrung zum Vorbild. Sie wußten, wie man eine große Anzahl von Personen mit dem wenigen satt bekam, was man zur Verfügung hatte. Renata Marsili kann aus einem einzigen Huhn und zwei zusätzlichen Hühnerschlegeln achtundzwanzig Portionen zaubern. *Acquacotta*, »gekochtes Wasser«, eine bäuerliche Suppe aus der Maremma, die man auf Brot serviert, wurde ursprünglich mit Wasser, einer Zwiebel, vielleicht ein wenig Knoblauch, einem Stück Brot, Feldkräutern (vor allem *mentuccia*), einem Schuß Olivenöl und – zur Verfeinerung – einem Spritzer unreifem Traubensaft, dem Arme-Leute-

Essig, zubereitet. Manchmal war es vielleicht nicht leicht, sich diese Zutaten zu beschaffen. Denn ein altes Sprichwort sagt: »*Mi manca la mentuccia, l'olio e il sale; farei l'acquacotta se ci avessi il pane.*« – Ich habe keine Minze, kein Öl und kein Salz, aber hätte ich Brot, würde ich eine *acquacotta* zubereiten.

Viele Nonne lernten zu einer Zeit kochen, als es noch keine Kühlmöglichkeiten gab. Noch heute stellen sie im Sommer und im Herbst Saucen her und kochen Obst und Gemüse für die dunklen Wintermonate ein. Im August pflücken sie Tomaten, die sie in der Sonne trocknen lassen oder in langwieriger Arbeit einwecken und das ganze Jahr hindurch zum Kochen verwenden. Sie trocknen Kräuter. Sie legen Feigen in die spätsommerliche Sonne, damit sie langsam dörren, lassen ein paar Weintrauben an den Reben, damit ihr Aroma intensiver wird. Sie hängen Tafeltrauben auf oder legen sie auf Strohmatten, damit sie noch süßer werden. Sie pflücken Oliven, aus denen zwischen November und Januar Öl gepreßt wird. Und jede Hausfrau hat ihre eigene Methode, Oliven in Salzlake oder in Öl einzulegen oder zu trocknen, bis sie runzelig sind wie das Gesicht eines alten Menschen.

Kochzutaten über die jeweilige Saison hinaus zu konservieren hat eine lange Tradition. Butter wurde in den Monaten hergestellt, in denen die Kühe gemolken wurden und man in den Käsereien Norditaliens Käse herstellte. Wenn die Käseherstellung im November beendet war, schlossen die Käsereien bis zum Frühjahr. Ida Marverti Lancellotti erzählte mir, daß sie bis zum allerletzten Moment wartete, um Butter zu kaufen. Dann schmolz sie sie bei sehr schwacher Hitze und schöpfte den Schaum ab, bis nur geklärte Butter übrigblieb, die sie in große Glasgefäße abfüllte und den langen Winter hindurch zum Kochen verwendete.

Selbst Eier wurden konserviert. Im Mai, wenn es viele Eier gab, prüfte Ida jedes Ei auf Risse, indem sie sie vorsichtig gegeneinander klopfte, und legte sie dann in riesige Glasgefäße mit breiter Öffnung. Dann nahm sie reinen ungelöschten Kalk, wie er zum Häuserbau und zum Tünchen verwendet wird, und kochte ihn, bis er flüssig und zum Einlegen der Eier geeignet war. Die Gläser wurden den Sommer über an einem kühlen Ort gelagert, und im Winter wurden die Eier verbraucht.

Giulia Tondo hat den ganzen Winter hindurch frische Orangen aus ihrem Garten in Rom zur Verfügung. Sie pflückt sie, wenn sie reif sind, legt sie in einen geflochtenen Weidenkorb, der aussieht wie ein riesiger Wäschekorb, und gießt kaltes Wasser darüber, das sie einmal pro Woche wechselt. So gelagert, bleiben die Orangen monatelang frisch.

In Süditalien wachsen Tomaten mit festem Fruchtfleisch, die die Größe von Kirschtomaten haben, an Sträuchern, die sehr wenig Wasser brauchen. Am Ende der Saison werden diese *pomodorini* wie Trauben geerntet, an einer gut belüfteten Hauswand an einen Nagel gehängt, nach Bedarf gepflückt und den ganzen Winter hindurch wie frische Tomaten in der Küche verwendet.

Ungeachtet der Region, der sie entstammen, haben viele dieser traditionellen, großmütterlichen Rezepte überregionale Gemeinsamkeiten. Ob reich oder arm, ob im Veneto oder in Sizilien – jede der Frauen besitzt Töpfe und Pfannen aus Ton, Steingut, Bronze und Kupfer und nicht solche aus Email, aus Stahl oder mit einer Beschichtung, wie sie heute in vielen Küchen üblich sind. Die drei wichtigsten Gerätschaften in ihrer Küche sind lange Holzlöffel – der für die Polenta verwendete *bastone* ist fast so lang wie ein Ruder und so dick wie ein Knüppel –, Mörser und Stößel, um die Zutaten zu mahlen und ihr Aroma, ihren Duft und ihre ätherischen Öle freizusetzen, und eine *mezzaluna*, ein Wiegemesser mit zwei Griffen, damit die Zutaten kleingehackt und nicht püriert oder zerquetscht werden. Zahlreiche Gerichte sind nach dem Personenkreis benannt, der sie zubereitete: *alla contadina* (auf Bäuerinnenart) oder *alla lucchese* (nach Art der Köchinnen von Lucca); oder nach denen, die das Wild erlegten – *alla cacciatora* (nach Jägerart) – oder die Fische fingen – *alla marinaia* (nach Seemannsart). Die Zutaten für diese traditionsreichen Gerichte entnahmen die Nonne der Natur. Immer schon bewiesen sie großes Geschick darin, den einfachen Produkten eines fruchtbaren Agrarlandes ihr Aroma zu entlocken. Damit brachten sie in Zeiten des Überflusses wie des Mangels ihre Familien über die Runden. In Kriegs- und Notzeiten wie auch in Zeiten des Wohlstands wurden Generationen von Italienern von ihren Nonne, den legendären italienischen Großmüttern, ernährt.

Die wichtigsten Zutaten der Grossmütter und was man darüber wissen sollte

Formaggi (Käse)

Formaggi freschi: Zu den weichen Frischkäsen aus Kuhvollmilch gehören der butterartige Stracchino, der Taleggio und die Crescenza von den Bauernhöfen der Lombardei. Bei Zimmertemperatur serviert, schmecken diese Käsesorten am besten zu Salat, gerösteten Walnüssen und Brot. Sie werden aber auch für Gemüsetorten oder Polpette di Pollo (siehe S. 188) verwendet.
Mozzarella di bufala. Büffelmozzarella wird aus der Milch von Wasserbüffeln hergestellt, die in den Ebenen um Neapel weiden. Der milchig weiche Käse hat ein feines, jedoch ein wenig scharfes und unverwechselbares Aroma. Er quietscht, wenn man ihn aufschneidet, und ist leicht rissig. Auch wenn man Ihnen etwas anderes weismachen will: Mozzarella wird heute meist aus Kuhmilch hergestellt, da es kaum noch Büffel gibt. Wie auch immer, vermeiden Sie jene faden, geschmacklosen Bälle, die in den Supermärkten als Mozzarella verkauft werden. Genießen Sie Mozzarella auf jeden Fall bei Zimmertemperatur, besonders gut schmeckt sie in Scheiben geschnitten zu Tomaten und frischen Basilikumblättern mit Olivenöl.
Ricotta. Ricotta ist weich, zart und angenehm frisch im Geschmack. Sie wird für zahlreiche Nudelfüllungen verwendet, für Gemüsetorten, Pizza rustica sowie für unzählige Desserts. Italienische Ricotta wird häufig aus Schafsmilch hergestellt und gehört zu den feinsten Zutaten der einheimischen Küche. Ihre zart cremige Konsistenz kitzelt den Gaumen. Sie können auch 30 Gramm Ziegenkäse mit 450 Gramm Kuhmilch-Ricotta mischen. Am besten wiegt man Kuhvollmilch-Ricotta ab und läßt sie dann abtropfen, aber sie sollte stets durch ein Sieb gedrückt oder kurz im Mixer verquirlt und dadurch aufgelockert werden. Die beste Vollmilch-Ricotta bekommt man im Käse- oder Feinkostgeschäft. Ricotta salata (gesalzene Ricotta) ist fester in der Konsistenz, gesalzen und gereift. Sie kann gerieben oder in Scheiben geschnitten werden.
Halbweicher Käse. Dazu gehören Bitto – ein Kuhmilchkäse aus dem Veltlin –, der nussige, leicht butterartige Fontina-Käse aus dem Val d'Aosta, der süße, milde Provolone und die scharfe Scamorza aus Süditalien. Diese halbweichen Käsearten werden als Tafelkäse, aber auch in der Küche verwendet.
Pecorino. Schafsmilchkäse aus Mittel- und Süditalien, Sardinien und Sizilien gibt es in vielen Variationen: vom frischen zarten Bauernkäse bis zum alten gereiften Käse, der gerieben über Nudelgerichte gestreut und für Nudelfüllungen verwendet wird.

Caciotta oder Pecorino Toscano sind junge, leicht cremige Käsesorten; Pecorino Sardo ist salziger und schärfer im Geschmack, und der gereifte Pecorino Romano ist kräftig und zum Reiben bestimmt. Sizilianischer Pecorino wird in dreierlei Reifestufen angeboten: als frische, noch ungesalzene und cremige Tuma; als einen Monat gereifter, geschmacklich runder Tafelkäse; und schließlich als Reibekäse. Geriebener Pecorino wird oft zu geschmacklich intensiven süditalienischen Gerichten serviert, die mit kräftigem Gemüse zubereitet werden.

Parmigiano Reggiano (Parmesankäse). Ein Sprichwort der Emilia Romagna sagt: »Stehe niemals vom Tisch auf, bevor du nicht Parmesankäse gegessen hast.« Italienisches Essen ohne den echten Parmigiano Reggiano ist unvorstellbar. Er wird aus der Milch von Kühen hergestellt, die nur in einem genau umgrenzten Gebiet der Provinzen Parma, Reggio Emilia, Modena, Bologna und Mantua weiden, und zu strohfarbenen Käserädern verarbeitet, die mindestens ein, häufig auch zwei bis drei Jahre reifen. Sicher, er ist nicht billig, aber er ist seinen Preis wert. Sein milder salziger Geschmack mit den auf der Zunge zergehenden Kristallen verleiht zahlreichen Gerichten ihre besondere Note. Er wird stets zu Nudelgerichten (aber nicht zu Saucen aus Meeresfrüchten), zu mailändischer oder genuesischer Minestrone und zu den meisten Gerichten aus der Emilia Romagna gereicht. Reiben Sie den Käse unmittelbar bevor Sie ihn servieren, dann entfaltet sich sein volles Aroma. Man kann aber auch mit einem Kartoffel- oder Trüffelschäler hauchdünne Kringel abschneiden. Die Rinde sollte man keinesfalls wegwerfen, denn man kann sie, wie in Genua üblich, einer Minestrone beifügen. Sie verleiht der Suppe einen leicht nussigen Geschmack und eine cremige Konsistenz. Andere fügen auch der Fleischbrühe ein Stück Parmesanrinde bei.

Grana Padano, ein Reibekäse, der in vielen Tälern Norditaliens hergestellt wird, ist dem Parmigiano Reggiano sehr ähnlich, wird jedoch außerhalb des streng begrenzten Ursprungsgebiets hergestellt. Man verwendet ihn meist zum Kochen und Reiben.

Zur Aufbewahrung wickelt man Hartkäse wie Parmigiano Reggiano und Grana Padano am besten in Pergamentpapier und dann erst in Plastik ein. Plastik allein fördert die Schimmelbildung. Wenn der Käse hart geworden ist, wickelt man ihn in ein feuchtes Tuch und dann in Plastik und legt ihn in den Kühlschrank. Befeuchten Sie das Tuch immer wieder, bis der Käse weich ist.

Olio di Oliva (Olivenöl)

Die staubigen, graugrünen Bäume, die das Landschaftsbild Italiens prägen, tragen grüne und dunkellila Oliven, die zwischen Ende November und Januar geerntet werden. Nachdem man die Oliven mit der Hand gepflückt hat, werden sie sofort in die Mühle, den *frantoio*, gebracht, wo sie von zwei riesigen, hochkant stehenden, sich unablässig drehenden Mühlsteinen zu einem dicken Brei zermahlen werden. Dieser Olivenbrei wird anschließend auf Preßmatten gestrichen, die zu einem Turm aufeinandergestapelt und mittels hydraulischer Pressung – ohne Zugabe von chemischen Mitteln oder Hitzeeinwirkung – zusammengedrückt werden, so daß die freigesetzte Flüssigkeit in ein großes Auffangbecken fließt. Dann wird das Fruchtwasser mit Hilfe einer Zentrifuge vom Öl getrennt; anschließend wird das Olivenöl gefiltert und abgefüllt. Dies ist das nicht raffinierte, kaltgepreßte Olivenöl (*olio di oliva extra vergine*), das besonders begehrt ist und mit seinem Aroma und Geschmack jedes Gericht verfeinert. Manche halten das ungefilterte und deshalb trübe, kaltgepreßte Olivenöl, das von dunkelgrüner Farbe ist, für das beste.

Für das feinste Olivenöl werden höchste Anforderungen an Geschmack, Duft und Konsistenz gestellt; der Säuregehalt muß unter einem Prozent liegen. Die zweitbeste Ölqualität wird *olio puro oliva* oder einfach *olio di oliva* genannt. Die verwendeten Oliven zweiter Wahl haben kleine Mängel bezüglich Geschmack, Farbe und Geruch, und das Öl kann mit Hilfe von Hitze oder Chemikalien gewonnen werden. Dieses Öl ist praktisch geschmack-, farb- und geruchlos. Der Zusatz von ein wenig *olio extra vergine* verhilft dem Öl zu ein wenig Persönlichkeit. Doch ist es keineswegs so, daß man für eine Flasche Olivenöl extra vergine ein Vermögen bezahlen muß. Man darf davon ausgehen, daß die meisten italienischen Großmütter beim Kauf nicht allzu tief in die Tasche greifen. Es gibt ausgezeichnetes Olivenöl zu einem annehmbaren Preis, manche Öle eignen sich zum Kochen, andere, um damit das Essen zu verfeinern, bevor es auf den Tisch kommt. Es lohnt sich, eine Geschmacksprobe zu machen, um das Öl zu finden, das einem am ehesten entspricht. Man sollte stets mehr als eine Flasche auf Vorrat halten.

Heute produzieren fast alle Regionen Italiens Olivenöl, und in der italienischen Küche wird mittlerweile vorwiegend Olivenöl verwendet, was noch vor dem Zweiten Weltkrieg keineswegs der Fall war. Auch die Bewohner größerer Städte haben ihre privaten Bezugsquellen oder kennen einen Olivenölproduzenten, der sie mit Öl versorgt. Viele Frauen schwören darauf, zum Kochen, Verfeinern und sogar zum Braten ausschließlich Olivenöl zu verwenden. Es ist ein natürlicher Wärmeleiter, denn es kann so hoch erhitzt werden, daß der Geschmack des Bratguts sofort eingeschlossen und das Äußere knusprig wird.

Öle aus Ligurien, vom Gardasee und aus der Gegend um Lucca sind leicht und von köstlicher Milde. Öle aus der mittleren Toskana und Umbrien sind fruchtiger und kräftiger. Olivenöl aus dem Chianti ist berühmt für seine leichte Schärfe. Olivenöl aus dem Süden ist in der Regel kräftig und intensiv im Geschmack, obwohl manche Öle aus Apulien und dem Molise die Milde und das fruchtige Aroma ihrer weiter aus dem Norden stammenden Verwandten besitzen. Das Aroma von Olivenöl ist entscheidend für fast jedes wohlschmeckende Gericht; seine samtige Konsistenz und sein milder Geschmack verleihen der Speise oft erst den entscheidenden Pfiff. Je einfacher das Gericht, um so wichtiger ist es, ein gutes Olivenöl zu verwenden. Das Öl sollte an einem dunklen, kühlen Ort, am besten in einer getönten Glasflasche, aufbewahrt und innerhalb von ein bis eineinhalb Jahren verbraucht werden.

Erbe e condimenti (Kräuter und Gewürze)

Auf den Hügeln und in den Küchengärten Italiens wachsen überall große Salbeipflanzen, glänzender Rosmarin, duftender Oregano, der ein wenig scharfe Majoran und viele Arten von Basilikum, darunter auch die wunderbar würzige Genueser Variante mit kleinen Blättern. Basilikum, Salbei und glatte Petersilie müssen möglichst frisch verwendet werden. Statt frischer Lorbeerblätter eignet sich auch getrockneter französischer oder türkischer Lorbeer. Falls Sie getrockneten Rosmarin, getrockneten Oregano oder ganze getrocknete Lorbeerblätter (aber keinesfalls Pulver!) verwenden, benötigen Sie nur etwa die Hälfte der frischen Kräuter. In sizilianischen Rezepten ist bei den Mengenangaben immer getrockneter Oregano gemeint.

Zu den besonders wichtigen, wenn auch weniger bekannten Kräuterarten gehört die überall in der Toskana wildwachsende *nepitella* oder Katzenminze, die besonders gut zu Pilzen paßt. *Mentuccia* oder Poleiminze, eine verwandte wilde Minzart aus Latium, hat ein zartes Aroma; man verwendet sie traditionell zum Würzen der römischen Artischocken. *Nepitella* kann durch zwei Teile Oregano und einen Teil Minze ersetzt werden, *mentuccia* durch zwei Teile Majoran und einen Teil glatte Petersilie sowie ein wenig Minze. Ein Sprichwort aus den Marken lautet: *»L'insalata non è bella se non c'è la pimpinella«* – Ohne Pimpinelle schmeckt der Salat nicht –, und in der Toskana heißt es: *»L'insalata non è bella se non c'è la salvastrella* [Portulak].«

»Vergessen Sie nie die *odori*«, sagte Emma Grassi Bensi aus Panzano zu mir und sah mich ungläubig an, als ich nicht wußte, was sie damit meinte. Zu vielen wohlschmeckenden italienischen Rezepten gehören *odori* oder ein *battuto* – feingehacktes Gemüse und Kräuter. Die Mischung wird gewöhnlich mit Olivenöl in der Pfanne gebraten (im Norden kommt oft ein wenig Butter hinzu) und heißt dann *soffrito*. Manchmal wird das Gemüse kaltem Öl, manchmal zuvor erhitztem Öl zugegeben. In der Toskana sind *odori* in Würfel geschnittene Zwiebeln, Mohrrüben, Sellerie, Petersilie und Kräuter wie Rosmarin, Salbei oder *nepitella*. Sie sind für die regionale Küche von so großer Bedeutung, daß die Gemüsehändler überall im Land oft von sich aus ein Bündel Petersilie, ein paar Zweiglein Rosmarin und vielleicht auch ein, zwei frische Lorbeerblätter mit in die Einkaufstüte packen. Manchmal wird Knoblauch verwendet, und auch *pancetta* kann zur Abrundung des Aromas erforderlich sein. Das Fleisch und die anderen Zutaten werden hinzugefügt, wenn das Gemüse Farbe anzunehmen beginnt.

Il Maiale (Schweinefleisch)

Das Schwein rettet über den Winter hinweg und verleiht zahlreichen Gerichten ihren unverkennbaren Geschmack, obwohl das heutige Schwein nur noch ein Schatten seiner wohlbeleibten Vorfahren ist. Aus kulinarischen Gründen wurden in den letzten fünfzig Jahren bei der Schweinezucht Veränderungen vorgenommen: Die schlanken Yorkshire-Schweine haben die einheimischen Arten verdrängt. Heute werden die Schweine geschlachtet, sobald sie gut 100 Kilogramm auf die Waage bringen, also einen mageren Prosciutto hergeben, und lange bevor ihnen eine dicke Fettschicht wächst, aus der man Schweinefett herstellen kann. Schweine wurden traditionell auf Bauernhöfen oder im Freien gehalten, sie fraßen Eicheln und Kastanien. Heute jedoch werden sie überwiegend industriell gezüchtet und ganz anders gefüttert. Die Folge ist, daß ihr Fleisch nicht nur anders schmeckt als das Fleisch des vom Bauern gezüchteten Hausschweins, auch die Konsistenz ist anders.
Lardo (Spickspeck) kann man eigentlich gar nicht übersetzen; er ist der *pancetta* und dem weißen Fettrand des Prosciutto insofern vergleichbar, als es sich dabei um Schweinefett handelt. Lardo war früher der wichtigste Geschmacksträger des *battuto* und wurde in zahlreichen bäuerlichen Rezepten verwendet, doch heutzutage, wo alle Welt Angst vor zuviel Kalorien und Cholesterin hat, ist Olivenöl an dessen Stelle getreten. Wenn Lardo auf der Speisekarte steht, handelt es sich um das weiße Fett vom Schweinerücken, das klein geschnitten und mit Meersalz und vielen Bergkräutern eingerieben wird, manchmal in Lake eingelegt und immer monatelang gelagert ist. Es wird in hauchdünne Scheiben geschnitten und mit Brot oder mit rohen, in Scheiben geschnittenen Tomaten serviert.
Pancetta ist durchwachsener Bauchspeck vom Schwein. Er wird in Scheiben geschnitten, mit zerstoßenem schwarzem Pfeffer und mit Nelken, eventuell auch mit ein wenig Zimt und Muskatnuß gewürzt und dann wie eine Wurst aufgerollt und in Salz gepökelt. Pancetta wird für zahlreiche italienische Rezepte und oft auch zum Braten des *soffrito* verwendet. Als Ersatz eignet sich am besten hochwertiges gepökeltes Schweinefleisch oder noch besser Prosciutto mit seinem weißen Fettrand. Es empfiehlt sich, das Gericht zu probieren, bevor man Salz hinzugibt, denn gepökeltes Schweinefleisch kann sehr salzig sein.
Strutto ist ausgelassenes Schweinefett und wurde jahrhundertelang zum Braten und für Kuchen und Gebäck verwendet. In Schweineschmalz Gebratenes ist unver-

gleichlich knusprig, und ein damit zubereiteter Teig ist unübertroffen locker. Zum Kochen verwendet, verleiht Schweineschmalz dem Gericht einen einmaligen Geschmack und eine wunderbare Konsistenz. Reines Schweineschmalz ist die beste, Schweinerückenfett die zweitbeste Qualität. Fragen Sie bei Ihrem Metzger nach. Zum Auslassen wird das Fett in kleine Würfel geschnitten, in eine hohe, schwere Kasserolle gegeben, mit ganz wenig Wasser bedeckt und bei niedriger Flamme auf den Herd gestellt. Die köstlich schmeckenden Grieben kann man abschöpfen und beispielsweise in Brot backen. Das Fett wird in ein Keramikgefäß gegossen, bei Zimmertemperatur abgekühlt, bis es sich zu einer cremig-weißen Masse verfestigt, und im Kühl- oder im Gefrierschrank aufbewahrt. Abgepacktes Schweineschmalz sollte man möglichst vor dem Verwenden probieren, denn es darf weder intensiv schmecken noch riechen. Traditionsbewußte Großmütter verwenden heute noch Schweineschmalz, aber die Angst vor Kalorien und Cholesterin schreckt viele Köchinnen ab, auch die Nonne. Manche Großmütter nehmen Margarine als Ersatz. Merkwürdigerweise ist der Cholesteringehalt von Schweinefett niedriger als der von Butter.

Sale (Salz)

Die Italiener verwenden fast immer Salz aus dem Mittelmeer, um ihre Gerichte zu würzen. Salz ist ein gutes Konservierungsmittel. Prosciutto, *baccalà* (gesalzener, luftgetrockneter Klippfisch), Sardellen und Kapern halten sich monatelang, wenn sie in Salz eingelegt sind. Doch Salz ist auch das wichtigste Küchengewürz.
Die Frauen haben in ihrer Küche ein Gefäß mit grobem Meersalz, *sale grosso*, neben dem Herd stehen und geben davon handvollweise ins kochende Nudel- und Kartoffelwasser. Das feinkörnige Meersalz, *sale fino*, stellt man auf den Tisch. Die Kristalle von gereinigtem Salz sind weniger salzig als Meersalz; jodiertes Salz ist gewaschen und mit Magnesium versetzt, damit es nicht klumpt und streufähig bleibt. Die Kristalle des naturbelassenen Meersalzes (das, was übrigbleibt, wenn das Meerwasser verdampft) enthalten wertvolle Mineralien und sind rein im Geschmack. Viele Großmütter geben Reiskörner in den Salzstreuer, damit das Salz nicht klumpt.

Pomodori (Tomaten)

Jede Region Italiens hat ihre eigene bevorzugte Tomatensorte. Die Großmütter verwenden frische Tomaten nur im Sommer und im Frühherbst, wenn die Früchte reif, süß und aromatisch sind. Ansonsten greifen sie auf Tomaten aus der Dose zurück

oder auf die Saucen, die sie aus vollreifen Tomaten herstellen. Die kleinen, fleischigen und geschmackvollen Pachino-Tomaten, die man vor allem auf den Märkten Apuliens und Siziliens findet, sind eine neue Sorte, die früher als die anderen reif wird. Die eiförmigen fleischigen San-Marzano-Tomaten werden am liebsten für Saucen und für Gerichte mit einer langen Kochzeit verwendet, für Tomatenkonzentrat und den früher im Süden und in Sizilien hergestellten Tomatenextrakt. Aber es gibt noch weitere Arten, die jeweils einen eigenen Geschmack und ein besonderes Aussehen haben: die runden und dicken Venturas, die herzförmigen *cuor di bue* (Ochsenherzen), die Florentiner Tomaten mit der gefurchten Kappe; die gerippten Genueser Tomaten – *costoluto genovese* genannt (eine späte Sorte) – und schließlich die langen dünnen Romas. Im Süden werden die kirschtomatengroßen *pomodorini* mit dem Strauch geerntet, an einer gut belüfteten Hauswand an einen Nagel gehängt und den ganzen Winter über verwendet.
Man hat die Qual der Wahl. Beobachten Sie doch einmal eine italienische Großmutter auf dem Gemüsemarkt. Sie läßt zunächst ihren Blick über die Holztische schweifen, auf denen die Tomaten dargeboten werden, dann tritt sie näher heran, um sie genauer zu begutachten, und befragt den Verkäufer, bevor sie ihre Wahl trifft. Italienische Kunden halten sich an die Hauptregel: nichts berühren. Bei Großmüttern in kleineren Städten aber macht der Händler eine Ausnahme. Für den Salat wählen die Nonne blaßgrüne und/oder leicht rosafarbene Tomaten, zum Kochen reife, rote, fleischige Tomaten. Doch unabhängig davon fügen sie beim Kochen stets ein wenig Zucker hinzu, nachdem sie das Gericht abgeschmeckt haben, obwohl italienische Tomaten an sich schon weniger Säure haben als andere.
Pomodori in scatola (Tomaten in der Dose): Wenn es frische vollreife und aromatische Tomaten auf dem Markt nicht gibt, verwenden italienische Großmütter Tomaten aus der Dose, am liebsten die eiförmigen San-Marzano-Tomaten, die im eigenen Saft eingelegt sind. Viele Frauen fügen den Tomaten aus der Dose eine Prise Zucker bei, um den Säuregehalt auszugleichen. Italienische Großmütter verwenden auch *passata*, passierte anstellte von feingehackten Tomaten.
Concentrato e estratto di pomodoro (Tomatenmark und Tomatenextrakt): Zur Herstellung von Tomatenmark läßt man das in den Tomaten enthaltene Wasser vollständig verkochen. Das Mark, das das süße Tomatenaroma enthält, wird in Tuben als einfaches und doppeltes Konzentrat verkauft. Die Nonne verwenden häufig ein klein wenig Tomatenmark, um dem Gericht Farbe zu geben (nicht um des Geschmacks willen) und um die Sauce anzudicken. Doppelt konzentriertes Tomatenmark verleiht dem Gericht einen intensiveren Geschmack. Tomatenextrakt ist ein hellrotes, intensiv schmeckendes Tomatenkonzentrat mit dem reinen Aroma frischer Tomaten. Man läßt die Tomaten entweder in der Sonne trocknen und kocht sie dann – das dauert drei Tage –, oder man läßt sie roh so lange liegen, bis das

Konzentrat von selbst entsteht – das dauert eine Woche. Wenn man kein Tomatenextrakt zur Verfügung hat, empfiehlt Anna Tasca Lanza, die auf ihrem Hof in Regaleali in Sizilien ihr Tomatenmark selbst herstellt, dreimal so viel Mark von in der Sonne getrockneten Tomaten zu nehmen, wie das Rezept Tomatenextrakt verlangt.

ANTIPASTI
Vorspeisen

LUISA CAPPELLI

NELLA GALLETTI

PINA MACULAN

Crostone con Funghi
Crostone mit Pilzen

Dieses Rezept stammt von der Schwiegermutter von Luisa Cappellis Bruder und ist ein wunderbar leichtes Gericht zum Brunch, Mittagessen oder für den Sonntagabend. In Stücke geschnitten, ergibt das Crostone wunderbare Crostini für eine Vorspeisenplatte.

Für 4 Personen
4 große Scheiben Landweißbrot,
in 1,5 cm dicke Scheiben geschnitten
200 g frische oder 30 g getrocknete Steinpilze und
170 g braune Pilze, bevorzugt Cremini- oder Portobello-Pilze
100 g Butter
Salz
6 Eier
schwarzer Pfeffer, frisch gemahlen
2 EL heiße Milch
4 sehr dünne Scheiben roher Schinken,
vorzugsweise italienischer Prosciutto

Backofen vorheizen. Die Brotscheiben auf das Backblech legen, in den Ofen schieben und auf beiden Seiten leicht rösten (jeweils etwa 4 Minuten), bis sie außen goldgelb, innen aber noch weich sind. Nicht trocken werden lassen. Warm stellen. Die frischen Pilze mit einer Pilzbürste oder einem feuchten Tuch putzen. Getrocknete Steinpilze 30 Minuten in warmem Wasser einweichen, abtropfen lassen und ausdrücken. Pilze in kleine Würfel schneiden. Die Hälfte der Butter in einer großen schweren Pfanne schmelzen lassen, die Pilze und etwas Salz zugeben und bei mittlerer Hitze 10 Minuten anbraten, bis sie weich sind und die Flüssigkeit verdampft ist. Vom Herd nehmen und auf Zimmertemperatur abkühlen lassen.
Während die Pilze schmoren, die Eier mit Salz und Pfeffer in einer großen Schüssel verquirlen. Die restliche Butter flöckchenweise unterrühren. Sie muß sich nicht völlig in der Flüssigkeit auflösen, denn sie schmilzt später beim Braten. Die Pilze zu den Eiern geben und die Mischung in die Pfanne gießen, in der zuvor die Pilze gebraten wurden. Bei schwacher Hitze langsam wie Rührei braten, dabei mit dem

Holzlöffel ständig umrühren, bis die Eier cremig werden. Vom Herd nehmen und die heiße Milch sehr langsam zugeben; ständig rühren, bis die Mischung zu einer nicht zu festen Creme wird.
Den Schinken so schneiden, daß er auf die Brotscheiben paßt, und je eine Scheibe davon auf eine Scheibe warmes Brot legen. Etwas von der Eier-Pilz-Creme daraufstreichen und auf einer warmen Platte servieren.

Brot *(pane)*: Nehmen Sie unbedingt Landweißbrot, ein herzhaftes Brot mit knuspriger Rinde und weicher Krume, das oft auch unter dem Namen Toskanabrot angeboten wird. Wenn es nicht mehr ganz frisch ist, kann man es in Scheiben schneiden und für Bruschetta oder Crostini im Backofen rösten oder es in Würfel geschnitten als Croûtons für eine Suppeneinlage verwenden. Dieses Brot ist praktisch für jeden Gang verwendbar, von der Vorspeise bis zum Nachtisch. Altes, in Scheiben geschnittenes und in Essig getunktes Brot kann als Basis für Crostini-Aufstrich und auch für Saucen verwendet werden.

Porträt Luisa Cappelli

Man kann sich gut vorstellen, wie Luisa Cappelli das eine Enkelkind in der Wiege schaukelt, einem anderen Latein beibringt, die Fensterläden streicht, Olivenöl und einen exquisiten Vin Santo herstellt und ein köstliches Essen zubereitet – und zwar alles gleichzeitig. Wenn sie im Wohnzimmer die Porträts ihrer Vorfahren zeigt, sprudeln die Erinnerungen geradezu aus ihr hervor. Sie ist klein und agil, hat kurzgeschnittenes graues Haar und sieht selbst in den Kleidern elegant aus, die sie bei der Hausarbeit trägt. Tief religiös und eng mit ihrer Familie verbunden, schreibt sie Bücher für ihre Enkelkinder und singt ihnen Wiegenlieder vor. In einem Brief, den ihr eine Enkelin unters Kopfkissen gelegt hat, heißt es: »*Nonna, grazie per esistere.*« – Danke, daß es dich gibt, Nonna.

Geboren in der Toskana und verheiratet mit einem Genueser, lebte sie mit ihren drei Kindern (zwei Töchtern und einem Sohn) und sechs Enkelkindern bis vor kurzem in Genua. Ihre Ehe war mit allen Höhen und Tiefen sehr glücklich. Inzwischen ist sie Witwe.

Luisas Großvater, ein stattlicher und sympathischer Mann mit einem elegant gestutzten weißen Schnauzbart, kommandierte die ganze Familie herum. Er stieß seinen Stock auf den Boden und rief: »*Il padrone sono io!*«. Ich bin der Herr im Haus! Das erstgeborene Kind mußte seiner Meinung nach unbedingt ein Junge sein. »Sehen Sie«, sagte Luisa und deutete auf eine alte, über zehn Meter hohe Zypresse. Sie wurde gepflanzt, als ihr Bruder geboren wurde. Bei ihrer Geburt pflanzte man gar nichts. Frauen zählten nicht und hatten nichts zu sagen. Auch Luisas Mutter, die viel Geld und Besitz in die Ehe mitgebracht hatte, mußte ihren Mann wegen jeder Kleinigkeit um Erlaubnis fragen, sogar wenn sie sich ein paar Schuhe kaufen wollte. Die Eltern und Großeltern wurden in der Höflichkeitsform »*lei*« angesprochen.

Noch heute kostet es die achtundsechzigjährige Luisa enorme Überwindung, jemandem das *»tu«* anzubieten. Während des Zweiten Weltkriegs lebte die Familie in einer Villa in Florenz mit Renaissancestatuen aus Bronze und einem riesigen Garten. Einmal verbarg Luisas Mutter beim Dreschen auf dem Feld einen Koffer mit Schmuck in einer der vielen aufgestellten Weizengarben. Ihn später wiederzufinden, war mehr als schwierig. Die Familie versteckte all ihr Hab und Gut in einem großen Haus in der Via Guicciardini, die die Deutschen bei ihrem Abzug aus der Stadt dem Erdboden gleichmachten. Luisas Familie verlor alles, was sie besaß. Wenig später starb der Großvater. Er war vierundachtzig Jahre alt geworden.

Luisa lebt in einem wunderschönen toskanischen Landhaus, das auf einem Weinberg außerhalb von Panzano im Chianti liegt. Ihr Großvater und ihr Vater wurden in diesem Haus geboren und haben hier gelebt. Der Ort erfüllt sie mit Wehmut und dem schönen Gefühl, von ihrer Familiengeschichte umgeben zu sein – nicht nur aufgrund der Sammlung moderner Malerei (unter anderem Picabia und Sonia Delaunay), die ihr Mann aufgebaut hat, sondern auch wegen der vielen wunderbaren alten Möbel, der Regale mit ledergebundenen Büchern und der Familienfotos an den Wänden und auf den Schreibtischen. Ihr Garten ist von riesigen Blumentöpfen aus Terrakotta gesäumt, in die Zitronenbäumchen gepflanzt sind. Im Hintergrund ragen Zypressen empor.

Als sie sich für das Haus in der Toskana entschied, mußte sie zwei Wochen schwerster Arbeit investieren, um die Küche wieder auf Vordermann zu bringen. Jetzt betritt man eine großartige Landhausküche mit dicken alten Holzbalken an der Decke und wunderschönen blau-weißen Keramikfliesen mit einem rosaroten Punkt in der Mitte. In einem hübschen Holzschrank aus dem 16. Jahrhundert werden das Geschirr und das Silberbesteck aufbewahrt. Luisa besitzt noch viele alte Gerätschaften: eine alte Kastanienröstpfanne mit perforiertem Boden, Pfannen mit Griffen, die einen Meter lang sind; sogar eine altmodische mechanische Kaffeemühle hat sie noch. Aus eigenen Oliven stellt sie kaltgepreßtes Olivenöl her, das sie in großen alten, glänzenden Tongefäßen aufbewahrt. Den neuesten Vorschriften zufolge müssen die Behälter für Olivenöl aus rostfreiem Stahl sein, aber Luisa sträubt sich entschieden dagegen. »Öl wird seit dem 15. Jahrhundert gepreßt«, sagt sie, »und es wurde immer in großen Tonkrügen aufbewahrt. Ich presse mein eigenes Öl und bewahre es so auf, und damit basta!« Als sie den großen hölzernen Deckel von einem der Behälter nimmt, entströmt dem Gefäß ein intensiver Duft nach Olivenöl. Im Keller des Hauses lagert sie ihren eigenen, bernsteinfarbenen Vin Santo. Luisas Herstellungsmethode ist die gleiche wie vor hundert Jahren, und sie serviert den Wein nicht nur, wie in der Toskana üblich, als Dessertwein zum Abschluß der Mahlzeit, sondern auch eisgekühlt als Aperitif. »Er paßt großartig zu Taubenpâté«, sagt sie. Aber nicht weniger gut, füge ich ergänzend hinzu, zu deren deftiger

toskanischer Entsprechung, den Crostini di milza, gerösteten Brotscheiben mit Kalbsmilz, die fast wie Leber schmeckt.
Jedes Jahr veranstaltet Luisa in ihrem Garten ein großes Sommerfest. Die Essensvorbereitungen dauern zwei Tage. Man ißt an Tischen, die von großen weißen Sonnenschirmen aus Leinen beschattet werden. Signora Luisa schwört auf ihre Rezepte und erzählt Geschichten von ihren Vorfahren, die gleichfalls großartige Köchinnen waren. Ihr Lieblingsgericht, Fagiano alla senese, Fasan nach Sieneser Art, muß, wie sie sagt, »mit dem allerbesten Weißwein zubereitet werden, einem Wein, der besser ist als der, den man zum Essen trinkt, und er darf keinesfalls ganz verdampfen.«
Ihre Rezepte stammen von verschiedenen Familienmitgliedern, die alle außerordentlich gut kochen konnten. Luisa Cappellis Schwiegermutter kommt aus dem Piemont und konnte nicht einmal Kaffee kochen, als sie im Jahr 1918 heiratete. Um dieses schwerwiegende Problem zu lösen, schickte ihr Mann sie nach Prato, wo sie in die Geheimnisse der echten toskanischen Küche eingeweiht wurde. In den folgenden zwanzig Jahren war sie eine leidenschaftliche Köchin, und da sie zwei Dienstmädchen hatte, konnte sie sich für die Zubereitung von Lasagne gut und gern zwei Tage Zeit lassen. Ihr Mann liebte gutes Essen und bestand darauf, daß alles, was auf den Tisch kam, hausgemacht war. Sie bereitete eine köstliche Terrine, und schon zwei Wochen vor Weihnachten begann sie, die aufwendige Füllung für einen Kapaun herzustellen – eine Mischung aus Fleisch, hartgekochten Eiern, Trüffeln und Pistazien. Selbstverständlich mußte sie immer etwas bereit haben, wenn ihr Mann aus dem Büro anrief und ankündigte, daß er Gäste zum Essen mit nach Hause bringen würde. Einmal kam er unerwartet mit einiger Begleitung und erkannte mit einem Blick, daß die Lasagne, die sie servierte, nicht selbst gemacht war. *»Portami il sallacino«* – Bring mir die eingesalzenen Heringe –, befahl er und weigerte sich, das Nudelgericht auch nur anzurühren.
Luisa wurde von ihrer Schwiegermutter in die Geheimnisse der guten Küche eingeweiht; auch heute noch kocht sie Ribollita, deren Vorbereitung drei volle Tage in Anspruch nimmt. Ihre Anweisungen sind detailliert und präzise: »Die weiche Schwarte eines Prosciutto in Stücke schneiden und zusammen mit eingeweichten Cannellini-Bohnen in einen großen Steinguttopf legen ... Alles erdenkliche Gemüse dünsten und hinzugeben; bei sehr kleiner Flamme köcheln lassen ... Den Topf luftdicht abdecken und mindestens eineinhalb Stunden lang nicht öffnen ... Salz in dem Augenblick hinzugeben, in dem der Herd ausgeschaltet wird und das Gericht aufhört zu kochen. Wenn man ein paar Stunden mit dem Servieren wartet, schmecken die Bohnen noch besser.« Einmal, als ein Arzt eine Einladung zum Essen bei ihr im letzten Moment absagen mußte, schickte sie ihm eine Terrine voll Ribollita, und er revanchierte sich mit einem riesigen Blumenstrauß.
Wegen ihrer Leidenschaften – Essen, Familie, Religion, Gedichte – und ihrer uner-

schöpflichen Energie und Herzlichkeit fühlen sich andere Menschen zu ihr hingezogen. Als ihr Mann kurz vor seinem Lebensende ins Krankenhaus eingeliefert wurde, war ein sechzehnjähriger Junge im Nebenbett so fasziniert von ihr, daß er Gedichte für sie schrieb. Noch heute, vier Jahre danach, stehen die beiden in Kontakt.

Crostini con le Fave
Crostini mit pürierten Fava-Bohnen

Das ist Nella Gallettis umbrische Variante der traditionellen toskanischen Bruschetta. Sie verwendet getrocknete Fava-Bohnen anstelle von weißen Cannellini-Bohnen, eine kleine regionale Abweichung, die den Röstbrotaufstrich cremiger und nussiger im Geschmack macht. Crostini werden als Appetithäppchen serviert. Doch wenn Sie zwei oder drei verschiedene Arten davon zubereiten, haben Sie im Nu ein vollständiges sonntägliches Abendessen, ein leichtes Mittagessen oder eine Zugabe zum Büffet.

Für 6 bis 8 Personen
220 g plus zwei EL getrocknete Fava-Bohnen
1 mittelgroße Zwiebel, grob gehackt
1 1/2 TL Meersalz
2–3 EL fruchtiges Olivenöl extra vergine,
weiteres Öl zum Beträufeln (nach Wunsch)
8 Scheiben Landweißbrot, in gut 1 cm dicke Scheiben
geschnitten und halbiert
3 große Knoblauchzehen, halbiert und leicht zerdrückt
2 EL glatte Petersilie, klein geschnitten

Die getrockneten Fava-Bohnen mit kaltem Wasser bedecken und über Nacht oder 12 Stunden vor dem Kochen einweichen. Abgießen und enthäuten. Wenn sich die Schale nicht löst, 5 bis 10 Minuten in Wasser sprudelnd kochen, abtropfen lassen und schälen.
Die enthäuteten Bohnen mit der gehackten Zwiebel in einen Kochtopf geben und mit Wasser bedecken. Bei mittlerer Hitze zum Kochen bringen und Salz hinzufügen.

Bei geringer Hitze zugedeckt so lange (etwa 30 Minuten) köcheln lassen, bis fast das ganze Wasser verdampft ist und die Bohnen weich, aber nicht breiig sind. Dabei darauf achten, daß genügend Flüssigkeit im Topf ist; wenn das Wasser verdampft ist, mehr zugeben.
Die Bohnen abtropfen lassen, das Abtropfwasser beiseite stellen. Die Bohnen im Mixer oder mit dem Pürierstab unter Zugabe von 2 bis 3 Eßlöffel kaltgepreßtem Olivenöl zu einer cremigen Masse verarbeiten. Mit Salz abschmecken.
Den Backofen vorheizen, das Brot 4 bis 5 Minuten rösten, bis es rundherum leicht gebräunt ist. Noch warm auf beiden Seiten mit dem zerdrückten Knoblauch einreiben, so daß das Aroma das Brot durchdringt. Jede Scheibe mit dem Kochwasser der Bohnen leicht beträufeln und etwas Fava-Püree daraufstreichen. Nach Belieben ein paar Spritzer Olivenöl darübergeben und mit Petersilie bestreuen. Nach Möglichkeit warm servieren.

Tip: Nella empfiehlt, die eingeweichten und abgezogenen Bohnen in handwarmem Wasser zu kochen, damit sie noch weicher werden; dann erhöht sich allerdings die Kochzeit um 10 bis 20 Minuten. Zum Pürieren benötigen Sie in diesem Fall 1/16 Liter Wasser zusätzlich.

Grana sott'Olio
Grana-Käse in Öl

In der Region Parma bereiten die Frauen Käseaufstrich auf verschiedene Arten zu: entweder mit frischem Grana, der, während er in der runden Holzform reift, Risse bekommen hat (ein Hinweis darauf, daß der Reifungsprozeß mit kleinen Fehlern abläuft) – dieser Grana wird mit trockenem Malvasia-Wein und etwas Sahne verrührt –; oder man nimmt mittelalten Grana und vermischt ihn mit Olivenöl. Ein vollendetes Rezept: Aus nur zwei Zutaten erhält man einen einfachen Aufstrich für Antipasti oder für einen nachmittäglichen Imbiß. Was will man mehr?

Zutaten für 1/4 Liter
330 g Grana-Käse, fein gerieben
10–12 EL leichtes Olivenöl extra vergine,
am besten aus Ligurien

Den Käse in eine Schüssel geben. 4 bis 5 Eßlöffel Öl hinzufügen und mit den Fingern gut verkneten. Zudecken und 7 bis 10 Tage bei Zimmertemperatur ruhenlassen. Die Mischung wird sehr trocken. Weitere 1 bis 2 Eßlöffel Öl zugeben, gut vermischen und in ein sterilisiertes Gefäß geben. Das restliche Olivenöl darübergießen. Die Mischung ist im Kühlschrank zugedeckt mindestens einen Monat haltbar.

Olive Nere Condite
Schwarze, in Öl eingelegte Oliven, aromatisiert mit Orangenschale, Knoblauch und Olivenöl

Nella Gallettis Mutter verwendete für diese köstliche Vorspeise große schwarze, frisch gepflückte Oliven, die gut abgespült und dann bei sehr schwacher Hitze 2 bis 3 Tage im Holzofen getrocknet wurden, bis sie ganz verschrumpelt waren. Erst dann wurden sie mit Olivenöl eingerieben, damit die Schale weich wurde. Meine Zubereitung ist sehr viel einfacher: Ich nehme in Öl eingelegte schwarze Oliven und würze sie mit verschiedenen Aromen. Man ißt sie zu dünnen Scheiben Parmigiano Reggiano und trinkt dazu ein Glas Wein. Fest verschlossen, halten sie sich im Kühlschrank mehrere Wochen.

Zutaten für 1 Liter

1 unbehandelte Orange
1 kleine Knoblauchzehe
schwarzer Pfeffer, frisch gemahlen
330 g in Öl eingelegte, schwarze Oliven
Olivenöl extra vergine nach Wunsch

Die Orangenschale mit einem Kartoffel- oder Orangenschäler vorsichtig ablösen, ohne die weiße Haut mitzunehmen. Die Schale in sehr feine Würfel schneiden.
Die Knoblauchzehe mit einem großen Messer leicht zerdrücken, so daß sich die Schale löst, und sehr fein schneiden. Ein paar Stunden vor dem Servieren Orangenschale, Knoblauch, Pfeffer und Oliven vermischen und bei Zimmertemperatur ziehen lassen. Wenn die Oliven sehr trocken sind, etwas Olivenöl zugeben. In einem gut verschlossenen Gefäß halten sie sich im Kühlschrank ein paar Wochen.
Zum längeren Aufbewahren mit Öl bedecken, damit sie feucht bleiben.

Variante: 1/2 Eßlöffel leicht zerstoßene Fenchelsamen oder die kleingeschnittene Schale einer unbehandelten Zitrone hinzugeben.

Oliven (*olive*): Die Großmütter, mit denen ich gesprochen habe, verfahren bei der Zubereitung von Oliven nach jeweils ganz eigenen, individuellen Rezepten. Das heißt aber nicht, daß sie selbst Olivenbäume besitzen oder auf dem Land leben. Viele kaufen ihre Oliven im Spätherbst beim Gemüsehändler, wenn verschiedene Sorten reifer Oliven kistenweise angeboten werden. Annita di Fonzo Zannella aus Latium pflückt ihre Oliven, bevor sie reif sind (damit sie in der Salzlake nicht zu weich werden) und legt sie 2 Monate lang in Wasser. Dann wechselt sie das Wasser und gibt pro Kilo Oliven 50 Gramm grobes Salz hinzu. Ausilia d'Arienzo aus dem Molise dagegen rechnet für ein knappes Kilo schwarzer reifer Oliven 80 Gramm Salz und legt die Oliven 40 Tage ohne Wasser in ein Glasgefäß. Dann bringt sie Wasser zum Kochen, läßt es auf Zimmertemperatur abkühlen und fügt 1 Liter Wasser pro 2 Kilo Oliven hinzu. Zum Essen nimmt sie jeweils die erforderliche Menge Oliven heraus, läßt sie abtropfen und vermischt sie mit feingeschnittenem, getrocknetem Oregano und *peperoncino* (getrocknete Chilischoten). Die Tante von Giovanna Passannantis Freundin Rosalba entkernt weiße sizilianische Oliven und füllt sie mit einer Mischung aus gerösteten Semmelbröseln, feingehackten Mandeln, Zitronensaft oder Essig und einem Schuß Olivenöl. Sie streut Zucker und Zimt darüber und läßt sie einen Tag stehen, bevor sie auf den Tisch kommen.

Schwarze Oliven in Salzlake sind eine häufige Zutat italienischer Rezepte. Verwenden Sie nach Möglichkeit italienische Oliven: die kleinen ligurischen Oliven, etwa die Sorte Taggiasca, die Oliven der Sorte Colonna aus dem Molise oder Gaeta-Oliven aus Süditalien. Auch Oliven aus Nizza oder Marokko eignen sich, nicht aber die geschmacklosen, entsteinten schwarzen Oliven aus Griechenland (Kalamata-Oliven), die zu italienischen Gerichten nicht passen. Eingelegte grüne Oliven kommen aus Ligurien oder dem Molise; die großen, süßen und zarten Ascolano-Oliven stammen aus den Marken. Auch französische Picholines sind ein guter Ersatz. Schwarze Oliven in Salzlake sind oft mit Kräutern gewürzt.

Crescia di Montefeltro
Blätterteigfladen nach Art der Familie Montefeltro

Diese köstlichen kleinen, runden Teigfladen sind so leicht und luftig wie Blätterteig, aber nicht so kompliziert in der Zubereitung. Sie werden nur in den Marken hergestellt, und ich bekam das Rezept von Amalia Ceccarelli di Ridolfi aus Falconara Marittima an der Adriaküste unweit Ancona. Sie wiederum hat das Gericht von ihrer Mutter, die bei vornehmen Familien in Urbino Köchin war.
Servieren Sie diesen Hochgenuß im Sommer mit frischen Feigen, hauchdünnen Schinkenscheiben und kleinen Stückchen Parmigiano Reggiano. Im Winter kann man die Feigen durch zwei geröstete Walnüsse ersetzen.

Zutaten für 12 Stück, für 8 bis 12 Personen
550 g Mehl
3/4 TL Meersalz
3 Eier
60 ml Olivenöl extra vergine
180 ml Olivenöl zum Bestreichen
180 ml Milch
Meersalz zum Bestreuen

Mehl und Salz in einer großen Schüssel vermischen und in die Mitte eine Vertiefung drücken. Eier, 60 ml Olivenöl und die Milch hineingeben und alles zu einem glatten Teig vermischen. Den Teig auf einem bemehlten Brett 3 bis 4 Minuten kneten, bis er fest und glatt ist. Flachdrücken, auf beiden Seiten mit Olivenöl einpinseln, mit einem Küchentuch zudecken und 20 Minuten ruhenlassen.
Teig mit einem Nudelholz zu einem 40 x 23 Zentimeter großen und gut 0,5 Zentimeter dicken Rechteck ausrollen. Leicht mit Olivenöl bestreichen und dann mit den flachen Händen zu einer 60 bis 70 Zentimeter langen Rolle wickeln, dabei den Teig langziehen. Diese Rolle in 12 gleich große Stücke von jeweils 5 bis 6 Zentimeter Länge schneiden. Aus jedem Stück eine Kugel von der Größe einer Zitrone formen. Die Kugeln mit einem Handtuch abdecken. Anschließend mit dem Nudelholz zu einer runden Form von etwa 12 Zentimeter Durchmesser ausrollen. Mit Olivenöl einpinseln.
Eine gußeiserne, geriffelte Grillpfanne sehr heiß werden lassen. Die richtige Temperatur ist erreicht, wenn ein Tropfen Wasser in der Pfanne zu tanzen beginnt. Eine

Crescia auf die Grillpfanne legen und vier- bis fünfmal wenden, bis sie auf beiden Seiten braun wird. Bei jedem Wenden die Oberfläche mit Olivenöl bepinseln. Mit einer Gabel einstechen, wenn der Teig Blasen wirft. Nach 2 bis 3 Minuten vom Herd nehmen. Die Crescia muß auf beiden Seiten ganz leichte Blasen werfen wie eine Tortilla und braun geriffelt sein. Das Gebäck ein letztes Mal mit Olivenöl einpinseln, mit Salz bestreuen und heiß servieren.

Involtini di Melanzane
Auberginenröllchen mit Mozzarella, Schinken und Basilikumblättern

Die reinen Aromen bester italienischer Zutaten verbinden sich bei diesem Gericht auf vollendete Weise: angebratene Auberginen, gefüllt mit frischem Mozzarella, darüber Parmigiano Reggiano und eine dünne Scheibe Prosciutto.
Verwenden Sie für dieses köstliche neapolitanische Gericht die dunkelvioletten, länglichen Auberginen, nicht die runden kugeligen, und nehmen Sie rohen oder gekochten italienischen Schinken, je nach Belieben.

Für 6 bis 8 Personen
2 längliche, violette Auberginen (etwa 450 g)
grobes Meersalz
zwei Handvoll frische Basilikumblätter
225 g Mozzarella von bester Qualität
Olivenöl extra vergine zum Braten
110–140 g Parmigiano Reggiano, frisch gerieben
120 g roher oder gekochter italienischer Schinken, der Größe der Auberginenscheiben entsprechend geschnitten
Salz
schwarzer Pfeffer, frisch gemahlen

Die Auberginen der Länge nach in gut 1 Zentimeter dicke Scheiben schneiden. Mit grobem Salz bestreuen und 1 Stunde in einem Sieb abtropfen lassen. Trockentupfen. Den Backofen auf 180 Grad vorheizen und ein großes Backblech mit hohem Rand leicht einölen.

Die Basilikumblätter mit einem feuchten Küchentuch abtupfen. Den Mozzarella in Scheiben so dick und breit wie die Auberginen schneiden.
Das Olivenöl in einer großen schweren Bratpfanne erhitzen; die Auberginenscheiben auf beiden Seiten kurz anbraten, bis sie hellgelb und weich sind. Aus der Pfanne nehmen und auf die Arbeitsfläche legen. Auf jede Auberginenscheibe nacheinander ein Basilikumblatt, 1 Scheibe Mozzarella, 1/2 Teelöffel Parmigiano Reggiano und 1 Scheibe Schinken geben; mit Salz und Pfeffer würzen. Aufrollen und mit einem Zahnstocher feststecken.
Die Auberginenröllchen auf das vorbereitete Backblech legen, mit dem restlichen Parmigiano Reggiano bestreuen und 20 bis 25 Minuten backen, bis der Mozzarella geschmolzen ist. Vor dem Servieren kurz abkühlen lassen.

Variante: 1/8 bis 1/4 Liter Tomatensauce über die Auberginenröllchen gießen und dann im Ofen überbacken. Giovanna Passannanti bereitet eine schnelle Tomatensauce *(salsina)* zu, indem sie doppelt konzentriertes Tomatenmark mit etwas heißem Wasser verrührt.

Pettole Ripiene
Brotkrapfen, gewürzt mit Paprika und Kapern

Pettole sind kleine runde Brotteigfladen, die mit allem möglichem gewürzt werden können. Man fritiert sie in sprudelndheißem Öl, wo sie aufgehen und knusprig und goldgelb werden. Sie schmecken vorzüglich zu einem Glas Wein oder einem gemischten Vorspeisenteller.

Für 6 bis 8 Personen
1 Kartoffel (etwa 125 g)
1/2 rote Paprikaschote
2 EL Kapern, vorzugsweise in Salz eingelegt
180 ml plus 1–2 EL warmes Wasser (etwa 40 Grad warm)
1/2 TL Trockenhefe
270 g Mehl
1 1/4 TL Meersalz
Olivenöl extra vergine zum Braten
Salz zum Bestreuen

Die Kartoffel kochen. Wenn sie abgekühlt ist, schälen und zerstampfen oder durch eine Kartoffelpresse drücken. Beiseite stellen und auf Zimmertemperatur abkühlen lassen. Die Paprikaschote mit einem Kartoffelschäler enthäuten und Rippen und Samen entfernen. In Würfelchen schneiden. Die Kapern waschen und 15 Minuten in kaltem Wasser einweichen. Gut abtropfen lassen und grob hacken.

Für den Teig Wasser in eine Schüssel geben und mit der Hefe verrühren. Etwa 10 Minuten quellen lassen, bis eine cremige Masse entsteht. Die zerdrückte Kartoffel, das Mehl und das Salz nacheinander hinzufügen und zu einem weichen Teig verkneten. Diesen auf ein bemehltes Brett geben und 7 bis 8 Minuten kneten, bis er sich vom Boden löst. Flach drücken, kleingeschnittene Paprika und Kapern darüberstreuen. Den Teig zusammendrücken und weitere 1 bis 2 Minuten kneten.

Teig in eine mit Öl ausgepinselte Schüssel geben, mit einer Plastikfolie zudecken und mindestens 2 Stunden gehen lassen. Wenn er auf die doppelte Größe aufgegangen ist, flachdrücken und erneut gehen lassen.

Eine kleine Schüssel Wasser bereitstellen. Mit einem Teelöffel oder den Finger ein olivengroßes Stück Teig aus der Schüssel nehmen und mit angefeuchteten Fingern zu einer Kugel formen. So weiter verfahren, bis der ganze Teig verbraucht ist.

Das Öl gut 3 Zentimeter hoch in einen hohen schweren Topf gießen und auf 190 Grad erhitzen. Wenn Sie kein Thermometer haben, prüfen Sie die Temperatur, indem Sie etwas Teig in den Topf geben. Wenn das Öl heftig sprudelt, ist es heiß genug. Die Pettole vorsichtig hineingleiten lassen – aber nicht zu viele auf einmal. Fritieren, bis die Pettole aufsteigen und eine goldgelbe Farbe haben (5 bis 8 Minuten). Auf Küchenpapier abtropfen lassen, leicht mit Salz bestreuen und sofort servieren.

Varianten:

- Eine kleine Handvoll gekochten und feingehackten Blumenkohl in den Teig kneten.
- Je eine Handvoll feingeschnittene Tomaten und feingehackte Zwiebeln in den Teig kneten.
- 2 bis 3 feingeschnittene, gut gewässerte Sardellenfilets in den Teig kneten.
- 30 Gramm feingeriebenen Parmigiano Reggiano, 1 feingehackte Knoblauchzehe, 2 Eßlöffel feingehackte glatte Petersilie, Salz und Pfeffer in den Teig kneten.

Salvia Fritta
Fritierte Salbeiblätter

An einem warmen Oktobernachmittag führte uns Fausto Maculan durch seinen Weinkeller in Breganza im ländlichen Veneto und lud uns anschließend in sein im 17. Jahrhundert erbautes Haus, in dem er geboren und aufgewachsen war, zum Essen ein. Seine Mutter Pina Maculan, ihre Schwester und das Kindermädchen, das bereits seit 50 Jahren bei der Familie lebt, bereiteten diese köstliche Vorspeise als Entrée zu einem grandiosen Mahl.
Verwenden Sie große, aromatische Salbeiblätter. In Italien fritiert man Salbeiblätter (außerdem Auberginenscheiben, Zucchiniblüten und die Herzen von Trevisaner Radicchio) als Appetithäppchen oder Vorspeise zu einem Glas Wein. Der Teig umhüllt das Salbeiblatt, das im Nu gebraten ist, ohne Öl aufzusaugen.

Für 4 bis 8 Personen
1 Ei
2 EL Mehl
Salz
2 EL Bier
Pflanzenöl zum Braten, am besten Sonnenblumenöl
etwa 30 große, frische Salbeiblätter

Das Ei in eine Schüssel schlagen, Mehl hinzugeben und Bier einrühren, so daß ein festerer Teig entsteht. Wenn er zu weich ist, noch etwas Mehl hinzufügen. Der Teig sollte die Konsistenz eines leichten Tempura-Teigs haben.
Reichlich Öl (gut 1 Zentimeter hoch) in einer großen Fritierpfanne auf 180 Grad erhitzen. Um die Temperatur zu prüfen, einen Klacks Teig hineingeben, der im heißen Öl tanzen muß. Die Salbeiblätter in den Teig tauchen, ins heiße Öl gleiten lassen und goldbraun backen; einmal wenden. Auf Küchenpapier abtropfen lassen und sofort servieren.

Varianten:

- Fritierte Zucchiniblüten: Die Blüten nicht waschen, nur öffnen und innen mit einem feuchten Küchentuch abtupfen. Innen salzen und fritieren wie oben angegeben.
- Fritierte Auberginenscheiben: 1 Aubergine halbieren, mit grobem Meersalz be-

streuen und in einem Sieb 1 Stunde abtropfen lassen. Trockentupfen und in dünne Scheiben schneiden. Dem oben angegebenen Teig einen weiteren Eßlöffel Mehl zugeben und fritieren.

Tip: Geben Sie kein Öl mehr in die Pfanne, wenn Sie schon mit dem Fritieren begonnen haben, sonst nehmen die Auberginen zuviel davon auf.

Pomodori Secchi Imbottiti
Sonnengetrocknete gefüllte Tomaten

Sonnengetrocknete Tomaten gibt es in verschiedenen Varianten: In Öl eingelegt oder trocken, so daß man sie in warmem Wasser einweichen muß. Probieren Sie, um sicherzugehen, daß die getrockneten Tomaten nicht zu salzig sind, und achten Sie darauf, daß sie keine Löcher haben.

Ergibt 15 Stück für 4 bis 6 Personen
30 sonnengetrocknete Tomaten
35 g Semmelbrösel, fein gerieben
2 Knoblauchzehen, fein gehackt
40 g geriebener Pecorino
2–3 EL glatte Petersilie, fein gehackt
4–5 EL Olivenöl extra vergine

Sonnengetrocknete Tomaten 10 bis 20 Minuten in heißem Wasser einweichen, anschließend trockentupfen. In Öl eingelegte, sonnengetrocknete Tomaten nur leicht trockentupfen.
Semmelbrösel mit Knoblauch, geriebenem Käse und 2 Eßlöffeln Olivenöl in einer kleinen Schüssel vermischen. Die Hälfte der Tomaten mit der Schalenseite nach unten auf eine saubere Arbeitsfläche setzen. 1 Teelöffel der Mischung auf jede Tomate geben, eine zweite Tomate mit der Schalenseite nach oben daraufsetzen, so daß ein Sandwich entsteht.
Das restliche Olivenöl in einer großen Pfanne erhitzen und die Tomaten behutsam auf jeder Seite 1 bis 2 Minuten braten lassen. Herausnehmen, auf Küchenpapier abtropfen lassen und bei Zimmertemperatur als Antipasto oder Appetithäppchen mit einem Glas Wein servieren.

Getrocknete Tomaten *(Pomodori secchi)*: Im Süden werden die Tomaten in zwei Hälften geschnitten, mit Meersalz bestreut, auf geflochtene Schilfmatten gelegt und ein bis zwei Wochen in der glühenden Sonne getrocknet. Anschließend schichtet man sie in Tongefäße und gießt Olivenöl extra vergine darüber, eventuell unter Zugabe von etwas Knoblauch und Oregano. Im Norden Italiens, wo die Sonne nicht so heiß ist, trocknen die Frauen die Tomaten bei sehr schwacher Hitze im Ofen, in dem sie zuvor Brot gebacken haben. Nach 6 bis 8 Stunden sind die Tomaten runzelig und haben einen konzentrierten, intensiven Geschmack.

Polpettine di Tonno e Patate
Knusprige Thunfisch-Kartoffel-Bällchen

Eine großartige Erweiterung Ihres Antipasti- und Hors d'œuvres-Repertoires: kleine runde, innen cremige und außen knusprige Kartoffelbällchen, gewürzt mit Thunfisch und Kapern, zwei typischen Zutaten der sizilianischen Küche. Das Rezept stammt aus dem handgeschriebenen Kochbuch von Giovanna Passannantis Großmutter, das Ende des 19. Jahrhunderts entstand, paßt aber wunderbar auf die Speisekarte eines modernen italienischen Restaurants.

Für 6 bis 8 Personen

450 g Kartoffeln
200 g in Öl eingelegter Thunfisch von bester Qualität, abgetropft
1 Ei
2 gehäufte EL Parmigiano Reggiano, frisch gerieben
etwa 1/8 TL Muskatnuß, frisch gerieben
schwarzer Pfeffer, frisch gemahlen
1 TL Meersalz
2 EL in Salz eingelegte Kapern, gut gewässert und abgetropft
1 EL glatte Petersilie, fein gehackt
Mehl
Olivenöl zum Fritieren

Die Kartoffeln in Salzwasser kochen, nach dem Abkühlen schälen, durch eine Presse drücken und in eine Schüssel geben. Beiseite stellen und auf Zimmertemperatur abkühlen lassen. Thunfisch, Ei, Käse, Muskatnuß, Pfeffer und Salz hinzugeben und zu einem dicken Brei vermischen. Kapern und Petersilie unterrühren. Mit einem Teelöffel kleine runde Kugeln formen. Mehl auf einen Teller geben und die Kugeln darin leicht wenden.
Reichlich Öl (gut 3 Zentimeter hoch) in einem hohen, großen Topf auf 180 Grad erhitzen. Die Temperatur prüfen, indem man ein wenig Teig ins Öl gibt: Wenn er zu tanzen beginnt und rasch goldbraun wird, ist das Öl heiß genug. Die Polpettine ins Öl gleiten lassen (nicht zu viele auf einmal) und 3 bis 4 Minuten fritieren, bis sie rundum goldgelb sind. Auf Küchenpapier abtropfen lassen. Mit den weiteren Polpettine ebenso verfahren. Sofort servieren.

Variante: Für Kartoffelpuffer mit Kapern dünne Fladen formen und in etwas Olivenöl braten.

Minestre e Zuppe
Suppen

Eugenia azzali

Elvira Bettini

Brodo di Carne
Fleischbrühe

Für eine gute Fleischbrühe gibt man alle Zutaten in einen hohen Topf, bedeckt sie mit kaltem Wasser, läßt das Ganze aufwallen und leise weiterköcheln. Das Rindfleisch wird später mit einer grünen Sauce (Seite 206) serviert. Eugenia Azzali, von der dieses Rezept stammt, verarbeitet das Entenfleisch zu einer feinen Raviolifüllung oder serviert es in einer Tomatensauce zur Pasta.

Ergibt 3 bis 4 Liter
900–1300 g Rinderschmorbraten, vorzugsweise Bruststpitz, kleingeschnitten
1800 g mageres Entenfleisch, einen ganzen Kapaun oder ein Freilandhuhn, kleingeschnitten
1 Knoblauchzehe, ungeschält, leicht zerdrückt
1 große Zwiebel, halbiert
2 Selleriestangen mit Blättern, grob zerteilt
1 große Mohrrübe, grob zerteilt
1 frische Tomate, grob gewürfelt, oder
1 kleine Tomate aus der Dose, abgetropft
Salz

Fleisch und Gemüse in einen sehr großen Topf geben und mit Wasser etwa 5 Zentimeter hoch bedecken. Bei halb geschlossenem Deckel langsam zum Kochen bringen. Dabei den Schaum abschöpfen. Die Hitze reduzieren, ganz zudecken und 3 1/2 bis 4 Stunden leise köcheln lassen, bis die Brühe konzentriert ist. Den Schaum abschöpfen. Durch ein mit einem Mulltuch oder Küchenpapier ausgelegtes Sieb in eine große Schüssel gießen. Bei Zimmertemperatur abkühlen lassen. Mehrere Stunden, am besten über Nacht, in den Kühlschrank stellen, so daß das Fett an die Oberfläche steigt und fest wird. Das Fett entfernen, die Suppe mit Salz abschmecken. Sofort verwenden, 2 bis 3 Tage im Kühlschrank aufheben oder bis zu 3 Monate lang einfrieren. In diesem Fall vor Gebrauch 10 Minuten kochen lassen.

Variante: Jede Großmutter verleiht der Fleischbrühe eine eigene Note. Manche fügen eine Tomate oder ein wenig Zitrone, andere ein paar Pilze hinzu. Eine Nonna sagte mir, sie gebe ein Stück Rinde von Parmigiano Reggiano in den Topf.

Porträt Eugenia Azzali

Gleich drei Eingangstüren hat Eugenia Azzalis Haus in Piadena, einem kleinen Dorf zwischen Mantua und Cremona, denn in den sechs Räumen lebten einst drei Familien. Heute wohnen hier nur noch Eugenia und ihr Sohn Franco, besser bekannt unter dem Namen Miciu, ein Bauer, der in Bernardo Bertoluccis Film »1900« den Metzger spielte, das Schwein schlachtete und unzählige Gerichte daraus zauberte.
Als Mädchen konnte Genia, wie sie genannt wird, vier Personen mit einem einzigen hartgekochten Ei satt machen, indem sie es mit Öl, Essig und Salz zu einer Sauce vermischte, in die die allabendlich aufgetischte Polenta getunkt wurde. Bis sie nach ihrer Heirat zur Familie ihres Mannes zog, hatte sie nie ein ganzes Ei für sich allein verzehrt.

Jahrelang lebten und arbeiteten Genia, ihr Mann Pierino und ihre beiden Söhne in einer *cascina*, einem der vielen monumentalen Bauernhäuser aus Ziegel und Stein, die in der Poebene verstreut liegen. Allein der Kuhstall war auf diesen Höfen bisweilen über hundert Meter lang, und seine Ziegelsteinmauern waren durchbrochen, so daß die Luft zirkulieren und das unter dem Dach gelagerte Heu trocknen konnte.

Jeder Hof war eine Welt für sich mit Rindern und Kühen, die Milch für Butter und Käse lieferten, mit Mais- und Weizenfeldern, Obst-, Gemüse- und Kräutergarten. Pierino bestellte nicht nur die Felder, sondern melkte auch die Kühe und brachte die Milch zu den *bergamini*, den Hirten, die die Kühe weideten und die Ställe ausmisteten und deren Name daher rührt, daß sie ursprünglich aus Bergamo kamen. Genia erntete Tabakblätter und band auf der großen Terrasse, die als Dreschboden diente, den Mais zu riesigen Bündeln zusammen. Am Flußufer sammelte sie Schilf und Flechtweide und machte Besen daraus. Zu ihren Erinnerungen an die Klänge und Gerüche jener Zeit gehört auch das Geräusch, wenn die Milch beim Melken in den leeren Eimer spritzte, das Rauschen des Getreides, wenn es gesiebt wurde, das Kratzen des Besens, mit dem die frisch gedroschenen Maiskörner zusammengekehrt wurden, das Schaben des Holzeimers auf dem gepflasterten Hof, wenn der Mais zwischen der Familie (25 Prozent) und dem *padrone* (75 Prozent) aufgeteilt wurde. Männer und Frauen verbrachten die Abende gemeinsam, jedoch nicht in ihren Häusern, denn Feuerholz war viel zu teuer, sondern in den Ställen, wo der Atem der Kühe sie wärmte. Die Frauen nähten, während die Männer plauderten.

Jährlich erneuerte Verträge gewährten ihnen das Recht, kostenlos in der *cascina* zu wohnen. Ihr Lohn bestand aus einem Liter Milch pro Tag, sechs *quintali* – etwa 600 Kilo – Weizen, 750 Kilo Mais und fast 800 Kilo Holz zum Heizen und Kochen pro Jahr. Außerdem stand ihnen ein Küchengarten zur Verfügung, der groß genug war, um Obst und Gemüse anzubauen und Hühner zu halten. Einen Teil des Weizens verarbeitete Eugenia zu Brotteig. Gebacken wurde das Brot im Ofen des großen Gutshauses. Zu dem Brot gab es *puccin*, ein Gericht aus Frühlingszwiebeln und Sellerie, die mit Kartoffeln oder Kohl und ein wenig eingemachter Tomatensauce in Öl geschmort wurden; nur hin und wieder gab es dazu auch ein Stück Fleisch.

An dem Tag, als ich Genia besuchte, tat ihr Bein so weh, daß sie die meiste Zeit mit schmerzverzerrtem Gesicht auf der Couch lag. Als ich nervös wurde, holte Miciu eine sehr alte, spindeldürre Cousine herbei, die ihr Gesellschaft leisten sollte. Und so saßen wir alle in der Küche, lachten und aßen und sangen später sogar zusammen, während Genia von Zeit zu Zeit etwas dazwischenrief und sich an dem Gespräch beteiligte.

Miciu kochte auf dem *fornello*, einem sehr alten Herd, den er und Genia immer noch benutzen. Die Platten wurden von einem Holzfeuer in einer der inneren Kammern erhitzt. War das ein Essen, das er da nach Anweisung seiner Mutter zauberte! Flache Nudelbänder, frisch hergestellt mit fünf Eiern, die er am gleichen Morgen eingesammelt hatte, gemischt mit dem besten organisch angebauten, steingemahlenen Weizen. Aus Rindfleisch und einer Ente aus eigener Aufzucht kochte er eine Brühe für die Pasta, und der Spinat, den er zubereitete, war noch warm von der Sonne. Und die goldene Farbe der *torta al burro*, die wir zum Nachtisch aßen, kam natürlich von dem Mehl aus eigenem Maisanbau.

Miciu legt großen Wert auf Tradition. Er hält die Gebräuche seiner Großeltern lebendig, indem er Schweine züchtet, Salami und Wurst selbst herstellt, die Hühner, Fasane und Truthähne frei herumlaufen läßt und Getreide auf biologische Weise ohne Pestizide oder künstliche Düngemittel anbaut, so daß es genauso schmeckt wie früher.

Die Welt hat sich seit Genias Hochzeit enorm verändert. Die meisten *cascine* wurden aufgegeben, und die Landarbeiter haben sich in alle Winde zerstreut, vor allem in die Städte, wo sie Stellen als Hausmeister, Träger oder Hilfsarbeiter fanden. Genia und Miciu dagegen sind auf dem Land geblieben, und Miciu ist nun schon seit dreißig Jahren Bio-Bauer und verkauft Schweine, Rebhühner, Truthähne, Hühner und Eier sowie Obst und Gemüse. Außerdem unterstützt er tatkräftig eine große Kooperative in der Nachbarschaft, die sich für biologischen Anbau in Italien engagiert und selbst Gemüse, Geflügel und Weizen für Pasta produziert. Vor vierzig Jahren wurde in diesem Gebiet intensiver Weinanbau betrieben, und auf den Feldern weideten Kühe, die die Milch für Molkereiprodukte lieferten. Inzwischen, so klagt Miciu, haben aufgrund der EU-Richtlinien tote Kühe einen höheren Wert für ihre Besitzer als lebendige, weil die EU die Quoten für die Milch- und Käseherstellung in Italien wesentlich gesenkt hat. Da den Landwirten große Summen für die Schlachtung der Kühe gezahlt wurden, hat sich die Region wesentlich verändert. Überall sieht man nun Mais und Sonnenblumen, die für Öl und Samen angebaut werden. Miciu hat bereits festgestellt, daß die Kooperative für biologischen Landbau viele Besucher aus Schulen anlockt, und er hofft, daß ihre Versuche Erfolg haben und sich auch andere Bauern für die Wiedereinführung einer ökologischen Produktionsweise entscheiden. Inzwischen aber leben er und Genia von dem, was sie selbst produzieren, und kaufen nur das Brot hinzu. Sicher, sie leben nicht mehr in der geschlossenen Welt der *cascina*, und es sind auch nicht mehr die Kühe, die sie wärmen, aber sie ernähren sich immer noch im Rhythmus der Jahreszeiten. Nicht, weil sie die Annehmlichkeiten des modernen Lebens ablehnen, sondern weil sie glauben, daß eine solche Lebensweise für sie selbst und das Land gesünder ist.

Brodo di Pollo
Hühnerbrühe

Ein Buch über italienische Großmütter wäre unvollständig ohne ein Rezept für Hühnerbrühe, die köstliche Basis für alle Arten von Suppen, Risotto sowie Gerichte mit Hühnchen oder Gemüse.

Eine der Großmütter, die ich kennenlernte, spickt eine Zwiebelscheibe mit drei Nelken, um den Geschmack der Suppe zu intensivieren. Vielleicht folgen Sie ihrem Beispiel.

Wenn die Brühe fertig ist, wird das Huhn herausgenommen. Man kann es mit scharfer Salsa Verde (Seite 206) servieren oder das Fleisch von den Knochen lösen und für 'Ncip 'Nciap (Seite 189) oder Polpette di Pollo (Seite 188) verwenden.

Zutaten für 4 Liter

1 l Wasser
1 1/2 TL grobes Meersalz
1 Huhn oder Hähnchen, etwa 3–5 Pfund schwer
2 rote Zwiebeln, geschält und geviertelt
2 Stangen Bleichsellerie mit Blättern, in 5 cm lange Stücke geschnitten
2 Mohrrüben, gewaschen, aber nicht geschält, in 5 cm große Stücke geschnitten
7 Zweige glatte Petersilie

Wasser mit grobem Salz in einem 8-Liter-Topf zum Kochen bringen. Das Huhn, Zwiebeln, Sellerie, Mohrrüben und Petersilienzweige hineingeben. Wieder zum Kochen bringen, den Schaum abschöpfen, die Hitze reduzieren, teilweise abdecken und 1 1/2 bis 2 Stunden – je nach Größe des Huhns – leise köcheln lassen, bis es weich ist.
Das Huhn herausnehmen und beiseite stellen. Die Brühe durch ein mit einem Mulltuch oder Küchenpapier ausgelegtes Sieb gießen. Abkühlen lassen und dann das Fett abschöpfen. Man kann die Brühe sofort verwenden, 2 bis 3 Tage im Kühlschrank aufbewahren oder einfrieren. In diesem Fall die Brühe vor der Verwendung 10 Minuten kochen lassen.

Tip: Die meisten Nonne sind sich einig: Für eine gute Fleisch- oder Hühnerbrühe sollte man das Fleisch mit allen Zutaten in einen hohen Topf geben, großzügig mit Wasser bedecken und zum Kochen bringen. Um Huhn oder Fleischstücke zu pochieren, z. B. für Bollito misto, das Wasser zum Kochen bringen und dann das Fleisch zugeben.

Brodo Matto
Verrückte Brühe

Warum verrückt? Weil diese Brühe lächerlich einfach in der Zubereitung ist. Wenn man einmal dieses Rezept kennt, braucht man sich keine Sorgen mehr zu machen, falls einmal keine Brühe im Haus ist. Da unser Sellerie nicht so intensiv im Geschmack ist wie der italienische, sollte man die Blätter mitverwenden. Manchmal füge ich noch eine Mohrrübe und eine Zwiebel hinzu.

Zutaten für 1 Liter
1 l Wasser
3 Stangen Bleichsellerie mit Blättern, grob geschnitten
4 Würfel Hühner- oder Fleischbrühe
1 Mohrrübe (nach Wunsch)
1 Zwiebel, geviertelt (nach Wunsch)
Salz (nach Wunsch)

Wasser, Sellerie, Brühwürfel, Mohrrübe und Zwiebel in einen Topf geben und 20 Minuten köcheln lassen. Nach Geschmack Salz hinzufügen, fertig ist die Brühe. Nonna Lucia Rossi Pavanello nimmt das Gemüse heraus, man kann es aber auch durch eine Gemüsemühle pressen oder pürieren und anschließend wieder zur Brühe geben.

Nonna Lucia kocht ihre köstlichen, hausgemachten Bandnudeln in dieser Brühe.

Passatelli
Bauernsuppe mit Nudeln aus geriebenem Brot, Eiern und Parmigiano Reggiano

In den Marken erklärten sich gleich mehrere Nonne bereit, mir ihre Zubereitung der Passatelli vorzuführen, einer dampfenden Hühnersuppe, in die eine Mischung aus Parmesankäse, Semmelbrösel, mit Muskatnuß gewürztem Ei und Zitronenschale gedrückt wird.

Efresina Rosichini, Elvira Bettini und Adele Rondini, alle drei in den Marken zu Hause, messen die Zutaten für dieses Rezept mit der Hand ab, so daß ich ein wenig Übersetzungsarbeit leisten mußte, um genaue Angaben zu machen. Elvira und Adele verstärken den Geschmack der Suppe durch einen Bouillonwürfel – wenn Sie ihrem Beispiel folgen, gehen Sie sparsam mit Salz um. Efresina reichert die Suppe mit erdig schmeckenden Steinpilzen an und fügt ihr so eine völlig neue Geschmacksdimension hinzu.

Passatelli werden durch eine spezielle italienische Gemüsepresse gedrückt. Die größere Scheibe einer Gemüsemühle oder ein Spätzleschaber sind eine hervorragende Alternative.

Mit frisch geriebenem Parmigiano Reggiano servieren.

Für 4 bis 6 Personen

50 g frisch geriebener Parmigiano Reggiano
2 EL feine Semmelbrösel
Schale von 1 unbehandelten Zitrone, gerieben
1 Messerspitze Muskatnuß, frisch gerieben
1 Ei
1 TL weiche Butter
1 1/2 l Fleisch- oder Hühnerbrühe (vorzugsweise selbstgemacht), Fett abgeschöpft
1 Würfel Fleisch- oder Hühnerbrühe (nach Wunsch)
Salz

Den geriebenen Käse und die Semmelbrösel in eine Schüssel geben. Zitronenschale und Muskatnuß darüber reiben und in die Mitte eine Mulde drücken. Darin das Ei mit einer Gabel oder einem Holzlöffel verrühren und die trockenen Zutaten, so gut es geht, hineinmischen. Die Butter dazugeben und mit den Händen kneten, bis die

Mischung die Konsistenz eines Nudelteigs hat. Die Schüssel mit Frischhaltefolie oder einem Tuch abdecken und 1 bis 2 Stunden ruhenlassen.
Die Brühe in einem großen, schweren Topf zum Kochen bringen, eventuell den Brühwürfel hinzufügen. Passatelliteig durch den Spätzleschaber hineindrücken und dabei gleichmäßig über die ganze Oberfläche verteilen. Nicht mehr als 2 Minuten leise köcheln lassen, den Topf vom Herd nehmen und die Suppe weitere 2 bis 3 Minuten ruhenlassen. Nach Geschmack nachwürzen und sofort servieren.

Variante: 30 Gramm getrocknete Steinpilze eine gute halbe Stunde in 1/4 Liter der Hühner- oder Fleischbrühe einweichen. Durch ein mit Mulltuch oder Küchenpapier ausgelegtes Sieb gießen, die Brühe auffangen und die Pilze darüber ausdrücken. Die Pilze mehrmals mit kaltem Wasser abspülen und grob hacken.

Minestra coi Ceci
Kichererbsensuppe mit kleinen Nudeln

Diese nahrhafte Suppe ist beinahe so dick wie ein Eintopf, und man könnte sie auch mit einer Gabel servieren. Frauen vom Land wie Nella Galletti geben ein kleines bißchen Mehl in das Einweichwasser, um die Haut der Kichererbsen weicher zu machen. Heute verwendet man eher Natronsalz, das in kürzerer Zeit die gleiche Wirkung zeigt.

Für 6 bis 8 Personen
450 g getrocknete Kichererbsen
2 TL Natronsalz
3 EL Olivenöl extra vergine
1 mittelgroße Zwiebel, gewürfelt
2 Knoblauchzehen, gehackt
2 Zweige frischer Rosmarin
1 EL Tomatenmark, in ein wenig warmem Wasser aufgelöst
Salz
schwarzer Pfeffer, frisch gemahlen
1 l Hühnerbrühe oder 4 Würfel Hühnerbrühe, aufgelöst in
1 l heißem Wasser
4 l Wasser

1 EL grobes Meersalz
350 g Quadrucci, Pastini oder andere sehr kleine Nudeln
Pecorino Romano oder Parmigiano Reggiano, frisch gerieben

Etwa 12 Stunden vor der Zubereitung der Suppe die Kichererbsen in eine große Schüssel geben und mit kaltem Wasser etwa 7,5 Zentimeter hoch bedecken. Natron hinzufügen.

Nach Ablauf der Zeit die Kichererbsen unter fließend kaltem Wasser spülen, in einen 5-Liter-Topf geben und mit frischem, kaltem Wasser etwa 7,5 Zentimeter hoch bedecken. Zum Kochen bringen und bei geringer Hitze 1 1/2 bis 2 Stunden leise köcheln lassen. Die Kichererbsen sollen fast weich sein.

Währenddessen das Olivenöl mit der Zwiebel, dem Knoblauch und dem Rosmarin in einer Pfanne erwärmen und bei geringer Hitze braten, bis der Knoblauch eine goldbraune Farbe angenommen hat. Das aufgelöste Tomatenmark, Salz und Pfeffer zugeben und weitere 10 bis 15 Minuten köcheln lassen. Vom Herd nehmen. Die Rosmarinzweige entfernen und die Mischung 30 Minuten vor Ende der Kochzeit zu den Kichererbsen geben.

Wenn die Kichererbsen gar sind, abgießen und dabei 1/4 Liter von der Kochflüssigkeit auffangen. Die Hühnerbrühe in die Kochflüssigkeit gießen und gut verrühren. Die Mischung zu den Kichererbsen geben.

Kurz vor dem Servieren 4 Liter Wasser in einem großen Topf erhitzen. Wenn es sprudelnd kocht, das grobe Salz und die kleinen Nudeln hineingeben und in etwa 4 bis 6 Minuten al dente kochen. Abgießen und unter die Kichererbsen rühren, eventuell nachsalzen und dann noch 2 Minuten kochen lassen. Sofort mit geriebenem Pecorino servieren.

Cuturieddu
Deftige Lammsuppe mit Fenchel

Diese deftige Suppe ist ein typisches Frühlingsgericht Nordapuliens. Dick und nahrhaft, mit einem intensiven Aroma nach Lamm und Fenchel, kann sie ohne weiteres als vollständige Mahlzeit serviert werden. Alte Leute stippen Scheiben von hartem Brot in die Suppe, so daß diese weich werden und der Geschmack der Suppe sie ganz durchdringt. Ich würde ein paar Scheiben bestes, knuspriges Landweißbrot rösten und in die Suppenschalen legen.

Für 6 Personen

900 g Lammrippchen
1 l Hühnerbrühe, am besten selbst gemacht
1 l Wasser
ca. 4 EL wildes Fenchelgrün oder feingehackte Fenchelknolle
und 2 TL Fenchelsamen, leicht zerdrückt
4 EL glatte Petersilie, grob gehackt
1 großzügige Messerspitze getrocknete Chilischoten, zerkrümelt
1 Frühlingszwiebel oder 1/2 weiße Zwiebel,
in feine Scheiben geschnitten
1 kg fleischige rote, am Strauch gereifte Tomaten, enthäutet
und von Kernen befreit, gehackt
1/2 TL Meersalz
6 Scheiben Landweißbrot, geröstet
Pecorino, frisch gerieben (nach Wunsch)

Die Rippchen vom Fett befreien. In einen etwa 5 Liter fassenden Topf, am besten aus Ton, geben, vollständig mit der Hühnerbrühe und dem Wasser bedecken und zum Kochen bringen. In den ersten 15 Minuten den Schaum abschöpfen, dann Fenchel, Petersilie, Chili, Zwiebel und Tomaten hinzufügen. Die Mischung bei sehr schwacher Hitze etwa 2 Stunden köcheln lassen, bis sie dick und das Fleisch zart ist. Die Rippchen aus dem Topf nehmen, das Fleisch von den Knochen lösen und wieder in die Suppe geben. Weitere 15 Minuten köcheln lassen, erst ganz am Schluß mit Salz abschmecken.
Währenddessen den Grill vorheizen und die Brotscheiben auf beiden Seiten goldgelb rösten. In jede Suppenschale eine Scheibe legen und die Suppe darübergeben. Eventuell ein wenig geriebenen Parmesan darüberstreuen.

Zuppa di Pesce
Fischsuppe

Gisa Sotis bereitet diese Suppe mit Rotbarbe zu, die dem Gericht einen wunderbar kräftigen Geschmack und eine hübsche Farbe verleiht. Da Rotbarbe, italienisch *triglia*, nur schwer erhältlich ist, nehme ich statt dessen kleine Makrelen, Forellen oder sogar Garnelen, und das Ergebnis ist vollauf zufriedenstellend.

Für 6 bis 8 Personen

Fischbrühe:
2 l Wasser
1 große Zwiebel, geviertelt
1 große Mohrrübe, grob geschnitten
4 EL glatte Petersilie, gehackt
3 Knoblauchzehen
5 schwarze Pfefferkörner
1 Lorbeerblatt
900 g Seebarschfilets, in Streifen geschnitten

Suppe:
2 EL Olivenöl extra vergine
3 Knoblauchzehen, gehackt
3 TL glatte Petersilie, gehackt
600 g am Strauch gereifte Tomaten oder 7 Dosentomaten
ohne Kerne und grob zerkleinert, zusätzlich 75 ml von der Flüssigkeit
250 g Garnelen, geschält und entdarmt, oder Rotbarbe, filetiert
Olivenöl extra vergine zum Bestreichen

Das Wasser in einen Suppentopf geben. Zwiebel, Mohrrübe, Petersilie, Knoblauch, Pfefferkörner und Lorbeerblatt hinzufügen, zum Kochen bringen, die Hitze reduzieren und etwa 20 Minuten köcheln lassen. Die Flüssigkeit durch ein Sieb gießen und wieder in den Topf geben. Die Seebarschstücke vorsichtig in die Brühe gleiten lassen und etwa 10 bis 20 Minuten – je nach Dicke der Filetstücke – leise kochen, bis der Fisch zart ist. Mit der Spitze eines Messers testen. Der Fisch sollte innen nicht mehr rosa sein. Mit einem Schaumlöffel herausheben und warm stellen. Die Fischbrühe aufheben.

Während der Seebarsch kocht, das Öl zusammen mit Knoblauch, Petersilie und Tomaten in einer großen, schweren Pfanne bei mittlerer Temperatur erwärmen. Etwa 5 bis 7 Minuten dünsten, dann die Garnelen hinzufügen und etwa 3 Minuten garen, bis sie eine rosa Farbe annehmen. Damit die Sauce nicht zu dick wird, während des Garens etwas warmes Wasser zufügen. Den gekochten Barsch dazugeben und vorsichtig in die Garnelenmischung rühren.

Den Grill vorheizen. Die Brotscheiben mit Olivenöl bestreichen und rösten, bis sie auf beiden Seiten eine goldgelbe Farbe haben.

In jede Suppenschale eine Scheibe geröstetes Brot legen. 1 bis 1 1/4 Liter von der beiseite gestellten Brühe zur Fischmischung geben und diese in die Suppenschalen füllen. Sofort servieren.

Gran Farro
Farro-Bohnen-Suppe

Farro oder Emmer ist eine alte Weizenart, die schon die Römer vor 2000 Jahren kannten. In der Gegend um Lucca und die Hügel der Garfagnana ist sie bis heute verbreitet. Emmer ist im ganzen Korn oder geschrotet erhältlich. Beides schmeckt in dieser Suppe köstlich, traditionell wird aber das ganze Korn verwendet.

Vermutlich gibt es genauso viele Versionen von Gran farro, wie es Großmütter in Lucca gibt. Einige bereiten die Suppe mit ein wenig Prosciutto zu, andere ganz ohne Fleisch. Diese köstliche Variante von Renata Marsili erhält ihren intensiven Geschmack durch den mitgekochten Schinkenknochen, und der zarte Biß des Farro ist das ausgleichende Gegenstück zu der weichen Mischung aus Bohnen und anderen Gemüsen. Das Gericht kann im voraus zubereitet und ein bis zwei Tage später serviert werden, dann muß man allerdings noch etwas Wasser zugeben, da die Suppe beim Abkühlen eindickt. Wenn Sie keinen Farro finden, nehmen Sie Dinkel oder Kamut, die jedoch 12 Stunden, am besten über Nacht, eingeweicht werden müssen. Auch weiche, weiße Winterweizenkörner, die 2 Stunden eingeweicht werden, eignen sich als Ersatz.

Für 6 bis 8 Personen

etwa 450 g getrocknete Borlotti-Bohnen oder
420 g Borlotti-Bohnen aus der Dose
1 Schinkenknochen
300 g Emmer im ganzen Korn
60 ml Olivenöl extra vergine
1 Stange Bleichsellerie, fein zerkleinert
1 große Zwiebel, fein zerkleinert
1 kleine Mohrrübe, fein zerkleinert
1 TL Knoblauch, gehackt
5 frische Salbeiblätter
einige Majoranknospen
1 Dose italienische Eiertomaten (225 g), kleingeschnitten
1 TL Meersalz
schwarzer Pfeffer, frisch gemahlen
Olivenöl extra vergine zum Würzen

Die getrockneten Borlotti-Bohnen in einer großen Schüssel 5 bis 7 Zentimeter hoch mit kaltem Wasser bedecken und 12 Stunden oder über Nacht einweichen. Abgießen, abspülen und in einen großen Suppentopf geben. 7 Zentimeter hoch mit kaltem Wasser bedecken, den Schinkenknochen hinzufügen und 1 bis 1 1/2 Stunden köcheln lassen, bis die Bohnen zart sind. Eventuell zwischendurch den Schaum abschöpfen.

Emmer in reichlich kaltem Wasser 2 Stunden einweichen.

Während die Bohnen garen, das Öl in eine große, schwere Kasserolle gießen und Sellerie, Zwiebel, Mohrrübe, Knoblauch, Salbei und Majoran darin bei mäßiger Hitze etwa 5 bis 10 Minuten dünsten. Die Gemüse sollten weich, aber nicht braun sein. Gelegentlich umrühren. Tomaten hinzufügen, gut mit dem Gemüse vermischen und etwa 20 bis 30 Minuten köcheln lassen.

Bohnen abgießen, das Kochwasser aufheben. Das Fleisch vom Schinkenknochen lösen. Mit etwas Kochwasser und den Bohnen in der Küchenmaschine oder mit dem Mixstab pürieren. Die Masse zusammen mit dem restlichen Kochwasser wieder in den großen Suppentopf geben. Abgetropften Emmer hinzufügen und bei geringer Hitze 30 bis 45 Minuten – laut Renata Marsili sogar bis zu einer Stunde – kochen, bis er weich ist. Dabei häufig umrühren, damit die Masse nicht anliegt. Mit Salz und Pfeffer abschmecken, einen Spritzer Olivenöl auf jede Portion geben und servieren. Die Suppe wird beim Abkühlen sehr dick. Wenn Sie sie später servieren wollen, müssen Sie vor dem erneuten Erhitzen eine erhebliche Menge Wasser hinzufügen.

Emmer (*farro*) ist ein gesundes, gerstenähnliches Getreide mit einem köstlich nussigen Geschmack, das zur Familie Triticum dicoccum gehört. Er kann durch Dinkel, Gerste, Kamut oder weichen, weißen Winterweizen ersetzt werden.

L'Ultima Ribollita
Die Ribollita

Ribollita, eine florentinische Bohnensuppe mit Brot, wird in der Toskana *zuppa del cane*, »Hundesuppe«, genannt, weil sie ein grundlegender Bestandteil der Küche ist. »Wenn man diese Suppe Hunden vorsetzt«, meint Luisa Cappelli, »dann müssen diese Hunde ausgesprochen glücklich sein.«
Falls Sie sich tatsächlich exakt an Luisas Anweisungen halten wollen, dann müssen Sie sich als erstes einen Schinkenknochen von einem Prosciutto besorgen und dabei darauf achten, daß die Fettschwarte nicht ranzig ist. Man legt ihn drei Tage vor der Zubereitung in kochendes Wasser, um ihn zu säubern und die Schwarte weicher zu machen. Das Wasser muß dabei häufig gewechselt werden. Anschließend wird die Schwarte in Stücke geschnitten. Luisa schwört außerdem darauf, daß die Suppe am allerbesten schmeckt, wenn sie auf einem Holz- oder Kohlenfeuer zubereitet und der geschlossene Topf mit Asche bedeckt wird. Ich kann mir allerdings kaum vorstellen, daß eine Ribollita noch besser schmecken könnte als die folgende.
Ribollita bedeutet »noch einmal gekocht«, das heißt, die ursprüngliche Suppe wird einen Tag später noch einmal aufgekocht. Für eine echte Ribollita wählen Sie am besten eine gußeiserne Kasserolle, die Sie fast ganz mit Suppe auffüllen, und geben 3 bis 4 Eßlöffel Olivenöl extra vergine hinein. Anschließend bei schwacher Hitze erwärmen und servieren.

Für 12 Personen
450 g getrocknete Cannellini-Bohnen
2 1/4 l kaltes Wasser
6 ganze und 2 gehackte Knoblauchzehen
14 frische Salbeiblätter
1 EL Meersalz
8 EL Olivenöl extra vergine
Meersalz
2 Mohrrüben, gehackt
1/2 Stange Bleichsellerie, gehackt
2 rote Zwiebeln, gehackt
300 g Grünkohl, von den dicken Rippen befreit und in feine Streifen geschnitten
2 Zucchini, fein zerkleinert

2 Lauchstangen, gut gesäubert, in Scheiben geschnitten
2 Kartoffeln, geschält und gewürfelt
Blätter von 1 Bund Basilikum
2 EL Tomatenmark, verdünnt mit etwas Bohnen-Kochwasser
1 TL Meersalz
schwarzer Pfeffer, frisch gemahlen
1 Würfel Hühnerbrühe oder
1/4 l selbstgemachte Fleischbrühe (vom Prosciutto-Knochen, siehe oben)
1 Laib Landweißbrot (ca. 500 g), in Scheiben geschnitten
Olivenöl extra vergine zum Beträufeln (nach Wunsch)

Die Bohnen in einer großen Schüssel 5 bis 7 Zentimeter hoch mit kaltem Wasser bedecken und 12 Stunden oder über Nacht einweichen.
Am nächsten Tag das Wasser abschütten, die Bohnen in einen großen, hohen Topf (für mindestens 6 Liter), am besten aus Ton mit glasierter Innenfläche, geben. Mit 2 1/4 Liter Wasser bedecken und langsam zum Kochen bringen. Nicht salzen, da sich sonst die Haut von den Bohnen löst; die ganzen Knoblauchzehen und die frischen Salbeiblätter zugeben. Wenn das Wasser zu kochen beginnt, 2 EL Olivenöl hinzufügen, damit die Bohnen weich werden, den Topf fest verschließen und die Bohnen 1 1/2 Stunden kochen lassen. Währenddessen den Topf keinesfalls öffnen. Vom Herd nehmen und 1 Eßlöffel Salz zugeben, sobald die Flüssigkeit aufhört zu kochen. Noch besser werden die Bohnen, wenn man sie nun ein paar Stunden stehenläßt.
Mohrrüben, Sellerie, Zwiebeln und den gehackten Knoblauch in den restlichen 6 Eßlöffeln Olivenöl bei sehr schwacher Hitze 20 Minuten lang braten, bis sie eine goldene Farbe angenommen haben. Dabei häufig umrühren.
Bohnen abgießen und Kochwasser auffangen. 1/4 Liter von den gekochten Bohnen und gut 1/2 Liter von der Kochflüssigkeit beiseite stellen. Die restlichen Bohnen pürieren; wenn die Masse zu fest wird, etwas Kochwasser angießen. Die ganzen und die pürierten Bohnen in den Topf zurückgeben, die gebratenen Gemüse sowie Kohl, Zucchini, Lauch, Kartoffeln und Basilikumblätter hinzufügen. Das aufgelöste Tomatenmark sowie 1 Teelöffel Salz, etwas frisch gemahlenen Pfeffer, ein wenig von dem beiseite gestellten Kochwasser und den Brühwürfel unterrühren. Zudecken und mindestens 2 Stunden sehr langsam kochen. Wird die Mischung zu dick, weiteres Bohnenwasser oder Hühnerbrühe zugeben. Am besten schmeckt die Suppe, wenn sie einen Tag lang ruht und wieder aufgewärmt wird.
Zum Servieren eine Suppenterrine mit kochendheißem Wasser füllen und 5 bis 10 Minuten stehenlassen. Das Wasser ausgießen und abwechselnd trockene Scheiben Landweißbrot und die Gemüsemasse hineinschichten. Diese Ribollita sollte keines-

falls dünn oder suppenartig sein. Möglichst 12 Stunden oder über Nacht bei Zimmertemperatur stehenlassen, so daß die Flüssigkeit vom Brot aufgesogen wird. Mit Öl beträufeln und servieren.

Tip: Die meisten Nonne sind sich einig, daß man dem Einweich- und Kochwasser für die Bohnen niemals Salz beigeben sollte. Es läßt die Haut der Bohnen aufplatzen und trocknet sie aus.

Getrocknete Bohnen *(fagioli secchi)* gelten in Italien als das Fleisch der Armen, weil sie sehr billig und reich an Protein sind (tatsächlich enthalten sie sogar etwas mehr als Fleisch). Sie bilden die Grundlage für Pasta e fagioli, Minestrone und Bohnenpüree, das auf geröstetem Brot mit einem Spritzer Olivenöl serviert wird. Die Nonne weichen getrocknete Bohnen immer 12 Stunden oder über Nacht in kaltem Wasser ein – früher war dies meist Regen- oder Brunnenwasser. Am nächsten Morgen wird das Wasser dann abgegossen, durch reichlich frisches kaltes Wasser ersetzt und zum Kochen gebracht. Bohnen werden allein, mit einem Prosciutto-Knochen oder *pancetta*, aber fast immer ohne Salz gekocht. Allerdings sind sich die Großmütter in diesem Punkt nicht einig: Man kann zu Beginn oder ganz am Ende des Kochvorgangs salzen, unmittelbar nachdem das Wasser aufgehört hat zu kochen, oder nachdem man die Bohnen ein paar Minuten hat ruhenlassen.

Die leicht rosafarbenen, gefleckten Borlotti-Bohnen werden für Suppen und Eintöpfe verwendet. Cannellini-Bohnen, mittelgroße weiße Kidney-Bohnen, sind in ganz Italien, vor allem aber in der Toskana verbreitet. Die kleinen, blaßgoldenen und etwas schrumpeligen Kichererbsen *(ceci)* oder Garbanzo-Bohnen mit ihrem nussigen Geschmack weicht man – oft mit einer Messerspitze Natron – in kaltem Wasser ein, bevor sie bei sehr geringer Hitze mehrere Stunden lang gekocht werden.

Linsen *(lenticchie)* sind das einzige Trockengemüse, das vor dem Kochen nicht eingeweicht werden muß. Man sollte sie jedoch sorgfältig waschen und dabei alle Linsen entfernen, die auf der Oberfläche schwimmen, ebenso kleine Steinchen, die eventuell in die Packung geraten sind. Linsen kann man ein bis zwei Tage im voraus kochen und in der Kochflüssigkeit aufbewahren.

Wenn Sie Bohnen aus der Dose verwenden, sollten Sie sie abgießen und sorgfältig unter kaltem Wasser abwaschen. 450 Gramm getrocknete Bohnen ergeben nach dem Kochen eine Menge von etwa 1 1/4 Liter. Eine Dose mit 425 Gramm Inhalt entspricht etwa 1/2 Liter gekochten Trockenbohnen; 1/2 Liter gekochte Bohnen ergibt 1/3 Liter Bohnenpüree. Man kann getrocknete Bohnen auch ohne vorheriges Einweichen zubereiten, obwohl die italienischen Großmütter dies nie tun würden. Dazu die Bohnen in einen großen Topf geben, mit frischem Wasser etwa 5 Zentimeter hoch bedecken und zum Kochen bringen. Den Topf vom Herd nehmen, zudecken und 1 Stunde stehenlassen. Das heiße Wasser abgießen, die Bohnen abspülen und erneut mit kaltem Wasser bedecken. Etwa 30 bis 45 Minuten köcheln lassen.

Pancotto pugliese con Ruchetta e Patate
Brotsuppe mit Rucola und Kartoffeln

Die fünfundsechzigjährige Angela Padrona hat ihr Leben lang bei Monopoli in Apulien gewohnt. Sie wuchs mit acht Geschwistern – sieben Mädchen und einem Jungen – auf, und die ganze Familie arbeitete von früh bis spät auf einem kleinen Stück Land. Das Jahr über aßen sie das, was der Boden hervorbrachte, und als Angela von den Gerichten ihrer Kindheit sprach, erwähnte sie auch Pancotto, eine einfache Kombination aus Gemüse und dem wunderbaren apulischen Brot. In ihrer Stimme klang Wehmut, als sie das Gericht beschrieb.

Für 4 Personen
500 g gelbfleischige Kartoffeln
400 g Rucolablätter ohne Rippen, zerpflückt
4 Knoblauchzehen, in dünne Scheiben geschnitten
1/8 TL getrocknete Chilischoten
3/4 bis 1 TL Meersalz
3 Scheiben trockenes Landweißbrot
4 bis 6 EL Olivenöl extra vergine

Die Kartoffeln schälen, in dicke Scheiben schneiden und etwa 10 Minuten in 1 1/2 Liter Salzwasser kochen. Rucola und Knoblauch hinzufügen und etwa 5 bis 20 Minuten weiterkochen, bis die Kartoffeln gar sind. Vom Herd nehmen, die Chilischoten, Salz und Brot dazugeben und stehenlassen, bis das Brot weich ist. Olivenöl darüber träufeln und abschmecken. Warm oder lauwarm servieren.

Minestra di Funghi e Patate
Pilz-Kartoffel-Suppe nach Art des Friaul

Diese deftige, aromatische Suppe, die nur aus Kartoffeln und Pilzen besteht, ist so dick, daß man sie ohne weiteres als fleischlosen Eintopf bezeichnen kann. Durch das langsame Garen wird der erdige Pilzgeschmack intensiviert. Das herzhafte Gericht eignet sich hervorragend für kalte Wintertage oder als Sonntagabendessen.
Das Quentchen saurer Sahne ist ein eindeutiger Hinweis auf den slawischen Einfluß. Da diese jedoch heute im Friaul kaum erhältlich ist, erklärte mir Gianna Modotti, wie man sie selbst herstellt. Gianna rührt einfach frisch gepreßten Zitronensaft in dicke süße Sahne, wodurch eine joghurtartige Masse entsteht. Die große Salzmenge in diesem Rezept verwundert vielleicht, aber die Kartoffeln saugen einen Großteil davon auf.

Für 6 Personen

25 g getrocknete Steinpilze
2–3 EL Butter
1 EL Mehl
500 g frische, braune Pilze, vorzugsweise Cremin, kleingeschnitten
1 Zwiebel, gehackt
1 Knoblauchzehe, gehackt
3/4 TL frischer Majoran, gehackt (ersatzweise Rosmarin)
1–1 1/2 TL Meersalz
schwarzer Pfeffer, frisch gemahlen
3 große weiße Kartoffeln (ca. 675 g), geschält und gewürfelt
2 EL saure Sahne
3 EL Parmigiano Reggiano, frisch gerieben
3 EL glatte Petersilie, gehackt

Die Steinpilze mindestens 30 Minuten in warmem Wasser einweichen. In ein mit einem Mulltuch oder Küchenpapier ausgelegtes Sieb gießen, die Flüssigkeit für ein anderes Gericht auffangen. Die Pilze über dem Einweichwasser ausdrücken. Gründlich unter kaltem Wasser abspülen und grob hacken.
Die Butter in einer 3-Liter-Kasserolle schmelzen. Wenn sie zu schäumen beginnt, das Mehl hineinsieben und vorsichtig umrühren, bis eine dicke Masse entsteht. Pilze,

Zwiebel, Knoblauch und Majoran hineingeben und dünsten, bis die Pilzflüssigkeit aufgesogen und die Mischung trocken ist. Zudecken und bei sehr geringer Hitze 1 Stunde köcheln lassen. Dabei immer wieder ein wenig heißes Wasser angießen, damit die Masse nicht festklebt. Zum Schluß Salz und Pfeffer und soviel Wasser hinzufügen, daß eine Suppe entsteht – etwa 3/4 bis 1 Liter. Die Kartoffeln dazugeben und bei mittlerer Hitze etwa 20 Minuten leicht sprudelnd kochen lassen, bis sie weich sind. Kurz vor dem Servieren saure Sahne, geriebenen Parmigiano Reggiano und Petersilie unterziehen.

Gemüse

Römischer Brokkoli *(broccolo romano)* sieht aus wie ein blaßgrüner Blumenkohl, hat aber einen zarteren Geschmack als sein weißes Gegenstück.

Sprossenbrokkoli *(cima di rapa; rapini)* ähnelt einer Brokkoli-Pflanze mit vielen kleinen Blütenköpfen, aus denen gelbe Blüten hervorsprießen, doch seine stechende, leicht bittere Schärfe weist darauf hin, daß er mehr Charakter hat als sein milder schmeckender Verwandter. Wählen Sie feste, dünne, vollkommen grüne Stengel mit wenigen Knospen. Entfernen Sie sämtliche holzigen Teile. *Rapini*, die zarten Babysprossen der Pflanze, haben eine fast seidige Struktur. Sprossenbrokkoli kann man kochen, dämpfen und schmoren wie Brokkoli. Er wird gegart, bis die Stengel einen zarten Biß haben – das dauert zwischen 3 und 10 Minuten.

Wirsing *(cavolo verza)* wird zum Füllen verwendet (siehe Involtini di Cavolo, Seite 251) oder ist Bestandteil von Gerichten wie Sacrao (Seite 239). *Cavolo nero* ist ein toskanischer Grünkohl, den man gut durch normalen Grünkohl ersetzen kann (siehe unten), und *cavolo cappuccio* ist gewöhnlicher Weißkohl.

Dem *cavolo nero*, dem berühmten toskanischen Braunkohl, am engsten verwandt ist der normale Grünkohl. Die weitest verbreitete Sorte hat tiefgrüne, gekräuselte oder blaugrüne, etwas glattere Blätter. Er schmeckt hervorragend in Suppen und pikanten Gemüsetorten.

Mangold *(barbarbietole)* hat einen milden, aber erdigen, süßen Geschmack mit einem ganz leicht bitteren Unterton. Schneiden Sie sämtliche großen Rippen weg und verarbeiten Sie die Stiele getrennt von den Blättern, nachdem Sie die harten Fasern wie beim Stangensellerie entfernt haben.

Crema di Zucca e Patate
Cremesuppe aus Kürbis und Kartoffeln

»Das ist wirklich eine vornehme Suppe«, meinte Luisa Cappelli und spannte mich eine ganze Weile auf die Folter, bevor ich die Suppe endlich probieren konnte. »Und da sie so leicht zu machen ist, erweckt man damit ohne große Anstrengung den Eindruck, ein Kochkünstler zu sein.« In der Toskana heißt ein großer Kürbis *zuccone*, und so nennt man auch einen begriffsstutzigen Schüler, zu dem der Lehrer genauso schwer durchdringt wie zum Inneren eines Kürbisses.

Obwohl der Name etwas anderes verspricht, gehört keine Sahne in die Suppe, lediglich ein wenig Milch, die den Geschmack des Kürbisses und die Intensität der Kartoffeln gut verbindet. Die Suppe eignet sich für alle Gelegenheiten, vom vornehmsten Abendessen bis zum zwanglosen Sonntagabendmahl. Servieren Sie dazu Salat und gutes Landweißbrot.

Für 4 Personen

Knapp 650 g Kürbis, geschält, von den Samen befreit und in 2,5 cm dicke Scheiben geschnitten
2 mittelgroße Kartoffeln (von je 225 g), geschält und in 2,5 cm dicke Scheiben geschnitten
1 1/2 EL Butter
3/4 l Hühnerbrühe
ein wenig grobes Salz
1/2 bis 1 Würfel Hühnerbrühe, zerkrümelt (nach Wunsch)
80 ml Milch
kleine Weißbrotwürfel, geröstet (nach Wunsch)
3 EL glatte Petersilie, fein gehackt

Kürbis- und Kartoffelscheiben in eine große Schüssel geben und etwa 5 Zentimeter hoch mit kaltem Wasser bedecken. 1/2 bis 1 Stunde stehenlassen. Abgießen und trockentupfen.

Die Butter in einem großen, schweren Topf schmelzen, und Kürbis und Kartoffeln bei sehr geringer Hitze 10 bis 15 Minuten braten, bis sie fast weich und goldfarben sind. Dabei gelegentlich umrühren, damit sie nicht am Boden festkleben.

Die Hühnerbrühe erhitzen und zusammen mit dem groben Salz langsam zu dem Gemüse geben. Die Mischung zugedeckt 20 Minuten köcheln lassen, dabei gelegentlich umrühren. Das Gemüse mit einem Schaumlöffel herausheben und in der Küchenmaschine oder mit dem Mixstab pürieren. Das Püree wieder in den Topf geben, eventuell Brühwürfel hinzufügen und vollständig in der Flüssigkeit auflösen. Bei sehr schwacher Hitze 5 bis 7 Minuten köcheln lassen und abschmecken. Wenn die Suppe noch ein wenig fad schmeckt, mit der anderen Brühwürfelhälfte und Salz nachwürzen. Ist die Suppe zu dünn, bis zur gewünschten Konsistenz reduzieren. Zum Schluß die Milch unter ständigem Rühren hinzufügen, kurz vor dem Servieren die Brotwürfel untermischen und mit Petersilie bestreuen.

Zuppa con le Zucchine
Zucchinisuppe mit Basilikum

Heute Zucchini, morgen Zucchini, jeden Tag Zucchini: Das bescheidene Gemüse wächst so üppig, daß viele Köchinnen mit der Verarbeitung kaum nachkommen. Bei dieser Suppe, die intensiver schmeckt und sättigender ist, als der Name nahelegt, sind die anspruchslosen Zucchini Grundlage eines köstlichen Gerichts.

Für 6 Personen
2 EL Olivenöl extra vergine
1 Zwiebel, kleingeschnitten
1 Tomate, enthäutet, von den Kernen befreit und grob zerkleinert
3 große Zucchini, gewürfelt
3 mittelgroße Kartoffeln, geschält und gewürfelt
100 g grüne Bohnen, geputzt und in 5 cm lange Stücke geschnitten
eine Handvoll Zucchiniblüten (nach Wunsch)
1 1/2 l Hühnerbrühe
Blätter von 1/2 Bund Basilikum, zerpflückt
Salz
schwarzer Pfeffer, frisch gemahlen
6 Scheiben trockenes Landweißbrot
Parmigiano Reggiano, frisch gerieben

Olivenöl in einem schweren 4-Liter-Topf erwärmen und Zwiebel und Tomate bei geringer Hitze ca. 15 Minuten braten, bis die Zwiebel weich und die Tomate zerfallen ist. Zucchini, Kartoffeln, Bohnen und eventuell Zucchiniblüten hinzufügen, mit der Brühe aufgießen, zum Kochen bringen und bei geringer Hitze ungefähr 12 Minuten kochen lassen. Die Hälfte der Basilikumblätter, Salz und Pfeffer hinzufügen und weitere 3 bis 5 Minuten kochen. Bohnen und Zucchini sollten weich sein, wenn man mit einer Gabel hineinsticht.

Währenddessen den Grill vorheizen und das Brot etwa 4 Minuten auf jeder Seite rösten, es sollte leicht knusprig sein.

In jede Suppenschale eine Brotscheibe legen, die fertige Suppe darüberschöpfen, die restlichen Basilikumblätter darüber verteilen und servieren. Parmigiano Reggiano dazu reichen.

Zuppa Vera Contadina
Echte Bauernsuppe

Diese nahrhafte Bohnen-Gemüse-Suppe ist wohl so etwas wie das italienische Äquivalent von Prousts Madeleines, weil sie zahllose Italiener unweigerlich an die Kindheit erinnert. Im wesentlichen geht es darum, alles, was ein Gemüsegarten hergibt, in einen Topf zu füllen und langsam kochen zu lassen, so daß sich die Aromen vermischen können. Am zweiten Tag schmeckt die Suppe noch besser; man sollte nur darauf achten, daß man zusätzlich Brühe oder Wasser zugibt, bevor man sie aufwärmt, denn bei Zimmertemperatur oder im Kühlschrank wird sie sehr dick.

Die Kochzeit getrockneter Bohnen hängt von ihrem Alter ab – je älter sie sind, desto länger brauchen sie, bis sie weich und zart sind. Giovanna Dolfi-Zenzi Lusignani verwendet am liebsten frische Borlotti-Bohnen. Wenn man ihrem Beispiel folgen will, enthülst man 500 Gramm und gibt sie statt der abgetropften Bohnen aus der Dose in den Topf.

Für 6 Personen

200 g getrocknete Borlotti-Bohnen oder
420 g Borlotti-Bohnen aus der Dose, abgegossen
und mehrfach unter fließendem Wasser abgespült
60 g Lardo, Pancetta oder Schweinebauch

2 Knoblauchzehen, fein gehackt
2 Frühlingszwiebeln, fein gehackt
4 EL glatte Petersilie, fein gehackt
2 große Kartoffeln, geschält und gewürfelt
2 Mohrrüben, fein gehackt
1 Stange Bleichsellerie, fein gehackt
1 Zwiebel, fein gehackt
2 l Hühnerbrühe, möglichst selbst gemacht
2 TL bis 2 EL Rotwein (je nach Geschmack)
Salz und Pfeffer
6 Scheiben Landweißbrot, trocken und leicht geröstet
60 g Parmigiano Reggiano, frisch gerieben
Olivenöl extra vergine

Getrocknete Bohnen in eine große Schüssel geben, mit kaltem Wasser 5 bis 7 Zentimeter hoch bedecken und 12 Stunden oder über Nacht einweichen. Abgießen und gut abspülen.

Lardo, Knoblauch, Zwiebel und Petersilie zusammen fein hacken. Signora Lusignani nimmt dazu eine *mezzaluna*, ein Wiegemesser, aber mit einem einfachen Messer oder einem Mixer geht es auch sehr gut. Die Mischung in einen 4-Liter-Topf mit schwerem Boden geben und bei schwacher Hitze etwa 5 Minuten dünsten. Bohnen, Kartoffeln, Mohrrüben, Bleichsellerie, Zwiebel und 2 Liter Brühe dazugeben, zudecken und 2 bis 2 1/2 Stunden köcheln lassen, bis die Bohnen gar sind. Bohnen aus der Dose werden erst nach 1 3/4 Stunden hinzugefügt. Gelegentlich prüfen, ob noch genügend Flüssigkeit im Topf ist, und notfalls noch etwas Brühe oder Wasser nachgießen. Zum Schluß den Rotwein hinzugeben, mit Salz und Pfeffer abschmecken und noch einmal 2 bis 3 Minuten köcheln lassen. Die Suppe sollte soviel Flüssigkeit enthalten, daß sie mit dem Löffel, nicht mit der Gabel gegessen werden kann.

Vielleicht rösten Sie ein paar Scheiben Brot und legen sie in die Suppenschalen. Oder Sie machen es wie la Nonna und nehmen eine große Schüssel, legen eine Schicht gerösteter Weißbrotscheiben hinein, bedecken sie mit der Bohnenmischung, streuen Parmigiano Reggiano darüber und wiederholen dies, bis die Schüssel voll ist. Zum Schluß ein wenig Olivenöl darüber träufeln.

Pane e Pizze
Brot und Pizza

Annita di Fonzo Zannella

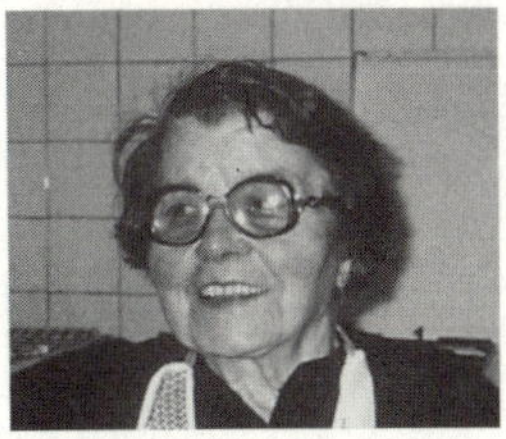

Emma Grassi Bensi

Giovanna Passannanti

Brot

Brot war immer das wichtigste Nahrungsmittel der Italiener. Hergestellt aus den elementaren Zutaten Mehl, Wasser, Hefe und Meersalz, macht es satt und knüpft eine Verbindung mit der Familie, dem Land und den Urkräften des Kosmos. Hefe ist gewissermaßen die Seele des Brots, ein lebendiges Produkt, das sich in einem schlafähnlichen Zustand befindet und wieder zum Leben erwacht, sobald es in warmem Wasser aufgelöst oder in den Teig geknetet wird und sich in der Wärme des Backofens auf wundersame Weise entfaltet. Die Frauen kneten mit der Hefe auch die Sorgen des Alltags in den Teig, aus dem sie Räder formen, die rund sind wie die Sonne.

Mehl *(farina)*: Es gibt in Italien zwei Arten von Weizenmehl – *grano tenero*, Hart- und Weichweizen aus Triticum aestivum, und das proteinreiche Triticum durum, aus dem Hartweizenmehl und Hartweizengrieß für Teigwaren gemahlen werden. Bei der Vermahlung des Getreides werden der Keimling und die Schalen teilweise vom Mehlkern getrennt. Schalenfreies Mehl gibt es nicht. Das niedrigst ausgemahlene Mehl mit dem geringsten Anteil an Schalen hat in Deutschland die Typenbezeichnung 405. Dieses Mehl wird als Auszugsmehl oder Weißmehl bezeichnet.

Je heller das Mehl, desto feiner schmeckt das Gebäck. Helle Mehle sind backfähiger als dunkle, das heißt, das Gebäck ist ausreichend gelockert und weist ein großes Volumen auf. Mehle mit hoher Typenzahl sind dunkel und schalenreich. Für Mürbeteig und Kuchen verwendet man am besten Mehl der Type 405, für Weißbrot und Hefeteig Mehl der Type 550. Verwenden Sie keinesfalls Weizenbackschrot (Brotmehl), das einen sehr hohen Glutengehalt hat. Keine italienische Großmutter würde dieses Mehl zum Backen nehmen, und die Rezepte mißlingen immer.

Geben Sie das Mehl in eine sehr große Schüssel. Rühren Sie mit einem Eßlöffel mehrmals um, um es gut durchzulüften.

Bewahren Sie Vollkornmehl immer im Kühlschrank auf, so daß das in den Keimen enthaltene Öl nicht ranzig wird.

Pane Casareccio
Hausgemachtes Landbrot

Mehl, Wasser, Salz und Hefe: Diese vier Urstoffe verbinden sich zu einem köstlichen Landbrot mit einer kräftigen Kruste.

Falls Nella Galletti und Annita di Fonzo Zannella nicht ausreichend Naturhefe zur Hand haben, bereiten sie einen Hefeansatz, der zwei Tage bei Zimmertemperatur ruhen muß. Während dieser Zeit arbeitet der Teig ganz von allein. Geben Sie dem Brotteig genügend Zeit, damit er aufgeht und vom würzigen Aroma des Hefeansatzes durchdrungen wird.

Zutaten für 3 Brotlaibe

Hefeansatz:
1/4 TL Trockenhefe oder 2 g Frischhefe
60 ml warmes Wasser
180 ml plus 2 EL handwarmes Wasser
330 g Mehl

Teig:
1 1/2 TL Trockenhefe oder 9 g Frischhefe
60 ml Wasser, bei Trockenhefe auf 45 Grad, bei frischer Hefe auf 40 Grad erwärmt
540 ml Wasser
220 g Hefeansatz, bei Zimmertemperatur abgemessen
800 g Mehl
1 EL Meersalz

Für den Hefeansatz die Hefe in warmes Wasser einrühren und etwa 10 Minuten ruhenlassen, bis eine cremige Masse entsteht. Das restliche Wasser und danach das Mehl in drei Portionen unterrühren. Wenn Sie den Hefeansatz mit der Hand herstellen, etwa 4 Minuten mit einem Holzlöffel rühren. Bei Verwendung einer Küchenmaschine mit dem Quirl etwa 2 Minuten bei niedrigster Stufe rühren.

Den klebrigen Hefeansatz in eine große, leicht mit Öl ausgestrichene Schüssel geben, mit Plastikfolie zudecken und bei kühler Zimmertemperatur 24 bis 48 Stunden gehen lassen. Der Teig wird sich auf das dreifache Volumen vergrößern und dann wieder in sich zusammenfallen. Da er noch klebrig ist, wenn er weiterverarbeitet wird, die Hände befeuchten, um den Teig aus der Schüssel zu nehmen. Nach 48 Stunden zudecken und in den Kühlschrank stellen. Man kann den Hefeansatz bis zu fünf Tage im Kühlschrank aufbewahren.

Die Hefe in einer großen Mixschüssel in warmes Wasser einrühren und etwa 10 Minuten ruhenlassen, bis eine cremige Masse entsteht. Das auf Zimmertemperatur erwärmte Wasser und den Hefeansatz hinzufügen. Den Hefeansatz mit den Fingern kräftig drücken, damit er aufbricht, dann mit einem Holzlöffel so lange einrühren, bis das Wasser kalkig weiß und der Hefeansatz gut zerbröselt ist. Jetzt das mit dem Salz vermischte Mehl in drei Portionen langsam in die Hefemischung einrühren. Mit dem Holzlöffel so lange schlagen, bis der Teig feucht und zäh ist. Die Arbeitsfläche und den Teigschaber bemehlen, ein paar Eßlöffel Mehl für die Hände neben der Arbeitsfläche aufhäufen. Den Teig auf die bemehlte Arbeitsfläche geben und mit dem Teigschaber und so wenig zusätzlichem Mehl wie nötig kneten, bis er nicht mehr klebt, aber immer noch feucht ist.

Teigherstellung mit dem Rührgerät: Die Hefe in einer großen Mixschüssel in das warme Wasser einrühren. Etwa 1 Minute ruhenlassen, bis eine cremige Masse entsteht. Das auf Zimmertemperatur erwärmte Wasser sowie den Hefeansatz hinzugeben. Den Hefeansatz mit den Fingern kräftig drücken und so lange rühren, bis das Wasser kalkig weiß und der Hefeansatz gut zerbröselt ist. Mehl und Salz hinzugeben und mit dem Rührhaken des Mixers zu einem glatten Teig verarbeiten. Eventuell bis zu 4 Eßlöffel mehr Mehl hinzufügen, doch auch dann wird sich der Teig nicht vom Rand und vom Boden der Schüssel lösen. Mit dem Knethaken bei mittlerer Geschwindigkeitsstufe 4 bis 5 Minuten kneten. Den feuchten, klebrigen Teig am Schluß noch kurz mit den Händen durcharbeiten und auf eine bemehlte Arbeitsfläche setzen. Die Teigoberfläche mit bis zu 4 Eßlöffel Mehl bestäuben.

Den Teig in eine leicht mit Öl ausgestrichene Schüssel geben, mit Plastikfolie zudecken und etwa 3 Stunden ruhenlassen, bis der Teig auf die dreifache Größe aufgegangen ist und Blasen wirft.

Den klebrigen Teig auf eine gut bemehlte Arbeitsfläche setzen. Einen Teigschaber mit Mehl bestäuben und ein paar Eßlöffel Mehl für die Hände aufhäufen. Den Teig aus der Schüssel nehmen, aber nicht flachdrücken. Die Oberseite leicht mit Mehl bestäuben und in drei gleich große Portionen teilen. Wenn der Teig sehr klebrig ist, die Hände mit Wasser befeuchten. Jedes Teigstück flachdrücken und der Länge nach rollen. Den Teig um 90 Grad drehen, flachdrücken und nochmals rollen. Dann auf die Arbeitsfläche setzen und so lange zu einer Kugel formen, bis die Teigoberfläche straff und glatt ist. Die runden Laibe auf bemehltes Backpapier setzen und auf das

Backblech legen; mit einem Tuch zudecken und etwa 1 Stunde auf die doppelte Größe aufgehen lassen.

Mindestens 30 Minuten vor dem Backen den Ofen auf 230 Grad vorheizen. Die Brotlaibe mit der Unterseite nach oben auf das leicht mit Mehl bestäubte Backblech legen. Am feuchten Teig hängengebliebenes Backpapier nach etwa 15 Minuten ablösen, wenn sich der Teig gesetzt hat. Man kann die Laibe auch mit dem Backpapier auf das Blech legen. Die Teiglaibe sehen flach aus, wenn Sie sie in den Ofen schieben, doch sie gehen im Nu auf wie Luftkissen. In etwa 35 Minuten goldbraun backen. Auf einem Gitter auskühlen lassen.

Variante: Nehmen Sie für den Teig 150 Gramm Vollkornmehl (am besten in der Steinmühle vermahlen) und 600 Gramm Weißmehl.

Porträt Annita di Fonzo Zannella

Nur mit Mühe konnte Annita di Fonzo Zannella ihre Überraschung verbergen, als ich eines Sonntagmorgens vor ihrer Tür stand. Ich hatte einen Termin mit ihrem Sohn, dem Bürgermeister von Campodimele, einer Stadt, die immer wieder Schlagzeilen macht, weil so viele ihrer Bewohner über achtzig, neunzig Jahre alt werden. Viele der Mutmaßungen über die Gründe für dieses hohe Alter zielen auf die Ernährung: Manche meinen, die Bewohner von Campodimele verdanken ihre ausgezeichnete Gesundheit der Tatsache, daß sie *cicerchia* essen, weiße Platterbsen, die in der Gegend angebaut werden, oder den kleinen Schnecken, die in einer würzigen Tomaten-Zwiebel-Sauce gekocht werden, oder auch der täglichen Portion *scalogne in pinzimonio*, in Olivenöl getunkte Schalotten. Alle warten gespannt auf die Ergebnisse der Untersuchung von Dr. Pietro Cugini am Poliklinikum in Rom, die klären soll, weshalb so viele alte Leute in Campodimele den Cholesterinspiegel von Kindern haben.

Annita wurde hier geboren und wuchs bei ihrer Mutter auf, nachdem ihr Vater nach Amerika ausgewandert war, um Arbeit zu finden. Zwei ihrer drei Brüder folgten ihm, und keiner von ihnen kehrte jemals wieder zurück. Ja, bestätigt sie, die Leute hier leben lange und sind dabei sehr gesund. Ein Onkel von ihr starb im Alter von 103 Jahren, ein Nachbar führt noch mit neunundneunzig Jahren ein eigenständiges Leben und bewirtschaftet jeden Tag seine Felder. Die Menschen hier haben ihr Leben lang hart gearbeitet und sich von dem ernährt, was die Erde hervorbringt. Oft war das Essen nicht sehr abwechslungsreich: Bohnen und Bohnensuppe, hausgemachte Nudeln, viel Kartoffeln und Gemüse, das auf verschiedene Art zubereitet wurde. Wie sich jedoch herausstellt, hält die Signora ihr Städtchen Campodimele durchaus nicht für das Paradies. Glaubt sie, daß die berühmten Cicerchie, die so weiß

sind wie Cannellini-Bohnen, wenn auch kleiner, für das hohe Alter der Bewohner verantwortlich sind? Sie zuckt die Schultern. Cicerchia wächst gut in Campodimele, sagt sie, aber viele sind der Bohnen überdrüssig, weil sie im Zweiten Weltkrieg so viel davon essen mußten. Sie erwähnt die *lumachine*, die kleinen Schnecken, die mit Zwiebeln, Tomatensauce und wilder Minze aus der Umgebung gekocht werden.
Auch Campodimele ist heute zu Wohlstand gekommen, aber wie die meisten älteren Bewohner arbeiten auch die Signora und ihr Mann immer noch sehr hart und bauen das meiste, was sie verzehren, selbst an. Auf dem Fensterbrett in der Küche sind neben Kräutern und Knoblauch von ihrem Feld nahe der Stadt rote Pfefferschoten zum Trocknen ausgelegt. Die Signora und ihr Mann führen ein Leben im Einklang mit der Natur, stehen bei Sonnenaufgang auf, gehen abends frühzeitig zu Bett und konservieren die Früchte, die die jeweilige Jahreszeit hervorbringt. Vielleicht liegt das Geheimnis des langen Lebens in der Tatsache begründet, daß auch die alten Leute von Campodimele auf den Feldern und im Garten arbeiten und daß sich ihr Leben in den vergangenen fünfzig Jahren nicht grundlegend geändert hat.
Ein glücklicher Zufall wollte es, daß ich rechtzeitig zum traditionellen *piatto unico* eintraf, einem deftigen Mittagsmahl mit Schweinswürsten in Tomatensauce. Die Würste der Signora Zannella sind äußerst mager, mit kleinen Kartoffelstückchen durchsetzt und mit scharfen Pfefferschoten gewürzt. Die Sauce kam zweimal auf den Tisch: einmal zu den hausgemachten Nudeln des ersten Gangs und dann zu den Würsten des Hauptgerichts. Mir fiel auf, wie umstandslos Signora Zannella die Zwiebeln mit Olivenöl und Tomaten in einem Pfännchen vermischte. Weder erhitzte sie vorher das Öl, noch gab sie die Zwiebeln zuerst in die Pfanne. Sie ließ die Mischung ein paar Minuten köcheln und legte dann die Würste hinein, die sie zuvor in Wasser gekocht hatte, um ihnen das Fett zu nehmen. Die Tomaten werden je nach Beschaffenheit hinzugefügt: Fleischtomaten schmort sie zusammen mit dem Olivenöl und den Zwiebeln; andere gibt sie mit den Würsten in die Pfanne. Zu den Würsten gab sie noch einen Spritzer Olivenöl, eine Prise Salz, etwas frisch geschnittene Petersilie und ein paar Basilikumblätter. Die Wurst-Tomaten-Mischung wird so lange gekocht, bis die Tomaten die Konsistenz von dickflüssigem Tomatensaft haben.
Nach den Nudeln servierte Annita als Beilage zu den Würsten unglaublich zarten Sprossenbrokkoli und in Streifen geschnittene gelbe, rote und grüne Paprikaschoten, deren Haut so zart war, daß man sie nicht einmal schälen mußte. Wie so viele italienische Familien am Sonntag saßen wir am Tisch, während der Fernseher lief und der staatliche Fernsehsender RAI Nachrichten brachte.
Signora Zannella backt bis heute ihr Brot selbst – in einem riesigen Holzofen neben ihrem Wohnhaus. Hier ihr Rezept: Mit *lievito naturale*, Naturhefe, stellt sie einen Tag vor dem Backen einen Vorteig her und läßt ihn gehen. Den Vorteig gibt sie in

die Mehlmulde (das Mehl wird in einer großen hölzernen Mehltruhe gelagert), würzt mit Salz und gießt dann sehr langsam Wasser hinzu, damit sich das Salz auflöst. Dann gibt sie weiteres Wasser hinzu – keine genau abgemessene Menge, sondern gerade so viel, wie das Mehl aufnehmen kann. Den Teig läßt sie 2 bis 3 Stunden gehen, je nach Zimmertemperatur und der Wärme der Hände. Sie formt zehn runde Laibe (jeder 4 Pfund schwer) und setzt sie nebeneinander auf ein bemehltes Tuch; die Laibe trennt sie mit dem gefalteten Tuch ab, damit sie beim Aufgehen nicht zusammenkleben. Dann deckt sie alles mit einem Geschirrtuch ab. Im Winter läßt sie die Brotlaibe bei niedrigster Stufe im Gasofen gehen.

Ich bemerke, daß Annita über dem Brot oder dem Backofen kein Kreuzzeichen machte. »Davon halte ich nicht viel«, meinte sie naserümpfend. Auch hier zeigt sie Widerspruchsgeist, obwohl sie zustimmend nickte, als wir unterwegs von einer älteren Frau und ihrem Mann aufgehalten wurden, die aus Rom einen Ausflug hierher gemacht hatten. »Dieser Ort ist traumhaft, ein richtiges Paradies, so friedlich und vollkommen. Ideal, um hier ein geruhsames Wochenende abseits vom Lärm der Stadt zu verbringen« meint die Römerin begeistert. Ihr Aufenthalt in diesem bäuerlichen Städtchen hatte sie nachdenklich werden lassen: Die Leute hier lebten so lange, ohne ihre Energie und Tatkraft zu verlieren. Und nachdem die beiden die lokalen Spezialitäten gekostet hatten, spielten sie ernsthaft mit dem Gedanken, hierher zu ziehen, die berühmten Cicerchie zu essen und in der frischen Luft von Campodimele alt zu werden.

Pizza alla Napoletana
Toskanische Phantasie einer neapolitanischen Pizza

Pizza war hundert Jahre lang *das* Standardgericht der Neapolitaner, bis der berühmte Fladen nach dem Zweiten Weltkrieg auch in anderen Regionen Italiens Einzug hielt. Für die Bewohner der Toskana war Pizza kein Alltagsessen, daher ist es um so erstaunlicher, daß Emma Grassi Bensi, die im Haus der Familie Cappelli unweit Florenz als Köchin arbeitete, im Zweiten Weltkrieg Pizza backte. Trotz der Not und der Nahrungsmittelknappheit jener Zeit hatte Emma stets Zutaten zur Hand, die auf dem Feld wuchsen. Und Minnuccio, der Sohn ihrer Arbeitgeber, für den sie diese Pizza zubereitete, zog sich mit dem leckeren Teigfladen in die Scheune zurück, um jeden Tropfen Öl und jeden Klecks Käse still für sich zu genießen.

Ergibt 2 Pizzen für 2 Personen

Teig:
1 1/4 TL (1/2 Päckchen) Trockenhefe
60 ml Milch, auf 45 Grad erwärmt
1 Ei
1 Eigelb
140 g Mehl
1/4 TL Meersalz

Belag:
Olivenöl extra vergine
450 g Tomaten, enthäutet, von Kernen befreit, ausgedrückt und grob gehackt
1 Handvoll frische Basilikumblätter, grob zerpflückt
getrockneter Oregano
Meersalz
toskanischer Pecorino oder Parmigiano Reggiano, frisch gerieben

Die Hefe in einer großen Schüssel oder einer Mixschüssel über der warmen Milch zerbröseln, gut unterrühren und etwa 10 Minuten ruhenlassen, bis die Masse cremig ist. Ei und Eigelb, dann Mehl und Salz mit einem Holzlöffel oder dem Rührhaken des Mixers unterrühren und zu einem kompakten Teig verkneten. Wenn Sie den Teig mit der Hand verarbeiten, auf eine leicht bemehlte Arbeitsfläche legen und 7 bis 10 Minuten kneten, bis er samtig und fest ist. Bei Verwendung eines Rührgeräts den Teig mit den Knethaken auf niedriger Stufe weitere 3 Minuten rühren. Falls der Teig anfangs etwas klebrig ist, noch ein wenig Mehl hineinarbeiten und kurz mit den Händen durchkneten.

Den Teig in eine leicht mit Öl ausgestrichene Schüssel legen, mit Plastikfolie zudecken und 60 bis 70 Minuten auf die doppelte Größe aufgehen lassen.

Den Teig in zwei Hälften teilen. Mit dem Nudelholz jedes Stück gut 0,5 Zentimeter dick kreisförmig ausrollen. Der Teig sollte goldgelb, elastisch und leicht auszurollen sein.

Mindestens 30 Minuten vor Beginn der Backzeit den Ofen auf 250 Grad vorheizen. Vor dem Backen den Teig dünn mit Olivenöl bestreichen, auf jeder Pizza die Hälfte der kleingeschnittenen Tomaten verteilen, Basilikum, getrockneten Oregano, Salz und Käse darüber streuen. Die Pizzafladen auf ein leicht mit Öl bepinseltes Backblech gleiten lassen. Den Backofen auf 230 Grad herunterschalten und etwa 8 Minuten backen, bis der Teig goldbraun und der Käse geschmolzen ist.

Semmelbrösel (pan grattato) gewinnt man, indem man altes Brot fein bis mittelfein reibt und die Brösel anschließend im Backofen oder in einer Pfanne röstet, damit sie vollständig trocken werden. Italienische Großmütter unterscheiden zwischen ganz hartem Brot, das beim Reiben sehr feine Brösel ergibt, und frischerem Brot, von dem die Kruste abgeschnitten wird und das, gerieben und im Backofen getrocknet, weichere, dickere Brösel ergibt.

Sfincione
Sizilianischer Pizzafladen

Die Bewohner von Partinico lieben den Sfincione, die sizilianische Variante einer Focaccia aus dickerem Teig und einem Belag aus Käse und knusprigen Semmelbröseln, scharfen Sardellen und süßer Tomatensauce. Der Fladen ist würzig und sättigend und eignet sich gut zum Picknick oder als Mittagsmahlzeit. Man kann ihn auch in kleine Stücke schneiden und als Vorspeise servieren.
Giovanna Passannanti verwendet für den Sfincione weiche Semmelbrösel aus Brot ohne Rinde, nicht die mehlfeinen Semmelbrösel aus altem Brot. Servieren Sie Sfincione bei Zimmertemperatur.

Für 6 Personen

Vorteig:
2 1/2 TL (1 Päckchen) Trockenhefe oder 18 g Frischhefe
180 ml Wasser, bei Trockenhefe 45 Grad,
bei frischer Hefe 40 Grad warm
100 g Mehl

Teig:
180 ml handwarme Milch
2 EL Olivenöl extra vergine oder
Schweineschmalz bester Qualität
400 g plus 1 EL Mehl
1 1/2 TL Meersalz

Belag:
6 Sardellenfilets in Öl, abgetropft und in kleine Stücke geschnitten;
oder 3 ganze, in Salz eingelegte Sardellen, gewässert, filetiert
und in kleine Stücke geschnitten
110 g Caciocavallo-Käse, frisch gerieben, oder Mozzarella,
kleingeschnitten
60 g weiche Semmelbrösel, frisch gerieben

Salsa di Pomodoro Siciliana (Tomatensauce) (siehe Seite 369)
2 mittelgroße Zwiebeln, in dünne Scheiben geschnitten
2 TL getrockneter Oregano
3/4 TL Meersalz
schwarzer Pfeffer, frisch gemahlen
3–4 EL Olivenöl extra vergine

Für den Vorteig die Hefe in einer Mixschüssel in das warme Wasser geben und etwa 10 Minuten ruhenlassen, bis eine cremige Masse entsteht. Das Mehl einstreuen und mit einem Holzlöffel zu einem fast flüssigen, weichen Teig verrühren. Mit Plastikfolie abdecken und 30 bis 45 Minuten gehen lassen, bis der Teig Blasen wirft.
Für den Teig Milch und Olivenöl mit einem Holzlöffel oder dem Quirl eines Mixers in den Vorteig einarbeiten. Mehl und Salz unterrühren und zu einem Teig verkneten. Wenn Sie den Teig mit den Händen kneten, auf eine bemehlte Arbeitsfläche legen und 8 bis 10 Minuten durcharbeiten. Wenn Sie ein Rührgerät verwenden, mit dem Knethaken 3 Minuten rühren, bis der Teig geschmeidig und klebrig ist.
In eine leicht mit Öl ausgestrichene Schüssel geben, mit Plastikfolie abdecken und in 60 bis 75 Minuten auf die doppelte Größe aufgehen lassen.
Den Backofen auf 220 Grad vorheizen. Ein circa 27 x 42 Zentimeter großes Backblech reichlich mit Öl bepinseln, mit dem Teig auslegen und diesen so weit wie möglich in die Ecken drücken. Mit einem Tuch bedecken. Nach 10 Minuten nochmals in die Ecken drücken, zudecken und weitere 20 Minuten gehen lassen.
Für den Belag die Sardellenstückchen und den Käse gleichmäßig auf dem Teig verteilen und die Masse glattstreichen. Die Hälfte der Semmelbrösel darüber streuen, dann mit einem Löffel die Tomatensauce und die Zwiebeln darauf verteilen. Mit Oregano, Meersalz und Pfeffer nach Geschmack würzen. Die restlichen Semmelbrösel darüber verteilen und alles gut mit Olivenöl beträufeln.Das Backblech in den Ofen schieben und in 22 bis 30 Minuten backen, bis der Teig knusprig ist.

Tip: Giovanna Passannanti legt die gesalzenen Sardellen und Sardinen kurz in Essig, der den Fischgeruch nimmt.

Focaccia di Patate alla Genovese
Kartoffel-Focaccia aus Genua

Vergleichen Sie diese Focaccia nicht mit anderen, die Sie gegessen haben, denn sie nimmt in der Welt der Brotfladen eine Sonderstellung ein. Das Rezept stammt von Luisa Cappelli, die jahrzehntelang in Genua lebte. Die poröse Struktur und die zarte Krume resultieren daher, daß der Fladen zu gleichen Teilen aus Kartoffeln und Mehl hergestellt wird. Luisa serviert die Focaccia zum Essen oder zum Tee, aber auch in kleine Dreiecke geschnitten, mit Butter bestrichen und mit Schinken belegt als Vorspeise.

Für 8 bis 10 Personen
2 mittelgroße Kartoffeln (400 g)
1/4 l Milch
2 1/2 TL (1 Päckchen) Trockenhefe oder 18 g Frischhefe
400 g plus 1 EL Mehl
2 TL Meersalz
10–12 frische Salbeiblätter, fein geschnitten
6 EL Olivenöl extra vergine plus 2 EL für die Pfanne
und 1–2 EL zum Beträufeln
1 1/2–2 TL grobes Meersalz

Die Kartoffeln schälen, in Scheiben schneiden und in Salzwasser etwa 20 Minuten weich kochen. Abtropfen lassen und sofort mit einer Gabel zerkleinern oder durch die Kartoffelpresse drücken; darauf achten, daß keine Klumpen entstehen. Auf Zimmertemperatur abkühlen lassen.
Die Milch auf 45 Grad erwärmen, die Hefe darüber verteilen und mit dem Schneebesen unterrühren. Etwa 10 Minuten ruhenlassen, bis eine cremige Masse entsteht.
Teigherstellung mit der Hand: Mehl, Kartoffeln, Meersalz und die feingehackten Salbeiblätter vermischen und auf die Arbeitsfläche geben. In die Mitte eine Vertiefung drücken, etwas von der aufgelösten Hefe in die Mulde geben und in die Mehlmischung einarbeiten; abwechselnd immer wieder Hefe und 6 EL Olivenöl hinzugeben und einarbeiten. 8 bis 10 Minuten kneten, bis ein elastischer Teig entsteht. Zu einer Kugel formen.
Mit dem Rührgerät: 6 EL Olivenöl in die Hefemischung rühren. Die zerdrückten Kartoffeln, Mehl, Meersalz und die Salbeiblätter hinzugeben und mit dem Quirl zu

einem Teig verkneten. Dann mit dem Knethaken auf niedriger Stufe 2 bis 3 Minuten weiterrühren, bis der Teig geschmeidig und etwas klebrig ist. Am Ende auf einer bemehlten Arbeitsfläche noch kurz mit etwas Mehl kneten.
Die Teigkugel in eine mit Öl ausgestrichene Schüssel setzen, mit Plastikfolie zudecken und etwa 1 Stunde auf die doppelte Größe aufgehen lassen.
Auf ein 26 x 38,5 Zentimeter großes Backblech mit Rand 2 EL Olivenöl streichen. Den Teig darauf legen, glatt drücken und gut in die Ecken pressen. Die Handflächen mit Öl befeuchten und leicht auf den Teig pressen, so daß kleine ölige Rillen entstehen. Mit grobem Meersalz bestreuen; das Salz dabei in die Vertiefungen fallen lassen. Den Teig mit einem Küchentuch zudecken, an einem vor Luftzug geschützten Ort etwa 30 Minuten auf die doppelte Größe aufgehen lassen. Am Ende noch etwas Olivenöl auf den Teig träufeln.
Mindestens 30 Minuten vor dem Backen den Ofen auf 210 Grad vorheizen. Das Backblech mit dem Focaccia-Teig hineinschieben und etwa 25 Minuten backen, bis Ober- und Unterseite goldbraun sind. Warm oder bei Zimmertemperatur servieren.

Schizzotto
Goldgelber Milchbrotfladen aus Padua

In Luisa Rossi Pavanellos Kindheit auf dem Land bei Padua stellten die Frauen den Brotteig zu Hause her und backten ihn in einem Holzofen. Die meisten Familien bereiteten Brot mit Mehl und Wasser zu, aber Luisas Mutter verwendete Milch statt Wasser. Was für ein Unterschied! Die weiche Brotkrume wird auf diese Weise zart und goldgelb wie eine Brioche aus Butter und Eiern. Damit das Brot noch etwas luftiger und intensiver im Geschmack wird, arbeite ich noch einen Vorteig ein.

Ergibt 3 Brotlaibe
Vorteig:
1 1/2 TL Trockenhefe oder 9 g Frischhefe
180 ml Milch, bei Trockenhefe auf 45 Grad,
bei frischer Hefe auf 40 Grad erwärmt
140 g Mehl

Teig:
1/2 TL Trockenhefe oder 6 g Frischhefe
120 ml plus 4–7 EL Milch, bei Trockenhefe auf 45 Grad, bei frischer Hefe auf 40 Grad erwärmt
80 ml Olivenöl extra vergine
860 g Mehl
4 TL Meersalz
Maismehl oder grobes Grießmehl (nach Bedarf)

Für den Vorteig die Trockenhefe oder die zerkrümelte Frischhefe in einer mittelgroßen Schüssel in die warme Milch geben und mit dem Schneebesen unterrühren. Etwa 10 Minuten ruhenlassen, bis eine cremige Masse entsteht. Mit einem Holzlöffel das Mehl einrühren, mit Plastikfolie bedecken und 30 bis 45 Minuten auf die doppelte Größe aufgehen lassen. Der Vorteig ist dickflüssig.

Teigherstellung mit der Hand: Die Trockenhefe oder die zerkrümelte Frischhefe in einer großen Mixschüssel in die warme Milch geben und mit dem Schneebesen gut einrühren. Etwa 10 Minuten ruhenlassen, bis eine cremige Masse entsteht. Zuerst den Vorteig, dann das Öl unterrühren und gut vermischen. In drei Portionen das Mehl zugeben und etwa 5 Minuten weiterrühren, bis alles gut vermengt ist. In den letzten Minuten das Salz zugeben. Den Teig auf eine leicht bemehlte Arbeitsfläche setzen und 10 bis 15 Minuten kneten, bis er glatt und geschmeidig, aber noch etwas klebrig ist.

Mit dem Rührgerät: Den Vorteig und das Öl in die Hefemischung geben und mit dem Quirl untermixen. Mehl und Salz hinzugeben und mit den Knethaken bei mittlerer Geschwindigkeitsstufe 3 bis 4 Minuten rühren, bis der Teig glatt und geschmeidig, aber immer noch etwas klebrig ist.

Den Teig in eine leicht mit Öl ausgestrichene große Schüssel geben, mit einer Plastikfolie bedecken und etwa 2 Stunden gehen lassen, bis er um das Zweieinhalbfache aufgegangen ist.

Den Teig auf eine leicht bemehlte Arbeitsfläche geben und in drei gleich große Stücke teilen. Jedes Stück zu einem Rechteck zurechtziehen, auf mit Maismehl oder grobem Grießmehl bestreutes Pergamentpapier und dann auf ein mit Öl bepinseltes Backblech legen. Mit Küchentüchern abdecken und in 30 bis 45 Minuten auf die eineinhalbfache Größe aufgehen lassen, bis Luftblasen entstehen.

Mindestens 30 Minuten vor dem Backen den Ofen auf 220 Grad vorheizen. Jeden Laib mit einem scharfen Messer fünfmal kreuzweise einritzen. 30 bis 35 Minuten backen, bis die Kruste eine goldbraune Farbe bekommen hat und bei leichtem Beklopfen mit dem Finger ein hohles Geräusch zu hören ist.

Bocconcello
Brot mit Pecorino

Mit diesem mit Käse gewürzten Brot stärkten sich die Männer und Frauen Umbriens beim Getreidedreschen. Nella Galletti erinnert sich noch gut an die langen Tage auf den Feldern. In körperlicher Schwerstarbeit wurde das Getreide mit der Sichel gemäht; beruhigend war das Gemurmel der anderen Feldarbeiter, drückend die hochsommerliche Schwüle. Doch was für eine Erleichterung, wenn man die Sichel aus der Hand legen und eine Essenspause einlegen konnte. Und wie stärkend war die Mahlzeit in der heißen Julisonne.

Nella bereitete einen Vorteig aus Naturhefe zu, den sie pflegte und von dem sie jede Woche zum Brotbacken etwas nahm. Aber es genüge vollkommen, meinte sie, den Hefeansatz zwei Tage vor dem Backen herzustellen. Servieren Sie dieses Brot zu Brathähnchen, Rauchfleisch und zu Suppen, mit grünem Salat, aber auch mit frischem Obst. Bereiten Sie den Hefeansatz (siehe Seite 94) zwei Tage, bevor Sie Brot backen wollen.

Ergibt 1 großen Ring für 8 bis 10 Personen

Für den Teig:
1 1/2 TL Trockenhefe oder 8 g Frischhefe
1/4 l plus 1 EL Wasser, bei Trockenhefe auf 45 Grad, bei frischer Hefe auf 40 Grad erwärmt
125 g Hefeansatz (siehe Seite 94), bei Zimmertemperatur abgemessen
3 EL Olivenöl extra vergine oder Schweineschmalz bester Qualität
500 g Mehl
60 g Pecorino, frisch gerieben
1 1/2 TL Meersalz
eine Prise schwarzer Pfeffer, frisch gemahlen
60 g Pecorino, gewürfelt
1 EL Olivenöl extra vergine zum Bestreichen

Teigherstellung mit der Hand: Die Hefe in einer großen Mixschüssel in warmes Wasser geben und mit dem Schneebesen einrühren. 10 Minuten ruhenlassen, bis eine cremige Masse entsteht. Den Hefeansatz hinzugeben und kräftig zerdrücken, um die Kruste aufzubrechen. Das Olivenöl einrühren. Mehl und geriebenen Käse,

Salz und Pfeffer miteinander vermischen und in die Hefemischung einrühren. Auf einer leicht bemehlten Arbeitsfläche 8 bis 10 Minuten kneten, bis der Teig noch klebrig, aber schon elastisch und weich ist.

Teigherstellung mit dem Rührgerät: Die Hefe in eine Mixschüssel mit warmem Wasser einrühren. Etwa 10 Minuten ruhenlassen, bis die Masse cremig ist. Mit dem Quirl den Hefeansatz einrühren, bis alles gut vermengt ist. Das Öl, dann das Mehl, den geriebenen Käse, Salz und Pfeffer unterrühren und mixen, bis sich der Teig vom Schüsselrand löst. Anschließend mit dem Knethaken bei niedriger Stufe etwa 3 Minuten lang rühren, bis der Teig noch klebrig, aber schon elastisch und weich ist. Durch den Käse kann der Teig etwas fransig sein.

Den Teig in eine leicht mit Öl ausgestrichene Schüssel geben, mit Plastikfolie abdecken und in etwa 75 Minuten auf die doppelte Größe aufgehen lassen.

Den Teig herausnehmen und mit der Oberseite nach unten auf eine leicht bemehlte Arbeitsfläche setzen. Den in Würfel geschnittenen Käse auf dem Teig verteilen, einen Rand von 0,5 Zentimetern stehen lassen; zusammenrollen und den Käse einkneten. Eine Ring- oder Savarinform mit Öl ausstreichen. Den Teig auf der leicht bemehlten Arbeitsfläche zu einer 60 Zentimeter langen Wurst formen. In die mit Öl ausgestrichene Backform setzen und die beiden Teigenden zu einem Ring zusammenschließen. Mit einem Küchentuch zudecken und 1 Stunde auf gut die doppelte Größe gehen lassen.

Mindestens 30 Minuten vor dem Backbeginn den Ofen auf 220 Grad vorheizen. Die Oberfläche des Brotes mit Olivenöl bepinseln und in 30 bis 35 Minuten goldbraun backen. Kurz abkühlen lassen, dann aus der Form nehmen, damit der Teigboden nicht weich wird. Auf einem Gitter auskühlen lassen.

Cappello di Gendarme
Gendarmenmütze, eine Calzone aus Lecce

Diese gefüllte Focaccia mit ihrem eigenwilligen Namen entstand zur Zeit der Bourbonenherrrschaft in Süditalien. Die Bäcker aus dem apulischen Lecce ließen sich offenbar von der Gendarmenmütze inspirieren, die die gleiche Form hatte wie Napoleons berühmter Dreispitz, und benannten nach ihm ihre Focaccia.

Ergibt 2 Calzoni für 6 bis 8 Personen
Teig:
2 TL Trockenhefe oder 12 g Frischhefe
gut 1/2 l Wasser, bei Trockenhefe auf 45 Grad,
bei frischer Hefe auf 40 Grad erwärmt
2 EL Olivenöl extra vergine plus etwas mehr zum Bepinseln
500 g Mehl
1 1/4 TL Meersalz
Maismehl oder grober Hartweizengrieß (nach Bedarf)

Füllung:
3 EL Olivenöl extra vergine plus etwas mehr zum Bepinseln
1 Zwiebel, in dünne Scheiben geschnitten
2 Kopf Friseesalat (etwa 600 g), gründlich gewaschen
und klein geschnitten
6 fleischige Cocktailtomaten (225 g) oder
italienische Eiertomaten aus der Dose, abgetropft,
von Kernen befreit und grob geschnitten
1 EL Kapern (vorzugsweise in Salzlake), gut abgetropft
und in kaltem Wasser gewässert
2 EL schwarze, eingelegte Oliven, abgetropft und entsteint
Meersalz
schwarzer Pfeffer, frisch gemahlen

Teigherstellung mit der Hand: Warmes Wasser in eine kleine Schüssel geben, Hefe darüber streuen, mit dem Schneebesen unterrühren und etwa 10 Minuten ruhenlassen, bis eine cremige Masse entsteht. Olivenöl unterrühren. Mehl und Salz miteinander vermischen, in einer großen Schüssel oder auf eine gut bemehlte Arbeitsfläche aufhäufen und in die Mitte eine Vertiefung drücken. Die aufgelöste Hefe langsam in die Mulde gießen und das Mehl mit den Fingern von innen her allmählich in die Flüssigkeit einarbeiten. So verfahren, bis das ganze Mehl verbraucht ist. 10 bis 15 Minuten weiterkneten, bis ein glatter, geschmeidiger, elastischer und glänzender Teig entsteht.

Teigherstellung mit dem Rührgerät: Die Hefe in eine Mixschüssel mit warmem Wasser geben, verrühren und etwa 10 Minuten ruhenlassen, bis eine cremige Masse entsteht. Mehl und Salz hinzufügen und mit dem Quirl des Mixers alle Zutaten gut vermischen. Dann mit dem Knethaken 3 Minuten bei mittlerer Stufe zu einem glatten, geschmeidigen, elastischen und glänzenden Teig verrühren.

Den Teig in eine leicht mit Öl ausgestrichene Schüssel geben, mit Plastikfolie abdecken und 1 1/2 bis 2 Stunden gehen lassen.

Den Backofen auf 220 Grad vorheizen.

Für die Füllung das Olivenöl in einer großen Pfanne erwärmen, die Zwiebeln glasig werden lassen, den Friseesalat hinzufügen und so lange braten, bis er zusammenfällt. Tomaten, Kapern und Oliven dazugeben und bei mittlerer bis starker Hitze etwa 25 Minuten weiterbraten. Dabei alle paar Minuten umrühren, bis die gesamte Flüssigkeit verdampft ist. Salz und Pfeffer zufügen. Zum Abkühlen beiseite stellen.

Den Teig in zwei Portionen teilen und die eine Hälfte abdecken. Das erste Teigstück auf eine leicht bemehlte Arbeitsfläche geben, zu einem Kreis von 25 Zentimeter Durchmesser ausrollen, die Hälfte der Füllung gleichmäßig auf der Calzone verteilen, dabei einen 2,5 Zentimeter breiten Rand stehen lassen. Die Teigscheibe zusammenklappen, die Ränder fest andrücken, etwas umschlagen und nochmals andrücken. Die Calzone so zurechtdrücken, daß sie aussieht wie ein napoleonischer Dreispitz mit einer Erhöhung in der Mitte und sich verjüngenden Seiten. Mit dem zweiten Stück Teig ebenso verfahren. Die Oberseiten mit Olivenöl bepinseln. Die beiden Calzoni auf ein mit Öl ausgestrichenes und mit Maismehl oder grobem Hartweizengrieß bestreutes Backblech legen und in etwa 20 Minuten goldbraun backen.

Wildkräuter: *Radicchio, radici di campo, erbe* und *cicoria* sind Namen für wildwachsende Kräuter. Sie können für alles mögliche stehen: für bitteren Löwenzahn und Rucola, nussig schmeckende *barba di cappuccino* »Mönchsbart«, das ist Salzkraut mit zarten, leicht bitter schmeckenden Blättern) und *ortica*, Brennesseln, die als Füllung für Nudeln oder als Gemüse gekocht ihr Brennen, nicht aber ihren Geschmack verlieren. Man verwendet sie für Salate, für Raviolifüllungen und Gemüsetorten und ißt sie mit hartgekochten Eiern. *Torte di erbe* wurden in früheren Zeiten ausschließlich mit *radici di campo* zubereitet, aber heute nimmt man gezüchteten Spinat oder Mangold.

Torta di Porri e Zucca
Lauch-Kürbis-Torte

Rina Ramponi lebt in Aulla in der Region Lunigiana in der nordwestlichen Toskana unweit von Carrara, wo sie geboren wurde und aufgewachsen ist. Vor dem Zweiten Weltkrieg arbeitete sie im Schloß der Familie Waterfield. »Sie kannte sich aus mit Wildkräutern«, meinte Maria Chiodetti, eine talentierte Köchin, die wie Rina jahrzehntelang quasi zur Familie gehörte. Bis heute leben die beiden Frauen, inzwischen verwitwet, in einem hübschen Häuschen auf dem Anwesen.
Rinas Gemüsetorte ist vielseitig verwendbar: Man kann sie in Stücke schneiden und als Appetithäppchen oder als ersten Gang, als Mittagsmahlzeit, zum Brunch, zum Abendessen oder als Gemüsebeilage servieren.

Für 6 Personen
Teig:
300 g Mehl
1 1/2 TL Meersalz
60 ml Olivenöl extra vergine puls weiteres Öl zum Bepinseln
10–11 EL eiskaltes Wasser

Füllung:
3 EL Olivenöl extra vergine
4 mittelgroße Lauchstangen (300 g), gründlich gewaschen, die grünen Teile in gut 1 cm große Stücke geschnitten

300 g Kürbis, geschält, von Kernen befreit
und in 1 cm große Würfel geschnitten, in Salzwasser
weich gekocht, dann grob zerdrückt
200 g Mangold, gekocht, ausgedrückt und abgekühlt
60 g Parmigiano Reggiano, frisch gerieben
1/4 TL Meersalz
schwarzer Pfeffer, frisch gemahlen

Teigherstellung mit der Hand: In einer großen Schüssel das Mehl und das Salz miteinander vermischen. Olivenöl und anschließend das Wasser sehr langsam einrühren, bis ein glatter Teig entsteht. Wenn der Teig trocken ist, noch 1 Eßlöffel Wasser zugeben. Den Teig zu einer Kugel formen, mit einer Plastikfolie umhüllen und bei Zimmertemperatur 30 Minuten ruhenlassen.
Teigherstellung mit dem Rührgerät: Alle Zutaten in eine Mixschüssel geben und mit dem Quirl zu einem Teig mixen. Mit Plastikfolie bedecken und bei Zimmertemperatur 30 Minuten ruhenlassen.
Für die Füllung das Olivenöl in einer großen, schweren Pfanne erhitzen und den Lauch darin etwa 10 Minuten goldbraun braten. Kürbis und Mangold hinzugeben und weitere 5 Minuten kochen lassen. Beiseite stellen und abkühlen lassen. Dann Parmigiano Reggiano, Salz und Pfeffer hineinrühren.
Den Backofen auf 190 Grad vorheizen.
Den Teig in zwei Portionen teilen, von denen die eine etwas größer sein sollte als die andere. Die kleinere Teighälfte abdecken. Das größere Stück auf einer leicht bemehlten Arbeitsfläche mit dem Nudelholz kreisförmig ausrollen (etwa 32,5 Zentimeter Durchmesser), so daß Boden und Rand einer Springform oder einer Tarteform mit abnehmbarem Rand ausgelegt werden können. Den Teig vorsichtig auf das Nudelholz rollen und in die Backform gleiten lassen. Die Gemüsemischung mit einem Spachtel gleichmäßig darauf verteilen. Den restlichen Teig ebenfalls kreisförmig ausrollen (24 bis 26 Zentimeter Durchmesser) und vorsichtig auf die Füllung setzen. Die überstehenden Ränder des größeren Stücks mit einem scharfen Messer abschneiden und die Ränder der beiden Teigscheiben fest zusammendrücken, um die Füllung dicht abzuschließen. Die Oberfläche mit Olivenöl bepinseln und mehrmals mit der Gabel einstechen, damit der Dampf entweichen kann.
40 Minuten backen. Aus dem Ofen nehmen und den Rand der Backform vorsichtig lösen. Die randlose Backform nochmals in den Ofen schieben und die Torte weitere 15 Minuten backen, bis sie gleichmäßig goldbraun ist. Die Torte vom Boden der Form lösen, auf einem Gitter abkühlen lassen und warm oder in Zimmertemperatur servieren.

Pizza di Carciofi
Artischockentorte

Liliana d'Ambrosio betrachtet sich als hundertfünfzigprozentige Neapolitanerin, denn schon ihre Mutter, ihre Großmutter, ihre Tanten und sogar ihre Schwiegermutter stammten aus Neapel. Liliana ist eine leidenschaftliche Köchin, die in Windeseile ein Menü für 20 Personen zaubern kann. Organisation heißt der Schlüssel zu ihrem Erfolg. Den Teig für diese äußerst vielseitig verwendbare Artischockentorte bereitet sie ein, zwei Tage im voraus, und gebacken wird die Torte einen Tag vor dem Gebrauch. In kleine Stücke geschnitten, serviert sie Liliana als Appetithäppchen, als Bestandteil eines Büffets, als Mittagessen oder leichte Abendmahlzeit.

Für 8 Personen

Teig:
300 g puls 2 EL Mehl
1/2 EL Meersalz
1/8 l Olivenöl extra vergine oder Erdnußöl
1/8 l kaltes Wasser

Füllung:
8 mittelgroße Artischocken, gut geputzt und
in dünne Scheiben geschnitten
2 1/4 l Wasser
2 Zitronen, halbiert
1/8 l Olivenöl extra vergine
2 Knoblauchzehen, leicht zerdrückt
Meersalz
schwarzer Pfeffer, frisch gemahlen
6 Eier
60 g Pecorino, frisch gerieben
60 g Parmigiano Reggiano, frisch gerieben
100 g Pancetta, Coppa und/oder Salami, sehr klein gewürfelt

Zum Bestreichen:
1 Eigelb, mit 3/4 l TL Mais- oder Olivenöl extra vergine verquirlt

Für den Teig das Mehl und das Salz in eine Schüssel geben. In die Mitte eine Vertiefung drücken und das Öl hineingießen. Verrühren, bis die Mischung wie ein grobkörniges Pulver aussieht. Das Wasser hinzufügen und mit einer Gabel zu einem Teig vermengen. Mit Plastikfolie abdecken und bei Zimmertemperatur 30 Minuten ruhenlassen.

Für die Füllung die Artischocken vierteln, die äußeren harten Blätter abziehen und nur die hellgrünen stehen lassen. Die Blattspitzen der übrigen Blätter mit einer Schere kappen und jedes Viertel in 6 bis 8 Scheiben schneiden. Mit dem Saft der beiden Zitronen in 2 Liter Wasser legen, damit sie sich nicht verfärben. Abtropfen lassen und mit 1/8 Liter Olivenöl, den Knoblauchzehen, dem verbliebenen 1/4 Liter Wasser und mit Salz und Pfeffer in einen 3-Liter-Topf geben. Zugedeckt 15 bis 20 Minuten leicht kochen lassen, bis die Artischocken zart sind und beinahe auseinanderfallen. Prüfen, ob vielleicht noch etwas Wasser zugegeben werden muß. Vom Herd nehmen.

Die Eier mit dem Pecorino, dem Parmigiano und mit Salz und Pfeffer verquirlen. Pancetta, Coppa und/oder Salami zugeben, gut vermischen und unter die abgekühlten Artischocken heben.

Den Backofen auf 190 Grad vorheizen. Eine Springform von 22,5 bis 25 Zentimeter Durchmesser mit Öl ausstreichen.

Den Teig in zwei Hälften teilen, von denen die eine etwas größer ist als die andere. Das größere Teigstück zu einem Kreis von 37,5 Zentimeter Durchmesser ausrollen; die Teigplatte sollte wie dünner Nudelteig sein. Auf das Nudelholz rollen und vorsichtig in die Form gleiten lassen, so daß Boden und Rand vollständig bedeckt sind. Die Artischockenmischung hineinfüllen und glattstreichen. Das zweite Teigstück ebenfalls zu einem Kreis von 25 Zentimeter Durchmesser ausrollen und über die Füllung legen. Die überstehenden Ränder abschneiden und gut andrücken, um die Artischockenmasse dicht abzuschließen. Die Torte mit dem mit Öl verquirlten Eigelb bepinseln. Den Teig mit einer Gabel mehrmals einstechen, damit der Dampf entweichen kann.

In 60 Minuten goldbraun backen. Liliana empfiehlt, die Artischockentorte einen Tag im voraus zu backen, weil sie dann noch besser schmeckt. Abdecken und bei Zimmertemperatur stehen lassen, bis sie auf den Tisch kommt.

Pizza Rustica alla Napoletana
Neapolitanische Pastete mit Ricotta, Mortadella und Salami

Liliana d'Ambrosios Pizza rustica ist vielseitig verwendbar. Man kann sie in kleine Stücke schneiden und als Appetithäppchen oder als Teil eines Büffets servieren. Sie kann aber auch gut den Hauptbestandteil eines Brunchs oder eines leichten Mittag- oder Sonntagabendessens bilden. Liliana backt die Pastete einen Tag im voraus und läßt sie bei Zimmertemperatur stehen. Mit demselben Teig bereitet sie auch Calzoncini zu. Die Teigtaschen, die die gleiche Füllung enthalten, werden goldbraun gebacken und mit geräuchertem Mozzarella und feinen Streifen frischen Basilikums serviert. Die Pizza rustica nicht zu lange backen, weil sonst die Füllung zu weich wird.

Für 6 Personen

Teig:
300 g Mehl
1/2 EL Meersalz
1/8 l Olivenöl extra vergine oder Erdnußöl
1/8 l kaltes Wasser

Füllung:
600 g Ricotta, falls nötig, abgetropft
3 Eier
3 EL alter Pecorino Romano, frisch gerieben
3 EL Parmigiano Reggiano, frisch gerieben
etwas Muskatnuß, frisch gerieben
Salz
Pfeffer, frisch gemahlen
140 g Mortadella, gewürfelt
140 g Salami, vorzugsweise Soppressata, gewürfelt

Zum Bestreichen:
1 Eigelb, mit 3/4 TL Mais- oder Olivenöl verquirlt

Für den Teig Mehl und Salz in einer Schüssel vermischen. In die Mitte eine Vertiefung drücken, das Öl hinzugeben und gut vermengen. Das Wasser darübergeben und mit einer Gabel vermischen, bis ein Teig entsteht. Mit Plastikfolie abdecken und 30 Minuten bei Zimmertemperatur stehen lassen.

Für die Füllung die Ricotta durch ein Sieb streichen oder im Mixer gut verquirlen. Die Eier unterrühren. Käse und Muskatnuß, Salz und Pfeffer, Mortadella und Salami ebenfalls untermengen. Nochmals abschmecken. Die Mischung sollte pikant gewürzt sein.

Den Backofen auf 190 Grad vorheizen. Eine Springform von 22,5 bis 25 Zentimeter Durchmesser leicht mit Öl ausstreichen.

Den Teig in zwei Portionen teilen, von denen die eine etwas größer ist als die andere. Das größere Teigstück zu einem Kreis von 37,5 Zentimeter Durchmesser ausrollen; die Teigscheibe sollte wie ein dünner Nudelteig sein. Auf ein Nudelholz rollen und vorsichtig in die Backform gleiten lassen, so daß Boden und Rand vollständig bedeckt sind. Die Käsemischung hineinfüllen und mit einem Teigschaber glattstreichen. Das zweite Teigstück zu einem Kreis von 25 Zentimeter Durchmesser ausrollen und über die Füllung legen. Die überstehenden Ränder abschneiden und gut andrücken, um die Käsemasse dicht abzuschließen. Die Pizza mit dem mit Öl verquirlten Eigelb bepinseln. Den Teig mit einer Gabel mehrmals einstechen, damit der Dampf entweichen kann.

In 60 Minuten goldbraun backen. Lauwarm servieren.

Maritozzi Fabrianesi
Süßes Hefegebäck mit Rosinen nach Art von Fabriano

Kaum zu glauben, daß dieses süße Gebäck für die karge Fastenzeit hergestellt wird! Der Teig enthält zwar keine Eier, dafür aber reichlich Rosinen und abgeriebene Orangenschale.

Ergibt 18 Stück
Vorteig:
180 g Rosinen
1/2 l warmes Wasser
3 3/4 TL (1 1/2 Päckchen) Trockenhefe oder
28 g Frischhefe
100 g Mehl

Teig:
560 g Mehl plus 2–3 EL für die Rosinen
140 g Zucker
eine Prise Salz
180 ml Wasser von den eingeweichten Rosinen
abgeriebene Schale von 1 unbehandelten Orange
2 EL Vanilleessenz
3 EL Olivenöl extra vergine

Zum Bestreichen:
1 Eiweiß
1 EL Zucker
1 1/2 TL Rum

Für den Vorteig die Rosinen 30 Minuten in einer Schüssel mit warmem Wasser einweichen. Abgießen, das Rosinenwasser jedoch auffangen und beiseite stellen. 180 Milliliter des Rosinenwassers auf 40 Grad erwärmen, in eine mittelgroße Schüssel geben, die Hefe darüber verteilen, unterrühren und etwa 10 Minuten ruhenlassen, bis eine schaumige Masse entsteht. Das Mehl unterrühren und zu einem glatten Teig verkneten. Mit Plastikfolie abdecken und 20 bis 30 Minuten aufgehen lassen; der Teig muß Blasen werfen.

Teigherstellung mit der Hand: Mehl, Zucker und Salz in eine große Schüssel geben. Vorteig, 180 Milliliter Rosinenwasser, abgeriebene Orangenschale, Vanilleessenz und Olivenöl vorsichtig einrühren, dann kräftig zu einem glatten Teig verarbeiten. Auf eine leicht bemehlte Arbeitsfläche setzen und 8 bis 10 Minuten kneten, bis der Teig glatt und weich, aber nicht mehr klebrig ist.

Teigherstellung mit dem Rührgerät: Den Vorteig in eine Mixschüssel geben. 180 Milliliter Rosinenwasser, Mehl, Zucker, Salz, abgeriebene Orangenschale und Vanilleessenz hinzugeben und mit dem Rührhaken gut miteinander vermischen. Das Olivenöl einrühren. Mit dem Knethaken bei mittlerer Geschwindigkeit 3 bis 4 Minuten rühren, bis der Teig weich und glatt, aber nicht mehr klebrig ist.

Den Teig in eine gut mit Öl ausgestrichene Schüssel geben, mit Plastikfolie abdecken und etwa 2 Stunden auf die doppelte Größe gehen lassen.

Die Rosinen ausdrücken und in 2 bis 3 Eßlöffel Mehl wenden. Den Teig auf eine leicht bemehlte Arbeitsfläche geben, flach drücken und die bemehlten Rosinen darauf verteilen; einen knapp 1 Zentimeter dicken Rand stehen lassen. Die Rosinen in den Teig drücken, alle vier Ecken einschlagen und zu einer Kugel rollen. Den Teig zu einem 30 x 17,5 Zentimeter großen Rechteck flach drücken. In 18 gleich große Stücke schneiden und die Rosinen fest hineindrücken. Jedes Stück mit den Händen zu einer Kugel formen und dann in eine ovale Form bringen. Auf ein mit Öl bestrichenes Backblech setzen, mit einem Tuch abdecken und in etwa 1 Stunde auf die doppelte Größe gehen lassen.

Mindestens eine halbe Stunde vor dem Backen den Ofen auf 210 Grad vorheizen. Die Maritozzi in 18 bis 20 Minuten goldbraun backen.

Währenddessen die Glasur herstellen: Dazu das Eiweiß sehr steif schlagen, den Zucker und dann den Rum unterziehen. Wenn die Gebäckstücke fertig sind, sofort aus dem Ofen nehmen und mit der Glasur bestreichen.

Pane Nociato
Walnußbrot mit Zimt und Rum

Glückliche Franca Farinelli! Wenn sie und andere Frauen dieses vorzügliche Walnußbrot backen, können sie den Brotteig in der Bäckerei ganz in ihrer Nähe kaufen. Ich gehe davon aus, daß Sie den Brotteig selbst herstellen müssen. Außerdem habe ich den Mistrà, den traditionellen Anislikör, durch eine Mischung aus Rum und normalem Anislikör ersetzt. Pane nociato eignet sich hervorragend zum Frühstück oder zum Nachmittagstee.

Ergibt 2 Brotlaibe

Vorteig:
2 TL Trockenhefe
1/8 l Wasser (40–45 Grad warm)
2 EL Zucker
100 g Mehl

Teig:
2 1/2 TL (1 Päckchen) Trockenhefe
60 ml Milch (40–45 Grad warm)
1/8 l warmes Wasser
60 ml Olivenöl extra vergine oder
Schweineschmalz bester Qualität, geschmolzen
2 EL Honig
3 EL Rum oder Sambuca
3/4 TL Zimt
100 g Zucker
abgeriebene Schale von 1 unbehandelten Zitrone
500 g Mehl plus 2–3 EL Mehl für die Rosinen
1 TL Salz
250 g Walnüsse, im Backofen bei 180 Grad 10 Minuten
geröstet und grob gehackt
Maismehl (nach Bedarf)

Für den Vorteig die Hefe in einer kleinen Schüssel mit warmem Wasser auflösen, den Zucker unterrühren und 5 bis 10 Minuten stehenlassen, bis eine schaumige Masse entsteht. Das Mehl unterheben, mit einer Plastikfolie gut abdecken und 30 bis 45 Minuten stehenlassen, bis der Teig Blasen wirft.

Teigherstellung mit der Hand: Die Hefe in einer großen Schüssel in die warme Milch geben, unterrühren und 5 bis 10 Minuten stehenlassen, bis die Masse cremig ist. Den Vorteig hinzufügen und glattrühren. Das warme Wasser und das Olivenöl untermischen und unter Rühren nacheinander Honig, Rum, Zimt, Zucker und abgeriebene Zitronenschale zugeben. Mehl und Salz in vier Portionen hinzufügen und rühren, bis ein glatter Teig entsteht. Er sollte noch etwas klebrig sein, möglicherweise müssen Sie noch 1 Eßlöffel Mehl hinzufügen. Auf einer bemehlten Arbeitsfläche 8 bis 10 Minuten durchkneten, bis der Teig fest, elastisch, glänzend und samtig ist.

Teigherstellung mit dem Rührgerät: Die Hefe in die warme Milch geben, unterrühren und 5 bis 10 Minuten stehenlassen, bis eine cremige Masse entsteht. Mit dem Quirl die Hefemischung in den Vorteig rühren, dann das warme Wasser und das Olivenöl zugeben. Honig, Rum, Zimt, Zucker und abgeriebene Zitronenschale untermengen. Mehl und Salz zugeben und rühren, bis ein glatter Teig entsteht. Er sollte noch etwas klebrig sein, eventuell müssen Sie noch 1 Eßlöffel Mehl zugeben. Mit dem Knethaken 3 bis 4 Minuten rühren, bis der Teig fest, elastisch, glänzend und samtig ist. Auf eine Arbeitsfläche etwas Mehl streuen, den Teig daraufsetzen und noch kurz mit der Hand durchkneten.

Den Teig in eine leicht mit Öl ausgestrichene Schüssel setzen, mit Plastikfolie abdecken und 2 bis 2 1/2 Stunden auf die doppelte Größe aufgehen lassen.

Den Teig auf eine leicht bemehlte Arbeitsfläche setzen und zu einem 32,5 x 30 Zentimeter großen Rechteck formen. Die Walnüsse auf dem Teig verteilen; einen knapp 1 Zentimeter breiten Rand stehen lassen. Die Ecken einschlagen und zu einer Wurst aufrollen. Mehrmals hin und her rollen, um die Walnüsse im Innern gut zu verteilen. Den Teig in zwei Portionen teilen. Die Walnußfüllung am Anschnitt in den Teig drücken. Die beiden Teighälften zu Kugeln formen. Jede Teigkugel auf ein mit Öl bepinseltes und mit Pergamentpapier ausgelegtes Backblech setzen. Mit einem Tuch zudecken und 2 1/2 bis 3 Stunden auf die doppelte Größe aufgehen lassen.

Mindestens 30 Minuten vor dem Backen den Ofen auf 220 Grad vorheizen. 5 Minuten backen, dann die Temperatur auf 210 Grad zurückstellen, nach 10 Minuten die Hitze auf 190 Grad reduzieren und weitere 30 bis 45 Minuten backen, bis das Brot goldbraun ist und beim Beklopfen mit den Fingern ein hohles Geräusch zu hören ist.

Panini di Pasqua
Osterbrötchen

Diese würzigen Osterbrötchen werden in Arezzo und Umgebung an Ostern mit hartgekochten Eiern verzehrt, aber ich finde, man kann sie das ganze Jahr über essen. Vor 2000 Jahren streuten die Römer Blumen und Safran auf die Wege, die der Kaiser beschritt. Vielleicht deutet der goldgelbe Safran in diesen Brötchen auf eine rituelle Verwendung dieses Gebäcks hin.

Ergibt 16 Brötchen

Vorteig:
1 EL Trockenhefe oder
25 g Frischhefe
1/8 l Milch plus 2 EL Milch, bei Trockenhefe auf 45 Grad,
bei frischer Hefe auf 40 Grad erwärmt
100 g Mehl

Teig:
300 g Rosinen
160 ml plus 2 EL Wasser von den eingeweichten Rosinen
3 EL Olivenöl extra vergine
5 EL Vin Santo
1/2 TL Nelkenpulver
3/4 TL Korianderpulver
1 1/2 TL Zimt
3 Wacholderbeeren, mit der flachen Seite eines
Wiegemessers zerdrückt
eine große Prise Safran (oder Safranfäden in
Vin Santo auflösen)
400 g plus 1 EL Mehl plus 2 EL extra für die Rosinen
1/2 TL Meersalz

Zum Bestreichen:
1 Eiweiß

Für den Vorteig die Hefe in eine kleine Schüssel mit warmer Milch rühren und 5 bis 10 Minuten stehenlassen, bis eine schaumige Masse entsteht. Das Mehl untermischen, mit Plastikfolie abdecken und etwa 30 Minuten stehenlassen, bis der Teig Blasen wirft.

Für den Teig: Während der Vorteig geht, die Rosinen in eine Schüssel geben, mit warmem Wasser bedecken und 30 Minuten einweichen. Abgießen, das Wasser auffangen und die Rosinen darüber ausdrücken. Die Rosinen beiseite stellen.

160 Milliliter plus 2 Eßlöffel Rosinenwasser in den Hefeansatz gießen. Olivenöl und Vin Santo zugeben und mit einem Holzlöffel oder dem Quirl des Mixgeräts gut miteinander vermischen. Gewürze, Mehl und Salz vermengen, nach und nach in die Schüssel geben und unterrühren, bis ein Teig entsteht. Diesen auf eine leicht bemehlte Arbeitsfläche setzen und 8 bis 10 Minuten kneten, bis der Teig geschmeidig und elastisch ist. Bei Verwendung eines Rührgeräts bei mittlerer Geschwindigkeit 2 bis 3 Minuten mit dem Knethaken rühren, bis der Teig geschmeidig und elastisch ist.

Den Teig in eine gut mit Öl ausgestrichene Schüssel geben, mit einer Plastikfolie abdecken und in etwa 1 Stunde auf die doppelte Größe aufgehen lassen.

Die Rosinen trockentupfen und in 2 Eßlöffel Mehl wenden. Den Teig auf eine leicht bemehlte Arbeitsfläche setzen. Vorsichtig flach drücken und dann zu einem 25 x 40 Zentimeter großen Rechteck ausrollen. Die bemehlten Rosinen gleichmäßig auf der Teigoberfläche verteilen und dabei einen knapp 1 Zentimeter breiten Rand stehen lassen. Die vier Ecken einschlagen und den Teig zu einer Kugel formen. Mit der Hand flach drücken und 10 Minuten mit einem Küchentuch bedeckt ruhenlassen.

Den Teig in 16 gleich große Portionen schneiden. Die Rosinen an den Anschnittflächen in den Teig drücken. Jedes Teigstück auf der leicht bemehlten Arbeitsfläche mit der hohlen Hand zu einer Kugel formen. Die Teigbälle auf ein mit Öl bepinseltes Backblech setzen, mit einem Tuch zudecken und nochmals etwa 1 Stunde gehen lassen.

Mindestens 30 Minuten vor dem Backen den Ofen auf 220 Grad vorheizen. Die Brötchen in 20 bis 22 Minuten goldbraun backen.

Primi Piatti
Pasta, Polenta und Reisgerichte

Antonietta de Blasi Rocca

Lina Vitali

Vittoria Genovese

Vanda Grannini

Vanna Corbellani Camerlenghi

Lucia Rossi Pavanello

Pasta

Pasta gibt es zwar in allen möglichen Größen und Formen, letztlich aber unterscheidet man nur zwei Arten: getrocknete, industriell hergestellte Pasta *(pasta secca)* aus Hartweizengrieß und frische Eiernudeln aus Weichweizenmehl *(pasta fresca all'uovo)*. Industriell hergestellt wurde Pasta in Italien erstmal in den zwanziger und dreißiger Jahren des 19. Jahrhunderts, und viele Frauen, die heute Großmütter sind, erinnern sich noch, wie bei ihnen zu Hause erstmals Fabriknudeln auf den Tisch kamen. Heutzutage verwendet man im allgemeinen abgepackte Spaghetti, Fusilli, Penne, Bucatini, Lasagne, Suppennudeln und viele anderen Arten.

Frische Eiernudeln sind vor allem in Norditalien beliebt, wo auch noch viel mit Butter gekocht wird. Sie kommen als Fettuccine, Ravioli, Tortelli, Tortellini oder Cappelletti auf den Tisch und werden mit Gemüse oder Fleisch gefüllt. In Apulien stellen ältere Frauen heute noch aus einem festen Teig aus Hartweizenmehl *orecchiette* (»Öhrchennudeln«) oder Röhrennudeln von Hand her. Ihre Töchter und Enkelinnen aber haben die Pastaherstellung nicht mehr gelernt, können diese Tradition also leider nicht fortsetzen. Denn auch diese Pastasorten werden heute industriell hergestellt und sind in fast allen Lebensmittelläden erhältlich.

Für ein Pastagericht für vier Personen bringen italienische Großmütter einen großen Topf mit mindestens 4 Liter Wasser zum Kochen und geben ein bis zwei Handvoll grobes Salz hinein. Dann lassen sie die Pasta ins Wasser gleiten und decken den Topf kurz zu, bis das Wasser wieder zu kochen beginnt. Die Pasta wird al dente gekocht, was nichts anderes bedeutet, als daß sie Biß haben muß. Beim Abgießen wird immer etwas Kochwasser in der Nudelmasse belassen, damit die Pasta nicht zu trocken wird; auch fängt man immer etwas Kochwasser auf, um im Bedarfsfall die Sauce damit zu verlängern. Entgegen allen Behauptungen geben die italienischen Großmütter kein Öl ins Nudelwasser, und sie schrecken die gekochte Pasta auch nicht mit kaltem Wasser ab. Legen Sie einen Pastavorrat an, dann können Sie jederzeit ein schmackhaftes Gericht zaubern.

Pasta agli Spinaci con Fegatini
Grüne Pasta mit einer Sauce aus Hühnerleber

Als ich Morena Spinelli nach einem Tip für die Zubereitung dieses Gerichts fragte, zitierte sie ein altes Sprichwort: »*Baccalà, fegatine e uova: più che cuoce, più che rassoda*« – Klippfisch, Hühnerleber und Eier: je länger man die Zutaten kocht, um so zäher werden sie. Dieser warnende Hinweis gilt vor allem für Leber. Die Bewohner der Toskana wissen, was schmeckt: Die Pasta ist besonders köstlich, wenn sie mit Kaninchenleber zubereitet wird. Reichen Sie frisch geriebenen Parmesankäse dazu.

Für 4 Personen; für 2 bis 3 Personen als Hauptgericht
3 EL Olivenöl extra vergine
2 mittelgroße weiße Zwiebeln, kleingeschnitten
150 g Hühner- oder Kaninchenleber, vorzugsweise
von Tieren aus biologischer Freilandhaltung;
grünliche Teile entfernen und die Lebern in Achtel schneiden
10 g frische Salbeiblätter
1/8 l Grappa
1 1/2 EL grobes Salz
300 g grüne Spaghetti (mit Spinat gefärbt)
2 reife Tomaten, enthäutet, von Kernen befreit und
kleingeschnitten
3/4 TL Salz
schwarzer Pfeffer, frisch gemahlen

Das Olivenöl in einer großen, schweren Bratpfanne erwärmen und die Zwiebeln 15 bis 20 Minuten bei schwacher bis mittlerer Hitze weich dünsten. Lebern und Salbeiblätter untermischen und weitere 3 Minuten bei mittlerer Hitze braten, bis die Lebern ihre rote Farbe verlieren. Die Grappa angießen und bei starker Hitze etwa 3 Minuten kochen, bis die Flüssigkeit verdampft ist.

Während die Sauce kocht, in einem großen Topf 4 bis 5 Liter Wasser zum Kochen bringen, das grobe Salz hinzugeben und die Spaghetti laut Packungsanweisung kochen.

Wenn die Grappa in der Sauce vollständig verdampft ist, Tomaten, Salz und Pfeffer untermischen und bei schwacher bis mittlerer Hitze etwa 15 Minuten köcheln

lassen, bis die Sauce glatt und konzentriert ist. Die Pasta abgießen, 3 bis 4 Eßlöffel Kochwasser beiseite stellen, um gegebenenfalls die Sauce ein wenig zu verflüssigen. Die Spaghetti zur Sauce geben und alles gut miteinander vermischen.
Sofort servieren.

Tagliarini e Fagiolini Verdi
Tagliarini mit frischen Tomaten und grünen Bohnen

Dieses großartige Pastagericht aus Apulien ist so köstlich, wie es aussieht. Einfach in der Zubereitung, verlockend und unverfälscht, meint Angela Padrona, eine Nonna und ausgewiesene Expertin für die Herstellung apulischer Teigwaren. Verwenden Sie stets frische Bohnen. Und servieren Sie das Gericht mit geriebenem Pecorino oder Parmigiano.

Für 4 bis 6 Personen
3 EL Olivenöl extra vergine
6 mittelgroße, saftige, reife Tomaten, enthäutet, von Kernen befreit und gewürfelt
9 frische Basilikumblätter
1/4–1/2 TL Zucker (nach Wunsch)
4 1/2 TL grobes Meersalz
300 g frische grüne Bohnen, geputzt
400 g frische Eiernudeln (Tagliarini, Tagliatelle oder Fettuccine, gekauft oder selbst gemacht; siehe S. 155)
Salz
schwarzer Pfeffer, frisch gemahlen

Das Olivenöl in einer schweren Pfanne von 25 bis 30 Zentimeter Durchmesser erwärmen, die Tomaten zugeben und bei schwacher Hitze 10 Minuten kochen, bis sie zerfallen.
Die Basilikumblätter grob zerrupfen, zu den Tomaten geben und weitere 1 bis 2 Minuten kochen. Wenn die Tomaten etwas säuerlich schmecken, den Zucker untermischen. Die Sauce können Sie im voraus zubereiten und beiseite stellen.
In zwei großen Töpfen jeweils mindestens 4 Liter Wasser zum Kochen bringen. In den einen 1 1/2 Teelöffel grobes Meersalz geben, die grünen Bohnen hineingleiten

lassen und in etwa 8 Minuten weich kochen. Die Bohnen sollten jedoch noch bißfest sein. Abgießen und beiseite stellen.

In den anderen Topf den restlichen Teelöffel Salz und die Pasta geben und in 3 Minuten al dente kochen. Abgießen, dabei ein wenig von dem Nudelwasser auffangen.

Die Tomatensauce in der Pfanne kurz erwärmen, die Nudeln untermischen und mit Salz und Pfeffer würzen. Wenn nötig, mit dem Kochwasser verdünnen. Die grünen Bohnen dazugeben, 1 bis 2 Minuten erwärmen und sofort servieren.

Mezza Maniche ai Funghi Grattati
Rigatoni mit dicker Pilzsauce

Diese tolle Pastasauce hat Andreina Pavana Calcagni erfunden. Bravo! Das Geheimnis liegt darin, die richtigen Pilze zu finden. Verwenden Sie auf jeden Fall braune Pilze und nicht die weißen Zuchtpilze. Portobello-Pilze sind einfache braune Pilze, die schokoladenbraune Lamellen haben, wenn sich der Hut öffnet. Wenn man die Pilze raspelt, verstärkt sich ihr Geschmack, und sie entfalten ihr intensives erdiges Aroma.

Für 6 Personen

400 g frische Pilze, vorzugsweise braune Cremini- oder Portobello-Pilze
1 EL Butter
4–5 EL Olivenöl extra vergine
2 Knoblauchzehen, halbiert
1/8 TL Chilischoten, gehackt
1/2 Würfel Hühnerbrühe
1/8 l Hühnerbrühe
1 1/2 EL glatte Petersilie, fein gehackt
Salz (nach Wunsch)
1 EL grobes Meersalz
450 g kurze Röhrennudeln, zum Beispiel Mezza maniche oder Rigatoni
Parmigiano Reggiano, frisch gerieben

Die Pilze mit einem feuchten Küchentuch oder einer Pilzbürste säubern. Butter und Öl in eine große, schwere Pfanne geben und die Pilze direkt in die Pfanne raspeln. Die Knoblauchzehen und die Chiliflocken dazugeben und bei mittlerer Hitze etwa 10 Minuten braten, bis die Pilzflüssigkeit verdampft ist. Die Hühnerbrühe und den Bouillonwürfel (der den Geschmack verstärkt und eventuell Salz überflüssig macht) hinzugeben und bei starker Hitze 10 bis 12 Minuten kochen. Vom Herd nehmen, eventuell die Knoblauchzehen entfernen, die Petersilie hinzugeben und beiseite stellen. Mit Salz abschmecken.
Während die Sauce kocht, einen großen Topf mit mindestens 4 Liter Wasser sprudelnd zum Kochen bringen, das grobe Meersalz und die Pasta hineingeben. Nach Packungsanweisung al dente kochen. Die Pasta gut abtropfen lassen und dann zu der Sauce in die Pfanne geben. Die Pasta mit der Sauce vermischen und bei mittlerer Hitze 1 bis 2 Minuten kochen lassen. Vom Herd nehmen, ein letztes Mal alles gut vermischen und mit Parmigiano Reggiano bestreuen. Sofort servieren.

Variante: Man kann auch einen Risotto (siehe Seite 260) zubereiten und mit der Pilzsauce würzen. Den Reis zugeben, sobald die Pilzflüssigkeit verdampft ist. Dann 160 Milliliter trockenen Weißwein langsam angießen. Wenn der Wein verkocht ist, die kochende Hühnerbrühe portionsweise hinzufügen. Weiter verfahren, wie oben angegeben.

Bouillonwürfel *(Brodo di dado)* verstärken den Geschmack von Suppen, Saucen, Brühen, Eintopfgerichten und Schmorbraten. In Italien gibt es vier Sorten: Hühner-, Rindfleisch-, Pilz- und Gemüsewürfel. Die meisten italienischen Bouillonwürfel enthalten tierische Fette und Glutamat. Verwenden Sie am besten Bouillonwürfel ohne Zusätze (z. B. die der Marke Generoso) und dosieren Sie Salz sehr sparsam. Eine gute hausgemachte Fleisch-, Hühner- oder Gemüsebrühe ist natürlich die beste Alternative.

Fusilli con sugo di Agnello
Spaghetti mit Lammsauce

Um annähernd den Geschmack von italienischem Lammfleisch aus Freilandhaltung auf saftigen Wiesen zu erreichen, verwenden Sie nur sehr magere Lammschulter ohne Knochen.

Wie viele Frauen in der jahrhundertealten albanischen Gemeinde Ururi im Molise stellt Ausilia d'Arienzo ihre Teigwaren selbst her. Sie wickelt den dünnen Teig um die Speiche eines Regenschirms und zieht die Speiche mit einem Ruck heraus. So entsteht eine bäuerliche Variante von Spaghetti oder Bucatini. Aber Signora d'Arienzo nennt ihre Nudeln nicht Spaghetti, sondern Fusilli, das ist das Dialektwort für die Speichen des Regenschirms.

Dieses Pastagericht kann man auf zweierlei Arten zubereiten. Entweder man schwenkt die Nudeln in der Sauce, streut nach Belieben scharfe, feingehackte Chilischoten darüber und serviert das Gericht mit geriebenem Pecorino. Signora d'Arienzo macht aus einem Gang gleich zwei, indem sie die Lammstücke vorsichtig aus der Sauce nimmt und mit grünem Salat als zweiten Gang serviert.

Für 6 Personen

Tomatensauce:
675 g reife Tomaten, 500 g pürierte Tomaten oder
italienische Eiertomaten aus der Dose
(den Saft beiseite stellen)
oder 500 g biologisches Tomatenpüree
3 EL Olivenöl extra vergine
1 kleine Zwiebel, fein gehackt (nach Wunsch)
2 kleine Knoblauchzehen, fein gehackt (nach Wunsch)
Salz

Nudelsauce:
3–4 EL Olivenöl extra vergine
1 kleine Zwiebel, fein gehackt
1 Mohrrübe, gewürfelt
2 EL glatte Petersilie, fein gehackt
1 Lorbeerblatt, möglichst frisch
675 g magere Lammschulter, möglichst aus

biologischer Freilandhaltung
180 ml trockener Weißwein
Salz
schwarzer Pfeffer, frisch gemahlen
1–1 1/2 EL grobes Salz
450 g Spaghetti
1/4–1/2 TL Chilischoten, gehackt
3–4 EL (35 g) Pecorino, frisch gerieben

Wenn Sie die Tomatensauce mit frischen Tomaten zubereiten, die Tomaten kurz überbrühen und enthäuten. Die frischen Tomaten oder die Tomaten aus der Dose durch ein Sieb streichen, um die Kerne zu entfernen; den Saft der Dosentomaten auffangen. Das Olivenöl in einer großen, schweren Pfanne erwärmen, Zwiebel und Knoblauch (falls Sie diese Zutaten verwenden) hinzugeben und 4 Minuten dünsten, bis der Knoblauch Farbe anzunehmen beginnt. Die Tomaten und ihren Saft untermischen und bei mäßiger Hitze 30 Minuten köcheln lassen.

Für die Pastasauce: In einer schweren, feuerfesten Kasserolle, am besten aus Ton oder mit Emaille beschichtet, das Olivenöl bei sehr schwacher Hitze erwärmen. Die Zwiebel und die Mohrrübe hineingeben und bei mittlerer bis schwacher Hitze 10 bis 12 Minuten braten, bis die Zwiebeln weich und glasig sind. Petersilie und Lorbeerblatt untermischen. Vom Lamm alles Fett entfernen und das Fleisch in mundgerechte Stücke schneiden. Zwiebel- und die Mohrrübenwürfel an den Pfannenrand schieben (oder aus der Pfanne nehmen, beiseite stellen und erst wieder hineingeben, wenn das Fleisch rundherum braun ist). Fleisch hinzufügen und bei mittlerer bis starker Hitze 10 bis 15 Minuten braten, bis es von allen Seiten braun ist. Den Wein angießen, die Hitze erhöhen und etwa 15 Minuten kochen lassen, bis der Wein verdampft ist. Die Tomatensauce einrühren, die Pfanne zudecken und bei schwacher Hitze 1 bis 1 1/2 Stunden köcheln lassen, bis das Lammfleisch sehr zart ist. Dabei von Zeit zu Zeit umrühren. Wenn die Sauce zu dickflüssig ist, etwas Wasser oder Brühe zugießen. Das Lorbeerblatt herausnehmen und mit Salz und Pfeffer abschmecken.

Während die Sauce köchelt, einen großen Topf mit mindestens 4 Liter Wasser zum Kochen bringen. Salz und Pasta zugeben. Die Pasta nach Packungsanweisung kochen, abgießen, zu der Sauce in die Pfanne geben, bei niedriger Hitze 1 bis 2 Minuten mitschmoren und dabei gut vermischen. Mit Chiliflocken bestreuen und mit frisch geriebenem Pecorino servieren.

Variante: Statt mit Lamm mit Hühnchen aus Freilandhaltung zubereiten. Nur so lange kochen, bis das Hühnerfleisch weich ist.

Penne al Mare
Penne mit Meeresfrüchten

Renata Marsili ist *una vera lucchese*, eine waschechte Luccheserin. Sie ist auch die Matriarchin der Familie und wird von den Mitgliedern der jüngeren Generation sehr geliebt. Wir lernten sie durch ihren Enkel Alberto Marsili kennen, der den kleinen und gepflegten Weinladen der Familie in Lucca führt. Er beschrieb seine Großmutter als den Prototyp einer Nonna – warmherzig, freundlich und sprühend vor Energie, besonders in der Küche, ihrem ständigen Aufenthaltsort. Er wollte, daß ich sie kennenlernte. Nach einer langen Zeit des Werbens mit zig Anrufen und Gesprächen mit ihrer Tochter war es endlich soweit. Renata kochte und kochte und kochte. Auf dem Küchentisch wurden die Zutaten gehackt und geschnitten, auf einem kleinen altertümlichen Herd mit vier Flammen gebraten und gedünstet. Dann setzten wir uns zu Tisch – die drei Generationen ihrer Familie und ich – und aßen alle möglichen traditionellen Luccheser Spezialitäten, darunter auch dieses Pastagericht.

Für 6 bis 8 Personen; für 4 bis 6 Personen als Hauptgericht

1 EL grobes Meersalz
60 ml Olivenöl extra vergine
3–4 EL frischer grüner oder 2–3 EL älterer Knoblauch, gehackt
3/8 TL Chiliflocken
350 g Calamari, geputzt, gewaschen und in gut 1 cm lange Stücke geschnitten
200 g Garnelen, geschält, geputzt und in gut 1 cm lange Stücke geschnitten
1/8 l trockener Weißwein
5 EL Milch
4 EL glatte Petersilie, gehackt
1 1/4 TL Meersalz
450 g Penne

Mindestens 4 Liter Wasser in einem großen Topf zum Kochen bringen. Das grobe Meersalz und die Penne zugeben.

Während die Pasta kocht, in einer schweren Bratpfanne von 30 Zentimeter Durchmesser das Olivenöl erwärmen. Die Pfanne muß groß genug sein, um später auch die

Pasta aufzunehmen. Knoblauch und Chiliflocken hinzufügen und unter häufigem Umrühren 2 bis 3 Minuten bei schwacher bis mittlerer Hitze dünsten. Darauf achten, daß der Knoblauch nicht braun wird.
Calamari und Garnelen hinzufügen und bei mittlerer bis starker Hitze 4 bis 5 Minuten braten, bis die Garnelen rosa und die Calamari weich sind; der Knoblauch darf nicht braun werden. Den Weißwein angießen und nach 3 bis 4 Minuten die Milch einrühren. Die Sauce gut mischen und etwa 3 Minuten köcheln lassen, bis sie etwas angedickt ist. Petersilie untermischen und mit Salz abschmecken.
Wenn die Penne gar sind, abgießen, ein wenig Nudelwasser auffangen. Die abgetropfte Pasta zur Sauce in die Pfanne geben und bei mittlerer Hitze 1 bis 2 Minuten gut miteinander vermengen; eventuell etwas Wasser hinzugießen. Sofort servieren.

Variante: Diese Sauce kann auch für Risotto (siehe Seite 303) verwendet werden.

Tip: Vorsicht! Frischer Knoblauch sieht etwa so aus wie große Steckzwiebeln, er ist innen weich und hat eine weiße Haut. Wenn Sie älteren Knoblauch verwenden, nehmen Sie nur halb soviel und schneiden Sie alles Grüne im Innern der Knoblauchzehen heraus.
Renata Marsili fügt der Sauce mit Meeresfrüchten oder Fisch stets etwas Milch hinzu, damit sich die Aromen verbinden und die Sauce samtig und glatt wird.

Pasta con le Melanzane
Rigatoni mit Auberginen und Mozzarella

Liliana d'Ambrosio, eine ausgezeichnete Köchin aus Neapel, kennt offenbar das gesamte kulinarische Spektrum ihrer außergewöhnlichen Heimatstadt. Sie kocht beispielsweise ein Sartù di riso, das reichhaltigste und raffinierteste Gericht der neapolitanischen Küche, dann wieder zaubert sie im Handumdrehen dieses Pastagericht mit Auberginen. Um die Bitterstoffe zu entfernen, schneiden Sie die Aubergine in Scheiben, legen sie 15 Minuten in Wasser und weiter geht's.

Für 6 Personen; für 4 Personen als Hauptgericht
1200 g frische Tomaten oder
600 g biologisches Tomatenpüree aus der Flasche
2 mittelgroße, dicke, glänzende Auberginen
250 g Pecorino Romano, gerieben
Olivenöl extra vergine oder Erdnußöl
1 EL grobes Salz
450 g Rigatoni
225 g Mozzarella von bester Qualität,
in gut 1 cm große Würfel geschnitten

Die frischen Tomaten durch eine Gemüsemühle direkt in einen hohen, schweren Topf drücken und 30 Minuten bei schwacher Hitze köcheln lassen. Tomatenpüree nur kurz erwärmen. Vom Herd nehmen.

Auberginen in 2,5 Zentimeter große Würfel schneiden und in eine Schüssel mit Salzwasser legen. Nach 15 Minuten herausnehmen, abtropfen lassen und trockentupfen.

200 Gramm geriebenen Pecorino auf zwei Teller verteilen. Oliven- oder Erdnußöl 3,5 Zentimeter hoch in eine große Bratpfanne mit hohem Rand geben und auf 190 Grad erhitzen. Einen Auberginenwürfel probeweise in die Pfanne geben; wenn er zu tanzen beginnt, ist das Öl heiß genug. Die Auberginen in zwei Portionen im heißen Öl fritieren, bis sie goldbraun und weich sind. Die Auberginenwürfel mit einem Schaumlöffel herausnehmen und sofort im geriebenen Pecorino wenden. Die noch heißen Auberginenwürfel zur Tomatensauce geben und die Mischung 5 bis 10 Minuten köcheln lassen.

Unterdessen in einem großen, schweren Topf mindestens 4 Liter Wasser zum

Kochen bringen, das Salz zugeben und die Rigatoni nach Packungsanweisung al dente kochen. Die Pasta abtropfen lassen und sofort zur Sauce in die Pfanne geben. Die restlichen 50 Gramm Pecorino untermischen, die Pfanne auf den Herd zurückstellen und den Mozzarella hineingeben. Bei mittlerer Hitze rühren, bis der Käse geschmolzen ist. Sofort servieren.

Panigacci
Überbackene ligurische Pasta mit Pesto

Vittoria Genovese, eine großartige Köchin aus der Region Lunigiana in Ligurien, war erstaunt, daß ich Panigacci nicht kannte. Um meine kulinarische Wissenslücke zu schließen, bereitete sie im Handumdrehen einen Teig und backte daraus eine Art Crêpes. Diese legte sie schichtweise übereinander, würzte jede Schicht mit Pesto und geriebenem Parmigiano Reggiano und servierte mir binnen weniger Minuten eine in der Zubereitung denkbar einfache, aber dennoch köstliche Teigtorte.

Vittoria empfahl anstellte des *testo*, einer großen flachen Backform aus feuerfestem Ton, eine beschichtete Pfanne, riet mir aber, sie auf traditionelle Weise mit Öl auszustreichen: Dazu schneidet man eine Kartoffel in der Mitte durch, taucht sie in Olivenöl und reibt damit die Pfanne aus. Vittoria backt eine halbe Stunde vor dem Essen zehn bis zwölf solche Pfannkuchen. Sie legt sie in eine tiefe Schüssel, setzt die Schüssel über einen Topf mit kochendem Wasser und deckt sie mit einem Küchentuch zu. Wenn alle am Tisch sitzen, taucht sie die Fladen für eine Sekunde in kochendes Wasser, legt sie auf einen Teller, streicht eine Schicht Pesto darauf und wiederholt den Vorgang, bis alle Panigacci verbraucht sind. Am Schluß streut sie geriebenen Parmigiano darüber und träufelt etwas Olivenöl darauf. Sie schneidet die Schichttorte in Stücke und serviert sie mit noch etwas geriebenem Käse. Verwenden Sie Pesto (siehe Seite 140), Olivenöl und Salz, aber probieren Sie es auch einmal mit Tomatensauce. Sie können die Panigacci auch in Streifen schneiden wie Fettuccine oder Tagliarini und mit Sauce servieren.

Für 8 Personen; für 4 Personen als Hauptgericht
250 g Mehl
3/4 TL Meersalz
600 ml Wasser
1 Kartoffel

60–80 ml Olivenöl extra vergine
240 g Pesto (siehe Seite 140)
60 g Parmigiano Reggiano, frisch gerieben

Mehl und Salz in eine große Schüssel geben und mit dem Wasser vermischen. Zuerst mit dem Schneebesen verquirlen, damit keine Klumpen entstehen, dann mit einem Holzlöffel rühren. Man kann alle Zutaten auch mit dem Mixer glattrühren. Wasser zugießen, bis die Mischung die leicht flüssige Konsistenz von Crêpe-Teig hat.
Die Kartoffel in der Mitte durchschneiden und die eine Hälfte in das Olivenöl tauchen. Eine beschichtete Pfanne von 20 bis 22,5 Zentimeter Durchmesser stark erhitzen. Die geölte Kartoffelhälfte auf eine Gabel spießen und damit die Pfanne ausreiben. Einen halben Schöpflöffel Teig in die Pfanne geben und durch Schwenken der Pfanne gleichmäßig und hauchdünn verteilen. 2 bis 3 Minuten backen lassen. Sobald sich der Teig vom Boden löst, wenden und auch auf der anderen Seite kurz backen. Der Teig muß Blasen werfen. Wenn die Crêpes fertig sind, sollten sie hellbraun gesprenkelt sein. Eventuell zweimal wenden, bis es soweit ist. Die Pfanne für jede Crêpe neu mit Öl einstreichen.
Sie können die Panigacci wie Vittoria eine halbe Stunde stehenlassen oder mit Pesto und Parmigiano Reggiano gefüllt sofort servieren. Oder die Crêpes in Streifen schneiden, mit Pesto, Olivenöl und Salz vermischen und mit geriebenem Parmigiano Reggiano servieren.

Orecchiette e Broccoli Rape
Orecchiette mit Sprossenbrokkoli

Dieses Gericht gehört zum Standartrepertoire jeder apulischen Großmutter. Maria Andrianis Version ist wohl die schmackhafteste, die ich je gegessen habe. Wenn Sie keinen Sprossenbrokkoli finden, nehmen Sie ersatzweise Löwenzahnblätter, falls Sie einen kräftigeren Geschmack mögen, oder Brokkoli, der ein feineres Aroma hat.

Für 4 Personen; für 2 bis 3 Personen als Hauptgericht

450–675 g Sprossenbrokkoli
1 EL grobes Meersalz
450 g Orecchiette
3 EL Olivenöl extra vergine
3 große Knoblauchzehen, gehackt
6 Sardellenfilets in Öl, abgetropft und gehackt;
oder 2–3 in Salz eingelegte Sardellen, gewässert und gehackt
1/4 TL Chiliflocken oder 1 frische rote Pfefferschote, gehackt
Salz
3–4 EL Olivenöl extra vergine von bester Qualität
60–90 g gesalzene Ricotta (Ricotta salata)

Den Sprossenbrokkoli gründlich waschen. Dicke Stengel entfernen, dünnere Stengel schälen und in 5 Zentimeter große Stücke schneiden. Die zarten Sprossen und die Blätter grob schneiden.

In einem großen Topf mindestens 4 Liter Wasser zum Kochen bringen. Zuerst das grobe Salz, dann die Orecchiette hineingeben. Die Kochzeit der Orecchiette ist unterschiedlich und beträgt zwischen 10 und 18 Minuten. Den Sprossenbrokkoli nach 6 bis 7 Minuten zugeben und im selben Wasser weich kochen.

Unterdessen das Olivenöl bei schwacher bis mittlerer Hitze in einer mittelgroßen Bratpfanne erwärmen, Knoblauch und Sardellen hineingeben, mit einem Holzlöffel zu einem Brei zerdrücken und 4 bis 5 Minuten dünsten, bis der Knoblauch weich ist und anfängt, goldbraun zu werden. Die Chiliflocken untermischen und kurz weiterbraten. Mit Salz abschmecken. Pasta und Sprossenbrokkoli abtropfen lassen, zu den Sardellen in die Pfanne geben und alles miteinander vermengen. In eine erwärmte Servierschüssel geben, Olivenöl darüber träufeln und die Ricotta salata darauf verteilen. Sofort servieren.

Pisarei e Fasoi
Teigklößchen mit Bohnen aus Piacenza

Das bekannteste Gericht Piacenzas heißt Pisarei, kleine Teigklößchen mit Borlotti-Bohnen. Es stammt aus Zeiten des extremen Mangels, als man in der Küche alle Reste verwertete, auch die letzten Brotkrumen.
Pia Zoli Maestri empfiehlt, kein Salz ins Kochwasser zu geben, da sonst die Haut der Bohnenkerne hart wird und sie platzen. Nahrhaft und sättigend, wird das Gericht meist als Piatto unico gegessen. Die Zubereitung erfordert einige Zeit, aber man kann vieles vorbereiten und erst kurz vor dem Essen fertigstellen. Außerdem läßt es sich auch gut aufwärmen. Reichen Sie den Parmesankäse getrennt dazu.

Für 6 Personen; für 4 Personen als Hauptgericht
Das Rezept läßt sich leicht verdoppeln.
Bohnensauce:
450 g getrocknete Borlotti-Bohnen oder
530 g italienische Borlotti-Bohnen aus der Dose, nicht abgetropft
4 EL Butter
1 kleine weiße Zwiebel, in sehr dünne Scheiben geschnitten
60 g Pancetta (Bauchspeck) oder roher Schinken, gehackt
1/4 l Fleischbrühe
2 EL Tomatenmark
8 frische Basilikumblätter
2 frische Lorbeerblätter oder ein getrocknetes Lorbeerblatt
schwarzer Pfeffer, frisch gemahlen

Pisarei-Klößchen:
50 g Semmelbrösel, fein gerieben
etwa 180 ml sehr heißes Wasser
250 g Mehl
1 Ei
2 TL Salz

Für die Sauce die getrockneten Bohnen 12 Stunden vor dem Kochen in einer großen Schüssel einweichen, die 5 bis 8 Zentimeter hoch mit Wasser gefüllt ist. Die Bohnen anschließend abgießen und gut in kaltem Wasser spülen. Die abgetropften Bohnen

in einen 5-Liter-Topf geben, 2,5 Liter Wasser hineingießen und bei schwacher Hitze 2 Stunden köcheln lassen, bis sie weich sind. Abgießen und das Kochwasser auffangen. Bohnen aus der Dose ebenfalls abtropfen lassen und die Flüssigkeit auffangen.
Die Butter in einem großen, schweren, möglichst beschichteten Topf schmelzen lassen. Die Zwiebel zugeben und bei schwacher Hitze in etwa 15 Minuten glasig braten. Pancetta untermischen und weitere 5 bis 6 Minuten dünsten.
Die Bohnen und 3/8 Liter Bohnenwasser, die Fleischbrühe, Tomatenmark, Basilikumblätter, Lorbeerblätter und reichlich Pfeffer zugeben. Bei mittlerer Hitze 4 bis 5 Minuten kochen lassen. Wenn die Sauce zu dick ist, noch etwas Bohnenwasser oder Fleischbrühe zugeben. Vom Herd nehmen und die Lorbeerblätter entfernen.
Während die Bohnen kochen, die Klößchen zubereiten: Die Semmelbrösel in eine Schüssel geben und mit so viel heißem Wasser verrühren, daß sie durchweicht werden. Das Mehl bis auf 2 Eßlöffel in eine große Schüssel geben. In die Mitte eine Vertiefung drücken und die feuchten Semmelbrösel hineingeben. Das Ei hineinschlagen und alles gut vermischen, dann mit dem restlichen sehr heißen Wasser zu einem festen, aber elastischen Teig verkneten. Den Teig auf eine leicht bemehlte Arbeitsfläche setzen und weitere 10 bis 12 Minuten kneten. Dabei wenn nötig immer wieder etwas Mehl hinzufügen. Der Teig sollte fest und glatt sein. Sie können den Teig auch 5 Minuten im Rührgerät kneten. Zudecken und 30 Minuten bis 1 Stunde ruhenlassen.
Den Teig in 14 gleich große Portionen schneiden. Die Stücke, die noch nicht verarbeitet werden, zudecken. Jede Portion in der Mitte durchschneiden und jeweils die Hälften mit den Handflächen zu einer Rolle formen, die lang und dünn ist wie ein Bleistift (knapp 1 Zentimeter Durchmesser). In 1,5 Zentimeter lange Stücke schneiden. Jedes Klößchen mit dem Daumen auf die Arbeitsfläche drücken; sie sollten wie Gnocchi aussehen. Die Klößchen sollten sehr klein sein, etwa so groß wie die Borlotti-Bohnen, die dazu serviert werden. Eventuell die fertigen Klößchen auf einen mit Pergamentpapier bedeckten Teller legen und mit Hartweizengrieß bestäuben, zudecken und bis zur Weiterverarbeitung im Kühlschrank aufbewahren.
Zum Kochen der Klößchen in einem großen Topf mindestens 4 Liter Wasser zum Kochen bringen, Salz zugeben und die Klößchen in 7 bis 15 Minuten (je nachdem, wie frisch sie sind) weich kochen. Abgießen und mit der Bohnensauce vermischt servieren.
Die Sauce kann zwei Tage im voraus zubereitet und im Kühlschrank aufbewahrt werden. Die Klößchen können einen Tag im voraus hergestellt werden. Die Bohnensauce 30 Minuten vor dem Kochen der Klößchen erwärmen. Die Reste kann man problemlos aufwärmen.

Trenette col Pesto
Trenette mit Pesto, Kartoffeln und grünen Bohnen

Als wir vor vielen Jahren in einem kleinen ligurischen Dorf lebten, lud uns Iva Spagnoli immer mal wieder zum Essen ein. Iva, eine immer gut aufgelegte Signora, lebte allein; ihr Sohn arbeitete in einer Bank in der Nähe. Gemüse, Salat, Obst und Kräuter baute sie selbst an, sie züchtete Kaninchen und preßte aus den Oliven in ihrem Garten ihr eigenes Öl. Sie war das beste Beispiel dafür, daß die Bewohner Liguriens, einer Region Italiens, die sich von Nizza bis zum nördlichen Zipfel der Toskana entlang des Mittelmeers erstreckt, Selbstversorger sind.
Pesto läßt sich gut einfrieren, geben Sie in diesem Fall aber den Käse erst dann zu, wenn Sie den Pesto weiterverarbeiten. Füllen Sie den Pesto in eine Gefrierdose, gießen Sie 0,3 Zentimeter hoch Olivenöl darauf, und verschließen Sie die Dose gut. Pesto hält sich im Gefrierschrank bis zu 4 Monate. Wenn Ihnen kein sardischer Pecorino zur Verfügung steht, nehmen Sie Parmigiano Reggiano. Reichen Sie bei Tisch zusätzlich frisch geriebenen Pecorino oder Parmigiano dazu.

Für 4 bis 6 Personen;
für 3 bis 4 Personen als Hauptgericht

Pesto:
1 1/2 TL Knoblauch, gehackt
25 g Pinienkerne oder Walnüsse,
bei 180 Grad im Backofen kurz geröstet
75 g frische Basilikumblätter, gesäubert
1/4 TL Meersalz
40 g Pecorino Sardo, frisch gerieben
75 g Parmigiano Reggiano, frisch gerieben
1/8 l ligurisches Olivenöl extra vergine

Pasta und Sauce:
1 EL grobes Meersalz
2 mittelgroße neue Kartoffeln (etwa 220 g), geschält
120 g zarte, junge, grüne Bohnen, geputzt
450 g Trenette, Linguine oder Tagliatelle
1–2 EL Butter, bei Zimmertemperatur

Salz
Pecorino oder Parmigiano Reggiano, frisch gerieben, zum Bestreuen

Die Zutaten für den Pesto im Mixer oder einer Küchenmaschine zerkleinern. Für die Originalzubereitung Knoblauch und Pinienkerne oder Walnüsse in einem Mörser, der möglichst aus Marmor sein sollte, zerdrücken. Basilikum und Salz zugeben (bei Verwendung eines Mörsers unbedingt grobes Meersalz verwenden) und zu einem grobkörnigen Brei zerstampfen. Pecorino und Parmigiano Reggiano untermischen. In eine Schüssel geben und bestes ligurisches Olivenöl tröpfchenweise (wie bei der Herstellung von Mayonnaise) unterrühren, bis eine cremige Sauce entsteht. Falls die Sauce zu dickflüssig ist, vorsichtig noch etwas Öl hinzugeben. Abschmecken.
In einem großen Topf 5 Liter Wasser zum Kochen bringen, 1 Eßlöffel grobes Meersalz und die Kartoffeln zugeben. Wenn sie halb gar sind, Bohnen in den Topf gleiten lassen und 5 bis 7 Minuten kochen, bis die Kartoffeln und die Bohnen weich, aber noch bißfest sind. Ist das eine Gemüse früher gar, herausnehmen. Die Kartoffeln abtropfen und abkühlen lassen, dann in Scheiben schneiden. Das Wasser erneut zum Kochen bringen, die Pasta hineingeben und al dente kochen. Anschließend Pasta abgießen und 80 Milliliter der Kochflüssigkeit aufbewahren.
Mit einem Schaumlöffel oder einem Sieb Pasta, Kartoffeln und grüne Bohnen in eine vorgewärmte Servierschüssel geben. 2 Eßlöffel von dem Pesto in eine Schöpfkelle mit Kochwasser geben und verrühren, die Butter zugeben und das Ganze mit den Nudeln vermischen. Den restlichen Pesto hinzufügen, mit Salz abschmecken, mit Pecorino bestreuen und sofort servieren.

Variante: Nehmen Sie frische Trenette oder andere frische, schmale Tagliatelle. Kochen Sie das Gemüse in sprudelndem Wasser, und nehmen Sie es drei Minuten, bevor es gar ist, heraus. Geben Sie die Pasta ins Kochwasser und kochen Sie sie al dente. Die Pasta und das Gemüse abgießen, einen Schöpflöffel des Kochwassers aufbewahren und weiter verfahren wie oben angegeben.

Spaghetti col Pesto alla Trapanese
Spaghetti mit Mandeln und Basilikum-Pesto nach Art von Trapani

Dieses sensationelle Gericht aus Trapani ist köstlich im Geschmack und unglaublich einfach in der Zubereitung – eine sizilianische, sehr aromareiche Variante des weiter im Norden üblichen Pesto.
Antonietta de Blasi Rocca, die mir dieses Rezept verriet, empfahl mir dringend, den Pesto im Mörser zuzubereiten, damit er die richtige Konsistenz bekommt. Es macht gewiß einen Unterschied, aber ich habe die Sauce mehrmals mit der Küchenmaschine zubereitet, und sie gelang ausgezeichnet. Bereiten Sie den Pesto mehrere Stunden vor dem Kochen zu, so daß er gut durchziehen kann. Servieren Sie den Pesto mit Spaghetti und geben Sie reichlich frisch geriebenen Parmigiano Reggiano darüber. Knausern Sie nicht mit der Menge, Ihre Gäste werden zu einem Nachschlag nicht nein sagen.

Für 6 Personen; für 4 Personen als Hauptgericht
100 g blanchierte Mandeln
1 TL Meersalz
4 mittelgroße Knoblauchzehen, grob gehackt
75 g oder 50 große, frische Basilikumblätter
5 Zweige glatte Petersilie
1/8 TL Chilischoten, gehackt
6 kleine Tomaten (ca. 600 g), enthäutet, von Kernen befreit und grob geschnitten
1/8 l Olivenöl extra vergine
1 1/2 EL grobes Meersalz
500 g Spaghetti

Wenn Sie den Pesto in einem Mixer zubereiten, die Mandeln und das Meersalz zu einer grobkörnigen Masse zermahlen. Die restlichen Zutaten (außer dem Wasser, dem groben Salz und den Spaghetti) hinzufügen und das Ganze zu einer cremigen Sauce verarbeiten.
Wenn Sie einen Mörser benutzen (am besten aus Marmor), zunächst die Mandeln mit dem Stößel zerkleinern. Salz, Knoblauchzehen, Basilikum, Petersilie und Chiliflocken hinzugeben und gut zerstampfen. Das Salz hilft, die anderen Zutaten fein

zu zermahlen. Den Brei in eine Schüssel geben, Tomaten untermischen und die Mischung mit dem Öl verrühren. Man kann den Pesto zwei bis drei Tage im Kühlschrank aufbewahren oder zwei bis drei Monate einfrieren.
In einem großen Topf mindestens 5 Liter Wasser sprudelnd zum Kochen bringen, 1 1/2 Eßlöffel grobes Meersalz zugeben und die Spaghetti darin al dente kochen. Abgießen und in einer vorgewärmten Servierschüssel gut mit dem Pesto vermengen. Sofort servieren.

Tip: Wenn der Knoblauch alt ist, wird er innen grün. Luisa Cappelli empfiehlt, diese grünen Stellen herauszuschneiden, da sie scharf und bitter schmecken.

Porträt Antonietta de Blasi Rocca

Die dreiundachtzigjährige Antonietta de Blasi Rocca ist eine beeindruckende Erscheinung. In ihrem geblümten Seidenkleid und den schwarzen Stöckelschuhen wirkt die große, schlanke Dame derart schwungvoll-elegant, daß das Adjektiv *allegra* wie für sie geschaffen scheint. Sie lebt mit der Familie ihrer Tochter in einem sehr großen, hübschen Haus in der Stadt Alcamo in Sizilien, wo sie geboren wurde und ihr gesamtes Leben verbracht hat.

Die Mutter von drei Kindern und Großmutter von vier Enkelkindern hat offenbar ein glückliches Leben geführt. Der Sonntag war in ihrer Kindheit stets ein großer Festtag. An dem langen Eßtisch saß sie mit ihren drei Schwestern, ihrem Bruder und den Eltern, und oft gesellten sich weitere Verwandte hinzu. Ihre Mutter kochte Reisbällchen oder Fleischklößchen, die in einer würzigen Brühe serviert wurden, und *biancomangiare*, einen einfachen Milchpudding. Oft ging die Familie aufs Land, wo ihre Schafe und Kühe weideten, die die Milch für den Käse und die Desserts lieferten. Sie mußten nie einkaufen gehen. Die Fischer und der Metzger brachten ihre frische Ware direkt an die Haustüre.

Vor dem Krieg begab sich die Familie, die inzwischen größer geworden war, auf Maultieren in die Sommerfrische: Zwei Monate verbrachte man bei der Familie des Ehemanns von Antoniettas Schwester. Das Haus stand auf einer Klippe hoch über dem Meer, aber nur die Männer und Kinder durften an den Strand gehen. Die Frauen blieben zu Hause und bereiteten mit Hilfe der Hausmädchen, die jede Familie mitbrachte, die Mahlzeiten zu. Die Frauen durften nicht im Meer baden, da man allgemein glaubte, Wasser sei kräftezehrend. Um neue Energie zu gewinnen, aßen die Männer hartgekochte Eier, weshalb Antonietta eine beeindruckende Fülle von Eiergerichten kennt.

Wenn Antonietta später mit ihren eigenen Kindern an den Strand ging, saß sie im Sand und hielt die Kinder an langen Leinen fest. Abgesehen davon, daß Frauen nicht im Meer badeten, wurde auch niemandem das Schwimmen beigebracht. Man ließ die Kinder mit einer um die Taille gebundenen Schnur ins Meer waten und hoffte, sie würden von selbst lernen, sich über Wasser zu halten. Nach ein paar Tagen am Meer liefen die Männer den ganzen Tag in ihrer Pyjamahose herum, die einen elastischen Bund hatte, so daß sie nach Herzenslust essen konnten.

Im Haus gab es einen sakralen Raum, in dem die Messe gelesen wurde, so daß niemand am Sonntag in die Kirche gehen mußte. »Wir waren immer in Gesellschaft, nie allein. Als es noch keine Wasserleitungen gab, gingen wir gemeinsam zum Brunnen. Und solange es noch kein Licht gab, saßen wir den ganzen Tag zusammen und zündeten abends das Feuer im Kamin an.«

Alcamo hatte im Zweiten Weltkrieg Glück, denn im Gegensatz zu Palermo und Trapani wurde die Stadt nicht bombardiert. Antoniettas Familie flüchtete trotzdem aufs Land. Wie bei anderen Familien stand auch bei ihnen das Haus für Gäste offen. Ganze Grüppchen zogen von Haus zu Haus, und abends wurde im Männerclub und in öffentlichen Ballsälen getanzt, wofür man Eintritt bezahlen mußte.

Angesichts der strengen Aufsicht, unter der die Mädchen damals standen, ist es erstaunlich, daß Antonietta ihren Mann im Kino kennenlernte. Ihr Vater war von Anfang an gegen diese Verbindung und verriegelte das Fenster ihres Zimmers, damit seine Tochter nicht auf den Balkon hinaus konnte. Zwar gab er am Ende nach, aber heiraten konnten die beiden erst, als Antoniettas ältere Schwester einen Bräutigam gefunden hatte.

Als ihre Kinder noch klein waren, besuchte Antonietta jeden Abend ihre Mutter und blieb – sehr zum Verdruß ihres Mannes – immer lange weg. Es war eine alte Gepflogenheit, daß die Frauen ihre Mütter besuchten, während die Männer in ihren Club gingen. Während des Kriegs, als die Familie noch in Alcamo lebte, wurden nachts oft die Straßen und Häuser verdunkelt, und Antoniettas Mann und der Mann ihrer Schwester warteten gewöhnlich vor der Tür, während die Frauen drinnen schwatzten. Je länger es dauerte, um so ärgerlicher wurden die Männer, die mit der Taschenlampe in der Hand dastanden, um ihre Frauen nach Hause zu begleiten.

Antonietta kocht heute noch die Gerichte, die sie von ihrer Mutter gelernt hat, beispielsweise den aromatischen Pesto alla trapanese aus Tomaten, Basilikum und Mandeln, eine Spezialität aus Trapani. Das Gericht ist eine *squisitezza*, wie man in Italien sagt, unwiderstehlich im Geschmack und einfach in der Zubereitung. Die Produkte, die dafür verwendet werden, sind in der heißen Sonne Siziliens gereift.

Pizzoccheri
Tagliatelle aus Buchweizenmehl mit Kartoffeln, Wirsing und Käse

Pizzoccheri sind dunkle Bandnudeln aus Weizen- und Buchweizenmehl mit einem leicht nussigen Geschmack. Sie werden im Veltlin, der bergigen Region der Lombardei nördlich des Comer Sees, zubereitet. In ihrer Kindheit, die sie in den zwanziger Jahren in dem Städtchen Montagna verbrachte, half Lina Vitali ihrer Großmutter jeden Tag bei der Zubereitung von Pizzoccheri. Und Esther Saini, heute eine weißhaarige Großmutter, konnte diese Pasta im Alter von zwölf Jahren schon ganz alleine herstellen. Lina machte mich mit Esther bekannt, und dies hier ist ihr Rezept. Es ist seit undenklichen Zeiten unverändert geblieben. Die Buchweizenpasta, die mit Kartoffeln und Wirsing übereinandergeschichtet, mit frisch geriebenem Käse bestreut und mit gebräunter, mit Knoblauch gewürzter Butter übergossen wird, ist ein deftiges bäuerliches Essen.
Das Veltlin liegt so hoch, daß bestimmte Zutaten erst spät ihren Weg dorthin fanden. Während Weizen, Roggen und Buchweizen seit jeher zu den Grundnahrungsmitteln zählten, kennt man die Kartoffel, gewissermaßen ein Newcomer in diesem Rezept, hier erst seit Ende des 18. Jahrhunderts.
Lange weckte dieses Gericht im Veltlin Erinnerungen an die Zeiten der Not und Entbehrungen. Aber inzwischen ist die bäuerlich-deftige Küche in Mode gekommen, und auch Buchweizen wird heute wieder mehr geschätzt. Sie können die Pizzoccheri wie Esther Saini selbst herstellen, aber auch abgepackt kaufen.

Für 6 bis 8 Personen, für 4 bis 6 Personen als Hauptgericht

Pasta:
450 g getrocknete Pizzoccheri
oder
140 g Mehl
300 g Buchweizenmehl
1 Ei
Salz
160 ml Wasser; eventuell weitere 2–3 EL Wasser
1 EL grobes Salz
200 g Kartoffeln, geschält und in walnußgroße Stücke geschnitten

200 g Wirsing, harte Rippen entfernen und die Blätter in lange, schmale Streifen schneiden
Salz (nach Wunsch)

Sauce:
150 g Butter
6–8 Knoblauchzehen, in kleine Splitter geschnitten
ein paar frische Salbeiblätter, zerpflückt (nach Wunsch)
220 g junger Bitto, Montasio oder Fontina, gewürfelt
120 g Parmigiano Reggiano, frisch gerieben
schwarzer Pfeffer, frisch gemahlen

Für selbstgemachte Pasta die beiden Mehlsorten auf eine Arbeitsfläche sieben und das Salz hinzugeben. In die Mitte eine Vertiefung drücken. Das Ei mit dem Wasser verrühren und in die Mulde gießen. Das Mehl mit diesen Zutaten zu einem Teig verarbeiten. Je nach Mehl und Luftfeuchtigkeit brauchen Sie vielleicht noch etwas Wasser. Der Teig ist anfangs rissig, doch nach 15 Minuten Kneten mit den Händen ist er glatt wie Tagliatelle-Teig. Mit einem Nudelholz etwa 0,3 Zentimeter dick ausrollen. Oder durch eine Pastamaschine drehen (auf die drittletzte Kerbe einstellen). In gut 0,5 Zentimeter dicke und 10 Zentimeter lange Streifen schneiden.
Wenn Sie abgepackte Pasta verwenden, einen großen Topf mit mindestens 4 Liter Wasser zum Kochen bringen, 1 EL grobes Salz und die Kartoffeln hineingeben. Bei schwacher bis mittlerer Hitze 2 bis 3 Minuten kochen. Anschließend die Wirsingblätter zugeben und bei starker Hitze höchstens 5 Minuten mitgaren, bis sie nicht mehr hart sind. Jetzt die Pizzoccheri zugeben und bei mittlerer Hitze al dente kochen. Den Schaum abschöpfen. Die Kochzeit beträgt 4 bis 5 Minuten bei frischer und 8 Minuten bei abgepackter Pasta. Gemüse und Pasta abgießen und gut abtropfen lassen.
Während die Pizzoccheri kochen, die Sauce zubereiten: Die Butter mit dem Knoblauch in einer kleinen Pfanne bei mittlerer bis starker Hitze schmelzen lassen und den Knoblauch dünsten, ohne daß er braun wird. Eventuell die Salbeiblätter zugeben und braten, bis die Butter die Farbe von Kastanien angenommen hat.
Eine dicke Schicht Nudeln in eine gebutterte Auflaufform geben, mit einigen gekochten Wirsingblättern bedecken, etwas von den Kartoffeln und dann eine gute Handvoll gewürfelten Käse darüber verteilen. Mit frisch geriebenem Parmigiano Reggiano bestreuen und weitere Nudeln darüber schichten. Da die Menge an Pizzoccheri größer ist als die der anderen Zutaten, dementsprechend großzügig in der Auflaufform verteilen. Zum Schluß frisch gemahlenen Pfeffer darüberstreuen. Die Sauce darübergießen und sofort servieren.

Pasta con la Rucola
Pasta mit Rucola und Tomaten

Rucola wächst in vielen Regionen Italiens wild. Die Blätter sind zart wie junger Spinat oder auch groß wie Löwenzahn und die Stengel so dick wie die der Brunnenkresse. Manche Rucolaarten sind nussig, andere scharf und beißend im Geschmack. Zarte, kleine Blätter passen besser zu diesem Gericht. In Apulien rühren die Großmütter Rucola in die Pastasauce und kochen ihn, bis er zusammengefallen ist. Das Ergebnis ist, wie die Italiener sagen, *eccezionale*.

Servieren Sie diese Rucola-Tomatensauce mit Cavatelli, kurzen hausgemachten Nudeln, die aussehen wie kleine Gnocchi oder Muschelnudeln, Sie können aber auch Fusilli oder Gnocchetti nehmen.

Für 4 Personen; für 3 Personen als Hauptgericht

4 EL Olivenöl extra vergine
2 mittelgroße Knoblauchzehen, zerdrückt
3 große (500 g), reife Eiertomaten, enthäutet,
von Kernen befreit und kleingeschnitten, oder
eine 450-Gramm-Dose italienische Tomaten, abgetropft
3/4 TL feines Meersalz
schwarzer Pfeffer, frisch gemahlen
150 g Rucolablätter
1 EL grobes Meersalz
450 g kurze Pasta, zum Beispiel Cavatelli, Fusilli oder Gnocchetti
reichlich Pecorino oder zu gleichen Teilen
Parmigiano Reggiano und Pecorino, frisch gerieben

Das Öl mit dem Knoblauch in einer großen schweren Kasserolle langsam erhitzen; den Knoblauch 3 bis 4 Minuten braten, bis er glasig, aber nicht braun ist. Tomaten, Meersalz und Pfeffer hinzugeben und bei mittlerer Hitze 15 Minuten köcheln lassen, um die Sauce zu reduzieren. Tomaten aus der Dose mit einem Holzlöffel flach drücken und durch ein Sieb passieren; erst dann in die Pfanne geben.

Die Rucolablätter gründlich waschen.

Während die Sauce kocht, in einem großen Topf 4 Liter Wasser zum Kochen bringen, das grobe Meersalz und dann die Pasta hineingeben und al dente kochen. Die Pasta abgießen, zur Sauce geben, Rucola untermischen und 1 bis 2 Minuten gut vermengen, bis die Rucolablätter zusammengefallen sind. In eine vorgewärmte Servierschüssel geben, nochmals gut vermengen und reichlich geriebenen Käse darüber streuen.

Spaghetti un Po' Diversi
Spaghetti einmal anders

Luisa Cappelli verriet mir viele ihrer Küchengeheimnisse. So sollte man Knoblauchzehen immer in der Mitte durchschneiden und die grünen Keime im Innern entfernen, da sie bitter schmecken. Die Basilikumblätter sehr vorsichtig säubern, am besten mit einem feuchten Küchentuch abreiben und trockentupfen, bevor man sie mit einem sehr scharfen Messer in feine Streifen schneidet.
Der wichtigste Arbeitsschritt dieses sehr einfachen Rezepts ist das gute Vermischen der Zutaten, damit sich die Aromen verbinden.

Für 6 Personen
6–8 EL Olivenöl extra vergine
3 Knoblauchzehen, halbiert
4 Scheiben Landweißbrot, am besten zwei Tage altes, ungesalzenes Toskanabrot
1/8 TL Chili, gehackt
Salz
3/4 TL getrockneter Oregano
1 EL grobes Meersalz
450 g Vermicelli oder Spaghetti
60 g Parmigiano Reggiano, frisch gerieben
10 frische Basilikumblätter

2 bis 3 Eßlöffel Olivenöl in eine große Pfanne geben und die beiden Hälften einer Knoblauchzehe und die Brotscheiben darin bei mittlerer Hitze braten, bis der Knoblauch goldbraun und das Brot leicht angeröstet ist. Das Brot abkühlen lassen und dann die Scheiben in kleine Stücke zerrupfen. Den Knoblauch herausnehmen.
2 bis 3 Eßlöffel Olivenöl in einer großen beschichteten Pfanne erhitzen, 2 weitere Knoblauchhälften zugeben und bei sehr schwacher Hitze braten, bis der Knoblauch goldbraun zu werden beginnt. Den Knoblauch zerdrücken, damit sein Aroma ins Öl

entweicht, und dann aus der Pfanne nehmen. Das zerrupfte Brot unterrühren, Chili und Salz zugeben, gut vermengen und 12 bis 15 Minuten bei sehr schwacher Hitze braten, bis die Brotkrumen knusprig sind.
In einer anderen kleinen Pfanne weitere 1 bis 1 1/2 Eßlöffel Öl mit der verbleibenden halbierten Knoblauchzehe und dem getrockneten Oregano erhitzen und dann bei sehr schwacher Hitze 10 bis 15 Minuten braten; dabei ständig umrühren. Die Knoblauchhälften herausnehmen.
In einem großen Topf 5 Liter Wasser zum Kochen bringen, das grobe Meersalz zugeben, Pasta hineingleiten lassen und al dente kochen. Abgießen und etwas von dem Kochwasser auffangen. Die Pasta zu den Brotstücken in die Pfanne geben. Oregano, Knoblauchöl und frisch geriebenen Parmigiano Reggiano unterrühren und die Basilikumblätter darüber streuen. Alle Zutaten gut vermengen. Falls die Mischung zu trocken ist, ein wenig Kochwasser hinzugeben und sofort servieren.

Tip: Viele italienische Großmütter, darunter auch Luisa Cappelli, stellen immer etwas Kochwasser der Pasta beiseite, um die Sauce damit zu verflüssigen.

Pasta alla Palombara
Pasta mit Thunfisch, Sardellen, Pinienkernen und Korinthen

Dieses Rezept stammt von Antonia Lo Nardo, einer Großmutter aus Palermo, die ich in dem Städtchen Valledolmo im sizilianischen Hinterland kennenlernte. Die Männer in ihrer Familie waren *palombari*, Tiefseetaucher, die neun Monate im Jahr aufs Meer hinausfuhren. Sie fingen und verarbeiteten Thunfisch, der die Grundlage zahlreicher Gerichte ist.

Für 6 Personen; für 4 Personen als Hauptgericht
1 Knoblauchzehe, zerdrückt
1 kleine Zwiebel, gehackt
3 EL Olivenöl extra vergine plus 1–2 EL zusätzlich (nach Wunsch)
6 Sardellenfilets in Öl, abgetropft und zerdrückt;
oder 3 ganze, in Salz eingelegte Sardellen, gut gewässert,
filetiert und zerdrückt
3 EL glatte Petersilie, fein gehackt

300 g frische Tomaten, enthäutet, von Kernen befreit
und kleingeschnitten; oder 300 g italienische Dosentomaten,
abgegossen und durch die Gemüsepresse oder ein Sieb passiert
2 EL Pinienkerne
2 EL Korinthen
Salz
schwarzer Pfeffer, frisch gemahlen
1 EL grobes Meersalz
450 g dünne, spiralförmig gedrehte Eiernudeln,
zum Beispiel Fettucelle, oder auch Lasagnette ricce, Pappardelle
oder Tagliatelle
335 g Thunfisch in Olivenöl (2 Dosen), abgetropft
50 g Semmelbrösel, geröstet

In einer großen, schweren Kasserolle die Knoblauchzehe bei schwacher bis mittlerer Hitze 10 bis 12 Minuten in Olivenöl goldgelb braten. Herausnehmen, die zerdrückten Sardellen hineingeben und mit einem Holzlöffel bei mittlerer Hitze im Öl schmelzen lassen. Petersilie, Tomaten, Pinienkerne, Korinthen, Salz und Pfeffer zugeben und ebenfalls bei mittlerer Hitze 7 bis 10 Minuten kochen. Die Mischung beiseite stellen.

In einem großen Topf 4 Liter Wasser zum Kochen bringen, das Meersalz hinzugeben und die Pasta al dente kochen. Pasta abgießen, aber etwas Kochwasser auffangen.

Den Thunfisch mit einer Gabel zerrupfen, zu der Sardellen-Tomatensauce geben und gut vermischen. Die Pasta mit dem Großteil der Sauce vermengen; nach Belieben 1 bis 2 Eßlöffel Olivenöl und etwas Kochwasser zugeben. Die restliche Sauce über die Pasta gießen, die gerösteten Brotkrumen darüber streuen und sofort servieren.

Sardellen *(acciughe)*. Manche süditalienische Großmütter verwenden Sardellen anstelle von Salz, denn dieser kleine Fisch verleiht dem Gericht das Aroma des Meeres. Man kann ihn leicht selbst fangen oder zu einem geringen Preis auf dem Fischmarkt kaufen. Er wird auf zweierlei Arten verwendet: als Ersatz für Salz und natürlich für eigenständige Fischgerichte. Kaufen Sie möglichst in Salz eingelegte Sardellen, sie schmecken fast wie frische. Vor der Verarbeitung unter fließendem kaltem Wasser gut abspülen, um das Salz zu entfernen. Falls Sie keine in Salz eingelegte Sardellen bekommen, kaufen Sie in Olivenöl eingelegte Sardellen im Glas, damit Sie sehen können, ob der Fisch fleischig und fest ist.

Penne al tonno
Penne mit frischem Thunfisch, Kapern und schwarzen Oliven

Dieses Gericht, meint Laura Mansi Salom, ist blitzschnell zubereitet; der Gang zum Fischmarkt beansprucht die meiste Zeit. Verwenden Sie den besten Thunfisch, den Sie bekommen können. Nehmen Sie eingelegte schwarze Oliven, beispielsweise kleine Früchte aus Ligurien oder aus Nizza, jedoch keinesfalls Gaeta- oder Kalamata-Oliven, die sehr salzig sind. Um Oliven zu entsteinen, legen Sie die Früchte auf ein Schneidbrett und zerdrücken Sie sie mit der breiten Seite eines Hackmessers. Dadurch löst sich der Stein vom Fruchtfleisch, und man kann ihn leicht herausziehen.

Für 8 Personen; für 4 bis 6 Personen als Hauptgericht

4 große, reife Tomaten (ca. 900 g) oder
1 große Dose italienische Eiertomaten, abgetropft
2 1/2–3 EL Olivenöl extra vergine
1/8–1/4 TL frische oder getrocknete Chilischoten, gehackt
3/4 TL frischer Salbei, fein gehackt
1 TL frischer Rosmarin, fein gehackt
3/4 TL frischer Majoran, fein gehackt
50 g Kapern, vorzugsweise in Salz eingelegt, gut gewässert und abgetropft
50–70 g schwarze Oliven, entsteint und abgetropft
200 g frisches Thunfischfilet, in mundgerechte Stücke geschnitten
1 EL grobes Meersalz
450 g Penne oder Rigatoni
2 EL glatte Petersilie, fein gehackt
10 frische Basilikumblätter, grob zerpflückt

Die Tomaten schälen, kleinschneiden und mit dem Olivenöl in eine große Pfanne geben. Bei mittlerer Hitze kurz erwärmen. Chili, Salbei, Rosmarin, Majoran und Kapern fein hacken, zugeben und 15 bis 20 Minuten kochen. Bis zu diesem Punkt kann die Sauce im voraus zubereitet werden. Oliven und rohen Thunfisch hinzufügen und 4 bis 5 Minuten köcheln lassen, bis der Fisch gar ist.
In der Zwischenzeit in einem großen Topf mindestens 4 Liter Wasser zum Kochen

bringen, das grobe Meersalz und die Pasta zugeben und nach Packungsanweisung kochen. Abgießen und etwas Kochwasser auffangen.
Pasta in eine vorgewärmte Servierschüssel geben, Sauce darübergießen und alles gut vermischen. Falls die Sauce zu dickflüssig ist, noch etwas Kochwasser zugeben, und am Schluß mit feingehackter Petersilie und zerrupften Basilikumblättern bestreuen.

Kapern *(capperi)*: Kapern sind die kleinen unreifen Früchte des Kapernstrauchs, der im gesamten Mittelmeerraum auf Klippen und in Felsspalten wild wächst. Kapern gibt es in zweierlei Größen zu kaufen: Kleine Früchte werden meist in Essig eingelegt, die größeren konserviert man in Salz. Die besten Kapern werden auf den Inseln vor Sizilien gesammelt, beispielsweise auf Pantelleria, und in Salz eingelegt. Sie müssen vor dem Kochen 15 Minuten in kaltem Wasser gewässert werden; sie schmecken unvergleichlich gut und verleihen manchen Gerichten erst ihr unverwechselbares Aroma. In Essig eingelegte Kapern schmecken oft stark nach Essig. Bewahren Sie in Salz eingelegte Kapern stets im Kühlschrank auf, dort halten sie sich bis zu 2 Jahre.

Cialzons alla Frutta
Teigtaschen mit Pflaumen-Feigen-Füllung und Zimtbutter

Im Friaul, einer Region im Nordosten Italiens von magischer Schönheit, sind Cialzons weit verbreitet, doch die Füllung dieser Teigtaschen ist von Dorf zu Dorf und von Familie zu Familie verschieden. Manche Cialzons enthalten mehr als vierzig verschiedene Zutaten – von Schokolade und Zimt bis zu getrockneten Feigen und Rosinen. Das hier vorgestellte Rezept stammt von Gianna Modottis Familie. Die Größe der Teigtaschen mag unterschiedlich sein, die Füllung ist jedoch immer süß. Diese Pasta stammt aus einer Zeit, in der Gewürzhändler aus Venedig auf ihrem Weg nach Deutschland und Österreich über die karnischen Alpen zogen. Die arme Landbevölkerung tauschte Käse und Schinken gegen die kostbaren Gewürze ein.
Dies ist unzweifelhaft eine Vorspeise, kein Hauptgericht; beherzte Esser verspeisen die süßen Teigtaschen auch gerne als Dessert. Die Cialzons alla frutta werden im Friaul häufig an Heiligabend zubereitet.

Für 4 bis 8 Personen

Füllung:
3 oder 4 (60 g) Dörrpflaumen, entsteint
3 oder 4 (60 g) getrocknete Feigen
80 ml Rotwein
1/4 TL Zimt
280 g frische Ricotta, abgetropft

Pasta:
450 g frischer, selbstgemachter Eiernudelteig
(siehe Seite 155) oder gekaufter
1 1/2 EL grobes Meersalz

Sauce:
4 EL Butter, geschmolzen
2 TL Zucker
1/2 TL Zimt
3–4 EL geräucherte Ricotta oder geräucherter Mozzarella, gerieben

Dörrpflaumen und Feigen in ein Pfännchen geben und zur Hälfte mit dem Rotwein bedecken. Zimt hineinstreuen und bei schwacher bis mittlerer Hitze 10 bis 15 Minuten kochen, bis die Früchte weich sind; ab und zu umrühren. Abgießen, abkühlen lassen und kleinschneiden. Die Ricotta durch ein Sieb streichen und mit den abgekühlten Feigen und Pflaumen vermengen.

Wenn Sie frischen Pastateig kaufen, wählen Sie breite Streifen. Mehl- oder Grießreste abbürsten. Den Teig, den Sie nicht gleich weiterverarbeiten, zudecken. Jede Teigplatte in 10 Zentimeter breite Streifen schneiden, und jeden Streifen durch die Pastamaschine drehen. Der Teig wird vier- bis fünfmal, einmal längs, einmal quer, durch die Walze gedreht; dabei die Walzen immer enger stellen. Eventuell die Teigplatten nochmals teilen, da der Teig sehr dünn ausgerollt werden muß.

Die dünnen Teigstreifen auf eine leicht bemehlte Arbeitsfläche legen. Mit einer runden Plätzchenform von 6,5 Zentimeter Durchmesser die Cialzons ausstechen. Den Rand mit Wasser bepinseln, einen Teelöffel Füllung in die Mitte setzen und mit einem zweiten Teigrund zudecken. Behutsam mit den Fingerkuppen die Füllung im Teigtäschchen verteilen. Die Teigränder mit den Fingerkuppen ringsum gut andrücken. Mit der Rückseite einer Gabel nochmals ringsum andrücken, so daß ein hübsches Muster entsteht. Mit dem restlichen Teig ebenso verfahren.

In einem großen Topf mindestens 5 Liter Wasser zum Kochen bringen. 1 1/2 Eßlöffel grobes Meersalz hineingeben und einen Teil der Cialzons vorsichtig ins kochende

Wasser gleiten lassen. 1 bis 2 Minuten kochen lassen, bis die Teigtäschchen nach oben steigen. In eine vorgewärmte Schüssel legen, zudecken und warmhalten, während Sie die übrigen Cialzons garkochen.
Für die Sauce die Butter in einem Pfännchen schmelzen. Zucker und Zimt einrühren. Über die Cialzons gießen, etwas Rauchkäse darüber verteilen und sofort servieren.

Tortelli di Patate
Teigtaschen mit Kartoffelfüllung

Signora Lusignanis Teigtaschen mit ihrer samtigen, ein wenig nach Muskat schmeckenden Kartoffelfüllung und der Steinpilzsauce sind die besten der Welt. Sie können die Sauce ohne weiteres vier Tage im voraus zubereiten. Bewahren Sie sie zugedeckt im Kühlschrank auf. Die Teigtaschen können Sie ein paar Stunden vor dem Kochen herstellen, auf ein mit Pergamentpapier ausgelegtes oder mit Hartweizengrieß bestreutes Backblech legen, mit einem Küchentuch zudecken und an einem kühlen Ort aufbewahren.

Für 6 bis 8 Personen; für 4 bis 6 Personen als Hauptgericht

Sugo di funghi e pomodori (Pilzsauce mit Tomaten):
40 g getrocknete Porcini (Steinpilze)
2 mittelgroße Zwiebeln, gehackt
100 g Butter
500 g italienische Eiertomaten aus der Dose oder
Tomatenpüree aus der Flasche
Salz
schwarzer Pfeffer, frisch gemahlen

Pastateig:
350 g Mehl
eine Prise Salz
4 Eier
1–2 EL Milch

Füllung:
3 mittelgroße (500 g) Kartoffeln, mit der Schale gekocht,
geschält und durchgepreßt

eine große Prise Muskatnuß, frisch gerieben
50 g Parmigiano Reggiano, frisch gerieben
3 1/2 EL weiche Butter
1 Ei
1 Eigelb
Salz
schwarzer Pfeffer, frisch gemahlen
Milch
1 1/2 EL grobes Meersalz

Die getrockneten Porcini in etwas warmes Wasser geben und 30 Minuten quellen lassen. Über dem Einweichwasser ausdrücken, dieses durch ein mit Küchenpapier ausgelegtes Sieb gießen und auffangen. Die Porcini gut abspülen und in feine Scheiben schneiden.

Die Zwiebeln in der Butter bei mittlerer Hitze glasig braten. Die abgetropften Steinpilze zugeben und etwa 5 Minuten dünsten. Die Tomaten unterrühren und bei schwacher bis mittlerer Hitze 8 bis 10 Minuten kochen lassen, bis die Sauce sämig ist. Mit Salz und Pfeffer abschmecken. Die Sauce kann bis hierher im voraus zubereitet werden. Vor dem Servieren eventuell mit etwas Abtropfflüssigkeit von den Pilzen oder mit Hühnerbrühe verdünnen. Wenn das Gericht servierfertig ist, die Sauce in einem Topf, in den auch die Nudeln passen, nochmals behutsam zum Kochen bringen.

Handgemachte Nudeln: Das Mehl mit dem Salz vermengen und auf eine Arbeitsfläche häufen. In die Mitte eine Vertiefung drücken, die Eier in einer Tasse aufschlagen und in die Vertiefung gießen. Mit einer Gabel das Mehl unter die Eier ziehen und mit den Händen verkneten, bis ein glatter Teig entsteht.

Mit der Küchenmaschine: Das Mehl mit dem Salz in eine Schüssel geben und mit dem Knethaken vermischen. Bei laufendem Gerät die Eier zugeben und zu einem Teig verrühren. Wenn der Teig zu fest ist, etwas Milch hinzufügen. Er sollte sich leicht vom Knethaken lösen. Aus der Schüssel nehmen und auf einer leicht bemehlten Arbeitsfläche etwa 3 Minuten mit der Hand kneten.

Den Teig zu einer Kugel formen, mit Plastikfolie bedecken und bei Zimmertemperatur 15 bis 30 Minuten ruhenlassen.

Unterdessen die Füllung vorbereiten. Durchgepreßte Kartoffeln, Muskatnuß, Parmesan und Butter in einer Schüssel miteinander vermengen; Ei, Eigelb, Salz und Pfeffer zugeben und gut verrühren. Die Schüssel zudecken und stehenlassen, während der Teig ausgerollt wird.

Den Teig in vier Portionsstücke teilen und jedes Stück zu einer dünnen Teigplatte ausrollen. Wenn Sie eine Pastamaschine verwenden, die Walze auf die zweitletzte

Kerbe stellen. Zum Füllen die Teigstücke, die noch nicht verarbeitet werden, mit einem feuchten Tuch bedecken. Eine ausgerollte Teigplatte auf eine leicht bemehlte Arbeitsfläche legen und im Abstand von mindestens 3,5 Zentimetern je 1 Teelöffel von der Füllung darauf setzen. Die Fingerkuppen in Milch tauchen und den Teig um die Füllungen herum mit der Flüssigkeit betupfen (Sie können auch einen Pinsel verwenden). Eine zweite Teigplatte vorsichtig über die erste legen und zwischen den Füllungen leicht andrücken.

Mit dem Teigrädchen in kleine Quadrate, die sogenannten Ravioli, teilen. Die Ränder der Teigtaschen nochmals gut andrücken, damit die Füllung nicht austreten kann.

In einem Topf mindestens 5 Liter Wasser sprudelnd zum Kochen bringen, 1 1/2 Eßlöffel grobes Meersalz zugeben, die Ravioli vorsichtig hineingleiten lassen und 5 bis 6 Minuten kochen.

Abgießen, in den Topf mit der warmen Pilzsauce geben, gut vermengen und sofort servieren.

Tip: Diese Sauce paßt auch hervorragend zu Polenta.

Tortelli di Zucca
Tortelli mit Kürbisfüllung

Anna Marezza hat zwar seit ihrer Heirat immer im Chianti gelebt, stammt aber aus einem Ort in der Nähe von Parma in der Emilia Romagna. Als kleines Mädchen lief sie sofort herbei, wenn ihre Mutter rief: »*Vieni, si fa i tortelli!*« – Komm, wir machen Teigtaschen! Die Herstellung dieser Nudeln hatte für sie einen ganz besonderen Zauber. Alle ihre Sorgen waren wie weggeblasen, wenn sie bei der Zubereitung dieser köstlichen Nudeltäschchen half.

Für 4 bis 6 Personen; für 3 bis 4 Personen als Hauptgericht

Füllung:
150 g Kürbis, geschält und von Kernen befreit
1 EL Butter
reichlich Muskatnuß, frisch gerieben
Salz
2 1/2 EL Parmigiano Reggiano, frisch gerieben

Pastateig:
300 g Pastateig, ausgerollt und in 7,5 cm breite Streifen geschnitten (siehe Seite 155).

Für die Sauce:
3 EL Butter
1 reife Tomate, enthäutet, von Kernen befreit und gewürfelt
Parmigiano Reggiano, frisch gerieben

Den Kürbis raspeln. Bei sehr schwacher Hitze in einer beschichteten Pfanne 15 bis 20 Minuten vorsichtig in Butter dünsten; das Gemüse darf nicht anbrennen! Es sollte ein weicher, dicklicher Brei entstehen; eine zu wäßrige Füllung löst den Nudelteig auf. Vom Herd nehmen und Muskatnuß, Salz und Parmigiano Reggiano unterrühren. Die Füllung kann bis hierher im voraus zubereitet werden. Mit einer Plastikfolie zugedeckt, hält sie sich im Kühlschrank bis zu 2 Tage.

Den Pastateig zubereiten und in 7,5 bis 10 Zentimeter breite Streifen schneiden; die Teile, die noch nicht verarbeitet werden, abdecken, damit sie nicht austrocknen. Die Streifen einzeln durch die Pastamaschine (vorletzter Walzenabstand) drehen. Auf eine Arbeitsfläche legen und mit einer runden Plätzchenform Kreise von 6,5 Zentimeter Durchmesser ausstechen. Die Ränder der einen Hälfte der Teigkreise mit etwas Wasser betupfen und in die Mitte einen Teelöffel von der Füllung setzen. Die Ränder der zweiten Hälfte der Teigkreise mit Wasser betupfen und darauf setzen. Die aufeinanderliegenden Teigkreise ringsum mit den Fingerkuppen andrücken, damit sie beim Kochen zusammenhalten; dann mit einer Gabel nochmals rundum fest andrücken, damit ein dekoratives Muster entsteht.

Für die Sauce die Butter in einem Pfännchen bei schwacher Hitze schmelzen lassen. Die Tomate zugeben und 1 bis 2 Minuten dünsten.

In einem großen Topf mindestens 5 Liter Wasser sprudelnd zum Kochen bringen, 1 1/2 Eßlöffel grobes Salz hinzufügen und Teigtaschen hineingleiten lassen. Wenn das Wasser erneut kocht und die Tortelli nach oben steigen (nach 2 bis 4 Minuten), abgießen und mit der warmen Tomaten-Butter-Sauce übergossen sofort servieren. Frisch geriebenen Käse dazu reichen.

Ravioli in Camicia
Teigtaschen im Unterhemd

In Italien heißen diese Nudeln *ignudi* (nackte Ravioli) oder Ravioli in camicia (Teigtaschen im Unterhemd), weil man die Füllung ohne den sie umhüllenden Teig zubereitet, zu Klößchen formt und dann pochiert. Dieses Rezept von Andreina Pavani Calcagni ist sehr einfach in der Zubereitung – man muß lediglich alle Zutaten vermengen, Klößchen formen und kochen, bis sie an die Wasseroberfläche steigen. Verwenden Sie nur Ricotta von bester Qualität und ganz frischen Spinat.

Für 6 Personen; für 4 Personen als Hauptgericht

Pasta:
450 g frischer Spinat, nach dem Waschen und Putzen gewogen
2 TL Butter
1 TL Meersalz
350 g Ricotta von bester Qualität
150 g Parmigiano Reggiano, frisch gerieben
eine großzügige Prise Muskatnuß, frisch gerieben
1 Eigelb
2 EL Mehl für die Ravioli und zusätzliches Mehl, um die Ignudi darin zu wälzen
1 1/2 EL grobes Salz

Sauce:
60 g Butter, geschmolzen, mit 10 frischen Salbeiblättern aromatisiert
30 g Parmigiano Reggiano, frisch gerieben

Die harten Spinatstengel entfernen, die Blätter dreimal in kaltem Wasser waschen, um Sand und Schmutz vollständig zu entfernen. Abtropfen lassen und den nassen Spinat in einen 4-Liter-Topf geben. Bei mittlerer Hitze 4 bis 5 Minuten dünsten, bis der Spinat zusammenfällt und weich ist. Durch ein Sieb abgießen. Um möglichst viel Wasser zu entfernen, den Spinat in eine Kartoffelpresse geben und die Flüssigkeit vorsichtig auspressen.

Die Butter bei mittlerer Hitze in einer Pfanne von 25 Zentimeter Durchmesser erhitzen, Spinat und Salz hinzufügen und garen, bis fast das ganze Wasser verdunstet

ist. Die Blätter sehr fein hacken, in eine große Schüssel geben und kurz abkühlen lassen. Die Ricotta und den Parmigiano Reggiano, Muskatnuß, Eigelb und 2 Eßlöffel Mehl hinzufügen und gut vermengen. Wenn die Mischung zu feucht ist, um daraus Klößchen zu formen, für 2 Stunden in den Kühlschrank stellen. Zur Probe ein paar walnußgroße Ravioli-Klößchen formen. Etwas Mehl auf einen Teller sieben.
In einem großen Topf 6 Liter Wasser zum Kochen bringen und 1 1/2 Eßlöffel grobes Salz hineingeben. Ein Klößchen leicht in Mehl wälzen und ins kochende Wasser gleiten lassen. 2 bis 3 Minuten pochieren, bis das Klößchen aufsteigt. Wenn der Teig seine Form behält, die restlichen Ignudi formen, leicht in Mehl wälzen und in mehreren Portionen pochieren. Wenn Sie ein Sieb mit einem langen Griff haben, die Klößchen darauf geben und ins kochende Wasser hängen. Sobald sie fertig sind, herausnehmen. Wenn das Probeklößchen beim Kochen zerfällt, noch etwas Mehl in den Teig kneten und erneut testen.
Den Backofen auf 190 Grad vorheizen. Die pochierten Ignudi in eine Auflaufform legen, mit der geschmolzenen Salbeibutter übergießen und mit dem geriebenen Käse bestreuen. 10 Minuten überbacken, bis der Käse eine goldbraune Farbe angenommen hat.

Erst in jüngster Zeit beginnt man wieder Polenta zuzubereiten. Jahrelang stand dieses Gericht im Ruf eines Arme-Leute-Essens. In Notzeiten aß man Polenta zwei- bis dreimal am Tag. Sie wurde in Milch oder Brühe gekocht und mit etwas Salami, Kohl, Chicorée oder grünen Bohnen angerichtet. In vielen Familien wurde die Polenta auf ein Brett gegossen und auf den Tisch gestellt. Man benötigte keinen Teller, sondern machte in der Polenta vor sich eine Vertiefung für die Sauce oder die Gewürze und nahm sich mit dem Löffel davon. An besonderen Festtagen wurde auf die Polenta für jeden Esser ein Hering gelegt. Dies waren die seltenen Augenblicke, in denen Fisch (manchmal auch Fleisch) auf den Tisch kam.

Die Geräte, die zur Zubereitung von Polenta verwendet werden, sind beinahe Sakralobjekte. Als die faschistische Regierung anordnete, daß alle Gegenstände aus Metall und Eisen abgegeben werden müßten, um sie für den Kriegsbedarf einzuschmelzen, weigerte sich die Bevölkerung, ihre Töpfe und Pfannen dem Vaterland zu opfern. Die Frauen übten hier erstmals zaghaft Widerstand. Denn wie, so sagten sie, könnten sie auf den *paiolo* verzichten, in dem die Polenta gekocht wurde? Der Polenta-Kochtopf wurde von Generation zu Generation weitergegeben. Angesichts dieser Weigerung sah sich der Staat zum Nachgeben gezwungen und erklärte, daß die *paiolo* von der Ablieferungspflicht ausgenommen seien.

Polenta ist für Friaul, die Lombardei und das Veneto das, was für die Emilia Romagna Pasta und für die Toskana Brot ist: eine köstliche Grundlage für alle möglichen Saucen, deren Zubereitung von der Phantasie und Kreativität der Köchin und den zur Verfügung stehenden Zutaten abhängig ist. Polenta paßt gut zu grünen Bohnen, Fava-Bohnen, Fisch, Würstchen, Käse und Fleisch. Sie kann fest und dick, aber auch cremig weich sein, kroß gebraten, geröstet oder gebacken werden.

Polenta Concia
Polenta mit Käse und schwarzem Pfeffer

Lina Vitalis Polenta-Version ist ein einfaches Gericht aus dem gebirgigen Veltlin, wo Kuhmilchkäse in beeindruckenden Mengen produziert wird. Diese Variante einer Polenta wird gekocht und dann mit dem einheimischen nussigen Bitto-Käse oder mit Fontina in eine Auflaufform geschichtet, großzügig mit geriebenem Parmesan und frisch gemahlenem schwarzem Pfeffer bestreut und im Ofen überbacken.

Für 8 bis 10 Personen; für 4 bis 6 Personen als Hauptgericht
2 1/2 TL grobes Meersalz
250 g Maismehl, mittelfein gemahlen, oder Maisgrieß
225 g Bitto- oder Fontina-Käse
4–6 EL (45–60 g) Parmigiano Reggiano, frisch gerieben
schwarzer Pfeffer, frisch gemahlen
4 EL (60 g) Butter
2 Knoblauchzehen, mit der flachen Seite eines großen Messers zerdrückt
frische Salbeiblätter (nach Wunsch)

2 1/2 Liter Wasser und 2 1/2 Teelöffel grobes Meersalz in einer schweren Kasserolle sprudelnd zum Kochen bringen. Wenn Sie einen Paiolo, den traditionellen Kupferkessel mit leicht nach innen gewölbtem Boden, zur Verfügung haben, zögern Sie nicht, ihn zu benutzen. Bei schwacher bis mittlerer Hitze unter ständigem Rühren mit einem Holzlöffel das Maismehl in einem dünnen Strahl ins kochende Wasser rieseln lassen. Weiterrühren und eventuelle Klumpen am Topfrand zerdrücken. Ständig kochen lassen und den Holzlöffel vom Topfboden nach oben bewegen, als würden Sie Eischnee unterheben. Wenn sich der Maisbrei nach 30 bis 45 Minuten vom Topfrand löst, ist er gar. Mit Salz abschmecken.

Die Polenta auf eine Marmorplatte oder ein mit einem Geschirrtuch bedecktes Holzbrett geben und abkühlen lassen. Unterdessen den Backofen auf 180 Grad vorheizen. Eine flache 3-Liter-Auflaufform buttern.

Die Polenta in knapp 1,5 Zentimeter dicke Scheiben schneiden. Italienische Großmütter benutzen dazu kein Messer, sondern einen Draht oder einen starken Faden. Wenn Sie ein Messer verwenden, tauchen Sie es vorher in heißes Wasser, damit die Polenta nicht klebenbleibt. Eine Schicht Polentascheiben in die Form legen, mit in feine Scheiben geschnittenem Fontina- oder Bitto-Käse belegen, großzügig mit Parmigiano Reggiano und schwarzem Pfeffer bestreuen und Polenta, Käse, Parmigiano und Pfeffer weiter aufeinanderschichten, mit einer Lage Käse schließen. Die Butter mit dem Knoblauch und dem Salbei bräunen lassen. Die flüssige Butter (ohne Knoblauch) über den Polentaauflauf gießen. 30 Minuten im Ofen backen.

Varianten: *Polenta taragna concia (Polenta aus Buchweizengrieß)*: 2 kleingeschnittene Zwiebeln in der Butter glasig dünsten und mit der Polenta, dem Bitto- oder Fontina-Käse und dem Parmigiano Reggiano in die Auflaufform schichten.

Pasticciata di Polenta (Polenta mit Tomaten und Parmesan): Die Polenta mit *sugo finto* (Seite 367) und Parmesan in die Auflaufform schichten.

Porträt Lina Vitali

Lina Vitali kommt mit Sicherheit gerade aus der Küche. Als sie mir auf dem langen Gartenweg entgegengeht, trägt sie eine lange, blumengemusterte Schürze. Sie geleitet mich durchs Tor, vorbei an einem Garten mit Kräutern, Gemüse, Tomaten und Quittenbäumen, ins Haus, dessen Wände mit Fresken bemalt und mit Kunstwerken geschmückt sind. Vor dem Haus begegnen wir Franco, mit dem sie seit fünfundvierzig Jahren verheiratet ist und der sie aus einem Bergdorf nach Morbegno holte, wo er geboren wurde. Hier leben die beiden seither. Die Küche ist nicht mehr als 1,50 Meter breit und 2,50 Meter lang, so daß zwei Personen nur dann gleichzeitig darin arbeiten können, wenn sie den Rhythmus und die Gewohnheiten des anderen gut kennen. Lina stammt aus dem kleinen Dorf Montagna in den Bergen oberhalb von Sondrio im lombardischen Veltlin. Das Kochen lernte sie von ihrer Mutter und Großmutter. Ihr Heimatdorf ist von ihrem jetzigen Wohnort nur eine Stunde entfernt, aber was die Lebensweise betrifft, liegen die beiden Orte Lichtjahre auseinander.

Als sich Lina nach dem Mittagessen umzieht, verwandelt sich die schmächtige, zurückhaltend wirkende Frau plötzlich in eine selbstsichere, elegante Signora in einem hübschen, taillierten Kostüm. Auf unserem zehnminütigen Spaziergang in die Stadtmitte begrüßt sie viele Leute, denen wir begegnen, mit dem Vornamen; man kennt und achtet sie. Lina war Lehrerin und lange Jahre auch Leiterin der Mittelschule von Morbegno. Jetzt befinden wir uns auf dem Weg zur Veltliner Lebensmittelmesse.

»Es ist ein glücklicher Zufall, daß Sie ausgerechnet dieses Wochenende hierherkommen«, meinte sie. »Auf der Messe können wir alle möglichen Produkte probieren, die ich unmöglich selbst hätte beschaffen können. Aber da ich meine Abschlußarbeit an der Universität über die bäuerliche Tradition und die kulinarischen Wurzeln dieser Bergregion geschrieben habe, kann ich Ihnen versichern, daß die Küche des Veltlin herzhaft-deftig ist. Denn sie mußte Menschen ernähren, die schwere Arbeit zu verrichten hatten. Im neunzehnten Jahrhundert gab es hier etwa ebenso viele Kühe wie Bauern. Die Kühe gibt es immer noch, aber immer mehr Menschen haben die Gegend verlassen.«

Für die meisten Bewohner war das Leben hart. Sie lebten von Polenta. Morgens aßen sie in Ziegenmilch gekochte Polenta. Sonst Polenta mit Butter und Salami oder Polenta mit Chicoréesalat. Im Veltlin kennt man unendlich viele Arten der Polentazubereitung.

Die Veltliner Küche ist eine echte Slow-Food-Küche – das genaue Gegenteil zu der Fast-Food-Küche, die jetzt auch in italienischen Städten zunehmend um sich greift. Die Landbewohner und die Hirten besaßen einen Kupfer- oder Eisentopf oder einen Topf aus *pietra ollare*, einem Naturstein, und zum Umrühren einen *bastone*, der so lang war wie ein Ruder und so flach wie ein Paddel. Mit diesen beiden Geräten bereiteten sie alles zu, Polenta wie auch große Eintopfgerichte, ja sogar eine Brotsuppe namens Pancotto.

Lina und Franco besitzen beide noch die handgeschriebenen Kochbücher ihrer Mütter. Das Kochbuch von Linas Mutter ist voller Zettel, das von Francos Mutter ist etwas dünner und enthält viele Rezepte, die bei Franco Erinnerungen an die Kindheit wachrufen. Er erinnert sich nicht nur an das Essen, sondern auch an Personen und Begebenheiten. Franco hat diese Rezepte sorgfältig aufbewahrt, und Lina hat danach gekocht, so daß die Gerichte seiner Kindheit an die Kinder und Enkelkinder weitergegeben wurden. Franco und Lina schwelgen in Erinnerungen, als wir über Essen sprechen und großartiges, von Francos Bruder gebackenes Brot essen. Immer wieder holt Lina aus dem Keller ein neues Glas Früchtemarmelade oder *marmellata di mele cotogne*, eingemachte Quitten, die fast wie Apfelbrei mit Quitten schmecken.

»Fast jeden Tag stellte ich bei meiner Großmutter Pizzoccheri her. Aber ich bringe Sie zu Esther Saini, die eine echte Expertin ist«, sagte Lina. Und los ging's. Wir fuhren hinter Sondrio die Berge hinauf, vorbei an Hunderten von Apfelbäumen und kleinen Ackerflächen, die zeigen, wie ein einziges Stück Land von Generation zu Generation unter den Erben immer weiter aufgeteilt wurde. In diesem bergigen Landstrich wächst kein Weizen. Dafür wird Roggen angebaut. Ist er abgeerntet, sät man Buchweizen, der schnell reif wird. »Heute wird kaum mehr Buchweizen angebaut«, seufzt Lina. »Nach wie vor essen wir für unser Leben gern Pizzoccheri, gefüllt mit Kartoffeln und Wirsing und mit gebräunter Butter und Knoblauch übergossen. Nur wird der Buchweizen heute aus Tunesien und der Türkei importiert.«

In der ersten Jahrhunderthälfte verwendete man nur einheimische Produkte. Von Francos Mutter stammt das Rezept für Costine al laveggio, Schweinekoteletts mit Kräutern und Wein, die bei schwacher Hitze so lange gekocht werden, bis sich das Fleisch von den Knochen löst. Dafür verwendet man einen *laveggio* genannten Steintopf, in dem gänzlich ohne Fett gekocht werden kann, so daß die Zutaten ihren Eigengeschmack entfalten.

Als wir in das kleine Dorf kommen, in dem Esther Saini lebt, hat sie alle einheimischen Zutaten zur Hand: Buchweizenmehl aus lokalem Anbau, Eier von den Hennen ihres Sohnes, eine Unmenge frischer Butter und köstlichen Käse aus einheimischer Herstellung. Sie bereitet Pizzoccheri aus Weizen- und Buchweizenmehl auf einem großen Marmortisch, schlägt die Eier in die Mulde und verarbeitet sie mit dem Mehl zu einem Teig. Sie knetet ihn gut durch, rollt ihn mit dem Nudelholz dünn aus und schneidet ihn in Streifen von der Größe von Tagliatelle. Sie kocht die Pasta zusammen mit den Kartoffeln und dem Wirsing und legt alles in einer Auflaufform schichtweise übereinander – unter Verwendung von reichlich Butter (60 Gramm pro Portion!) und üppig geriebenem Käse. Wahrlich ein Essen für Schwerarbeiter!

Sie erlernte die Zubereitung dieses Gerichts vor vielen Jahren von ihrer Mutter. Heute ist sie selbst eine weißhaarige Großmutter mit zwölf Enkelkindern. Und sie bereitet ausschließlich die Gerichte ihrer Heimat zu. Beispielsweise *sciatt*, Buchweizenklößchen mit einem Kern von geschmolzenem Bitto-Käse. Zum Ausbacken verwendet sie heute noch Schweineschmalz, mit dem die Klößchen außen schön knusprig werden. Dazu serviert sie Salat aus Wildkräutern, *raperonzolo* genannt, dessen reines, feines Aroma die sättigenden *sciatt* wunderbar ergänzt. *Brazadei* wiederum sind große Hefekringel aus Roggenmehl. Sie werden einmal im Jahr gebacken und an langen Schnüren auf dem Dachboden aufgehängt. Frisch sind sie weich wie Roggenbrot, werden aber im Laufe der Zeit trocken und müssen vor dem Essen in Rotwein getunkt werden.

Das Veltlin, eine Alpenregion nur eine Autostunde vom Comer See entfernt, hat eine abwechslungsreiche Küche, die im übrigen Italien nahezu unbekannt ist. Es befindet sich in derselben Provinz wie Mailand, doch von der modernen Metropole der Lombardei trennen es Welten. Die Unterschiede könnten nicht größer sein: hier die Hirten des Veltlin, die ihren Käse noch selbst herstellen, und dort die eleganten Mailänder Banker in ihren Nobelkarossen.

Maismehl *(polenta)*: Polenta, das italienische Wort für Maismehl, gibt es in verschiedenen Vermahlungsgraden. Verwenden Sie mittelfein gemahlenes Maismehl, das einen cremigen Maisbrei ergibt, und grobes, in der Steinmühle gemahlenes Vollkornmaismehl, das beim Kochen eine festere Konsistenz hat. Am besten ist natürlich möglichst frisch gemahlenes Maismehl. Polenta, aus der die Schalen und Keime ausgemahlen sind, hält sich gut bei Zimmertemperatur; andere Arten müssen im Kühlschrank aufbewahrt werden, damit die Keime nicht ranzig werden. Polenta taragna, die beigefarbene Polenta aus Buchweizenmehl, wird im Veltlin verwendet, im Veneto nimmt man weißes Maismehl, dessen cremige Konsistenz gut zu Gemüse und Fisch paßt. Instantpolenta, die vorgekocht, getrocknet und abgepackt ist, braucht 5 bis 6 Minuten, bis sie fertig ist. Lassen Sie die Finger von pudrig feinem Maismehl und von abgepacktem Polentabrei. Er mag verlockend aussehen, doch es fehlt ihm das Entscheidende: der Geschmack.

Matuffi
Cremige Polenta mit Tomatensauce

Wenn Renata Marsili Polenta kocht, bereitet sie Matuffi, die traditionelle, cremige Polenta, die man in Lucca und in der Küstenregion Versilia liebt.

Für 4 bis 6 Personen

Polenta:
Salz
220 g in der Steinmühle vermahlenes Maismehl
aus biologischem Anbau

Sauce:
Pommarola (siehe Seite 368) oder Sugo finto (siehe Seite 367)
Parmigiano Reggiano, frisch gerieben

Gut 1 1/2 Liter Salzwasser in einem sehr großen Topf zum Kochen bringen. Wenn Sie über einen *paiolo* verfügen, den traditionellen Kupferkessel, mit leicht nach innen gewölbtem Boden, benutzen Sie ihn unbedingt; eine schwere Kasserolle tut es notfalls auch. Bei schwacher bis mittlerer Hitze das Maismehl in einem dünnen Strahl ins Wasser rieseln lassen, dabei mit einem Holzlöffel ständig rühren. Eventuell

entstehende Klumpen am Topfrand zerdrücken. Das Wasser muß sprudelnd kochen. Bewegen Sie den Holzlöffel vom Topfboden nach oben, als würden Sie Eischnee unterheben. Die Polenta wird langsam dick, wirft Blasen und zischt beim Kochen. Wenn sie sich nach 30 bis 45 Minuten vom Topfrand löst, ist sie gar. Mit Salz abschmecken.
Einen großen Servierlöffel Polenta in eine vorgewärmte Schüssel schöpfen. Sauce darüber gießen, abwechselnd Polenta und Sauce übereinanderschichten. Mit einem Löffel Sauce abschließen und geriebenen Käse darüber streuen. Sofort servieren.

Polenta Incatenata
Polenta mit Bohnen

Was entsteht aus der Kreuzung von Bohnensuppe und Polenta? Die Lieblingsspeise der Bewohner der Lunigiana. Polenta incatenata ist ein deftiges Gericht, das satt macht und an kalten Wintertagen Geist und Seele wärmt.
Es handelt sich hier um Vittoria Genoveses Lieblingsrezept, und sie empfiehlt Ihnen wärmstens, den übriggebliebenen Maisbrei auf einem Brett in Rauten oder Streifen zu schneiden und in der Pfanne knusprig braun zu braten. Im Vertrauen fügt sie hinzu: So schmeckt es noch besser.

Für 8 bis 10 Personen
450 g getrocknete Borlotti-Bohnen
2 3/4 l kaltes Wasser
1 Stange Bleichsellerie, in große Stücke gebrochen
900 g toskanischer Grün- oder Braunkohl,
ohne die dicken Stengel; sehr fein geschnitten
300 g Maismehl oder Polenta, mittelgrob, am besten
in der Steinmühle vermahlen
3 EL Olivenöl extra vergine plus zusätzliches Olivenöl
zum Beträufeln
1 EL Meersalz
schwarzer Pfeffer, frisch gemahlen
Parmigiano Reggiano, frisch gerieben

Die Bohnen über Nacht 12 Stunden in einer großen Schüssel mit kaltem Wasser einweichen. Unmittelbar vor dem Kochen abgießen und zweimal mit kaltem Wasser abspülen. 2 3/4 Liter Wasser in einen breiten, schweren Topf gießen, den Bleichsellerie zugeben und zum Kochen bringen. Die Bohnen hinzufügen und etwa 20 Minuten bei schwacher Hitze köcheln lassen. Den Kohl hineinrühren und weitere 15 Minuten kochen lassen, bis er weich, aber noch nicht ganz durch ist. Ein Viertel der Bohnen-Kohl-Masse und deren Kochflüssigkeit mit einer Schöpfkelle herausnehmen und beiseite stellen. Den Bleichsellerie herausnehmen.

Den restlichen Topfinhalt erneut zum Kochen bringen. Das Maismehl langsam hineinrieseln lassen und mit einem Holzlöffel ständig rühren, damit sich keine Klumpen bilden. Wenn das Maismehl gut untergemengt ist, die Hitze zurückschalten und die Mischung weitere 20 Minuten köcheln lassen; dabei ab und zu umrühren, damit nichts anklebt. Dann die 3 Eßlöffel Olivenöl und das Salz hineingeben, ebenso die Bohnen-Kohl-Masse und die Kochflüssigkeit der Bohnen. Weitere 30 bis 40 Minuten kochen lassen, dabei gelegentlich mit dem Holzlöffel umrühren, bis die Bohnen weich sind und die Masse eine cremige Konsistenz hat. Die Polenta muß sehr weich sein, und laut Vittoria darf keinesfalls mehr Wasser zugegeben werden. Mit frisch gemahlenem Pfeffer und frisch geriebenem Parmigiano Reggiano bestreuen und mit Olivenöl beträufeln. Sofort servieren.

Polenta con Ragù Bianco
Polenta mit weißer Sauce aus Pancetta, Würsten und Schinken

Vanda Grannini aus Corinaldo, einem hübschen Städtchen in den Marken, hat so ihre Tricks für die Zubereitung köstlicher Polenta. Sie läßt das Wasser nicht sprudelnd kochen, sondern nur heiß werden, rührt zur geschmacklichen Abrundung einen Würfel Hühnerbrühe ins Wasser und läßt erst dann das Maismehl hineinrieseln. Auf diese Weise entstehen keine Klumpen. Die Empfehlung, daß das Polentawasser sprudelnd kochen muß, entpuppt sich Signora Vanda zufolge als Ammenmärchen, das jahrhundertelang nicht hinterfragt wurde.

Für 4 bis 6 Personen

Ragù bianco:
3 EL Olivenöl extra vergine
1 Zwiebel, klein geschnitten
60 g Pancetta, gewürfelt
2 mild gewürzte rohe Würste (italienische Salsicce), enthäutet und zerkrümelt
knapp 60 g geräucherter roher Schinken, in gut 1 cm große Würfel geschnitten
3/4 l Fleischbrühe, am besten selbst gemacht
schwarzer Pfeffer, frisch gemahlen oder
eine Prise Chilischoten, gehackt
Salz (nach Wunsch)

Polenta:
1 Würfel Hühnerbrühe
250 g Polenta, mittel bis grob gemahlen
Salz (nach Wunsch, falls Sie den Brühwürfel verwenden)

Für das Ragù bianco: Das Olivenöl in einer großen Pfanne erhitzen und die Zwiebel bei schwacher bis mittlerer Hitze 10 bis 15 Minuten glasig dünsten. Die Pancetta, die Wurstkrümel und den Schinken zugeben und etwa 10 Minuten weiterdünsten, bis die Wurstkrümel ihre rosa Farbe verloren haben. 1/8 Liter Fleischbrühe unterrühren, und die Mischung langsam weiterköcheln lassen, bis die Brühe reduziert ist. Wieder 1/8 Liter Brühe zugeben, und 1 Stunde lang alle 10 Minuten weiter so verfahren, bis die ganze Brühe verbraucht und die Sauce dick und sämig ist. Schwarzen Pfeffer zugeben und, wenn nötig, mit Salz abschmecken. Bei Zimmertemperatur abkühlen lassen oder in den Kühlschrank stellen und das Fett abschöpfen, das nach oben tritt. Vor dem Servieren erneut zum Kochen bringen.

Für die Polenta: In einem schweren 5-Liter-Topf 1 1/4 Liter Wasser erhitzen. Den Brühwürfel darin auflösen. Das Maismehl langsam einrieseln lassen und mit einem Holzlöffel rühren. Eventuelle Klumpen am Topfrand zerdrücken. Das Wasser ständig kochen lassen und häufig, aber nicht dauernd umrühren. Die Polenta wird dick werden, Blasen werfen und zischen. Sie ist nach 30 bis 40 Minuten fertig, wenn sie sich leicht vom Topfrand lösen läßt. Mit Salz abschmecken.

Die heiße Polenta auf eine große Servierplatte stürzen, das Ragù darüber verteilen und sofort servieren.

Toc' in Braide
Bauernsauce

Die Frauen in den karnischen Alpen Friauls bereiteten sehr feste Polenta zu, die sie mit einem Faden durchschnitten, in bunte Baumwolltaschentücher wickelten und ihren Männern als Brotzeit zum Holzfällen mitgaben. Die Polenta wurde in einem großen Kupferkessel gekocht, einem *paiolo*, der einen nach innen gewölbten Boden hatte, und mit einem flachen, langen Stock gerührt.
Die Polenta der karnischen Alpen ist so fest, wie die Polenta Venedigs weich ist, doch habe ich auch friaulische Köchinnen kennengelernt, die Polenta zubereiten, die weich ist wie ein Rührei. Da soll sich einer auskennen! Servieren Sie die Polenta weich (wie in diesem Rezept) oder fest, ganz wie Sie mögen, mit Frico cotto con patate e cipolla (siehe Seite 255).

Für 2 Personen
1 EL (15 g) Butter
1 Knoblauchzehe, fein gehackt
60 g Zwiebeln, fein gewürfelt
1/4 l plus 2 EL Wasser, gesalzen
45 g Maismehl oder
Polenta (vorzugsweise in der Steinmühle vermahlen)
160 ml Milch plus weitere Milch (nach Bedarf)
Salz
schwarzer Pfeffer, frisch gemahlen
Parmigiano Reggiano, frisch gerieben

Die Butter in einem Pfännchen schmelzen lassen, die Knoblauchzehe und die Zwiebel zugeben und bei sehr schwacher Hitze 10 bis 12 Minuten dünsten, aber nicht braun werden lassen.
Unterdessen in einem großen, schweren Topf das Salzwasser zum Kochen bringen und das Maismehl langsam hineinrieseln lassen. Dabei mit einem Holzlöffel immer wieder in einer Richtung umrühren, damit sich keine Klumpen bilden. Wenn Knoblauch und Zwiebel gar sind, zusammen mit der Milch, dem Salz und dem Pfeffer in den Topf geben und gut untermengen. Bei sehr schwacher Hitze 1 Stunde kochen, bis sich der Maisbrei vom Topfrand löst. Möglicherweise müssen Sie beim Kochen noch etwas Milch zugeben, damit die Polenta weich und cremig bleibt.

Reis wird in den feuchten Landstrichen Piemonts, der Lombardei und des Veneto angebaut, wo die Großmütter oft ganz genau angeben, welche Sorte Kurzkornreis für ein bestimmtes Gericht verwendet werden muß – besonders für Risotto, bei dem die Körner während des Kochens dick aufgehen und eine cremige Konsistenz haben. Und was es da für Unterschiede gibt! Carnaroli, Vialone Nano, Baldo und Arborio sind die bekanntesten Risottoreis-Arten, wenngleich die Nonne insbesondere die Vorzüge der beiden ersteren Sorten preisen. Baldo ist eine relativ neue Sorte. Nonne raten häufig zur Verwendung des *riso originario*, eines sehr kurzkörnigen Rundreises, für die Zubereitung von Desserts. Für Risotto keinesfalls Langkornreis verwenden!

Riso con le Fave Verdi
Reis mit grünen Fava-Bohnen

Fava-Bohnen, *fave*, bekannt auch unter dem Namen Sau- oder Puffbohnen, werden in Mittel- und Süditalien überall angebaut und gegessen. Ich habe in Vallelunga in Sizilien mehrere Generationen einer Familie auf den Stufen vor ihrem Haus sitzen und Erbsen und Fava-Bohnen enthülsen und dabei plaudern sehen. Fava-Bohnen werden frisch für Rezepte wie das folgende verwendet oder auch in Gefrierbeutel gepackt und tiefgefroren. Manchmal pflücken die Frauen die Fava-Bohnen, wenn sie an der Pflanze getrocknet sind, enthülsen sie und lassen sie liegen, damit sie noch trockener werden. Frisch enthülste Fava-Bohnen werden entweder frisch gegessen, gekocht oder mit der Haut tiefgefroren und erst unmittelbar vor dem Kochen geschält. Alle Fava-Bohnen mit Ausnahme der jungen müssen vor dem Kochen enthülst und geschält werden. Um sich diese mühevolle Arbeit zu erleichtern, bringen Sie einen Topf Wasser zum Kochen und weichen die Fava-Bohnen sehr kurz ein. Anschließend abgießen, die Haut läßt sich dann leicht abstreifen.

Für 6 Personen

1 1/2 l Hühnerbrühe, vielleicht noch etwas mehr (nach Bedarf)
900 g frische Fava-Bohnen, enthülst und geschält
1 Handvoll Fenchelkraut, fein geschnitten
1 TL Fenchelsamen, zerstoßen

400 g Arborio-Reis
schwarzer Pfeffer, frisch gemahlen
50 g Parmigiano Reggiano, frisch gerieben
1 EL Olivenöl extra vergine
Meersalz

Die Brühe in einem 2-Liter-Topf zum Kochen bringen. Die Fava-Bohnen, Fenchelkraut und Fenchelsamen hinzugeben, die Hitze zurückschalten und 5 bis 7 Minuten köcheln lassen. Den Reis hinzugeben und in etwa 25 Minuten weich kochen. Falls nötig, noch etwas Brühe zusätzlich angießen. Wenn der Reis gar ist, Pfeffer, Parmesan und Olivenöl zugeben, mit Salz abschmecken und servieren.

Panissa
Bohnen und Reis mit Salami und Gemüse nach Art von Vercelli

Reis, der im Piemont erstmals im 15. oder 16. Jahrhundert angebaut wurde, hat für Piemonteser denselben Stellenwert wie für andere Regionen Italiens das Brot: Es ist ein Grundnahrungsmittel und die Hauptzutat zahlreicher Gerichte. »Kennen Sie den Film ›Bitterer Reis‹?« fragte mich Ornella Reneglio. »Er handelt von armen jungen Frauen aus dem Piemont, aber auch aus Brescia, Cremona und Mantua, die mit dem Zug in die Reisanbaugebiete kamen und auf den Bauernhöfen in Sammelunterkünften übernachteten. Sie standen viele Stunden lang knietief im Wasser der Reisfelder und jäteten Unkraut, säuberten die Felder von Steinen und ernteten den Reis.« Die heutigen Besitzer solcher Reisfarmen sind die Söhne und Enkel der damaligen Besitzer. Sie sind diplomierte Landwirte und verwenden moderne Technologien, beispielsweise Laser, um sicherzustellen, daß die Reisfelder bis zu einer bestimmten Höhe mit Wasser bedeckt sind. Und sie brauchen keine Frauen mehr zur Ernte.

In dem Teil Piemonts, in dem die Stadt Vercelli liegt, nennt man *battuto*, die Emulsion aus kleingeschnittenem Speck, Zwiebeln und Knoblauch, *doté*. Das Gericht verlangt förmlich nach *salame della duja*, einer frischen Salami aus Schweinefleisch, die mit Knoblauch und Rotwein hergestellt wird, 10 Tage getrocknet, mit weißem Fett überzogen und so bis zu einem Jahr haltbar gemacht wurde. Anstelle dieser Salami können Sie ersatzweise auch eine mildere, weichere Sorte verwenden,

beispielsweise *soppressata*. Anstelle der Saluggia-Bohnen, die eine seidige Haut haben, können Sie auch Borlotti-Bohnen nehmen. Auch mit diesen Ersatzingredienzien ist Panissa ein köstliches Essen mit feinen, vielfältigen Aromen.
Man kann dieses Gericht als herzhaften ersten Gang oder als ein winterliches Hauptgericht servieren. Trinken Sie dazu einen Rotwein aus dem Piemont, vorzugsweise Ghemme oder Gattinara.

Für 6 bis 8 Personen

220 g getrocknete Borlotti-Bohnen
100 g milde und relativ weiche Salami, zum Beispiel Soppressata, in gut 1 cm dicke Scheiben geschnitten
3 EL (45 g) Butter
1 kleine Zwiebel, mit 2 oder 3 Nelken gespickt und geviertelt
1 Knoblauchzehe, fein gehackt
100 g Pancetta, Lardo oder Schinkenspeck, durch den Fleischwolf gedreht und dann mit der Küchenmaschine oder im Mörser zu einem cremigen Brei zerstampft
1 kleine Karotte, gewürfelt
1 Stange Bleichsellerie, gewürfelt
3 EL glatte Petersilie, fein gehackt
300 ml Carnaroli-, Arborio- oder Vialone-Nano-Reis
1/2 l kräftiger Rotwein
1 EL Tomatenmark
1/2 l Hühnerbrühe (nach Wunsch)
Salz
schwarzer Pfeffer, frisch gemahlen

Die Bohnen 12 Stunden in Wasser einweichen. Abtropfen lassen, in einen Topf mit 2 1/2 Liter frischem, kaltem Wasser geben, die Salami hinzufügen und langsam zum Kochen bringen. 1 1/4 bis 2 Stunden (je nachdem, wie frisch die Bohnen sind) köcheln lassen, bis die Bohnen weich sind. Abgießen und die Kochflüssigkeit aufheben. Es sollten etwa 3/4 Liter Bohnenwasser übrigbleiben, aber machen Sie sich keine Sorgen, wenn es weniger ist. Die Salamischeiben herausnehmen, zerkrümeln, wenn sie weich genug sind, oder mit der Küchenmaschine zerkleinern.
In einem schweren 4-Liter-Topf oder einer schweren, tiefen Kasserolle die Butter schmelzen lassen; die gespickten Zwiebelviertel, den Knoblauch und die Pancetta zugeben und bei mäßiger Hitze 8 bis 10 Minuten dünsten, bis die Zwiebel und der Knoblauch goldgelb sind. Karotte, Sellerie, Petersilie und die zerkleinerte Salami

hinzufügen und noch ein paar Minuten dünsten. Die Hitze reduzieren, den Reis hinzugeben und etwa 2 Minuten unter Rühren andünsten. Die gekochten Bohnen hinzufügen, den Wein angießen, das Tomatenmark einrühren und noch etwa 2 Minuten kochen lassen. Bei mäßiger Hitze die aufbewahrte Kochflüssigkeit schöpflöffelweise zugeben. Der Vorgang ist derselbe wie beim Risotto: So lange kochen, bis der Reis die ganze Flüssigkeit aufgesogen hat; dabei gelegentlich umrühren, dann einen weiteren Schöpflöffel Bohnenwasser zugeben und weiter rühren. Die gesamte Kochflüssigkeit aufbrauchen und, falls nötig, ein wenig von der Brühe (oder die ganze Brühe, je nach Bedarf), bis der Reis weich, aber trotzdem al dente ist. Die Gewürznelken herausnehmen, mit Salz abschmecken und mit frisch gemahlenem Pfeffer bestreut servieren.

Riso, Sedano e Salsicce
Reis mit Sellerie und Salsicce

Vanna Corbellani Camerlenghi wuchs in Mantua auf, wo sie ihrer Großmutter dieses traditionsreiche Gericht abschaute. Man nahm dafür gewöhnlich Schweinefleisch, aber heute wird dieses Essen kaum mehr zubereitet und lebt nur noch in der Erinnerung fort. Vanna empfiehlt dafür Vialone-Nano-Reis.
Die Würste aus Mantua heißen *luganega*: lange dünne Schweinswürste, die nur mit Salz und Pfeffer gewürzt sind.

Für 4 Personen
2 EL Olivenöl extra vergine
2 EL (30 g) Butter
240 g weiße oder gelbe Zwiebeln, fein gehackt
4 Stangen Bleichsellerie, fein gehackt
Salz
schwarzer Pfeffer, frisch gemahlen
2 Schweinswürste (etwa 225 g), enthäutet und zerkrümelt
1/4 l plus ein wenig mehr Hühner- oder Fleischbrühe oder
ein Hühner- oder Fleischbrühwürfel, in 300 ml heißem Wasser
aufgelöst (noch etwas zusätzlich, je nach Bedarf)
1 kleine Tomate, enthäutet, von Kernen befreit und
kleingeschnitten

100 g Arborio-, Carnaroli- oder Vialone-Nano-Reis
Parmigiano Reggiano, frisch gerieben

Öl und Butter in einem schweren 3-Liter-Topf bei mittlerer Hitze schmelzen lassen, Zwiebeln, Sellerie, Salz und Pfeffer hinzugeben und 7 bis 10 Minuten glasig und goldgelb dünsten. Die zerkrümelten Würste, Brühe und Tomate zugeben und 10 Minuten köcheln lassen. Den Reis zugeben, zudecken und etwa 25 Minuten köcheln lassen, bis er weich ist und die ganze Flüssigkeit aufgesogen hat. Falls nötig, noch etwas mehr Brühe zugeben und ab und zu rühren, damit der Reis nicht am Topfboden anklebt. Mit reichlich geriebenem Käse servieren.

Riso e Piselli
Cremiger Reis mit Erbsen

Dieser cremig-frühlingsfrische Risotto aus Vicenza enthält frische Erbsen, Zwiebeln, frisches Basilikum und Parmigiano Reggiano und wird mit selbstgemachter Brühe hergestellt. Wenn Sie keine frischen Erbsen auftreiben, nehmen Sie tiefgefrorene. Die frischen Frühlingserbsen, die Gianna Magri Bari verwendet, stammen aus den Gemüsegärten der venezianischen Lagune und sind so süß, daß man sie auch für Risi e bisi verwendet, das berühmte venezianische Gericht, das anläßlich des Festes des heiligen Markus, des Schutzpatrons der Stadt, zubereitet wird.

Für 6 Personen
3 EL Butter
2 Zwiebeln, gewürfelt
2 Knoblauchzehen, fein gehackt
500 g frische Erbsen (enthülst 280 g) oder
1 Packung tiefgefrorene Erbsen, aufgetaut
etwa 1 1/2 l Hühner- oder Fleischbrühe,
am besten selbst gemacht
1 TL Meersalz
2 EL Olivenöl extra vergine
300 g Arborio- oder Vialone-Nano-Reis
1 reife kleine Tomate, enthäutet, von Kernen befreit, gewürfelt
50 g Parmigiano Reggiano, frisch gerieben

In einer großen Pfanne bei schwacher bis mäßiger Hitze 1 1/2 Eßlöffel Butter schmelzen lassen und die Hälfte der Zwiebeln goldgelb dünsten. Den Knoblauch hinzugeben und 2 bis 3 Minuten weich und goldgelb dünsten. Die frischen (oder tiefgefrorenen, aber aufgetauten) Erbsen mit etwa 1/8 Liter Brühe und einer Prise Salz hinzufügen und bei schwacher bis mittlerer Hitze etwa 20 Minuten kochen, bis die Erbsen weich sind. Vielleicht müssen Sie während des Kochens 2 weitere Eßlöffel Wasser, Hühner- oder Fleischbrühe zugeben. Beiseite stellen.
Die restliche Hühner- oder Fleischbrühe in einem 3-Liter-Topf zum Kochen bringen.
Die restliche Butter und das Olivenöl bei mittlerer Hitze erwärmen, die restlichen gewürfelten Zwiebeln darin in etwa 12 Minuten goldbraun dünsten. Den Reis hinzugeben und unter Rühren 2 bis 3 Minuten braten, bis die Reiskörner glasig sind. Mit 80 Milliliter heißer Brühe aufgießen und kochen lassen, bis die Reiskörner die Flüssigkeit ganz aufgesogen haben. Nach und nach die restliche kochende Brühe aufgießen. Nach etwa 18 Minuten die Erbsen und die gewürfelte Tomate zugeben. Leicht brodelnd kochen, bis der Reis gar, also cremig ist und die Erbsen weich sind. Mit Salz abschmecken, den geriebenen Käse gut untermengen und sofort servieren, bevor der Reis die ganze Flüssigkeit aufgesogen hat.

Riso e Zucca
Reis mit Kürbis

Ich habe goldgelbe Kürbisse mit dicker Schale gesehen und ovale Kürbisse, die ein Gewicht von bis zu 100 Pfund auf die Waage brachten. Ich habe zylindrische und blaßgrüne Kürbisse gesehen, Kürbisse, die so flach waren, als hätte sich jemand darauf gesetzt, und solche, die 1 1/2 Meter lang waren. Kein Wunder also, daß es in Norditalien so unendlich viele Rezepte für Reis mit Kürbis gibt.
Dieses winterliche Gericht aus dem Rezepteschatz von Vanna Corbellani Camerlenghi sieht aus wie Risotto und schmeckt wie Risotto, ist aber einfacher in der Zubereitung.

Für 4 bis 6 Personen

400 g Kürbis, geschält, von Kernen befreit und gewürfelt
7/8 l Hühnerbrühe oder 3 Hühnerbrühwürfel,
in 3/4 l heißem Wasser aufgelöst

250 g Carnaroli-, Vialone-Nano- oder Arborio-Reis
Salz
schwarzer Pfeffer, frisch gemahlen
2 EL glatte Petersilie, fein gehackt
4 EL (60 g) weiche Butter
60 g Parmigiano Reggiano oder Grana, frisch gerieben

Brühe in einem 3-Liter-Topf zum Kochen bringen, Kürbiswürfel dazugeben und 8 bis 9 Minuten köcheln lassen. Reis untermischen, abdecken, erneut zum Kochen bringen und 15 bis 18 Minuten weiterdünsten, bis der Reis die gesamte Flüssigkeit aufgesogen hat; dabei gelegentlich mit einem Holzlöffel umrühren. Vom Herd nehmen, mit Salz und Pfeffer abschmecken, die Petersilie, die Butter und den geriebenen Käse unterrühren und sofort servieren.

Riso del Sagra
Reis mit Hühnerleber

Dies ist ein einfaches bäuerliches Gericht, bei dem das Huhn Ei, Leber und Brühe liefert. Bei Festen auf dem Land um Mantua aß man Reis anstelle der eleganten *agnolini*, den kleinen runden oder halbmondförmigen Teigtaschen mit feiner Füllung. Vanna Corbellani Camerlenghi erinnert sich an das satte Aroma dieses Gerichts, das aus jener Zeit stammt, als die Flüsse und Kanäle, die die Landschaft durchzogen, noch die ausgedehnten Reisfelder überschwemmten. Heute, meint sie wehmütig, wird es so gut wie gar nicht mehr zubereitet und ist nur noch als nostalgische Erinnerung präsent. Und wie schmeckt es? »Ottimo«, meint Vanna.
Viele lehnen es ab, Hühnerleber zu essen, aber die Bewohner von Mantua wissen, daß schon eine winzige Menge Leber von Hühnern aus biologischer Freilandhaltung diesem köstlichen Reisgericht sein besonderes Aroma verleiht. Es wird mit frisch geriebener Muskatnuß und Parmesan serviert.

Für 6 Personen; für 4 Personen als Hauptgericht
3 EL (45 g) Butter
60 g weiße Zwiebel, gewürfelt
400 g Arborio-, Vialone-Nano- oder Carnaroli-Reis
1 3/8 l Hühner- oder Fleischbrühe

2–3 Hühnerlebern, vorzugsweise von Tieren
aus biologischer Freilandhaltung; von den grünen Teilen
und den Sehnen befreit; in sehr kleine Stücke geschnitten
1 Ei
3 EL (25 g) Parmigiano Reggiano, frisch gerieben
1/4 TL Salz
schwarzer Pfeffer, frisch gemahlen
Muskatnuß, frisch gerieben

In einem großen, schweren Topf die Butter schmelzen und die Zwiebel darin glasig dünsten. Den Reis zugeben und 1 bis 2 Minuten bei mittlerer Hitze und unter ständigem Rühren braten, bis die Reiskörner glasig sind. Die Brühe in einem eigenen 4-Liter-Topf zum Kochen bringen. Einen Schöpflöffel Brühe und einige Leberstückchen in den Topf mit dem Reis geben. Wenn der Reis die Flüssigkeit aufgesogen hat, nach und nach die kochende Fleischbrühe und die restliche Hühnerleber zugeben; am Ende noch 4 Eßlöffel Brühe übriglassen. In 16 bis 18 Minuten ist der Reis weich. In der Zwischenzeit das Ei mit Parmigiano Reggiano, Salz, Pfeffer und Muskatnuß in einer kleinen Schüssel verquirlen.
Wenn der Reis gar ist, etwas Brühe in die Ei-Parmesan-Mischung gießen. Weitere Brühe zugießen und verrühren, damit das Ei nicht gerinnt. Dann die Ei-Mischung vorsichtig in die Reismasse geben, vermengen und sofort servieren.

Risotto alla Rucola
Risotto mit Rucola

Das faszinierende Aroma von pürierter Rucola verleiht cremigem Risotto eine erstaunliche geschmackliche Tiefe und Intensität sowie eine tiefgrüne Farbnuance. Wenn Ihre Rucola besonders bitter ist, geben Sie nicht gleich die gesamte Menge zu; probieren Sie den Reis, bevor Sie entscheiden, ob Sie auch noch den letzten Löffel des Blattgemüses zugeben. Nonna Lucia Rossi Pavanello, die zahlreiche einfache und unglaublich köstliche Rezepte kennt, kann wieder einmal triumphieren.

Für 6 Personen; für 4 Personen als Hauptgericht

1 1/2 l Hühnerbrühe plus 1–2 EL zusätzliche Brühe zum Pürieren der Rucola
3 Handvoll (185–225g) Rucolablätter; püriert sollte es 1/4 l ergeben
2–3 EL (30–45 g) Butter
1 Stange Bleichsellerie, fein gehackt
1 Zwiebel, fein gehackt
300 g italienischer Risotto-Reis, zum Beispiel Arborio-, Carnaroli- oder Vialone-Nano-Reis
50 g Parmigiano Reggiano, frisch gerieben
Salz

Die 1 1/2 Liter Brühe in einem 2-Liter-Topf zum Kochen bringen.
Die Rucolablätter unter Zugabe von 1 bis 2 Eßlöffeln Brühe pürieren.
Die Butter in einer großen, schweren Kasserolle erhitzen. Sellerie und Zwiebel zugeben und bei mittlerer Hitze 5 bis 8 Minuten glasig braten. Reis zugeben und unter ständigem Rühren 2 Minuten dünsten, bis die Reiskörner glasig sind. Mit einem Schöpflöffel Brühe aufgießen und kochen lassen, bis die Reiskörner die Flüssigkeit ganz aufgesogen haben. Das Rucolapüree bis auf 2 Eßlöffel zugeben und nach und nach mit der kochenden Brühe aufgießen. Bei mittlerer Hitze soll der Reis immer leicht kochen. Wenn noch 1/4 Liter Brühe übrig ist, den Risotto probieren und entscheiden, ob Sie die letzten 2 Eßlöffel Rucolapüree zugeben wollen. Jetzt die restliche Brühe angießen. Der Risotto soll relativ flüssig sein. Am Ende den geriebenen Käse untermengen und mit Salz abschmecken. Sofort servieren.

Porträt Lucia Rossi Pavanello

Lucia Rossi Pavanello hat vier Urenkel, zehn Enkel und sechs erwachsene Kinder – drei Töchter und drei Söhne; einer von ihnen ruft jeden Tag um 7.30 Uhr aus dem Piemont an, gewissermaßen Signora Lucias persönlicher Wecker. Viele ihrer Bekannten nennen sie Nonna Lucia: Sie ist die Großmutter zahlreicher Erwachsener, die sich zu ihren Adoptivkindern erklärt haben, zweifellos, weil sie so bodenständig, freundlich und offen ist, daß man einfach Vertrauen zu ihr haben muß.

Sie trägt hellrosa Blusen, hat einen rosigen Teint, der gut zu ihrem weißen Haar und den Perlenohrringen paßt. Sie deckt den Tisch mit einer rosa Tischdecke und stellt rosa Rosen darauf; ihre Fingernägel sind mit rosa Nagellack lackiert. Sie blüht auf, als ich mich nach ihren Kindern erkundige, aber auch unaufgefordert beginnen viele ihrer Sätze mit: »Meine Kinder mögen …« – und dann nennt sie einen Nachtisch, der sehr einfach in der Zubereitung sein kann, etwa *sugoli*, ein Zuckerwerk aus roten Trauben, oder auch ein kompliziertes, dreischichtiges und dreifarbiges Dessert mit Mokkacreme.

Vor zwölf Jahren, nachdem ihr Mann gestorben war, zog Nonna Lucia nach San Remo, um einer ihrer Töchter nahe zu sein. Sie wohnt in einem großen Appartement im Grünen mit einem Balkon, der einen Ausblick auf eine mit Palmen bestandene Allee und die Weite des Mittelmeers bietet. Sie hat heute alle denkbaren Bequemlichkeiten, aber in ihrer Kindheit auf einem Bauernhof in der Nähe von Padua war das Leben hart und entbehrungsreich. Der Tag begann mit Caffè latte und knusprigem Zwieback, der in dem Holzkasten aufbewahrt wurde, der heute im Flur ihrer Wohnung steht. Zur Schule und nach Hause mußte sie jeweils fünf Kilometer zu Fuß gehen. Man aß Gemüse und Früchte aus eigenem Anbau, aber auch Truthahn, Kaninchen und Rebhühner.

Ihre eigene Familie bestand aus neun Personen. Dreißig Jahre lang gehörte dazu auch Lucias Schwiegermutter, mit der sie sich ausgezeichnet verstand. Alles, was sie bis heute kocht, entstammt Rezepten ihrer Mutter und Schwiegermutter. Als ich sie besuchte, führte sie mich in ihre Küche und meinte: *»Questo è il mio regno«* – Das ist mein Reich, und wies auf eine beeindruckende Vielzahl von Küchenutensilien: einen elektrischen Mixer, einen Pürierstab, eine Schinkenschneidemaschine, eine Nudelmaschine, einen Mikrowellenherd, eine große Eismaschine und einen elektrischen Wasserkocher. In ihrem Schrank steht ein drehbarer, elektrisch betriebener Gewürzhalter. Die Küche ist sauber und gepflegt. Als ich mich erkundige, ob sie Kochbücher benutzt, lacht sie nur und meint: *»Tutto qui«* – alles ist hier drin, und tippt sich an die Stirn.

Als sie zum erstenmal ihre Tochter besuchte, die in Los Angeles lebt, und bei dieser Gelegenheit den Verlobten ihrer Enkelin kennenlernte (der nächste Anlaß für eine USA-Reise war die Hochzeit und dann die Geburt des ersten Enkelkinds), ging sie zielstrebig in die Küche. Kein Jetlag, kein Zögern. Sie wußte genau, wo ihr Platz war. Welches Familienmitglied sie auch immer besucht, alle wollen, daß sie Gnocchi mit vier Saucen zubereitet: mit Pesto, mit Tomatensauce, mit Butter und Salbei und – man höre und staune – mit Zucker, Zimt und Butter. Ich sah ihr zu, wie sie Nudeln herstellte und den Teig hauchdünn für Suppennudeln ausrollte, dann etwas dicker und breiter für Nudeln mit Butter und geriebenem Parmigiano Reggiano. Ihre Suppenbrühe ist so einfach, daß sie sie *brodo matto*, verrückte Brühe, nennt. Mit einem Lächeln, das soviel besagte wie »Sehen Sie her«, goß sie heißes Wasser in einen Topf, gab zwei Bouillonwürfel und zwei Stangen Bleichsellerie samt Blättern dazu und ließ das Ganze 20 Minuten köcheln. Das war's. Dann streute sie eine Handvoll grobes Meersalz in eine beschichtete Pfanne, ließ das Salz heiß werden und briet Kalbfleisch im Handumdrehen zart und saftig.

In ihrer Kindheit machte ihre Mutter zweimal im Jahr große Wäsche; dabei halfen ihr vier Frauen, die in aller Frühe kamen und den Tag mit Brotsuppe begannen, über die Parmesan gerieben und die mit Olivenöl beträufelt wurde; sie tranken ein Glas Rotwein und dann Kaffee. Am Fluß wuschen die Frauen die schweren Leinentücher, gossen Wasser in einen riesigen Kessel, gaben als Aroma Lorbeerblätter hinzu und brachten das Wasser über offenem Feuer sprudelnd zum Kochen. Dann ließen sie die Asche ins Wasser gleiten, die sie durch das Verbrennen von Weinreben und Maulbeerästen gewonnen hatten. Die Mischung ließen sie eine halbe Stunde kochen, und um zu prüfen, ob sie fertig war, tauchte ihre Mutter einen Finger ins Wasser und schleckte daran, vorsichtig, als sei es pfefferscharf. Signora Lucia lächelt: »Ich erinnere mich heute noch an das wunderbar reine Aroma dieser Asche.«

Nonna Lucia geht jeden Morgen zur Messe, trinkt Tee, ißt dazu ein *dolce* und sieht sich im Fernsehen jeden Nachmittag die amerikanische Seifenoper »Beautiful« an.

Sie spielt Karten, sucht ihre vielen Bekannten auf und lädt sie zu sich zum Essen ein. Als wir sie besuchten, hatte sie gerade mehrere schwere Schicksalsschläge hinter sich. Ihr letzter noch lebender Bruder war mit 97 Jahren gestorben; ihre beste Freundin, eine Nachbarin und eine Cousine, zu der sie einen engen Kontakt hatte, waren völlig überraschend alle innerhalb eines Monats ebenfalls gestorben. Doch sie konnte offen darüber sprechen und ging dann zu anderen Themen über.

SECONDI PIATTI
Fleisch- und Fischgerichte

GIANNA MODOTTI

CALOGERA FEDERICO

LILIANA D'AMBROSIO

GISA SOTIS

INES PERNARELLA

LAURA MANSI SALOM

In Italien werden Hühner häufig mit Mais gefüttert. Mais macht das Fleisch fest und gibt dem Eigelb, das *rosso* – Rotes – genannt wird, eine leuchtend orangerote Farbe. Freilaufende Hühner, *pollo ruspante*, findet man überall in der Toskana, andernorts hingegen beklagen die Großmütter das Verschwinden dieser Hühner mit dem schmackhaften festen Fleisch.
Eine Gans, das Schwein des armen Mannes, kommt genauso selten auf den Tisch wie Schweinefleisch. Die Federn werden als Daunen verwendet, das Fleisch wird gebraten, geschmort oder zu Salami, Wurst oder dem italienischen Äquivalent für Confit verarbeitet, das von schneeweißem Gänsefett umhüllt ist. Am Tag, an dem der Weizen gedroschen wurde, gehörte Gänsefleisch zum traditionellen Menü: in Form einer Wurst mit Mohrrübenstücken und Pistazien, als *ragù* für Fettuccine oder, mit Pilzen geschmort, als Hauptgericht.

Pollo con le Olive
Brathähnchen mit Oliven gefüllt

Dieses Gericht ist etwas für Liebhaber von Oliven und Olivenöl und ebenso köstlich wie einfach in der Zubereitung. Es ist kaum zu erklären, warum eine Handvoll Oliven als Füllung ein Hähnchen so schmackhaft machen kann – vielleicht handelt es sich um einen Zaubertrick von Adele Rondini, die in den Marken lebt. Als Beilage eignen sich am besten Salz- oder Bratkartoffeln.

Für 4 bis 6 Personen
1 Brathähnchen (ca. 2500 g), vorzugsweise aus biologischer Freilandhaltung; zimmerwarm
1/2 TL Meersalz
schwarzer Pfeffer, frisch gemahlen
4 mittelgroße Knoblauchzehen, ungeschält
335 g schwarze Oliven in Salzlake, vorzugsweise Nizza-Oliven, entsteint
1 Zitrone

2 EL Olivenöl extra vergine
3 Zweige glatte Petersilie

Den Ofen auf 220 Grad vorheizen.
Innereien und Fett aus dem Hähnchen entfernen. Innen und außen unter fließend kaltem Wasser abspülen und sorgfältig abtrocknen. Salz und Pfeffer in die Höhlung streuen und Knoblauch und Oliven hineinfüllen. Die Haut mit dem Saft einer halben Zitrone beträufeln und mit dem Öl einreiben. Beide Zitronenhälften und Petersilienzweige ebenfalls in das Innere legen und das Hähnchen an den Öffnungen zunähen.
Mit der Brustseite nach unten auf einen Bratrost oder in eine schwere, feuerfeste Kasserolle legen. 30 Minuten braten, wenden und weitere 20 bis 30 Minuten braten, bis auch die Brust eine braune Farbe hat. Um zu prüfen, ob das Fleisch gar ist, ein Bratthermometer unter die dickste Stelle des Hähnchenschenkels schieben – die Temperatur sollte 80 Grad betragen (dabei darauf achten, daß der Stift des Thermometers nicht in den Hohlraum dringt). Oder an derselben Stelle mit einem Messer einstechen und prüfen, ob rosafarbener Saft austritt. Wenn der Saft rot ist, ist das Hähnchen noch nicht gar, farbloser Saft deutet darauf hin, daß es schon zu lange gart. Aus dem Ofen nehmen und 15 Minuten bei Zimmertemperatur ruhenlassen. Tranchieren und mit den Oliven servieren. Eventuell die Knoblauchzehen im Bratensaft zerdrücken, beides zusammen erhitzen, abschmecken und die Sauce dazu reichen.

Pollo e Pomodori
Hähnchen mit Tomaten und Piment

Hähnchen mit Tomaten und Piment gab es in der Familie Passannanti aus Sizilien immer zur Weinernte. Es ist wunderbar einfach in der Zubereitung und herrlich im Geschmack. Verwenden Sie die Saucenreste für ein Pastagericht.

Für 4 Personen
1 Hähnchen (1125–1350 g), vorzugsweise aus biologischer Freilandhaltung, in vier Stücke geteilt
grobes Salz
Saft von 1 Zitrone

3–4 EL Olivenöl extra vergine
60 ml Wasser
6 mittelgroße Tomaten (ca. 900 g)
oder eine große Dose italienische Eiertomaten,
halbiert und durch ein Sieb passiert, um Haut und Kerne
zu entfernen; den Saft auffangen
5 Pimentkörner, davon 1 zerdrückt
Salz
schwarzer Pfeffer, frisch gemahlen
Zucker (nach Wunsch)

Das Hähnchen gut abspülen und Fett entfernen. Mit grobem Salz einreiben, dann in eine Schüssel mit kaltem Wasser und dem Saft der Zitrone legen und eine Weile darin liegen lassen, am besten über Nacht, dann aber zugedeckt und im Kühlschrank. Das Wasser abschütten, das Hähnchen abspülen und gründlich trocknen.
Das Öl in eine Schmorpfanne von 25 bis 30 cm Durchmesser geben, und das Hähnchen darin bei mittlerer Hitze etwa 15 Minuten rundherum anbraten. Herausheben und das überschüssige Fett abgießen. Den Bratensatz mit dem Wasser loskochen und vom Boden der Pfanne schaben.
Frische Tomaten 1 Minute in kochendes Wasser tauchen und anschließend häuten. Halbieren, über einem Sieb auspressen, dabei den Saft auffangen. Die Kerne entfernen, das Fleisch der Tomaten hacken und zu dem aufgefangenen Saft geben. Das Hähnchen wieder in die Pfanne legen, Tomaten, Piment, Salz und Pfeffer hinzufügen. Zugedeckt 35 bis 40 Minuten köcheln lassen, bis das Fleisch gar ist. Anschließend in eine Servierschüssel legen und gut abdecken. Die Sauce bei starker Hitze um die Hälfte reduzieren, das dauert etwa 5 bis 8 Minuten. Abschmecken. Signora Passannanti rührt manchmal noch ein wenig Zucker unter, wenn die Tomaten nicht süß genug sind. Das Hähnchen mit der Sauce servieren.

Tip: Giovanna Passannanti reibt Freilandhähnchen stets mit grobem Salz ein, anschließend werden sie in Zitronenwasser gewässert und sorgfältig abgegossen.

Polpette di Pollo
Knusprige Hühnerfleischkroketten

Anscheinend liegt den Italienern das Talent zur Resteverwertung im Blut. Eine besondere Schwäche aber habe ich für Rosa Vignas Kroketten aus Hühnerfleischresten, die in dieser knusprigen Variante ein völlig neues Gericht ergeben. Die kleinen, ovalen Bällchen werden nur in Semmelbröseln gewendet, so daß sie nach dem Braten außen knusprig, innen aber weich sind.

Für 3 bis 4 Personen als Hauptgericht;
für 6 Personen als Appetithappen

4 Tassen feingehacktes Fleisch von einem Suppenhuhn oder einem Brathähnchen ohne Knochen, Fett und Haut
1 Ei, zimmerwarm
1 Eigelb, zimmerwarm
2 EL glatte Petersilienblätter, fein gehackt
2 mittelgroße Knoblauchzehen, gehackt
reichlich Muskatnuß, gerieben
1 TL Salz
schwarzer Pfeffer, frisch gemahlen
70 g Semmelbrösel, vorzugsweise von Landweißbrot
Olivenöl zum Ausbacken
1 Zitrone, in Achtel geschnitten

Hühnerfleisch, Ei, Eigelb, Petersilie, Knoblauch, Muskatnuß, Salz und Pfeffer in einer großen Schüssel gut miteinander vermengen. Aus der Masse Kugeln oder ovale Bällchen von der Größe eines Eis formen. Semmelbrösel auf einen tiefen Teller schütten und die Polpette darin wälzen.

Eine hohe, gußeiserne Kasserolle 3 bis 4 Zentimeter hoch mit Olivenöl füllen, und das Öl erhitzen, bis es sprudelt. Probeweise ein wenig von den Semmelbröseln hineingeben: Es muß sprudeln und zischen, und die Brösel müssen rasch Farbe annehmen. Mit einem Schaumlöffel die Polpette in das heiße Öl gleiten lassen und backen, bis sie rundherum eine goldbraune Farbe haben. Auf saugfähigem Küchenpapier abtropfen lassen, Salz darüber streuen und sofort mit den Zitronenstücken servieren.

Tip: Die Kroketten sollten in sehr heißem Öl (180 bis 200 Grad) ausgebacken werden, damit sie nicht zuviel Fett aufsaugen. Keine italienische Großmutter benutzt ein Thermometer, aber alle kennen einen Trick, um zu prüfen, wann das Öl heiß genug ist: Geben Sie eine Messerspitze Semmelbrösel in das Öl. Wenn es sofort zischt, ist der Zeitpunkt zum Ausbacken richtig.

Variante: Emma Grassi Bensi aus Panzano kocht 1 große Kartoffel, schält und zerdrückt sie und läßt sie auf Zimmertemperatur abkühlen. Zusammen mit 2 bis 3 Eßlöffeln frisch geriebenem Parmigiano Reggiano unter die Fleischmasse mischen und weiter verfahren wie oben. Sie können auch 4 Scheiben Weißbrot ohne Kruste 10 Minuten in 1/4 Liter kalter Milch einweichen lassen. Ausdrücken, zerpflücken und statt der Kartoffel unter die Fleischmasse mengen. Die Milch wegschütten.

'NCIP 'NCIAP
Hühnchenfleisch mit roten Zwiebeln und Eiern

Dieses wunderbare Gericht – es wird n-tschip, n-tschap ausgesprochen – hat seinen Namen von dem Geräusch des Messers beim Schneiden des Fleisches. Es eignet sich hervorragend zur Resteverwertung. Morena Spinelli, die in einer zehnköpfigen Familie aufwuchs, nimmt ein gekochtes Huhn oder anderes Fleisch, manchmal auch beides, und bereitet daraus ein köstliches Mahl.

Für 6 bis 8 Personen

1 mittelgroßes Brat- oder Suppenhuhn, gekocht und entbeint, oder die entsprechende Menge Fleischreste
1 EL Butter
2 EL Olivenöl extra vergine
4 rote Zwiebeln, fein gehackt
ca. 1/8 l Hühnerbrühe, vorzugsweise selbst gemacht
9 Eier
1/2 TL Salz

Das Huhn häuten und das Fleisch in kleine Streifen schneiden. Die Butter mit dem Öl in einer großen, schweren Schmorpfanne oder einer Kasserolle erhitzen und die Zwiebeln darin bei sanfter Hitze 20 bis 30 Minuten schmoren, bis sie weich und glasig sind. Sie dürfen nicht braun werden. Fleischstreifen hinzufügen und kurz erwärmen, dann die Brühe zugeben und bei schwacher bis mittlerer Hitze 2 bis 3 Minuten kochen.

Eier mit dem Salz in einer Schüssel verquirlen und über die Fleischmischung gießen, bei starker Hitze braten. Dabei ständig mit der Gabel umrühren, denn es handelt sich bei diesem Gericht im wesentlichen um eine *frittata*. Die Eier sollten noch eine cremige Konsistenz haben. Sofort servieren.

Tip: Um Huhn oder Fleisch zu pochieren oder zu kochen, zuerst Wasser in einem hohen Topf zum Kochen bringen, dann das Fleisch und/oder das Huhn sowie das Gemüse zugeben.

Pollo alla Contadina
Hähnchen nach Bauernart

In der Toskana halten viele Landbewohner Hühner, Enten und Kaninchen und bereiten sie nach Rezepten wie dem folgenden zu. Wenn Sie Kaninchenfleisch verwenden, lassen Sie es 15 bis 20 Minuten länger garen, ansonsten folgen Sie den hier genannten Anweisungen. Emma Grassi Bensi würzt die Sauce zusätzlich mit Muskatnuß und geriebener Zitronenschale, die ihr einen feinen, edlen Geschmack verleihen. Dieses Gericht, das im übrigen auch am nächsten Tag noch köstlich schmeckt, wird mit reichlich Brot serviert.

Für 4 bis 6 Personen

1 Hähnchen (1350–1575 g), in 8 Stücke zerteilt
1/2 Zitrone
6 EL Olivenöl extra vergine
1 rote Zwiebel, in dünne Scheiben geschnitten
2 Knoblauchzehen, gehackt
1 Mohrrübe, fein geschnitten
1 Stange Bleichsellerie, fein geschnitten
2 EL glatte Petersilie, gehackt
2 TL frischer Rosmarin, fein gehackt
Schale von 1/2 unbehandelten Zitrone, fein gerieben
1/8 l Rotwein, vorzugsweise Chianti

3 kleine, reife Tomaten, enthäutet und
von Kernen befreit, gehackt
60 ml kochende Hühnerbrühe oder
1 Würfel Hühnerbrühe, in 60 ml kochendem Wasser aufgelöst
Salz
schwarzer Pfeffer, frisch gemahlen
1 Messerspitze Muskatnuß, frisch gerieben

Die Hähnchenstücke mit dem Saft einer halben Zitrone einreiben.
4 Eßlöffel Olivenöl in einer schweren Kasserolle oder Schmorpfanne von 25 bis 30 Zentimeter Durchmesser erhitzen und Zwiebel, Knoblauch, Mohrrübe, Sellerie, Petersilie, Rosmarin und ein Drittel der geriebenen Zitronenschale 15 Minuten sanft dünsten, bis die Zwiebeln weich, aber noch nicht goldfarben sind.
Das restliche Öl in einer zweiten Schmorpfanne erhitzen, die Hähnchenstücke hineingeben und bei mittlerer Hitze in etwa 15 Minuten rundherum goldbraun braten. Zum Schluß die Hitze erhöhen, den Rotwein angießen und kräftig kochen lassen, bis er verdampft ist. Die Gemüse-Kräuter-Mischung dazugeben, die Tomaten und die Brühe unterrühren, zudecken und bei schwacher Hitze 25 bis 30 Minuten leise köcheln lassen. Das Hähnchenfleisch sollte weich sein, wenn man mit einer Messerspitze hineinsticht. Den Deckel abnehmen und weitere 10 Minuten kochen lassen, bis die Sauce eingedickt ist. Mit Salz und Pfeffer abschmecken.
Die Hähnchenstücke auf eine Servierplatte legen. Die Sauce durch ein Drahtsieb passieren oder in einem Mixer oder mit dem Pürierstab pürieren, dabei die geriebene Muskatnuß sowie die restliche geriebene Zitronenschale zugeben. Wenn die Sauce zu dick ist, noch etwas Brühe hinzufügen. Es sollte gut 1/4 Liter Sauce ergeben. Über das Fleisch gießen und das Hähnchen sofort servieren.

Tip: Renata Marsili mariniert das Hähnchen (ebenso wie Kaninchenfleisch) in Zitronensaft und Wasser und stellt es vor dem Braten 1 bis 3 Stunden in den Kühlschrank.

Meistens kümmern sich die Großmütter um die Kaninchen und füttern sie mit wilden Gräsern und Kräutern. Die Tiere erreichen nur ein Gewicht von 2 bis 2 1/4 Pfund. Wer Kaninchenfleisch nicht mag, kann es durch Hühner aus Freilandhaltung ersetzen, obwohl er wirklich etwas verpaßt. Die Großmütter geben das Kaninchen oder den Hasen zunächst ohne Flüssigkeit oder Fett in einen Topf und setzen ihn bei starker Hitze auf. Dabei tritt das Wasser, das als »wildes Element« gilt, aus dem Fleisch aus und wird anschließend weggeschüttet.

Coniglio alla contadina
Kaninchen nach Bauernart

Für 4 bis 6 Personen
1 Kaninchen (etwa 1000 bis 1300 g)
übrige Zutaten und Zubereitung wie Pollo alla contadina (Seite 190)

Coniglio in porchetta
Kaninchen nach Spanferkelart

Luciana Codiluppi Frigio gehörte zu einer Runde von sechs Frauen, die ich in den Marken kennenlernte. Sie saßen um einen Tisch und unterhielten sich über ihre Lieblingsgerichte. Alle sechs sprachen gleichzeitig mindestens eine Stunde lang, kaum Atem holend und noch weniger den anderen zuhörend. Am Ende war Luciana die Siegerin, denn sie kannte mehr traditionelle Rezepte als die anderen, und außerdem war sie zutiefst davon überzeugt, daß ihre Gerichte die besten waren.

Für 4 Personen
1 Kaninchen (ca. 1 kg)
1 Flasche trockener Weißwein

3 oder 4 Knoblauchzehen
1/8 TL Chiliflocken
1 TL frischer Majoran, gehackt
1 Zweig frischer Rosmarin, davon die Nadeln gehackt
2 EL Olivenöl extra vergine
220 g italienische Wurst (Salsiccia) –
evtl. mit Fenchel gewürzt –, ohne Haut, zerpflückt
1 Kaninchenleber, gehackt
Salz
schwarzer Pfeffer, frisch gemahlen
5 EL Fenchelgrün, gehackt
1/4 TL Fenchelsamen, zerdrückt
1 Ei
3 EL Olivenöl extra vergine
60 ml trockener Weißwein
125 ml Hühner- oder Fleischbrühe
3 Knoblauchzehen, zerdrückt
1 Zweig Rosmarin

Kaninchen innen und außen mit kaltem Wasser abspülen, in eine Schüssel legen, mit Weißwein bedecken und 2 bis 3 Stunden in den Kühlschrank stellen.
Das Kaninchen aus der Marinade heben und innen und außen abtrocknen. Die Marinade wegschütten. Inzwischen die Füllung vorbereiten: Knoblauch hacken, Chiliflocken, Majoran und Rosmarin hinzufügen und alles gut vermischen. Olivenöl in einer großen, schweren Kasserolle erhitzen und die Mischung darin bei mittlerer Hitze braten, bis der Knoblauch eine hellgoldene Farbe angenommen hat. Wurstmasse, Leber, Salz und Pfeffer hinzufügen und 6 bis 8 Minuten schmoren, bis das Fleisch weich und nicht mehr rosafarben ist. Das zarte Fenchelgrün und die Fenchelsamen dazugeben. Wenn das Fenchelgrün zusammengefallen ist, die Mischung vom Feuer nehmen und in eine Schüssel geben.
Mit einem Holzlöffel das Ei einarbeiten, abkühlen lassen und dann das Kaninchen damit füllen. Die Öffnung zunähen oder mit Klammern schließen.
In einem schweren, flachen Bratentopf, der groß genug für das Kaninchen ist, 3 Eßlöffel Öl bei mittlerer Temperatur erhitzen und das Kaninchen darin 15 bis 20 Minuten rundherum gleichmäßig anbraten. Herausnehmen, das Fett abgießen und das Kaninchen wieder in den Topf geben. Weißwein, Brühe, Knoblauchzehen und Rosmarinzweig hinzufügen, die Hitze reduzieren, abdecken und etwa 1 Stunde und 10 Minuten schmoren. Dabei das Kaninchen alle 10 Minuten mit der Flüssigkeit begießen. Wenn man das Fleisch leicht mit einer Gabel einstechen kann, ist es gar.

Das Kaninchen in Portionsstücke teilen. Auf eine Servierplatte legen und die Füllung rundherum verteilen. Servieren.

Coniglio di Nonna Regina
Kaninchen mit Salami-Sauce

Wie die meisten Familien in den karnischen Alpen, den atemberaubenden Gebirgszügen im Nordosten des Friaul, hielt auch Gianna Modottis Familie Kaninchen. Und wie fast überall wurde ein Kaninchenbraten auch bei ihr zu Hause auf dem *fogolar furlan* zubereitet, dem friaulischen Herd, um den man sich versammelt, um sich zu wärmen und sich zu unterhalten, während aus dem Kochtopf die herrlichsten Düfte aufstiegen. Dieses slawisch beeinflußte Gericht stammt allerdings aus der *pianura*, den Ebenen Friauls.

Für 4 Personen

Marinade:
1/2 l Rotwein
1/2 l Wasser
1 Zwiebel, geviertelt
1 Knoblauchzehe, geschält und halbiert
einige Zweige frischer Rosmarin
einige Blätter frischer Salbei
Saft einer halben Zitrone

Kaninchen:
1 Kaninchen, etwa 1,5 kg schwer, gesäubert und in 8 Stücke geschnitten; die Leber beiseite stellen
1 1/2 EL Olivenöl extra vergine
1 1/2 EL Butter
100 g Pancetta, fein gewürfelt
2 EL frischer Salbei, fein gehackt
1 EL frischer Rosmarin, fein gehackt
1 große Zwiebel, gewürfelt
3 EL glatte Petersilie, fein gehackt
2–3 Knoblauchzehen, gehackt

Salz
schwarzer Pfeffer, frisch gemahlen
1/8 l trockener Weißwein

Sauce:
4 Knoblauchzehen
2–3 EL Olivenöl extra vergine
1 Kaninchenleber
1 große Scheibe weiche Salami, z. B. Soppressata
Salz
schwarzer Pfeffer, frisch gemahlen
gut 1/4 l trockener Weißwein
1/4 TL Zitronensaft

Wein, Wasser, Zwiebel, Knoblauchhälften, Kräuter und Zitronensaft in einer großen Schüssel vermengen, die Kaninchenstücke hineinlegen und 24 Stunden im Kühlschrank marinieren lassen. Die Fleischstücke herausheben und sorgfältig abtrocknen. Die Marinade wegschütten.
Die Kaninchenstücke in einer großen, schweren, am besten beschichteten Kasserolle oder Schmorpfanne ohne Fett etwa 10 Minuten erhitzen, um eventuell vorhandenes Wasser austreten zu lassen. Die Stücke auf eine Platte legen und die Pfanne säubern. Olivenöl und Butter in der Pfanne oder Kasserolle erhitzen, Pancetta, Salbei und Rosmarin bei mittlerer Hitze braten, bis die Mischung eine hellbraune Farbe angenommen hat. Zwiebel, Petersilie und Knoblauch hinzufügen und 10 bis 15 Minuten braten, bis Zwiebel und Knoblauch weich, aber nicht braun sind. Die Mischung auf einen tiefen Teller geben, die Kaninchenstücke in die Pfanne legen und bei geringer Hitze etwa 15 Minuten braten, bis sie hellbraun sind. Mit Salz und Pfeffer würzen, die Gemüse-Kräutermischung wieder hinzufügen und nach und nach bei sehr geringer Hitze den Wein zugießen. Erst dann nachgießen, wenn die vorige Weinportion aufgesogen ist. Etwa 20 Minuten kochen. Das Fleisch sollte weich sein, wenn man mit einer Messerspitze hineinsticht.
Während das Fleisch gart, die Sauce zubereiten. Reichlich Öl mit Knoblauch in einer kleinen, schweren Kasserolle erwärmen. Sobald der Knoblauch glasig und weich ist, herausnehmen. Leber und Salami in einem Mixer oder in der Küchenmaschine zu einer Paste verarbeiten. Die Paste in das Öl geben, mit ein wenig Salz und Pfeffer würzen und bei starker Hitze braten, bis die Mischung ihre rote Farbe verliert. Wein angießen und einen Spritzer Zitronensaft hinzufügen. Umrühren, zudecken und bei schwacher Hitze 40 Minuten köcheln lassen. Das Kaninchen mit Kräutern auf einer vorgewärmten Platte servieren und die Sauce dazu reichen.

Porträt Gianna Modotti

»Sono una montanara« – Ich bin eine Frau aus den Bergen, sagt Gianna Modotti von sich, doch die vornehme, stilvoll und dezent gekleidete Frau wirkt wie eine typische Städterin. Mit ihrer präzisen Ausdrucksweise und der angenehm modulierten Stimme ist sie der Inbegriff der *gentilezza*. Man kann sich kaum vorstellen, daß sie in den Bergen umherstreift, während es nicht überrascht zu hören, daß sie eine von Nonnen geführte Schule besucht und einen Abschluß an der Scuola Istituto di Economia Domestica gemacht hat. In dieser Hauswirtschaftsschule wurde alles gelehrt, was für einen normalen Universitätsabschluß erforderlich war, aber auch Gastronomie, Etikette, Theorie und Praxis der Hauswirtschaftslehre sowie Anstandsformen bei Besuchen und Empfängen.

Gianna Modotti wurde in den karnischen Bergen im Friaul geboren und verbrachte ihre ganze Kindheit in dieser herrlichen Alpenregion zwischen Venedig und Triest. Gianna lebte mit ihren Eltern und Großeltern im Haus ihrer Nonna. »Wenn ich am Morgen aufwachte, drangen schon die Küchendüfte durch mein Schlafzimmerfenster herein. In der Küche stand ein riesiger Tisch, und meine Tante und meine Nonna kochten immer auf dem *fogolar«*, der grillähnlichen Feuerstelle, die typisch ist für diese Region. Das Feuer brannte unter einer zwiebelförmigen Haube, die den Rauch in den Kamin leitete.

Giannas Großeltern lebten vor allem von dem, was das Land hervorbrachte. »Mein Großvater hatte eine große Leidenschaft: Er ging zwar nicht zur Jagd, aber er fing kleine Vögel, *uccellini*. Heute ist das ja verboten, aber damals flogen überall Federn in der Luft herum, wenn er nach Hause kam und die Küche betrat. Die Vögel wurden auf Holzspießen aneinandergereiht: erst ein Vogel, dann ein Salbeiblatt, dann ein Stück *lardo* und so weiter. Anschließend legte er die Spieße in einen glasierten

Tontopf und ließ sie ganz langsam schmoren, so daß die Vögel in dem schmelzenden Fett garten. Mein Großvater tischte die Uccellini mit einer sehr weichen Polenta auf. Und wenn es keine Uccellini gab, machte er Uccellini scappati, entflogene Vögelchen. Anstelle der Vögel spießte er mit Fett durchzogene Kalbfleischwürfel auf. Wenn das Fleisch gar war, blieb zerlassener Speck übrig, und die Salbeiblätter waren durchsichtig.«

Obwohl Gianna Modotti eine vornehme Dame ist, interessiert sie sich für die Gerichte der Armen nicht weniger als für Rezepte, die von der Küche Kaiser Franz Josephs beeinflußt sind. Im Friaul hielt jedermann Kühe, und die Käseherstellung war so verbreitet, daß Käse als Arme-Leute-Essen galt. Im Sommer, wenn die Männer auf dem Feld arbeiteten, blieben die Frauen zu Hause, um zu kochen, aber auch sie mußten in die Berge gehen, um Gras für die Kühe zu mähen. Kurz bevor sie aufbrachen, entfachten sie häufig noch das Feuer in der Küche, füllten einen schwarzen Topf mit Kartoffeln, Zwiebeln und einer Art Frischkäse, deckten ihn ab und stellten ihn neben, nicht auf die Flamme. Wenn sie zurückkehrten, war der Käse geschmolzen und der *frico* fertig.

Gianna kocht auch heute noch diesen friaulischen Frico und serviert ihn entweder mit *uova all'aceto*, einem erstaunlich cremigen Rührei, das mit ein paar Tropfen Essig angereichert wird, oder mit *toc' in braide*, einer mit Knoblauch gewürzten und in Milch gekochten Polenta. Eilig fügt Gianna hinzu, daß die goldfarbene Polenta der friaulischen Berge etwas vollkommen anderes ist als die cremeweiße Polenta aus der Gegend um Venedig. »Unsere Polenta ist so fest, daß man sie mit einem Faden oder einem Draht in Stücke schneiden kann; auf diese Weise hält sie sich länger. Die Männer, die im Wald arbeiteten, wickelten sich Scheiben dieser festen Polenta in ihre bunten Baumwolltaschentücher und nahmen sie mit zur Arbeit, und darum heißt sie auch *polenta da mendo*.«

Gianna Modotti ist so klein, daß sie sich fast auf die Zehenspitzen stellen muß, wenn sie im *caldaio*, einem hohen Topf mit gewölbtem Boden, Polenta kocht und die Masse umrühren will. Dazu benutzt sie einen Holzschaber von der Länge eines Nudelholzes, der flach ist wie ein Brett, und rührt, als würde sie Eiweiß in einen Teig einarbeiten. Auch wenn sie in der einen Stunde, die eine Polenta traditionell zum Garen braucht, nicht unablässig rühren muß, läßt Gianna die Blasen werfende Masse nicht aus den Augen.

Über Jahrzehnte hinweg war Gianna von dem reichen kulinarischen Erbe der Region fasziniert. Da die meisten Frauen nicht lesen und schreiben konnten, gab es schriftlich fixierte Rezepte erst seit Beginn des 19. Jahrhunderts. Die ersten Rezepte entstanden, als die Köche der Adelshäuser sich über ihre Erfahrungen austauschten. Als Gianna Modotti ihren Landsleuten die alte friaulische Kochkunst vermitteln wollte, war ihr Mann dagegen, und so wartete Gianna, bis ihre drei Kinder erwachsen waren. Dann kehrte sie an die Klosterschule zurück und unterrichtete Gastronomie und Hauswirtschaft, bis die Schule geschlossen wurde.

Heute gibt sie in ihrem Haus in Udine Kochkurse mit Rezepten aus dem Friaul. Da sie immer gut vorbereitet und bestens organisiert ist und außerdem profunde Kenntnisse besitzt, haben die Schüler das Gefühl, eine Expertin vor sich zu haben. Und gleichgültig, ob die Renaissance-Küche mit der Zubereitung eines raffinierten Banketts oder die bäuerliche Küche der karnischen Berge auf dem Lehrplan stehen, immer widmet sie sich mit großer Ruhe und Sicherheit den Besonderheiten des jeweiligen Rezepts. Friaul mag eng mit der venezianischen Kultur verbunden sein, aber zahlreiche Eroberer – Österreicher, Slawen und andere Mitteleuropäer – haben ihre kulinarischen Spuren hinterlassen. Und so kann man die Geschichte in Giannas Gerichten förmlich schmecken: *Kock di pane con salsa di pere*, Brotpudding mit Birnensauce, kann seine österreichische Herkunft nicht verleugnen, die Pilz-Kartoffel-Suppe ist unzweifelhaft mitteleuropäischen Ursprungs (das Tüpfelchen auf dem i ist die in Italien praktisch unbekannte saure Sahne), während der *baccalà* aus Venedig stammt.

Gianna Modotti sammelt traditionelle Rezepte und archiviert sie mit großer Sorgfalt. Essen war ein wichtiger Aspekt im Leben ihrer Familie und untrennbar mit der vielfältigen Landschaft und den vertrauten Bergen ihrer Kindheit verbunden, die sie sehr intensiv erlebt hat. Noch heute kann sie sich an die Gerüche und den Geschmack der Speisen erinnern, sie weiß noch genau, wie die Küche aussah und daß ihre Tante und ihre Großmutter ein ganz besonderes Verhältnis zu den Zutaten und Gerichten hatten.

Insalata di Coniglio
Kaninchensalat

Wer einmal diesen Kaninchensalat gegessen hat, wird sich fragen, was er jemals an einem Salat mit Hähnchenfleisch gefunden hat. Er ist intensiver im Geschmack, auch festlicher, aber genauso einfach in der Zubereitung. Calogera Federico aus dem sizilianischen Valledolmo nimmt für dieses Rezept einen Hasen, doch wenn Sie keinen auftreiben können, ist ein Kaninchen ein guter Ersatz. Je mehr Gemüse Sie in die Brühe geben, um so besser wird sie. Frische Lorbeerblätter vom Wochenmarkt sind wärmstens zu empfehlen.
Die Brühe kann man für ein Risotto verwenden.

Für 4 Personen als Hauptgericht, für 6 Personen als Vorspeise
1 mittelgroßer Hase oder ein Kaninchen (1000–1200 g)
1 Zitrone, halbiert
2–3 möglichst frische Lorbeerblätter
1 Stange Bleichsellerie, kleingeschnitten
2 rote Zwiebeln, gehackt
2 Mohrrüben, kleingeschnitten
1 mittelgroße Kartoffel, geviertelt
4 EL glatte Petersilie, gehackt
3 Tomaten, grob gehackt
2 TL grobes Salz
1 Messerspitze Chiliflocken
50–60 ml Olivenöl extra vergine
4 EL glatte Petersilie, gehackt, zum Bestreuen

Den Hasen (oder das Kaninchen) in einen großen Topf geben, mit kaltem Wasser bedecken, Zitrone und Lorbeerblätter hinzufügen und zum Kochen bringen. Anschließend sofort das Wasser abgießen, den Hasen herausnehmen und den Topf mit kaltem Wasser gründlich ausspülen.
Den Hasen wieder in den Topf legen und 2 Zentimeter hoch mit kaltem Wasser bedecken. Sellerie, Zwiebeln, Mohrrüben, Kartoffel, Petersilie und Tomaten zugeben, Topf teilweise abdecken und etwa 1 Stunde leise köcheln lassen, bis sich das Fleisch mit einer Gabel leicht lösen läßt. Zwischendurch den Hasen ein-, zweimal umdrehen.

Den Hasen herausnehmen und die Brühe durch ein Sieb gießen, auffangen. Das Gemüse durch das Sieb in die Brühe passieren oder im Mixer pürieren und wieder in die Brühe geben; es sollten circa 2 Liter sein. Für Risotto oder zum Reiskochen aufheben.

Das Fleisch abkühlen lassen, bis man es ablösen und kleinschneiden kann. Salz, Chili und Olivenöl miteinander verrühren und unter das Fleisch mischen. Petersilie darüber streuen und servieren.

Fagiano o Faraona alla Senese
Fasan oder Perlhuhn mit schwarzen Oliven

Dieses Rezept, das mir Luisa Cappelli verriet, stammt aus Siena. Die Sauce mit Wurst und schwarzen Oliven paßt hervorragend zu Polenta. Wenn Sie Polenta als Beilage servieren möchten, erhöhen Sie die Menge des Tomatensafts auf 7/8 Liter. Die getrockneten schwarzen Oliven blähen sich beim langsamen Kochen auf und schmecken saftig und aromatisch, wenn das Gericht auf den Tisch kommt. Luisa nimmt manchmal auch ein Perlhuhn statt des Fasans.

Für 4 bis 6 Personen

2 Fasane (1350–1500 g), geviertelt
3 EL Olivenöl extra vergine
2 Knoblauchzehen, in feine Scheibchen geschnitten
6 italienische Schweinswürste, nur mit Salz und Pfeffer gewürzt
200 g getrocknete schwarze Oliven (französische, italienische oder marokkanische)
300 ml guter trockener Weißwein
gut 1/2 l Saft von italienischen Dosentomaten (7/8 l, wenn Polenta als Beilage gereicht wird)
Salz
schwarzer Pfeffer, frisch gemahlen
Polenta (nach Wunsch, Seite 161)

Die Fasanstücke abspülen und trockentupfen. In eine Kasserolle oder Schmorpfanne von 25 bis 30 Zentimeter Durchmesser mit hohem Rand legen, »eins neben das andere, wie Verlobte«, erklärt Luisa. Vermutlich müssen Sie die Stücke in zwei

Arbeitsgängen braten. Das Olivenöl über das Fleisch träufeln und die Knoblauchscheiben darauf verteilen. Die Wurst von der Pelle befreien, zerdrücken und ebenfalls über dem Fasan verteilen. Die Hitze reduzieren und langsam braten – etwa 15 bis 20 Minuten. Dabei die Fasanstücke häufig wenden, damit sie rundherum gleichmäßig braun werden, und darauf achten, daß die Wurst nicht zu trocken wird. Oliven hinzufügen und unterrühren. Den Weißwein angießen, die Hitze erhöhen und kochen lassen, bis der Alkohol weitgehend verdampft ist und nur eine dicke Flüssigkeit zurückbleibt.

Die Tomaten durch ein Sieb in eine große Schüssel abgießen. Den Saft zum Fasan in die Pfanne geben, die Tomaten für ein anderes Gericht aufheben. Die Pfanne mit Back- oder Wachspapier oder einem sehr dicht schließenden Deckel zudecken und die Mischung bei sehr geringer Hitze 1 bis 1 1/4 Stunde köcheln lassen, bis das Fleisch gar ist. Nach 10 Minuten mit Salz und Pfeffer abschmecken.

Die Polenta auf eine große Platte oder ein Holzbrett stürzen. Den Fasan mit der Sauce darübergeben und servieren.

Oca Arrosto
Gebratene Gans mit Fenchel, Knoblauch und Rosmarin

Nella Galletti erinnert sich noch heute an die harte Arbeit und die langen Tage bei der Weizenernte, als 300 bis 400 Menschen das Getreide mit ihren Sensen schnitten. Der aufwirbelnde Staub machte die Luft, die die Arbeiter einatmeten, zum Schneiden dick, während die heiße Sonne auf sie niederbrannte. Bis zu zwanzig Gänse kamen am Ende eines solchen Tages auf den Tisch – ausgelassen feierte man die Ernte, die ein Jahr der Feldarbeit krönte.

Gänse sind bekanntermaßen sehr fett, und es mag überraschen, daß bei diesem Rezept zusätzlich Pancetta unter die Haut geschoben wird. Aber durch das mehrfache Einschneiden der Haut tritt das Fett schnell aus und läßt den Braten schön braun und knusprig werden.

Für 6 bis 8 Personen

1 große Gans mit Innereien
Salz
2 EL Olivenöl
Battutino (Mischung, die unter die Haut geschoben wird):

1 1/2 EL Pancetta, im Mörser zerstoßen oder zerdrückt, oder gepökelter Speck
3–4 EL wilder Fenchel, grob gehackt, oder Fenchelblätter, grob gehackt, dazu 1/2 TL Fenchelsamen, leicht zerdrückt
1 TL frischer Rosmarin, fein gehackt
1 große Knoblauchzehe, gehackt
Salz
schwarzer Pfeffer, frisch gemahlen
Füllung:
2 große Knoblauchzehen, grob zerkleinert
2 EL frischer Rosmarin, gehackt
1 Tasse wilder Fenchel, fein gehackt, oder Fenchelblätter, fein gehackt
1 TL Fenchelsamen
6 EL Olivenöl extra vergine

Den Ofen auf 220 Grad vorheizen. Die Innereien aus der Gans nehmen, die Gans abspülen und gründlich abtrocknen. Jegliches Fett aus der Höhlung entfernen und eventuell für ein anderes Gericht aufheben. Das Innere salzen, Gänsenieren und -leber fein hacken. Olivenöl erhitzen und die beiden Innereien darin braten, bis sie eine hellbraune Färbung angenommen haben. Zum Abkühlen beiseite stellen.
Für das Battutino zerdrückt Nella Galletti die Pancetta mit einem Stößel zu einer cremigen Masse und vermischt sie mit Fenchel, Rosmarin und Knoblauch. Man kann die Pancetta auch in Stücke schneiden, im Mixer zerkleinern, die anderen Zutaten hinzufügen und ebenfalls klein hacken. In eine Schüssel geben, die gebratenen Nieren und Leber hacken, hinzufügen und mit Salz und Pfeffer würzen.
Knoblauch, Rosmarin und Fenchel miteinander vermischen und die Gans damit füllen. Mit Nadel und Backzwirn zunähen und die Flügel eng an den Körper binden. Mit einem mittelgroßen Messer das Fleisch mehrmals einschneiden (2,5 bis 3 Zentimeter lange Schnitte) und jeweils ein wenig von dem Battutino hineindrücken. Je mehr, desto besser, meint Nella. Die Schenkel sollten jeweils 3 bis 4 solcher Einschnitte haben.
Die gefüllte Gans rundherum salzen und auf einen Rost in einer geölten Backpfanne legen. Das Olivenöl stark erhitzen und vorsichtig über die Gans verteilen. 20 Minuten bei 220 Grad braten, dann die Hitze auf 180 Grad reduzieren. Die Gans mit Alufolie abdecken und gut 2 Stunden braten, bis das Fleisch gar ist. Mit einem spitzen Messer prüfen: Der austretende Saft sollte nicht rosafarben sein. 20 bis 30 Minuten vor Ende der Garzeit die Folie entfernen, damit die Haut braun und knusprig wird.

Tacchino Farcito
Truthahnbrust, gefüllt mit Knoblauch-Petersilien-Frittata

Amelia Innocenti aus Florenz versteht es, aus einfachen Zutaten – einer selbstgemachten *frittata*, ein wenig Mortadella und Putenbrustscheiben – ein wunderbares Gericht zu zaubern, das der Mittelpunkt einer Mahlzeit sein kann.

Ergibt 8 Rouladen für 4 bis 6 Personen
Frittata:
1 EL Butter
1 EL Olivenöl extra vergine
2 große Knoblauchzehen, fein gehackt
2 bis 3 EL glatte Petersilie, fein gehackt
6 Eier, verquirlt
1/4 TL Meersalz
schwarzer Pfeffer, frisch gemahlen

etwa 8 Scheiben Truthahnbrust (insgesamt ca. 600 g), 1/2 cm dick und geklopft
2 Scheiben Mortadella
1 1/2 EL Butter
1 1/2 EL Olivenöl extra vergine
1/2 l Milch

Für die Frittata Butter und Öl in einer möglichst beschichteten Pfanne von 25 Zentimeter Durchmesser erwärmen. Knoblauch und Petersilie hineingeben und bei schwacher Hitze vorsichtig dünsten, bis der Knoblauch glasig und weich ist.
Die mit Salz und Pfeffer verquirlten Eier darübergießen und etwa 15 Minuten bei möglichst schwacher Hitze braten, bis die obere Schicht der Eiermasse stockt. Die Frittata auf einen Topfdeckel oder Teller gleiten lassen, der größer ist als die Pfanne, und gewendet wieder hineingeben. Etwa 2 weitere Minuten braten. Zum Abkühlen beiseite stellen. Die Putenbrustscheiben mit Küchenpapier trockentupfen und auf eine glatte Oberfläche legen.
Frittata und Mortadellascheiben in so viele Stücke schneiden, wie Putenbrustscheiben vorhanden sind, und auf diesen verteilen. Dabei einen Rand von

etwa 2,5 Zentimetern lassen. Aufrollen und jede Roulade mit Garn zusammenbinden.

Butter und Öl in einer möglichst beschichteten 3-Liter-Kasserolle erhitzen, und die Rouladen etwa 10 Minuten rundherum anbräunen. Die Milch angießen, sie sollte die Rouladen gut zur Hälfte bedecken und circa 45 Minuten leise schmoren, bis das Fleisch weich ist (mit einer Messerspitze prüfen). Währenddessen die Rouladen alle 10 Minuten wenden und immer wieder mit Milch begießen. Nach Ende der Garzeit die Schmorflüssigkeit abgießen und beiseite stellen. Eventuell vorher ein wenig reduzieren.

Die Rouladen bei Zimmertemperatur ruhenlassen. Jeweils in 2,5 Zentimeter dicke Scheiben schneiden. Die Sauce darüber gießen oder getrennt zum Fleisch reichen.

Salsiccia di Tacchino
Truthahnwurst mit Pistazien und Mortadella

Für dieses Gericht gibt es zwei Zubereitungsarten – eine für feierliche Anlässe und eine für den Alltag. Für ein festliches Mahl bereitet Nella Galletti eine Galantine, indem sie die Knochen des Truthahns entfernt, vorsichtig die Haut abtrennt und sie mit der Füllung stopft. Bei der einfacheren Variante für den Alltag werden alle Zutaten miteinander vermischt, zu einer Wurst geformt und dann im Ofen gebakken. Als Hauptspeise wird das Gericht heiß oder lauwarm serviert. In dünne Scheiben geschnitten und mit Gürkchen, schwarzen Oliven und eingelegten Gemüsen (Seite 366) eignet es sich aber auch hervorragend als Antipasto.

Für 10 bis 12 Personen
1 mittelgroße Zwiebel, gewürfelt
2 mittelgroße Knoblauchzehen, gehackt
2 EL Olivenöl extra vergine
1300 g Putenhackfleisch
120 g Schweinehackfleisch
200 g Kalbshackfleisch
120 g Parmigiano Reggiano, frisch gerieben
3 Eier, gut verquirlt
2 EL glatte Petersilie, fein gehackt
Schale von 1 1/2 unbehandelten Zitronen, gerieben

1 kleine Mohrrübe, gewürfelt
50 Pistazien, geschält und 5 Minuten bei 180 Grad im Ofen geröstet
120 g Mortadella bester Qualität, in 0,5 cm dicke Scheiben geschnitten und gewürfelt
2 TL Meersalz
schwarzer Pfeffer, frisch gemahlen
3/4 TL Muskatnuß, frisch gerieben

Den Ofen auf 180 Grad vorheizen.
Olivenöl in einer kleinen Schmorpfanne erhitzen und Zwiebel und Knoblauch bei schwacher Hitze etwa 5 Minuten weich und glasig dünsten. Dabei darauf achten, daß der Knoblauch nicht braun wird. Auf die Seite stellen und abkühlen lassen. Puten-, Schweine- und Kalbshackfleisch in einer großen Schüssel vermischen. Parmiggiano Reggiano zusammen mit den Eiern hineinrühren. Anschließend die Zwiebel-Knoblauch-Mischung, Petersilie, Zitronenschale, Mohrrübe, Pistazien, Mortadella, Salz, Pfeffer und Muskatnuß kräftig mit dem Fleisch vermischen. Verwenden Sie dazu einen Holzlöffel.
Die Fleischmischung auf ein 60 Zentimeter langes Stück Alufolie legen und zu einem etwa 7,5 Zentimeter dicken, rechteckigen Stück formen. Mit dem langen Ende der Folie beginnend, das Fleisch zu einer großen langen Wurst aufrollen. Die beiden Folienenden zusammenfalten und auf die Wurst drücken, so daß das Paket fest und eng verschlossen ist. Mit der Naht nach unten auf ein leicht geöltes Backblech legen. Die Wurst 45 Minuten im Ofen backen, bis die Temperatur in ihrem Inneren 60 Grad beträgt und ein klarer Saft austritt. Vor dem Servieren 10 bis 15 Minuten ruhenlassen. Man kann die Wurst auch ein paar Stunden vor dem Servieren zubereiten und an einem kühlen Ort zugedeckt stehenlassen. Im Kühlschrank hält sie sich 2 bis 3 Tage. Man sollte sie jedoch 1 Stunde vor dem Servieren herausnehmen, damit sie Zimmertemperatur annehmen kann.

Fisch

Jahrhundertelang schrieb der Kirchenkalender zahlreiche fleischlose Tage vor, und so erstaunt es auch nicht, daß Fisch in der italienischen Küche eine große Rolle spielt. Einige Sorten wie Aal, Hecht und Karpfen kommen aus den Flüssen und Seen Italiens, andere – zum Beispiel Seebarsch, Thunfisch und Seebarbe – stammen aus dem Mittelmeer. Wieder andere, etwa Baccalà und Stockfisch, kommen, bereits in Salz eingelegt oder getrocknet, aus Nordeuropa.

Zur Gruppe der kleinen, stahlblauen *pesci azzurri* zählen preisgünstige Fischarten wie Sardellen, Sardinen und Heringe. Man genießt sie in Antipasti und Saucen, sie werden mariniert, mit Weißwein oder Semmelbröseln gebacken oder gebraten.

Das Wassersystem in den Ebenen von Padua und der Lombardei besteht aus Flüssen, Seen, Kanälen, Reisfeldern und Teichen, in denen früher unzählige Frösche – »die Sirenen der Kanäle« – lebten, kleine Vögel brüteten und ein ungeheurer Reichtum an kleinen Fischen herrschte. Viele Gerichte wie Risotto con le rane (Risotto mit Froschschenkeln), Rane in guazzato (Froschschenkel in Tomatensauce) und Brodo di rane (Froschbrühe) sind ohne die genannten Gewässer nicht denkbar. Doch in den letzten dreißig Jahren haben fast all diese Tiere aufgrund des Einsatzes von Unkrautvernichtungsmitteln ihren Lebensraum verloren, so daß die Zutaten für Gerichte, die zur Zeit der Nonne noch alltäglich waren, heute importiert werden müssen oder gar nicht mehr auf den Speiseplänen auftauchen.

In Italien überall erhältlicher weißer Fisch wie *orata* (Goldbrasse), *dentice* (Zahnbrasse) und *cernia* (Sägebarsch) kann durch Fisch mit weißem, festem Fleisch wie Seebarsch *(spigola)*, Petersfisch *(pesce San Pietro)* oder Steinbutt *(rombo)* ersetzt werden. Schwertfisch und Thunfisch, zwei Hauptbestandteile der süditalienischen Küche, sind fast überall erhältlich.

Weichtiere wie zum Beispiel Tintenfisch gibt es in Italien in vielerlei Formen und Größen. Auf einem einzigen Markt in Lucca entdeckte ich Calamari mit langen Beinen, weiße *seppie* mit langen Tentakeln, *totani*, die einen langen, schmalen Körper, aber keine Tentakeln haben, und Kuttelfisch. Und gleich daneben lagen mehrere Sorten Oktopus auf Eis.

Schalentiere findet man ebenfalls in vielen Varianten: Neben Muscheln verschiedenster Größe – *mitili*, *cozze* und *muscoli*, *cannolicchi* und winzig kleinen Sorten, die nicht größer sind als ein Fingernagel – auch Krabbenarten wie *cannocchie* oder *cicala* (klein), *gamberetti* (sehr klein), *gamberi* (Garnelen) und *mazzancolle* (Riesengarnelen).

Baccalà alla Vicentina
Baccalà nach Art von Vicenza

Gianna Magri Bari, eine Großmutter und hervorragende Köchin, die am Stadtrand von Vicenza lebt, ist Expertin, was die Zubereitung von Baccalà alla vicentina betrifft. Vicenza stand lange Zeit unter der Herrschaft Venedigs, und als vor vielen Jahrhunderten venezianische Händler nach Norwegen reisten, brachten sie von dort Stockfisch mit. Das an der Adria gelegene Venedig hatte zwar keinen Bedarf an getrocknetem Fisch, doch die kleineren Städte im Landesinneren, so auch Vicenza, waren dankbare Abnehmer.

Zum erstenmal schriftlich erwähnt wird dieses Gericht Ende des achtzehnten oder Anfang des neunzehnten Jahrhunderts, und zwar in Form minutiös beschriebener Rezepte in den Kochbüchern adeliger und gehobener bürgerlicher Familien. So beliebt Baccalà oder Stockfisch in den Trattorie auch war, so wenig wußten die Hausfrauen, wie man ihn zubereitete, und wegen des Geruchs mochten sie ihn auch nicht besonders. Der knochenharte Stockfisch ist in seiner getrockneten Form nicht genießbar und muß mit einem Holzhammer geklopft werden; vor dem Zweiten Weltkrieg ließ man den Fisch in speziellen *botteghe* klopfen, legte ihn dann für 2 bis 3 Tage in Wasser und zog die Gräten heraus, bevor man ihn kochte.

Baccalà alla vicentina bereitet man am besten 12 bis 24 Stunden vor dem Servieren zu. Dann sollte er sehr vorsichtig aufgewärmt werden, bis er dampfend heiß ist. Man reicht dazu weiche, hellgelbe Polentascheiben.

Für 6 Personen

550–700 g Baccalà, möglichst in gleich großen Filetstücken
2 kleine weiße Zwiebeln, in Scheiben geschnitten
1 Knoblauchzehe, fein gehackt
1 EL Butter
1 EL plus 1/16 l Olivenöl extra vergine
2–3 EL Mehl
1 1/2 EL Parmigiano Reggiano
625 ml Milch
Salz
schwarzer Pfeffer, frisch gemahlen
1 in Salz eingelegtes oder 2 in Öl eingelegte Sardellenfilets,
gut abgespült und abgetrocknet

Baccalà mindestens 24 Stunden vor der Zubereitung kräftig waschen, um das Salz zu entfernen. Die Filets in eine Schüssel legen und mit kaltem Wasser bedecken. Das Wasser zweimal wechseln.
Zwiebeln und Knoblauch in Butter und 1 Eßlöffel Öl bei mittlerer Hitze 8 bis 10 Minuten glasig dünsten. Sardellenfilet(s) zerdrücken, untermischen und kurz mitdünsten. Baccalà in höchstens 5 Zentimeter große Stücke schneiden. In Mehl wenden und dicht nebeneinander in eine leicht geölte, möglichst beschichtete Kasserolle mit schwerem Boden von 25 bis 30 Zentimeter Durchmesser legen. Signora Bari empfiehlt einen Topf aus Ton oder Aluminium, auf jeden Fall sollte er nicht aus Edelstahl sein. Zunächst die Zwiebel-Knoblauch-Sardellenmischung, danach den Parmiggiano Reggiano gleichmäßig über dem Fisch verteilen. Das restliche Öl und die Milch darüber gießen. Die Fischstücke sollten mindestens 1,5 Zentimeter hoch mit Flüssigkeit bedeckt sein. Bei sehr schwacher Hitze sehr leise köcheln lassen. Der Fisch darf auf keinen Fall kochen, da er sonst zäh wird. Darauf achten, daß er nicht anbackt. Sollte dies der Fall sein, sofort eine andere Kasserolle nehmen. Das Geheimnis dieses Gerichts ist das langsame Köcheln, denn nur so bleibt der Fisch weich und weiß wie ein Hundezahn, meint Gianna! Man sollte nur eine ganz leichte Bewegung in der Flüssigkeit sehen. Die Garzeit beträgt 3 bis 3 1/2 Stunden, bis die ganze Milch aufgesogen ist.
Den Topf vom Herd nehmen. Eventuell noch vorhandenes Öl abgießen. Baccalà bereitet man am besten 12–24 Stunden im voraus zu und bewahrt ihn im Kühlschrank auf.

Baccalà ist Kabeljau, der im Wind des kalten, frostreichen Nordens getrocknet und dann in Salz eingelagert wurde. Verwirrend ist, daß *stoccafisso*, Stockfisch und ebenfalls ein Kabeljau, in Vicenza Baccalà heißt, obwohl er in der Sonne getrocknet wird. Beide Sorten müssen 2 bis 3 Tage lang immer wieder gewässert werden, allerdings läßt sich Baccalà leichter verarbeiten als *stoccafisso*.

Stoccafisso della Cantina Sociale di Valdinevola
Kabeljau-Gratin mit Kartoffeln und Tomaten

Marinella Rugini und Gina Baccolini verwenden für dieses Gericht meistens Stockfisch, gelegentlich aber auch Baccalà, der 3 Tage lang gewässert wird. Dabei muß man das kalte Wasser mindestens zweimal pro Tag wechseln. Der Fisch sollte weich sein und nicht mehr salzig schmecken (siehe Seite 207). Marinella und Gina stimmten mir zu, daß man für dieses Gericht auch frische Kabeljaufilets verwenden könne. Die Zubereitung ist einfach, und Kartoffeln und Tomaten, Petersilie und Semmelbrösel gehen eine harmonische Verbindung mit dem Fisch ein. Servieren Sie das Gericht mit gebratenen Polentascheiben.

Für 4 bis 6 Personen

700 g frische Kabeljaufilets, 2,5 cm dick,
anderer festfleischiger Weißfisch wie Heilbutt oder
335 g Baccalà, 3 Tage lang in Wasser eingeweicht
2 große, reife Tomaten (450 g), enthäutet, halbiert und
von Kernen befreit
3 kleine Kartoffeln (450 g), geschält und in Scheiben
geschnitten
Salz
schwarzer Pfeffer, frisch gemahlen
2 Knoblauchzehen, gehackt
2–3 EL glatte Petersilie, gehackt
40 g Semmelbrösel, möglichst frisch gerieben
80 ml trockener Rotwein
1–2 EL Wasser
3 EL Olivenöl extra vergine
etwas Milch

Den Ofen auf 180 Grad vorheizen.

Die Fischfilets halbieren. Boden und Wände einer feuerfesten Form, die groß genug ist, daß man die Hälfte des Fischs in einer Schicht darin auslegen kann, leicht mit Öl bestreichen.

Ein Drittel der Tomaten auf dem Boden der Form verteilen, mit der Hälfte des Fischs bedecken, darauf die Hälfte der Kartoffeln ausbreiten. Jede Schicht leicht mit Salz und Pfeffer bestreuen. Wiederholen und zum Schluß das letzte Drittel der Tomaten über dem Fisch verteilen.

Knoblauch, Petersilie und Semmelbrösel vermengen und gleichmäßig über die Tomaten streuen. Mit Salz und Pfeffer würzen. Zum Schluß Wein, Wasser und Olivenöl vermengen und darüber gießen, so daß die Mischung gut feucht wird.

Mit Alufolie abdecken und 1 Stunde und 20 Minuten im Ofen backen. Dann die Folie entfernen. Ein wenig Milch zu der verbleibenden Flüssigkeit gießen und weitere 10 Minuten backen, bis der Fisch weich ist.

Pesce al Forno
Gebackener Seebarsch mit grüner Sauce

Viele Fischsorten aus dem Mittelmeer sind bei uns nicht überall erhältlich. *Orata,* Goldbrasse, die Liliana d'Ambrosio für dieses Rezept verwendet, kann man durch jeden festfleischigen Weißfisch wie Seebarsch oder Red Snapper ersetzen. Mit der Schicht aus grünen Oliven und der leuchtend grünen Sauce, die dazu gereicht wird, ist dieses Gericht auch optisch sehr reizvoll.

Für 4 Personen

1 ganzer Seebarsch (ca. 1350 g), gesäubert, oder 1350 g Filets
3 Knoblauchzehen
4 EL glatte Petersilienblätter
Meersalz
schwarzer Pfeffer, frisch gemahlen
1 Zitronenscheibe
1/8 l Olivenöl extra vergine
2 TL getrockneter Oregano
100 g grüne Oliven in Salzlake, ohne Flüssigkeit gewogen, entsteint und halbiert
1 EL Kapern, vorzugsweise in Salz eingelegt, gut abgetropft
3 EL trockener Weißwein
1–1 1/2 EL Weißweinessig

Grüne Sauce (Salsa verde):
2 Bund glatte Petersilie, gewaschen und von Stielen befreit
1/2 Knoblauchzehe, grob gehackt
2 EL Kapern, vorzugsweise in Salz eingelegt, gut abgetropft
ca. 7 grüne Oliven in Salzlake, abgetropft und entsteint
Meersalz
schwarzer Pfeffer, frisch gemahlen
80 ml Olivenöl extra vergine
1 EL Aceto Balsamico

Fisch innen und außen säubern und waschen. Gut abtrocknen.
Knoblauch und Petersilie fein hacken und vermischen.
Fisch auf beiden Seiten mehrmals einschneiden (kleine Schnitte) und die Knoblauch-Petersilien-Mischung hineindrücken. Den Fisch innen mit Salz und Pfeffer würzen und 1 Zitronenscheibe hineinlegen.
Den Boden einer feuerfesten Form mit Olivenöl einpinseln. Den Fisch rundherum mit Olivenöl und Oregano einreiben, in die Form legen und die halbierten Oliven und die Kapern darüber verteilen. Mit Weißwein beträufeln. 1/2 Stunde stehenlassen. Anschließend salzen.
Den Ofen auf 180 Grad vorheizen.
Den Fisch 30 bis 35 Minuten garen. Nach 10 Minuten den Essig darüber träufeln.
Prüfen, ob der Fisch durchgebraten ist: Dazu mit einem Messer entlang des Rückgrats einschneiden. Wenn sich das Fleisch leicht löst, ist er fertig.
Währenddessen die grüne Sauce zubereiten. Alle Zutaten im Mixer pürieren, bis eine weiche Paste entsteht. Die Sauce getrennt zum Fisch reichen.

San Pietro in Salsa
Petersfisch in Balsamico-Sauce

Dieses Gericht wird auf dem Land um Mantua gewöhnlich mit Hecht zubereitet, aber Vanna Corbellani Camerlenghi versichert mir, daß man genausogut den köstlichen, weißfleischigen Petersfisch nehmen kann, der sich sogar fast besser eignet, weil Hecht viele kleine Gräten hat, die äußerst schwierig zu entfernen sind. Anstelle von Petersfisch kann man wiederum auch Kabeljau oder Schellfisch verwenden. Ich habe es sogar mit Forelle versucht und damit gute Ergebnisse erzielt.

Für 4 Personen

Fisch:
900 g Filets vom Petersfisch, Kabeljau, Schellfisch oder ganze Forellen

Fischsud:
der obere Teil von 2 Stangen Bleichsellerie mit Blättern
1 Stange Bleichsellerie, grob zerkleinert
1 Zwiebel, geviertelt
1 Mohrrübe, grob zerkleinert
2 Zitronenscheiben
1/2 TL Salz
5 schwarze Pfefferkörner
2 Lorbeerblätter
1 l Wasser

Balsamico-Sauce:
1 Bund glatte Petersilie, fein gehackt
4 Knoblauchzehen, geschält
1/4 l Olivenöl extra vergine
Meersalz
schwarzer Pfeffer, frisch gemahlen
8 in Öl eingelegte Sardellenfilets, gut abgespült, abgetropft und gesäubert
6 EL Aceto Balsamico

Den Fisch gut säubern.
Sellerie, Zwiebel, Mohrrüben, Zitronenscheiben, Pfefferkörner und Lorbeerblätter in einen Fischtopf geben, 1 Liter Wasser zugießen, zum Kochen bringen und 15 Minuten köcheln lassen, um ein Konzentrat herzustellen. Den Fisch vorsichtig hineingleiten lassen, die Filets sollten ganz von Flüssigkeit bedeckt sein. Bei mittlerer bis schwacher Hitze 4 bis 5 Minuten pochieren, bis der Fisch seine Transparenz verloren hat und sich mit einer Messerspitze leicht zerteilen läßt. Wenn der Fisch nach 5 Minuten noch nicht gar ist, vorsichtig wenden und noch wenige Minuten ziehen lassen. Herausheben und in 5 Zentimeter große Stücke schneiden. Die Brühe wegschütten.
Für die Sauce Petersilie und Knoblauch hacken. Mit Olivenöl, Salz und Pfeffer in eine kleine Kasserolle geben und bei schwacher Hitze circa 5 Minuten dünsten, bis alles weich und zart ist. Sardellenfilets hinzufügen, alles vermischen und nur 2 Minuten bei starker Hitze braten. Balsamessig unterrühren und 1 bis 2 Minuten bei schwacher Hitze köcheln lassen.
Den Boden einer Ton- oder feuerfesten Glasform von 30 x 18 x 5 Zentimeter, in der man den Fisch servieren kann, mit einer Schicht Sauce bedecken. Den Fisch darauf verteilen und darüber eine zweite Schicht Sauce geben. Sie sollte den Fisch fast ganz bedecken. Über Nacht in den Kühlschrank stellen, damit sich die Aromen miteinander verbinden können. Bei Zimmertemperatur servieren. Das Gericht hält sich im Kühlschrank eine Woche, wobei die Sauce sogar noch schmackhafter wird.

Variante: Für Luccio alla rivaltese (Hecht oder Petersfisch, wie er in einem kleinen Dorf bei Mantua zubereitet wird) pochiert man den Fisch in der gleichen Brühe, doch man reicht folgende Sauce dazu:.

1/4 Olivenöl extra vergine
Salz
schwarzer Pfeffer, frisch gemahlen
Saft von 2 Zitronen
40 g Parmigiano Reggiano, frisch gerieben, oder
1 Handvoll glatte Petersilie, fein gehackt

Öl, Salz und Pfeffer in eine Schüssel geben, Zitronensaft unterrühren und die Mischung kräftig verquirlen, bis alle Zutaten gut miteinander verbunden sind. Auf dem pochierten Fisch verteilen und Käse darüberstreuen. Auch wenn Ihnen die Kombination von Fisch und Käse fremd erscheint, sie schmeckt köstlich.

Tip: Wenn man einen ganzen Fisch kocht, muß er mit kaltem Wasser aufgesetzt werden, damit die Haut nicht platzt und das Fleisch zerfällt. Fischfilets hingegen gibt man in kochende Flüssigkeit, die die Poren verschließt, so daß das Fleisch saftig bleibt.

Balsamessig *(Aceto Balsamico)* wurde ursprünglich nur in Modena, Reggio Emilia sowie in der Nachbarregion Emilia Romagna hergestellt und ausschließlich im eigenen Haushalt verwendet; man bewahrte ihn auf für die Mitgift oder beschenkte damit so wichtige Personen wie einen Adeligen oder sogar den Papst. Traditionell gewinnt man Balsamessig aus weißem Traubenmost, der zu einem dicken, saftigen Sirup verkocht wird. Dieser Sirup mit seinem sehr süßen Beigeschmack wird mindestens 10 Jahre in verschiedenen Fässern gelagert, wobei jeweils das nächstfolgende kleiner und aus anderem Holz ist als das vorhergehende. Da wundert es nicht, daß eine kleine Flasche eines sehr alten Balsamessigs, der die Intensität und Weichheit eines großen Cognacs hat, an die 200 DM kosten kann. Balsamessig wird als Zusatz benutzt, um das Aroma einzelner Zutaten oder eines ganzen Gerichts hervorzuheben.

Da es große Unterschiede zwischen den einzelnen Sorten gibt, ist es wichtig, vor dem Kauf eine Kostprobe zu machen. Den vollsten, rundesten Geschmack hat der Essig aus Reggio oder Modena: Fini, Giuseppe Giusti und Elena Monari Federzoni sind gute, zuverlässige Marken. Um den Geschmack des Essigs noch stärker hervortreten zu lassen, kann man ihn ein wenig einkochen. Wenn möglich, mischen Sie ein klein wenig alten Balsamessig mit einer weniger teuren Sorte.

Porträt Gisa Sotis

Das hügelige Gut von Gisa Sotis ist übersät mit Eichen, Oliven und Weinstöcken, und man hat einen großartigen Blick auf das ferne Ischia, die Bucht von Neapel und den Nachbarhügel mit der mittelalterlichen Stadt Minturno. Wo man auch hinschaut, überall wächst etwas. Aus Gisas 400 Reben entsteht ein köstlicher Wein, und ihre Olivenbäume liefern über 600 Liter Öl und eingelegte Früchte. Sie besitzt Obstbäume, einen Küchengarten, in dem sie Gemüse und Kräuter zieht, und sogar einen sehr alten Johannisbrotbaum, der reichlich Früchte trägt. Johannisbrot wurde früher zur Aromatisierung von Alkohol verwendet, die Schoten verfütterte man an die Tiere. Heute fressen Gisas Katzen und Hunde kurze Nudeln, die speziell für Haustiere produziert werden. Gisa muß sie exakt zur gleichen Zeit in die jeweiligen Futternäpfe werfen, damit sich die Tiere nicht zanken. Häufig trifft man in Gisas großem, hübsch eingerichtetem Haus auch ihre Enkelkinder an, denn hier leben drei Generationen unter einem Dach. Gisa ist die letzte ihrer Generation, und sie weiß, daß sie auch die letzte ist, die noch wie ihre Mutter und ihre Großmutter lebt. Ihre Tochter Grazia hat in italienischer Literatur und Komparatistik promoviert und lehrt in Rom, das zwei Stunden mit dem Auto entfernt liegt.

Gisa Sotis hat es sicher leichter als ihre Mutter, die ihr Leben lang auf dem Feld arbeitete, aber auch sie baut noch alles selber an. »Ich kann es einfach nicht lassen«, meint sie, obwohl ihre eindrucksvoll gerade Haltung, ihr modisch gewelltes Haar und ihr gut geschnittenes Kleid nichts dergleichen vermuten lassen. Gisa ist trotz ihrer siebzig Jahre immer noch schlank und rank und sieht zehn Jahre jünger aus. Sie lebt in Minturno di Tufo im Süden Latiums, nicht weit von Gaeta, wo sie mit ihrem inzwischen verstorbenen Mann die Kinder großzog.

Häufig versammelt sich die ganze Familie in der Küche. Gisa ist eine großartige

Köchin, die in einer halben Stunde ein Mittag- oder Abendessen zaubert. »Es ist nicht gut, zuviel Zeit aufs Kochen zu verwenden. Ich koche gern, aber nicht ständig«, erklärt sie mir, während sie in einem Tempo den Fisch mit Knoblauch, Petersilie und einer Scheibe Zitrone füllt, daß ich ihren Bewegungen kaum folgen kann.
Gisa lernte das Kochen, indem sie ihrer Großmutter zusah, die aus Gaeta an der nahen Küste stammt. Und genauso beobachtet heute die kaum zwei Jahre alte Nicoletta ihre Großmutter und verfolgt gespannt jeden von Gisas Handgriffen. Gisa redete mit ihr wie mit einer Erwachsenen, und das wirkte offenbar sehr beruhigend auf das Kind. Alles, was Gisa kocht, ist sehr einfach in der Zubereitung, nicht *»sofisticato«*, wobei sie das Wort in abschätziger Weise betont. Raffinierte Gerichte sind Gisa zu protzig, und die Saucen verhindern ihrer Meinung nach, daß der Geschmack der einzelnen Zutaten zur Geltung kommt. Und geht es nicht in erster Linie um diese Zutaten? *»Come odori, uso quello che c'è sul terreno, che si trova: aglio, cipolla, prezzemolo, basilico«* – als Gewürz verwende ich alles, was der Boden hervorbringt: Knoblauch, Zwiebeln, Petersilie, Basilikum. »Hier ist es leicht, gut zu kochen«, meint sie. »Alle guten Zutaten bekomme ich im Umkreis von wenigen Kilometern.« Neapel ist fast in Sichtweite und ebenso die Molkereien, in denen Mozzarella hergestellt wird, die Bauernhöfe, auf denen wunderbar süße Tomaten wachsen, und das Mittelmeer, dessen Fisch den Gerichten den Geschmack des Meeres verleiht. Gisa kauft nur, was die jeweilige Jahreszeit bietet, und kann sich gar nicht vorstellen, daß jemand im Winter auch nur versucht, irgendwo Basilikum oder Tomaten aufzutreiben. Sie kocht im Sommer Tomatensauce ein, und im Winter »kommt dann der Geschmack des Sommers aus der Flasche«. Auch Fisch gab es lange nur zu bestimmten Zeiten des Jahres, und Gisa ist nicht gerade begeistert von dem relativ neuen Phänomen der Fischzucht. Es beunruhigt sie, daß Seebarsch, Miesmuscheln und *vongole veraci*, Venusmuscheln mit süßlichem Geschmack, heute das ganze Jahr über zu haben sind. Fischer aus Gaeta und Formia, den beiden nächstgelegenen Küstenstädten, fahren mit großen Trawlern weit aufs Meer hinaus und fangen mit ihren riesigen Netzen oft Fische, die sie gar nicht haben wollen und die durch den Fang im Netz verletzt werden. Die Boote aber, die von Minturno mit kleinen Netzen ablegen, bringen wirklich guten Fisch mit, erklärt Gisa im Brustton der Überzeugung, und diesen Fisch verwendet sie häufig in ihrer Küche.
Doch auch wenn Gisa Sotis die Tradition wahrt, hat sie sich den Errungenschaften der Moderne nicht verschlossen. Ihr großer Gefrierschrank ist mit allem Möglichen erstaunlich gut bestückt – von selbstgemachter Lasagne bis zu Kalbfleischwürfeln. Sie liebt frischen Oktopus, und als sie herausfand, daß das Fleisch weich und zart wird, wenn man es einen Tag einfriert, nahm sie ohne zu zögern Abschied von der altehrwürdigen Tradition, den Oktopus mit einem Hammer zu klopfen. Wenn man ihren Gefrierschrank öffnet, wird man darin stets einen Oktopus finden.

Insalata di Polpo
Oktopussalat

Folgen Sie dem Beispiel von Gisa Sotis und legen Sie den Oktopus einen Tag lang in den Gefrierschrank. Danach können Sie ihn sofort in den Kochtopf geben. Andere Köchinnen werfen einen Weinkorken in das Kochwasser, da die Enzyme des Korkens den Oktopus automatisch zart machen. Beide Methoden führen gleichermaßen zum Erfolg.

Für 4 bis 6 Personen
675 g kochfertiger Oktopus
1 Weinkorken (nach Wunsch)
1 Zwiebel, halbiert
1 Stange Bleichsellerie, in Scheiben geschnitten
2 EL glatte Petersilie, fein gehackt
80 ml Olivenöl extra vergine
Meersalz
schwarzer Pfeffer, frisch gemahlen
2 EL Zitronensaft

Wählen Sie eine der beiden obengenannten Methoden, das Oktopusfleisch zart zu machen.
Reichlich Wasser – der Oktopus sollte bedeckt sein – in einem großen Topf zum Kochen bringen. Zwiebel, Sellerie, Oktopus und eventuell den Weinkorken zugeben und sprudelnd kochen lassen. Die Hitze reduzieren und 45 bis 50 Minuten leise köcheln lassen. Das Fleisch sollte zart, aber al dente sein. Vom Feuer nehmen und den Oktopus noch 20 Minuten in dem abkühlenden Wasser liegen lassen. Anschließend das Kochwasser abgießen.
Den Oktopus in kleine Stücke schneiden und mit Petersilie, Olivenöl, Salz, Pfeffer und Zitronensaft würzen. Heiß oder lauwarm servieren.

Variante: Giuseppina Peppino De Lorenzi, eine hervorragende Köchin aus Lequile im äußersten Süden Apuliens, fügt dem Wasser nach der Hälfte der Kochzeit gelbfleischige Kartoffeln hinzu, zerkleinert sie genauso wie den Oktopus und serviert beides mit demselben Dressing.

Pesce in Acqua Pazza
Fisch in »verrücktem Wasser«

Fisch in verrücktem Wasser? Der Legende nach kochten Fischer früher den Fisch in Meerwasser und gaben diesem einen Stein aus der Tiefe des Hafenbeckens bei, der dick mit Muscheln und Algen überzogen war. Was aber ist das Verrückte daran? Laut Carola Francesconi, einer Autorität, was die neapolitanische Küche betrifft, wird diese Bezeichnung für jedes Gericht verwendet, bei dem Meerwasser ein wichtiger Bestandteil ist. Früher warfen die Fischer vielleicht noch ein paar Fische aus ihrem Fang in den Topf, um dem Wasser Aroma zu verleihen. Heute gibt man dem »verrückten« Wasser, in dem Seebarsch oder ein anderer Weißfisch pochiert wird, Knoblauch, Tomaten, Chiliflocken und Salz bei und serviert den Fisch stets mit gerösteten Brotscheiben, die auf den Boden der Suppenschale gelegt werden. Zum Schluß beträufelt man das Ganze mit ein wenig Olivenöl.
Dies ist ein Rezept von Gisa Sotis.

Für 4 Personen
4 EL Olivenöl extra vergine
1 1/8 l Wasser
4 EL glatte Petersilie, fein gehackt
2 mittelgroße Knoblauchzehen, fein gehackt
2 mittelgroße reife Fleischtomaten (etwa 450 g), enthäutet und gewürfelt
1/4 TL getrocknete Chilischote oder
1/2 kleine, frische Chilischote, jeweils gehackt
1 TL Meersalz
1 ganzer Seebarsch (etwa 900 g), gesäubert, oder
900 g Seebarschfilets
4 Scheiben Landweißbrot

Wasser, 2 Eßlöffel Olivenöl, Petersilie, Knoblauch, Tomaten, Chiliflocken und Salz vermischen und in eine Fischpfanne mit 5 Zentimeter hohem Rand oder eine Pochierpfanne geben, in der der Fisch genügend Platz hat. Zudecken und etwa 20 Minuten köcheln lassen. Den gesäuberten ganzen Fisch oder die Fischfilets hinzufügen, zudecken und in der heißen Mischung, dem verrückten Wasser, bei schwacher Hitze garen, bis man mit einem Messer leicht in die dickste Fleischstelle

hineinstechen kann. Die Flüssigkeit darf nur köcheln und keinesfalls sprudelnd kochen.
Währenddessen die Brotscheiben im Toaster oder im Ofengrill rösten.
Fisch aus dem Wasser heben und wenn nötig filetieren. In jede Suppenschale eine Brotscheibe legen, den Fisch darauf legen und das verrückte Wasser darüber gießen. Zum Schluß mit ein wenig Olivenöl beträufeln.

Orata alla Griglia
Gegrillte Goldbrasse mit Knoblauch und Petersilie

Es war ein unendliches Vergnügen, Gisa Sotis bei der Zubereitung dieses Gerichts zuzusehen. Kein Schritt dauerte länger als ein paar Minuten, die Liste der Zutaten war klein, und doch war das Ergebnis erstaunlich: ein Fisch mit knuspriger Haut und saftigem Fleisch.
Wenn Sie keine *orata* finden, nehmen Sie einen anderen ganzen, festfleischigen Weißfisch wie Red Snapper, Streifenbarsch oder Lachsforelle.

Für 4 Personen
4 ganze Goldbrassen (ca. 450–675 g) oder
einen anderen festfleischigen Weißfisch (s. o.), gesäubert
10 Knoblauchzehen, grob gehackt
1 Bund glatte Petersilie, grob zerpflückt, ohne Stengel
Saft und Fruchtfleisch von 2 Zitronen
Salz
schwarzer Pfeffer, frisch gemahlen
1/8 l Olivenöl extra vergine

Fisch unter fließend kaltem Wasser gründlich abspülen, abtrocknen und auf einen Teller legen. In jeden Fisch 2 Knoblauchzehen und 2 bis 3 Eßlöffel Petersilie geben. Restlichen Knoblauch und Petersilie in gleich große Portionen aufteilen und jeweils in die Öffnung unterhalb des Fischmauls schieben. Die Hälfte vom Zitronensaft und Fruchtfleisch in die Fischhöhlungen füllen, den Rest auf den Fischen verteilen. Mit Salz und Pfeffer bestreuen und mit Olivenöl einreiben.
Am besten grillt man den Fisch über Hartholz oder Hartholzkohle. Die Flammen ausgehen lassen, so daß nur heiße Glut übrigbleibt.

Das Grillgitter mit ein wenig Olivenöl bestreichen und 10 bis 15 Zentimeter über die Hitzequelle legen. Für sehr kleinen Fisch gibt es spezielle Gitter oder Körbe, ansonsten legt man den Fisch direkt auf das Grillgitter und gart ihn 3 bis 5 Minuten. Dabei einmal wenden. Mit einem scharfen Messer nahe des Rückgrats einstechen; der Fisch ist gar, wenn das Fleisch fest und nicht mehr glasig ist. Sofort auf eine vorgewärmte Platte legen.

Um den Fisch auf dem Herd zuzubereiten, ein schweres Backblech oder eine gußeiserne Grillpfanne sehr heiß werden lassen. Mit etwas Olivenöl einstreichen und den Fisch darauf legen. Bei mittlerer Hitze 3 bis 4 Minuten auf der einen, 2 bis 3 Minuten auf der anderen Seite garen. Wie oben beschrieben, prüfen, ob er gar ist.

Tip: Viele italienische Großmütter verwenden für das Feuer Holzabfälle, weil ein Kohlenfeuer kein Aroma hat; allerdings hält letzteres konstanter die Temperatur.

Seppie in Zimino
Tintenfisch mit Mangold

Amelia Innocenti kennt alle klassischen florentinischen Gerichte, doch wenn man sie nach ihrem Lieblingsrezept fragt, nennt sie immer dieses. Der Tintenfisch wird zusammen mit Mangold, Tomaten, Knoblauch und Wein gegart, bis er samtweich ist. Das reichhaltige, sättigende Gericht eignet sich gut als Mittelpunkt eines nahrhaften Mahls und schmeckt selbst denjenigen, die normalerweise schon bei der Erwähnung von Tintenfisch zurückschrecken.

Die meisten Fischmärkte bieten heute Tintenfisch bereits gesäubert an.

Für 4 bis 6 Personen

900 g Mangold
60 ml Olivenöl extra vergine
1 1/2 mittelgroße weiße Zwiebeln, in sehr feine Scheiben geschnitten
2 Knoblauchzehen, gehackt
625 g gesäuberter Tintenfisch, gewaschen und trocken getupft, Rumpf in 1,5 cm breite Ringe, Tentakeln in kleine Stücke geschnitten
2 1/2 EL trockener Weißwein

150 ml Tomatensauce oder 3 reife Tomaten, enthäutet, von Kernen befreit und gehackt
1–1 1/2 TL Meersalz
1 kleine getrocknete Chilischote oder 1/8 bis 1/4 TL Chiliflocken

Die Mangoldblätter gründlich waschen. Dicke Rippen entfernen. Die Blätter in grobe Streifen schneiden. Beiseite stellen.
Olivenöl in einem großen 4-Liter-Topf erhitzen und Zwiebeln und Knoblauch bei schwacher Hitze 5 bis 10 Minuten braten, bis sie eine hellgoldene Farbe angenommen haben. Tintenfisch hinzufügen und bei sehr schwacher Hitze 2 bis 3 weitere Minuten braten, dabei ständig umrühren. Wein angießen und köcheln lassen, bis der Alkohol nahezu ganz verdampft ist. Tomatensauce, Mangold, Meersalz und Chili dazugeben, zum Kochen bringen und dann abgedeckt bei schwacher Hitze 25 bis 30 Minuten köcheln lassen, bis der Fisch weich und der Mangold gar ist. Eventuell den Deckel abnehmen, die Hitze erhöhen und die Flüssigkeit einkochen lassen. Mit Salz abschmecken und servieren. Geröstetes oder getoastetes Weißbrot dazu reichen.

Variante: Statt Mangold kann man auch Spinat verwenden.

Peposo
Pfeffriger Rindfleischtopf

Nichts leichter als dieses Gericht! Man muß nur die vier Hauptzutaten in einen Topf werfen und etwa 3 Stunden lang kochen lassen. Das Fleisch sollte jedoch unbedingt aus der Keule sein und in einer Steingut- oder schweren Email-Kasserolle geschmort werden, damit es langsam und stetig gart. Wenn eine solche Kasserolle nicht vorhanden ist, sollte man den Ofen auf 175 oder sogar nur 160 Grad erhitzen. Ein mit Holz befeuerter Ofen eignet sich hierfür am besten, ist aber nicht unbedingt notwendig. Die Knoblauch- und Pfeffermenge scheint enorm, aber die Schärfe wird durch das lange, langsame Garen gemildert und vermischt sich am Ende mit dem Geschmack des Fleisches.

Der Name des pikanten Gerichts aus Impruneta bei Florenz stammt von dem italienischen Wort für Pfeffer. Doch warum diese Mengen? Vielleicht, weil der Pfeffer dazu animiert, kräftig Chianti zu trinken. Reichen Sie ganze gekochte Kartoffeln zu Peposo, wie einige Nonne aus der Gegend es tun, oder servieren Sie ihn mit gerösteten Landweißbrotscheiben.

Für 4 bis 6 Personen

1500 g Rindfleisch aus der Keule, ohne Knochen,
in 5 cm große Würfel geschnitten
10 Knoblauchzehen, geschält
1 TL Meersalz
gut 1 EL schwarze Pfefferkörner, im Mörser grob zerkleinert
1 Flasche (0,75 l) Chianti oder eine andere
kräftige Sorte Rotwein wie Zinfandel oder Sangiovese

Den Ofen auf 190 Grad vorheizen.

Fleisch, Knoblauch, Salz und Pfeffer in einen schweren, feuerfesten 4-Liter-Topf, am besten aus Ton, geben und den Rotwein dazugießen, so daß er eben das Fleisch bedeckt. Zudecken und etwa 3 Stunden köcheln lassen, bis das Fleisch weich und die Sauce fast cremig ist. Wenn zuviel Flüssigkeit übrigbleibt, die Sauce eventuell noch 35 Minuten bei geringer Hitze auf dem Herd oder im Ofen reduzieren. Wenn man das Gericht ein zweites Mal erwärmt, muß man eventuell noch etwas Brühe hinzufügen.

Variante: Statt Rindfleisch eignet sich auch Kalbfleisch aus der Keule.

Bagiana
Rindfleischtopf mit frischen Fava-Bohnen, grünen Erbsen und Babyartischocken

Dieses Rezept für Bagiana – ein rätselhaftes Wort, das in keinem Wörterbuch auftaucht – stammt aus Rimini an der Adriaküste der Emilia Romagna. Auf eine Initiative des Landwirtschaftsministeriums hin sammelte man hier alte Familienrezepte, um auf diese Weise ein wichtiges Kulturerbe zu bewahren. Ich kann mir vorstellen, daß die Frauen und Männer gerührt waren, als sie sich an die Gerüche und den Geschmack ihrer Kindheit erinnerten.

Suchen Sie für dieses Gericht feste Bohnen mit hellgrünen Hülsen aus. Wenn Sie keine samtigen, jungen Fava-Bohnen finden, müssen Sie die Haut der Bohnen entfernen. Dazu reichlich Wasser in einem großen Topf zum Kochen bringen, die Bohnen hineingeben und 2 bis 3 Minuten kochen lassen. Das Wasser abgießen und die Bohnen sofort in kaltes Wasser schütten. Nun lassen sich die Bohnen leicht aus der Schale drücken. Man kann auch getrocknete Fava-Bohnen kaufen, die bereits gehäutet sind.

Für 4 Personen

1 Tasse weiße Zwiebeln, gehackt
60 g Pancetta, gewürfelt
3 EL Olivenöl extra vergine
450 g mageres Rindfleisch, in 5 cm große Würfel geschnitten
1/4 TL Meersalz
schwarzer Pfeffer, frisch gemahlen
10 Babyartischocken
1 Zitrone
1 TL Tomatenmark, in 1/8 l warmem Wasser aufgelöst
900 g frische, junge Fava-Bohnen, enthülst
900 g frische Erbsen, enthülst

Olivenöl in eine 4-Liter-Kasserolle geben und Zwiebelwürfel und Pancetta darin bei mittlerer Hitze 10 bis 15 Minuten braten, bis die Zwiebeln weich und hellgolden sind. Fleisch, Salz und Pfeffer hinzufügen und bei sehr schwacher Hitze 1 Stunde köcheln lassen. Das Fleisch darf nicht austrocknen, und man sollte keine zusätzliche Flüssigkeit zugeben, deshalb muß die Hitze so gering wie möglich gehalten werden. Währenddessen alle harten äußeren Blätter von den Artischocken entfernen. Dann jedes einzelne Blatt mit einem kräftigen Ruck zurückbiegen, so daß der faserige obere Teil abbricht. So fortfahren, bis man die hellgrünen Blätter des inneren Teils erreicht. Von diesen die Spitze abschneiden. Die Artischockenherzen sofort mit einer Zitronenhälfte einreiben, anschließend beide Zitronenhälften über einer großen Schüssel mit Wasser ausdrücken. Die Artischocken in das gesäuerte Wasser legen.

Das Wasser abgießen. Die Artischocken mit dem in Wasser aufgelösten Tomatenmark zum Fleisch geben, abdecken und 10 Minuten kochen lassen. Die enthülsten Fava-Bohnen und die Erbsen hinzufügen und weitere 5 bis 10 Minuten kochen lassen, bis das Gemüse weich ist.

Brasato e Patate in Umido
Rinderschmorbraten in Rotwein mit Kartoffeln

Dieses Rezept stammt von Ornella Reneglio, die es wiederum von der Magd ihrer Großmutter hat. Diese Magd lebte bis zu ihrem vierundachtzigsten Lebensjahr bei der Familie und bekam das Rezept von einer Freundin, die als Köchin in einer der großen Piemonteser Familie arbeitete.

Bei diesem bemerkenswerten Gericht kommt es vor allem darauf an, die besten zur Verfügung stehenden Zutaten zu verwenden. Schon das Fleisch sollte von höchster Qualität sein – im Piemont würde man Rind aus Carrù nehmen. Das Fleisch wird in Piemonteser Spitzenwein mariniert. Ornellas Familie hatte stets zwölf Flaschen guten Barbera im Haus, den man 20 bis 25 Jahre lagerte und dann nach und nach für dieses Gericht verwendete.

Für 6 Personen

5–6 Knoblauchzehen, geschält und auf einem Bambusspieß aufgereiht
1 kg Rindfleisch ohne Knochen am Stück, z. B. Brustspitz,

Keule oder bestes Schmorfleisch
1 Flasche (0,75 l) gut gelagerten Barbera, Barolo oder Cabernet Sauvignon (siehe Tip)
1 1/2 EL Butter
1 1/2 EL Olivenöl extra vergine
Salz
schwarzer Pfeffer, frisch gemahlen
10 frische Salbeiblätter
1 Mohrrübe, grob zerkleinert
1 Zwiebel, grob zerkleinert
1 Stange Bleichsellerie, grob zerkleinert
700 g Kartoffeln, geschält und halbiert

Mindestens 12 Stunden vor dem Kochen den Spieß mit den Knoblauchzehen in das Fleisch stecken und das Fleisch in eine große Glasschüssel legen. Mit möglichst gutem Barbera oder Barolo bedecken. Das Fleisch mehrmals wenden, damit es gleichmäßig mariniert wird. Es sollte am Ende fast schwarz vom Wein sein.

Fleisch aus der Marinade nehmen und gut abtrocknen; die Marinade aufheben.

Butter und Öl in einer großen, tiefen Kasserolle mit schwerem Boden erhitzen, das Fleisch hineingeben und bei starker Hitze 10 bis 15 Minuten rundherum anbräunen. Mit Salz und Pfeffer würzen, auf eine Platte legen und beiseite stellen.

Salbeiblätter, Mohrrübe, Zwiebel, Knoblauch und Sellerie in die Kasserolle geben und bei mittlerer Hitze 5 bis 8 Minuten braten, bis das Gemüse weich ist. Die Marinade dazugießen, zum Kochen bringen und den Bratsatz loskochen. Das Fleisch wieder in die Kasserolle geben und die Flüssigkeit bei mittlerer Hitze zum Köcheln bringen. Den Topf mit Folie und dann mit einem gut schließenden Deckel abdecken und das Fleisch 2 bis 2 1/2 Stunden schmoren lassen, dabei die Flüssigkeit immer wieder umrühren und das Fleisch mehrmals wenden. Eventuell weiteren Wein angießen.

Kartoffeln hinzufügen und weitere 30 Minuten kochen lassen, bis die Kartoffeln und das Fleisch weich sind, wenn man mit einem Messer hineinsticht. Wenn die Kartoffeln früher gar sind, herausnehmen und das Fleisch weiter schmoren lassen.

Das Gemüse mit einem Schöpflöffel herausheben und im Mixer oder mit dem Pürierstab pürieren. Mit Salz und Pfeffer abschmecken. Das Fleisch mit dem Püree und den Kartoffeln servieren.

Man kann das Gericht einen Tag vorher zubereiten, zudecken und in den Kühlschrank stellen. Zum Servieren vorsichtig erhitzen.

Tip: Wenn Sie keinen gelagerten Wein zur Hand haben, können Sie das Fleisch in folgender Mischung marinieren:

10 frische Salbeiblätter
1 Mohrrübe, grob zerkleinert
1 Zwiebel, grob zerkleinert
1 Stange Bleichsellerie, grob zerkleinert
1 Flasche körperreichen Rotwein wie Cabernet Sauvignon oder Barbera

Variante: In der Lombardei wird Brasato mit einem körperreichen Weißwein, beispielsweise einem Oltrepò Pavese, zubereitet.

La Genovese
Neapolitanischer Kalbsbraten mit cremiger Pastasauce

Dieses Gericht wird man kaum auf der Speisekarte eines Restaurants finden. Bevor das heute bekannte Ragù aufkam, war es in Neapel *die* Sauce der Armen für Sonn- und Feiertage. Das Prinzip ist dasselbe wie beim Ragù – Gemüse wird zusammen mit einem Stück Fleisch lange gekocht. Von den drei Frauen, die mir ihr Rezept für La Genovese zur Verfügung stellten, verzichten zwei auf Tomaten und Mohrrüben, obwohl ihre Mütter und Tanten diese Gemüse immer verwendeten. Ich halte mich an Liliana d'Ambrosio, die die Sauce mit beiden Gemüsen zubereitet, um den Geschmack ihrer Kindheit wieder hervorzuzaubern, den Geschmack eines Gerichts, das über Generationen bei jeder Familie Neapels auf dem Speiseplan stand. Gisa Sotis kocht La Genovese mit roten Zwiebeln, Ines Pernarella püriert die Sauce am Schluß zu einer butterweichen Paste.
Meine Frage, warum ein Gericht aus der Gegend um Neapel Genovese genannt wird, konnte keine der Nonne beantworten. Möglicherweise handelt es sich um ein Erbe der Herrscher aus dem Anjou, die reichhaltige, dicke Saucen aus Fleisch, Gemüse und Zwiebeln liebten.
Natürlich kann man eventuell übriggebliebene Sauce gut für Pasta aufheben.

Für 4 bis 5 Personen
160 ml Olivenöl extra vergine
100 g Pancetta, gewürfelt
1200 g bestes Schmorfleisch am Stück, z. B. Brustspitz oder Keule
8 große weiße Zwiebeln (ca. 1800 g),
in feine Scheiben geschnitten
2–3 Mohrrüben, kleingeschnitten
1/2 Stange Bleichsellerie, fein gehackt
4 EL glatte Petersilie, fein gehackt
3 EL frisches Basilikum, fein gehackt
1 TL frischer Majoran, fein gehackt
1 Würfel Fleischbrühe
80 ml trockener Weiß- oder Rotwein
2 mittelgroße Tomaten, enthäutet, von den Kernen befreit
und gehackt, oder 1 EL Tomatenmark
Salz
Pfeffer aus der Mühle

Pasta:
1 1/2 EL grobes Salz
450 g Ziti oder Perciatelli oder frische Eiernudeln wie
Fettuccine oder Tagliatelle

Olivenöl und Pancetta in einer tiefen, schweren Kasserolle erwärmen, in der reichlich Platz für das Fleisch und die Zwiebeln ist. Das Fleisch zugeben und bei starker Hitze 15 Minuten anbraten, bis es rundherum goldbraun ist. Dabei mehrmals wenden, damit es nicht anliegt. Auf eine Platte legen.
Zwiebeln, Mohrrüben, Sellerie, Petersilie, Basilikum und Majoran in die Kasserolle geben und zudecken. Bei möglichst schwacher Hitze schmoren, bis die Zwiebeln weich sind, aber noch keine Farbe angenommen haben – mindestens 25 bis 30 Minuten. Die Zwiebeln geben fast die einzige Flüssigkeit für die Sauce. Das Fleisch wieder in die Kasserolle geben und ebenfalls bei möglichst schwacher Hitze 20 Minuten schmoren, dabei mehrmals wenden. Brühwürfel zugeben, abdecken und weiterschmoren; dabei nach und nach ein wenig Wein und Tomate oder Tomatenmark einrühren und immer wieder den Satz vom Boden lösen, damit das Fleisch nicht anliegt. Weitere 2 bis 3 Stunden schmoren, bis die Zwiebeln zu einer cremigen Masse verkocht sind. Das Fleisch ist fertig, wenn man es leicht mit einem Messer einstechen kann.
Mit Salz und Pfeffer aus der Mühle abschmecken.

Ines Pernarella gibt die Zwiebeln ganz zum Schluß noch in den Mixer, so daß ein richtiges Püree entsteht.

4 Liter Wasser in einem großen Topf zum Kochen bringen, grobes Salz hinzufügen und die Pasta al dente kochen. In Neapel servieren die Nonne etwas mehr als die Hälfte der Sauce auf den Nudeln, den Rest auf dem in Scheiben geschnittenen Fleisch.

Carne alla Pizzaiola
Rindfleisch nach Art des Pizzabäckers

Ines Pernarella, die mittlerweile Ende Achtzig ist, wuchs in der mittelalterlichen, auf einem Berg gelegenen Stadt Monte San Biagio an der Grenze zwischen Latium und Kampanien auf. Zu Beginn unseres Jahrhunderts gingen viele Süditaliener nach Amerika, manche davon nur so lange, bis sie genügend Geld verdient hatten, andere wanderten ganz aus. Ines' Mutter führte eine Trattoria, und jedesmal wenn Verwandte aus den USA zu Besuch kamen oder amerikanische Freunde zu ihr schickten, tischte sie dieses Gericht auf.

Es eignet sich besonders gut für Leute, die nur wenig rotes Fleisch möchten, und ist schnell und leicht in der Zubereitung – man braucht insgesamt nur 20 Minuten. Und es schmeckt typisch italienisch.

Am besten nimmt man ein Stück Rindfleisch, das aromareich ist und rasch gart, zum Beispiel Roastbeef. Bitten Sie Ihren Metzger, alles Fett zu entfernen und das Fleisch in gut 0,5 Zentimeter dicke Scheiben zu schneiden. Um einen wirklich authentischen Geschmack zu bekommen, müßte man eigentlich frischen wilden Oregano verwenden, italienischer oder griechischer getrockneter Oregano ist aber ein guter Ersatz.

Für 4 Personen

6–8 Scheiben Rindfleisch, etwa 0,5 bis 1 cm dick
6 EL Olivenöl extra vergine
3 Knoblauchzehen, zerdrückt
4 große reife Tomaten (ca. 1 kg enthäutet, von den Kernen befreit und in Streifen geschnitten
1 TL Meersalz
schwarzer Pfeffer, frisch gemahlen

3 EL frische Basilikumblätter, fein zerpflückt
1 1/2 bis 2 TL frischer wilder Oregano oder
1 TL getrockneter italienischer oder griechischer Oregano

Das Fleisch gründlich von Fett und Knorpel befreien und so dünn wie möglich klopfen.
Olivenöl in eine Pfanne geben, in der das ganze Fleisch in einer Schicht Platz hat. Knoblauch hinzufügen und bei schwacher bis mittlerer Hitze circa 3 Minuten braten. Dabei darauf achten, daß der Knoblauch nicht verbrennt. Knoblauch entfernen, Fleisch in die Pfanne geben und bei starker Hitze auf jeder Seite 1 bis 2 Minuten braten. Knoblauch darüber verteilen, mit den Tomaten bedecken, Salz, Pfeffer, Basilikum und Oregano darüber streuen. Abdecken und bei schwacher Hitze je nach Dicke der Fleischscheiben 12 bis 20 Minuten braten. Die Tomaten sollten zu einer dicklichen Sauce zerfallen sein. Eventuell während der Garzeit noch etwas heißes Wasser angießen, um die Sauce zu verdünnen.
Das Fleisch auf vorgewärmte Teller legen und die Sauce darüber verteilen.

Spezzatino alla Lucchese
Kalbsragout mit Auberginen, Paprika und Tomaten

Dieser Eintopf von Laura Mansi Salom birgt die Aromen von Auberginen, Paprika, Tomaten und Kartoffeln in sich, die den feinen Geschmack der zarten Kalbfleischwürfel zur Entfaltung bringen. Das Gericht eignet sich hervorragend für einen kalten Abend. *Nepitella*, eine wilde Minze, die überall in der Toscana wächst, habe ich durch eine Mischung aus Oregano und Minze ersetzt. Die Sauce sollte reichlich sein. Servieren Sie das Spezzatino mit cremiger Polenta oder mit gerösteten oder gebratenen Polentadreiecken.
Das ganze Gericht kann einen Tag im voraus zubereitet werden. Die Paprikaschoten eventuell 2 bis 3 Tage vor dem Servieren rösten und im Kühlschrank aufbewahren.

Für 4 Personen
1 sehr große Aubergine
Salz
3 große Paprikaschoten (1 rote, 1 gelbe, 1 grüne)

650 g mageres Kalbfleisch, in 5 cm große Würfel geschnitten
40 g Mehl
1 1/2–2 EL Butter
4–5 EL Olivenöl extra vergine
80 ml Weißwein
1500 g frische Tomaten, enthäutet und gehackt
1/4 TL Chiliflocken
1 1/2 TL frischer Oregano, fein gehackt
3/4 TL frische Minzeblätter, fein gehackt
2 Kartoffeln, geschält und in Scheiben geschnitten
schwarzer Pfeffer, frisch gemahlen

Die Aubergine schälen und in Würfel schneiden, in ein Sieb legen, mit Salz bestreuen und etwa 1 Stunde stehen lassen, damit der bittere Saft abtropfen kann. Die Paprikaschoten direkt über der Flamme oder im Grill rösten. Dabei mehrmals wenden, damit sie gleichmäßig braun, fast schwarz werden. In eine Schüssel oder eine Plastiktüte geben, abdecken beziehungsweise die Tüte fest verschließen und etwa 30 Minuten stehen lassen. Die Haut läßt sich jetzt leicht abziehen. Kerne, Stielansätze und Seitenwände ebenfalls entfernen und die Schoten in Streifen schneiden.
Das Fleisch gleichmäßig in Mehl wenden. Butter und 1 1/2 bis 2 Eßlöffel Olivenöl in einer großen, schweren Schmorpfanne oder einer feuerfesten Kasserolle, am besten aus Ton, erhitzen, das Fleisch hinzufügen und rundherum gleichmäßig bräunen. Weißwein angießen und bei starker Hitze einkochen, bis er verdampft ist. Tomaten und Chili hinzufügen, zudecken und 1 3/4 bis 2 Stunden bei niedriger Temperatur schmoren. Das Fleisch sollte sehr mürbe sein.
Unterdessen das restliche Olivenöl erwärmen, Paprikastreifen, Oregano und Minze hineingeben und bei mittlerer Hitze 10 Minuten garen.
Die Auberginenwürfel trockentupfen, ebenfalls hinzufügen, weitere 10 Minuten dünsten. Schließlich die Tomaten zugeben und 15 bis 20 Minuten kochen, bis sie fast zerfallen sind. Wenn die Mischung zu trocken wird, ein wenig von der Tomatensauce hinzufügen, in der das Fleisch schmort. Abdecken und 30 bis 35 Minuten köcheln lassen. Dabei häufig umrühren und darauf achten, daß das Gemüse genügend Flüssigkeit hat.
Wenn das Fleisch fertig ist, die Gemüsemischung hinzugeben, mit Salz und Pfeffer abschmecken, alles gut vermengen und servieren. Der Eintopf kann einen Tag vorher zubereitet und bei schwacher Temperatur aufgewärmt werden.

Tip: Statt Kalbfleisch kann man auch Rindfleisch verwenden.

Porträt Laura Mansi Salom

Das vornehme Profil von Laura Mansi Salom sieht aus wie aus einem Renaissance-Gemälde. Sie ist schlank und geschmeidig, und mit ihren schönen hohen Wangenknochen und dem tiefschwarzen, straff nach hinten gekämmten Haar ist Laura eine wahrhaft aristokratische Erscheinung. Sie entstammt einer bedeutenden Familie, aber auf den Lorbeeren ihrer Vorväter möchte sie sich nicht ausruhen. Die Siebzigjährige könnte man leicht für fünfzig halten – eine flinke und redegewandte Frau, die ganz up-to-date ist.

Laura hat vor kurzem begonnen, Kochkurse zu geben, wobei sie ausschließlich Rezepte benutzt, die schnell und ohne großen Aufwand umzusetzen sind. Ihre Kindheit verbrachte sie im Palazzo Mansi, dem wunderbaren Haus der Familie in Lucca, in dem es drei Köche – für jeden Gang einen – und einen Konditor gab.

»Wir hatten alle möglichen Butler und Köche, aber mit dem Zweiten Weltkrieg kamen die großen Veränderungen. Ich kenne beide Welten, die gänzlich verschieden sind, aber ich bedaure nichts. Ich bin dankbar dafür, daß ich auch jenes andere Leben führen konnte, aber ich sehne mich nicht danach zurück. Ich ziehe die Moderne vor – sie ist so viel unbeschwerter, dynamischer. Es war schön, beide Welten kennenzulernen und zu sehen, wie sie aufeinanderstoßen, aber ich lasse das Alte ohne Bedauern hinter mir.«

Ihr Haus in Segrominio in Monte mit der Porzellansammlung, den antiken Möbeln, dem großen, gepflegten Garten und einem grandiosen Blick über die Ebene von Lucca läßt noch den Lebensstil ihrer Kindheit und Jugend erkennen. Auch die riesige Küche mit den zahllosen Schränken voller großer Platten und Schüsseln, die sie bei ihren Partys benutzt, hat die Dimensionen früherer Zeiten. Der Raum bietet genügend Platz für all die Italienerinnen, die hierherkommen, um zuzusehen, wie

Laura Mansi Salom ihre neuen Rezepte vorführt: Spezzatino alla lucchese zum Beispiel, ein Kalbfleischeintopf mit Paprikaschoten, Torta di verdure, zwei Schichten mit Parmesan gewürzte Stampfkartoffeln, die eine Spinatfüllung umschließen. Und natürlich wird in ihren Kursen das alles auch gegessen.

»Ich liebe das moderne Leben – das Neue fasziniert mich. Ich bin sehr neugierig.« Wenn ihre Kinder sie um etwas bitten, erwidert sie, sie werde es tun, wenn sie alt sei. Und dann sehen sie diese dynamische, elegante Frau an, die noch voller Pläne steckt, und fragen mit klagender Stimme, wann denn das sein werde. *»Sono una nonnina diversa«* – Ich bin eben keine typische Großmutter; Häkeln ist nichts für mich.

Sicher, sie erinnert sich noch an das spektakuläre und aufwendige Essen, das bei ihrer Großmutter auf den Tisch kam, und manchmal serviert sie sogar Pasticcio di riso, Risotto mit Schichten aus Fleisch, kleinen frischen Erbsen und Mozzarella. Oder ein Pasticcio di maccheroni, eine erlesene Timbale aus Pasta und Fleisch in einer süßen Teigkruste, ein Gericht, das Lampedusa in »Der Leopard« ausführlich beschrieben hat. Dort wird es bei einem Dinner in Palermo serviert, was den Gedanken nahelegt, daß im 19. Jahrhundert zwar die geographische und kulturelle Distanz zwischen der Toskana und Sizilien groß gewesen sein mag, bei den vornehmen Gerichten, die in den Küchen des Adels entstanden, aber keine Rolle spielte:

»Der Anblick jener riesigen Makkaroni-Pastete entlockte jedem sehnsuchtsvolle und bewundernde Laute – da war jede Etikette vergessen. Das gebräunte Gold der Umhüllung, der starke Duft von Zucker und Zimt, den er ausströmte, waren nichts als das Vorspiel jenes Wonnegefühls, das in einem aufstieg, wenn das Messer die Kruste auseinanderriß: Zuerst brach ein mit Wohlgerüchen beladener Dampf daraus hervor, und dann entdeckte man die Hühnerleber, die hartgekochten Eier, die Streifen von Schinken, zartem Hühnerfleisch und Trüffeln in der weichen, heißen Masse der kleinen, kurzen Makkaroni, denen die verdichtete Fleischessenz eine köstliche Gamslederfarbe verlieh.«

Bistecca di Vitello al Sale
Kalbssteak in Salz gegart

Ich war regelrecht verblüfft, als Nonna Lucia Rossi Pavanello mir diese einfache Art der Fleischzubereitung vorführte. Das Salz macht das Fleisch mürbe – das Äußere wird nicht hart wie beim Braten – und entzieht ihm das Fett. Am erstaunlichsten aber ist, daß das Fleisch nicht salzig schmeckt, sondern sehr aromatisch ist. Achten Sie jedoch darauf, daß das Fleisch in einer einzigen Schicht gegart werden kann. Bei größeren Mengen verwenden Sie eine zweite Pfanne. Das Salz sollte man nicht ein zweites Mal verwenden, da es dabei zu intensiv und dominierend wird.

Für 4 bis 6 Personen
3 Lendensteaks vom Kalb (900–1100 g),
jeweils ca. 1,25 cm dick und mit einem kleinen Stück Knochen
2–3 EL grobes Meersalz
Olivenöl extra vergine

Die Kalbssteaks mit Küchenpapier trockentupfen.
Eine Handvoll grobes Meersalz in eine große beschichtete Pfanne geben und diese stark erhitzen. Die Kalbssteaks hineingeben und bei starker Hitze auf jeder Seite 4 Minuten leicht bräunen. Mit einem Spritzer Öl servieren.

Ossobuco
Geschmorte Kalbshaxenscheiben mit Sardellen-Gremolata

Das Ungewöhnliche an diesem Ossobuco-Rezept ist die Gremolata, die über das Fleisch verteilt wird. Statt nur Knoblauch mit Zitronenschale und Petersilie zu vermischen, macht Ornella Reneglio es wie ihre Mutter und ihre Großmutter und zerdrückt zusätzlich Sardellen in der Mischung. Ornella serviert die Kalbshaxenscheiben mit Risotto, das mit dem frischen Mark von drei zusätzlichen Rinderknochen und einer reichlichen Prise Safran zubereitet wird. Dann mischt sie etwas von der Gremolata darunter und legt die Fleischscheiben darauf.

Für 4 Personen
Ossobuco:
60 g Butter
1 große Zwiebel, in Spalten geschnitten
ca. 1500 g große Kalbshaxenscheiben, 5–6 cm dick
ca. 50 g Mehl
Salz
schwarzer Pfeffer, frisch gemahlen
1/8 l trockener Weißwein
1/4 l Hühnerbrühe
1 EL Tomatenmark, in 2 EL warmem Wasser aufgelöst

Gremolata:
Schale von 1 unbehandelten Zitrone, fein gerieben
4 EL glatte Petersilie, fein gehackt
2 ganze, in Salz eingelegte Sardellen, entgrätet, gewaschen, filetiert und zerdrückt; oder
4 in Öl eingelegte Sardellenfilets, gewaschen und zerdrückt

Butter in einer großen, tiefen Kasserolle schmelzen, Zwiebeln hinzufügen und bei mittlerer bis schwacher Hitze etwa 10 Minuten goldbraun dünsten. Mit einem Schaumlöffel herausheben und beiseite stellen.
Die Kalbshaxenscheiben mit Küchenpapier trockentupfen. In Mehl wenden und bei mittlerer bis starker Hitze in der Zwiebelbutter auf beiden Seiten bräunen – 6 bis 7 Minuten pro Seite. Vor dem Wenden jeweils pfeffern und salzen. Wein angießen und bei mittlerer Hitze kochen, bis nur noch 2 bis 3 Eßlöffel übrig sind. Die Fleischscheiben aufrecht stellen, so daß die Knochenseite nach oben zeigt. Die Zwiebeln wieder dazugeben, Hühnerbrühe und Tomatenwasser angießen. Abdecken und bei sehr schwacher Hitze etwa 1 1/2 Stunden köcheln lassen, bis das Fleisch weich ist, wenn man mit einer Gabel hineinsticht.
Währenddessen Zitronenschale, Petersilie und Sardellen vermischen. Fünf Minuten vor dem Servieren ein wenig von der Mischung auf jede Fleischscheibe geben und zu Ende garen, so daß die Aromen des Belags in das Fleisch eindringen können.

Coscia d'Agnello Arrosto
Gebratene Lammhaxe mit Prosciutto und Rosmarin

In Italien kann man oft sehr junge und kleine Lämmer kaufen, und man findet leicht eine Haxe von nur 1500 Gramm. Für dieses Gericht sollte die Lammhaxe keinesfalls schwerer als 2,25 Kilogramm sein. Pro Pfund muß man 20 Minuten Garzeit rechnen. Die Italiener essen Lamm am liebsten gut durchgebraten, und bei diesem Rezept geraten Geschmack und Konsistenz am besten, wenn man sich an diese Garzeit hält.

Für 4 bis 6 Personen
2 TL frischer Rosmarin, gehackt, oder
1/2 TL getrockneter Rosmarin
60 g Prosciutto
schwarzer Pfeffer, frisch gemahlen
1 Lammhaxe (ca. 2,25 kg)
4–5 EL ausgelassener Speck bester Qualität oder
Olivenöl extra vergine
80 ml Rotwein
3 mittelgroße Kartoffeln, geschält, klein gewürfelt und
in kaltes Wasser gelegt

Den Ofen auf 230 Grad vorheizen.

Rosmarin und Prosciutto in einer kleinen Schüssel vermischen. Die Haxe an mehreren Stellen 1,25 Zentimeter tief einschneiden und die Mischung in die Spalten drücken. Das Fleisch salzen und pfeffern. Rundherum mit 2 Eßlöffel Speck oder Olivenöl einreiben.

Das Fleisch zusammen mit dem übrigen Speck beziehungsweise Öl in einen schweren Bratentopf geben. Etwa 20 Minuten im Rohr braten, dabei einmal wenden. Anschließend die Temperatur auf 190 Grad reduzieren und das Fleisch 1 Stunde und 15 Minuten weiterbraten, dabei gelegentlich mit Wein und Bratensaft begießen.

45 Minuten bis 1 Stunde vor Ende der Garzeit die Kartoffeln abgießen und trockentupfen. In den Bratentopf geben. Wenn das Lamm gar ist, auf ein Schneidebrett legen und 10 bis 15 Minuten ruhenlassen. Soviel Fett wie möglich aus dem Topf abschöpfen; den Rest des Bratensafts durch ein Sieb passieren und auffangen. Das Fleisch in Scheiben schneiden, auf eine vorgewärmte Servierplatte legen, Bratensaft darüber gießen und mit den Kartoffeln heiß servieren.

Agnellino Spezzatino
Geschmortes Milchlamm mit Knoblauch, Salbei, Rosmarin und Majoran

Ein *abbacchio* oder *agnellino* ist ein höchstens 40 Tage altes Milchlamm. Aber auch mit einem 6 bis 12 Monate alten Lamm oder normalem Lammfleisch läßt sich dieses Gericht gut zubereiten. Das Fleisch sollte in Würfel von der Größe einer Espressotasse geschnitten werden, meint Teresa Stoppoloni aus der kleinen Stadt Cingoli in den Marken. Teresa und ihr Mann sammeln alte Küchenutensilien: Auf der Marmortreppe stehen Amphoren aus Ton, in denen einst Oliven eingelegt wurden, und die Wände und Regale zieren Nudelhölzer und Tontöpfe, deren Patina auf ein hohes Alter schließen läßt.

In Italien wird junges Lammfleisch ohne zusätzliche Flüssigkeit zubereitet und nur am Ende mit ein wenig Essig beträufelt. Fleisch von älteren Tieren wird etwas anders behandelt.

Teresa serviert das Lamm mit Bratkartoffeln und einem kleinen Wildkräutersalat.

Für 4 Personen

4–5 EL Olivenöl extra vergine
3–4 Knoblauchzehen, flach gedrückt
mehrere frische Salbeiblätter, grob zerpflückt
1 TL frischer Majoran, gehackt
1 TL frischer Rosmarin, gehackt
2 frische oder 1 getrocknetes Lorbeerblatt
1 kg Lammschulter ohne Knochen, vom Fett befreit und in 4 cm große Würfel geschnitten
1/8 l trockener Rotwein
Salz
schwarzer Pfeffer, frisch gemahlen
1 EL Rotweinessig

In einer schweren, feuerfesten Kasserolle – ein Tontopf, den man direkt auf den Herd setzen kann, ist ideal – das Öl erwärmen. Knoblauch, Salbeiblätter, Majoran, Rosmarin, Lorbeerblätter und Lammfleisch hineingeben und die Fleischstücke bei mittlerer Hitze rundherum kräftig bräunen. Dabei darauf achten, daß der Knoblauch nicht zu dunkel wird. Möglicherweise muß man das Fleisch in zwei Etappen anbraten. Das Fleisch aus dem Topf nehmen, den Wein angießen, Salz und frisch gemahlenen Pfeffer hinzufügen und 15 bis 20 Minuten kochen, bis der Wein um die Hälfte reduziert ist. Das Fleisch wieder in den Topf geben. Fleischsaft und Wein sollten als Schmorflüssigkeit bis zum Ende der Garzeit reichen. Sorgfältig abdecken und circa 45 Minuten schmoren, bis das Fleisch fast weich ist, dabei gelegentlich umrühren und prüfen, ob noch genügend Flüssigkeit vorhanden ist. Notfalls etwas Wasser angießen, damit man am Ende ein wenig Sauce hat. Die Lorbeerblätter entfernen, Essig über das Fleisch träufeln, die Hitze erhöhen und umrühren, so daß der Essig ein wenig mitkocht. Abschmecken und servieren.

Variante: Am Ende der Garzeit 2 Teelöffel abgeriebene Zitronenschale in die Sauce einrühren.

Agnello in Umido
Geschmortes Lamm mit grünen Oliven

Renata Marsili aus Lucca, die über einen reichen Schatz an Rezepten verfügt, versicherte mir, daß dieses Gericht mit Kaninchen, Huhn oder Wild genauso gut schmeckt. Aber ich habe es nie ausprobiert. Während Signora Marsili den Wein angoß, erklärte sie, er gebe dem Gericht *»il sapore di rigno«* – einen Wildgeschmack. Obwohl das Gericht leicht zuzubereiten ist, bekommt es durch den köstlichen Akzent der grünen Oliven doch einen ganz eigenen Charakter. Als Beilage eignet sich Polenta besonders gut.

Für 4 bis 6 Personen
60 ml Olivenöl extra vergine
2 Knoblauchzehen, gehackt
Nadeln von 2 frischen Rosmarinzweigen, gehackt
1/8 TL Chiliflocken
1500 g Lammschulter oder Lammkeule ohne Knochen,
vom Fett befreit und in 5 cm große Würfel geschnitten
1/4 l trockener Weißwein
1/2 Würfel Hühnerbrühe oder 1/8 l Hühnerbrühe
1 große, reife Tomate (ca. 350 g), enthäutet,
von Kernen befreit und gehackt

100 g grüne, eingelegte Oliven, abgegossen, gewaschen und entsteint
Salz
schwarzer Pfeffer, frisch gemahlen

Das Öl in einem schweren Topf von 25 bis 30 Zentimeter Durchmesser erhitzen. Knoblauch, Rosmarin und Chiliflocken bei geringer bis mittlerer Hitze 4 bis 5 Minuten darin braten, bis der Knoblauch beginnt, eine goldene Farbe anzunehmen. Soviel Fleisch hinzufügen, daß es gut Platz hat, und unter mehrmaligem Wenden rundherum anbräunen. Möglicherweise braucht man dafür zwei Arbeitsgänge. Das gesamte Fleisch auf einen Teller legen und beiseite stellen. Weißwein und Brühwürfel in den Topf geben und bei mittlerer bis starker Hitze kochen, bis die Flüssigkeit auf etwa die Hälfte reduziert ist. Das Fleisch wieder in den Topf geben, Tomate hinzufügen, zudecken und bei sehr schwacher Hitze etwa 1 3/4 Stunden schmoren, bis man leicht mit einem Messer in das Fleisch stechen kann.
Man kann das Fleisch sofort servieren, viel besser schmeckt es aber, wenn man es ein paar Stunden oder über Nacht im Kühlschrank ruhen läßt und dann wieder erhitzt. Das Fett abschöpfen und 1/2 Stunde leise köcheln lassen. 5 bis 10 Minuten vor Ende der Kochzeit die Oliven hinzufügen, mit Salz und Pfeffer abschmecken und servieren.

Variante: Für Agnello con gli spinaci (Lammschmorbraten mit Spinat) verwendet Renata Marsili immer toskanische Peperoncini, kleine Pfefferschoten, statt gemahlenem schwarzem Pfeffer. Außerdem, so meint sie, intensiviert ein *dado*, ein Würfel Hühnerbrühe, den Geschmack.
1300 Gramm frischen Spinat mehrmals in kaltem Wasser waschen. Das Lamm schmoren wie oben angegeben. Die dicken Blattrippen des Spinats entfernen. In einen Topf geben und bei mittlerer bis starker Hitze 2 bis 3 Minuten dünsten, bis die Blätter gerade eben zusammenfallen. Gut abtropfen lassen. 1 bis 2 Minuten vor Ende der Schmorzeit zum Lammfleisch geben.

Braciole di Maiale Contadine
Schweinekoteletts mit saftigen Zwiebeln

Emma Grassi Bensi ist schon weit über achtzig, liest »Gente«, eine populäre italienische Zeitschrift, und liebt das Leben. Zu dessen Freuden zählen für sie die Zubereitung der besten Gerichte aus der ländlichen Küche der Toskana, darunter auch diese Schweinekoteletts in einer Sauce aus Zwiebeln, die beim Kochen fast ganz zerschmelzen.

Für 4 bis 6 Personen

3 Zwiebeln, in sehr dünne Scheiben geschnitten
4–5 EL Olivenöl extra vergine
Salz
schwarzer Pfeffer, frisch gemahlen
6 Schweinekoteletts (ca. 1250 g)
Mehl, mit Salz und Pfeffer gewürzt
1/8 l trockener Rotwein
1–2 EL Butter

Die Zwiebeln mit 2 Eßlöffeln Olivenöl, dem Wasser, Salz und Pfeffer in eine große, schwere Kasserolle geben und bei möglichst geringer Hitze zugedeckt 45 Minuten bis 1 Stunde leise köcheln lassen, dabei gelegentlich umrühren. Die Zwiebelmasse sollte weich und cremig sein.

Die Koteletts mit dem gewürzten Mehl bestäuben, damit sie beim Schmoren nicht anbacken. Das restliche Öl in eine schwere Pfanne geben, in der die Koteletts ausreichend Platz haben, das Fleisch hinzufügen und auf beiden Seiten 2 bis 3 Minuten anbräunen. Rotwein angießen und kochen lassen, bis er verdampft ist. Die Zwiebelmasse auf die Koteletts verteilen, abdecken und kurz schmoren, damit sich die Aromen vermischen, dabei das Fleisch mehrmals wenden. Zum Schluß die Zwiebeln mit dem Mixstab pürieren, dabei ein wenig Wasser und 1 bis 2 Eßlöffel Butter hinzufügen.

Costine di Maiale Cotte nel Brodo di Polenta
Schweinekoteletts in Polentabrühe gekocht

Fleisch und Polenta zusammen kochen, ohne dabei umzurühren: was für eine revolutionäre Idee und noch dazu mit köstlichem Resultat! Wenn die Schweinekoteletts angebräunt sind, werden sie zusammen mit Polenta, Milch, Brühe und Bratensaft im Ofen weitergegart.
Im Friaul, der schönen und noch weitgehend unbekannten Region im nordöstlichen Winkel Italiens, taucht Polenta häufig in Rezepten auf, denn das unbarmherzige, rauhe Bergklima regt zu wärmenden, nahrhaften Gerichten wie diesem an. Am liebsten würde ich jedem zeigen, wie einfach die Zubereitung einer Polenta sein kann. Das Rezept stammt von Gianna Modotti.

Für 4 bis 6 Personen
100 g Butter
6 Schweinekoteletts (ca. 1250 g), von Fett befreit
2 große Knoblauchzehen, gehackt
3 frische Salbeiblätter, zerpflückt;
auf keinen Fall getrockneten Salbei verwenden!
1 Lorbeerblatt
1 Zweig frischer Rosmarin
1/8 l trockener Weißwein
1/4 l Milch
1/4 l Fleischbrühe, evtl. auch mehr
125 g plus 2 EL grobe Polenta oder Maismehl
Salz
schwarzer Pfeffer, frisch gemahlen

Den Ofen auf 150 Grad vorheizen.
Die Butter in einer feuerfesten oder emaillierten Kasserolle von 30 Zentimeter Durchmesser schmelzen. Die Koteletts hineingeben und bei mittlerer bis starker Hitze 8 bis 10 Minuten auf dem Herd rundherum anbräunen. Knoblauch, Salbei, Lorbeerblätter und Rosmarinnadeln darüber streuen. Den Weißwein angießen und bei mittlerer bis starker Hitze 10 bis 15 Minuten kochen, bis der Wein verdampft ist, dabei das Fleisch mehrmals wenden.

Inzwischen Milch, Brühe und Polenta miteinander vermischen. Nach ein paar Minuten in die Kasserolle geben und den größeren Teil unter die Koteletts schieben. Gut mit dem Bratensaft verrühren, Salz und Pfeffer darüber streuen.
Die Kasserolle für 30 bis 40 Minuten in den Ofen schieben, dabei eventuell weitere warme Brühe angießen. Die Polenta sollte aufgequollen, aber noch weich und cremig sein. Aus dem Ofen nehmen, das Lorbeerblatt entfernen und servieren.

Arrosto di Maiale al Latte
Schweinebraten in Milch

Gina Albano ist zwar in Ligurien aufgewachsen, lernte das Kochen aber erst nach ihrer Hochzeit im Jahre 1928, als sie zu ihrem Mann nach Bari zog. Damit änderte sich ihr Leben grundlegend. Sie durfte nicht einkaufen gehen – das taten nur die Männer –, und sie kannte die meisten Produkte auch gar nicht. Aber ihr Mann war ein echter Gourmet, ein guter Lehrer.
Dieses köstliche Gericht stammt von einer engen Freundin aus Neapel, und Signora Albano meint, es zeige wie viele andere Rezepte die enge Verbindung zwischen den Küchen Neapels und Baris, der beiden wichtigsten Hafenstädte Süditaliens. Das Gericht macht kaum Arbeit: Das Schweinefleisch gart in der Milch, bis von der Flüssigkeit nur dicke haselnußbraune Klumpen übrigbleiben. Reste schmecken auch am nächsten Tag noch köstlich, wenn man sie bei Zimmertemperatur serviert.

Für 6 Personen
1500 g Schweinebraten, zusammengebunden
6 EL Pancetta oder gepökelter Speck, fein gewürfelt
1 Mohrrübe, gewürfelt
1/2 Stange Bleichsellerie, gewürfelt
1 Zwiebel, gewürfelt
1 l Milch
80 ml trockener Weißwein oder Wasser
Salz
schwarzer Pfeffer, frisch gemahlen

Das Fleisch mit Küchenpapier trockentupfen.
Pancetta, Mohrrübe, Sellerie und Zwiebel mit dem Fleisch in eine schwere, email-

lierte Kasserolle geben, die gerade groß genug ist, das Fleisch aufzunehmen. Die Milch dazuschütten, zum Köcheln bringen, den Topf teilweise abdecken und bei mittlerer Hitze leicht sprudelnd circa 1 1/2 Stunden garen, bis die Milch zu haselnußgroßen Klumpen reduziert ist. Dabei das Fleisch von Zeit zu Zeit wenden. Es ist gar, wenn man mit einer Gabel hineinstechen kann.

Das Fleisch herausheben und mit Alufolie abdecken, um es warm zu halten. Die Hitze erhöhen und die Sauce einkochen, bis fast nur noch hellbraune Klümpchen übrig sind. Vom Feuer nehmen und die Sauce durch ein Sieb gießen, um Milch- und Fettreste zu entfernen. Weißwein und durchpassierten Bratensaft in den Topf gießen und bei starker Hitze kochen. Dabei den Bratensatz vom Boden lösen. Mit Salz und Pfeffer abschmecken.

Das Fleisch in 1 Zentimeter dicke Scheiben schneiden, den Bratensaft darüber gießen, servieren und die Sauce dazu reichen.

Pizza di Carne
Fleischpizza

Ein Stück Fleisch wie einen Pizzateig mit den üblichen Zutaten zu belegen, klingt ein wenig nach zeitgenössischer Fantasy-Küche, aber Amelia Innocenti hat mir versichert, hierbei handle es sich um ein altes Rezept, das sie seit Jahrzehnten kennt. Die kleine, flinke und außergewöhnlich geschickte Signora wuchs in Florenz auf und hat den größten Teil ihres Lebens als Köchin in Privathaushalten gearbeitet, wo sie für ihre beneidenswerten Arbeitgeber die traditionellen Florentiner Gerichte zubereitete. Diese »falsche Pizza« schmeckt auch mit Truthahn- oder Rindfleisch köstlich.

Für 2 Personen als Hauptgericht,
für 4 Personen als Vorspeise

300 g Hackfleisch vom Schwein
2 EL Semmelbrösel
2 EL plus 1 TL Milch
2 Messerspitzen Meersalz
1/8 TL schwarzer Pfeffer, frisch gemahlen
1 TL Olivenöl extra vergine
2 Sardellenfilets in Öl, zerdrückt

1 1/2 TL Kapern, gut abgetropft und grob gehackt
1 mittelgroße Tomate, enthäutet, von Kernen befreit
und fein gehackt
1 EL mild eingelegte Gemüse, z. B. Salsa di verdure
(Seite 366)
abgetropft und gehackt
1 EL Parmigiano Reggiano, frisch gerieben
1 EL Fontina, in kleine Stücke zerteilt
1 1/2 EL glatte Petersilie, fein gehackt

Hackfleisch, Semmelbrösel, Milch, Salz und Pfeffer miteinander vermischen und 1 Stunde ruhenlassen.
Den Boden einer schweren Pfanne von 30 Zentimeter Durchmesser mit Öl einstreichen und die Fleischmasse zu einer etwa 1,25 Zentimeter dicken Schicht darin flach drücken. Sardellen, Kapern, Tomatenstücke, eingelegtes Gemüse und Käse wie bei einer Pizza darauf verteilen.
Die Pfanne bei mittlerer Hitze auf den Herd stellen und die Masse braten, bis das Fleisch anfängt zu brutzeln. Sofort abdecken und bei sehr schwacher Hitze 7 bis 10 Minuten garen, bis das Fleisch nicht mehr rosafarben ist. Austretendes Fett mit einem Schwamm entfernen.
Den Deckel abnehmen, die »Pizza« auf eine Servierplatte gleiten lassen, die Petersilie darüber streuen und sofort servieren.

Sacrao
Wirsing mit Würsten aus der Emilia

In der Emilia werden frische Würste mit Korianderkörnern, Zimt, Kümmel, Nelken, Muskatnuß und Sternanis gewürzt. Da man diese Würste hier kaum finden wird, empfiehlt es sich, eine kleine Mischung der genannten Gewürze kurz in der Butter zu braten, bevor man die Würste und den Kohl zugibt. Giovanna Dolfi-Zenzi Lusignani schwört, daß man dieses Gericht nur in ihrem Städtchen Pellegrino Parmense kenne und ich es schon 15 km entfernt nicht mehr finden würde.

Für 4 bis 6 Personen

6 frische milde italienische Würste, ohne Fenchel
1 Wirsing (ca. 900 g), in feine, tagliatellegroße Streifen geschnitten
3 EL Butter
2 Korianderkörner
1 Messerspitze Zimt
1 Messerspitze Kümmelsamen
1 Messerspitze gemahlene Nelken
1 Messerspitze Muskatnuß, frisch gemahlen
1 Sternanis
1 EL Rotweinessig
Salz

Die Würste einstechen, mit Wasser bedecken und 10 Minuten köcheln lassen. Herausnehmen und in circa 4 Zentimeter große Stücke schneiden. Wieder in den Topf geben, Wirsingstreifen hinzufügen und weitere 10 Minuten köcheln lassen. Beiseite stellen.

Die Butter in einer großen, schweren Kasserolle erwärmen, Gewürze hineingeben und kurz mit der Butter aufschäumen lassen. Die Wurststücke und den Wirsing mit einer Schaumkelle aus dem Wasser heben, gut abtropfen lassen und nicht länger als 5 Minuten in der Butter dünsten. Weinessig und anschließend das Kochwasser zugießen und noch eine Weile weiter garen, bis sich die Aromen vermischt haben. Mit Salz abschmecken.

Variante: Statt Wirsing kann man auch Mangold nehmen.

Lenticchie alla Paesana
Linsen mit Schweinswürsten auf ländliche Art

Als ich von Iesi mit seinen hübschen, weiß getünchten Steinhäusern durch die grüne Hügellandschaft nach Cingoli fuhr, wurde ich erneut auf die unentdeckte Schönheit der Marken aufmerksam. In dem kleinen Bergort Cingoli, der einen überwältigenden Ausblick auf die umliegende Landschaft bietet, leben Enea Angelucci und seine Frau Teresa Stoppoloni, die beide leidenschaftliche Anhänger der authentischen regionalen Küche sind. Die Arbeiter, die täglich in das Hotelrestaurant Miramonti kommen, um ihr Mittagessen einzunehmen, können sich wahrlich glücklich schätzen. Und manchmal wird ihnen dieses nahrhafte und sättigende Linsengericht serviert, das fast zu jedem Menü paßt.
Schneiden Sie die Mohrrübe und den Sellerie in nicht zu kleine Stücke, damit Sie sie leicht entfernen können.

Für 6 Personen als Hauptgericht, für 8 Personen als Beilage
450 g getrocknete Linsen
3 Knoblauchzehen, davon 1 fein gehackt
Salz
1 Stange Bleichsellerie, in große Stücke geschnitten
1 Mohrrübe, in große Stücke geschnitten
1 Lorbeerblatt
2 kleine, milde Schweinswürste (ca. 150 g)
2 1/2 EL Olivenöl extra vergine
1 mittelgroße Zwiebel, fein gehackt
1 kleine grüne oder hellrote Tomate, enthäutet
und klein geschnitten
1/4 Würfel Hühner- oder Fleischbrühe oder 60 ml Hühnerbrühe

Die Linsen auf einer glatten Fläche ausbreiten und kleine Steinchen aussortieren. In einer tiefen Schüssel mit kaltem Wasser gründlich waschen und alle Linsen entfernen, die an die Oberfläche steigen. Abgießen.
Linsen, 2 ganze Knoblauchzehen, Salz, Sellerie, Mohrrübe und Lorbeerblatt in einen schweren 4–5 Liter-Topf geben und reichlich mit Wasser bedecken. Zum Kochen bringen, die Hitze reduzieren und 25 bis 30 Minuten köcheln lassen, bis die Linsen weich, aber noch ganz sind.

Falls notwendig, Wasser zugießen, damit die Linsen immer bedeckt sind. Abschütten, das Wasser aber auffangen. Knoblauch, Sellerie, Mohrrübe und Lorbeerblatt entfernen.
Die Pelle von den Würsten entfernen, das Fleisch in eine mittelgroße Schüssel geben und mit einem Holzlöffel zerdrücken, bis eine cremige Masse entsteht. Olivenöl in einem 3–4-Liter-Topf mit schwerem Boden erhitzen, und die Zwiebeln bei schwacher Hitze etwa 10 Minuten weich und glasig dünsten. Die gehackte Knoblauchzehe und die Wurstfülle hinzufügen und braten, bis das Fleisch nicht mehr rosafarben ist, auf keinen Fall länger. Linsen und circa 1/4 Liter vom Kochwasser, gehackte Tomate und Brühwürfel dazugeben und etwa 15 Minuten schmoren, dabei eventuell weiteres Wasser angießen, damit die Mischung feucht bleibt. Abschmecken und servieren.

Salsicce e Broccolleti di Rapa
Schweinefleisch mit Sprossenbrokkoli und zerdrückten Koriandersamen

Petartelle, Würste aus Monte San Biagio, sind außergewöhnlich mager, und das Fleisch sieht aus, als wäre es mit der Hand geschnitten worden. Es ist von Kartoffelstückchen durchzogen und mit Koriandersamen gewürzt. Da es solche Würste bei uns nicht gibt, würze ich magere Schweinswürste nachträglich mit Koriander, auch wenn die achtzigjährige Ines Pernarella, die in Monte San Biagio lebt, von meiner Idee nicht gerade begeistert war.
Ein anderer entscheidender Bestandteil dieses Gerichts ist der Sprossenbrokkoli mit den dicken Blättern, den die Italiener sehr lieben. Suchen Sie möglichst junges, zartes Gemüse aus, bei dem die Blüten sich noch nicht entwickelt haben. Sprossenbrokkoli bildet die ideale Grundlage für die Süße der Sauce. Servieren Sie dieses Gericht mit Kartoffelpüree oder Polenta.

Für 4 Personen
4 magere, süßliche italienische Schweinswürste, am besten mit Koriandersamen gewürzt
450 g Sprossenbrokkoli
2 große Knoblauchzehen, zerdrückt
3–4 EL Olivenöl extra vergine

1/4 TL Chiliflocken oder 1 kleine getrocknete Chilischote, fein gehackt
1/4 TL Salz
80 ml trockener Weißwein (nach Wunsch)
1/4 TL Koriandersamen, leicht zerdrückt

Die Würste mit einer Gabel einstechen, damit das Fett austreten kann. Bei mittlerer Hitze in einem 2,5 Zentimeter hoch mit kochendem Wasser gefüllten Topf 15 bis 20 Minuten kochen, bis das Wasser verdampft ist und das Wurstfett übrigbleibt; dabei die Würste mehrmals wenden. Eventuell 3 Eßlöffel Wasser zugeben. Die Würste in dem verbleibenden Fett bräunen, herausnehmen und beiseite stellen.
Den Sprossenbrokkoli waschen. Nur ältere Sorten putzen und die dicken Stiele entfernen. Olivenöl in eine schwere Bratpfanne geben und den Knoblauch darin etwa 2 Minuten braten. Er darf keinesfalls braun werden. Sprossenbrokkoli, Chiliflocken und Salz hinzufügen, zudecken und bei sehr schwacher Hitze in etwa 10 Minuten weich dünsten. Dabei eventuell nach und nach Wein angießen. Dann die Würste und die zerdrückten Koriandersamen hineingeben und nur so weit erhitzen, daß die Würste heiß werden. Nicht weiter bräunen.

Peperoncini sind kleine rote Pfeffer- oder Chilischoten. In der Toskana (wo sie verwirrenderweise *zenzero* – Ingwer – heißen), in Rom, Latium und weiter im Süden werden ihre Samen häufig anstelle von schwarzem Pfeffer verwendet. In den Abruzzen stehen Chilisamen stets in einer großen Streuflasche auf dem Tisch, und man gibt sie aufs Essen, sobald es serviert wird. An anderen Orten werden sie mit Olivenöl oder Salz und Olivenöl vermischt und als Würze verwendet. Ein guter Rat: Gehen Sie vorsichtig mit diesem Gewürz um. Tragen Sie am besten Gummihandschuhe, weil das ätherische Öl in den Samen furchtbar brennt, wenn Sie eine offene Wunde haben. Geradezu verheerend kann es werden, wenn Sie Kontaktlinsen tragen und unbedacht die Augen berühren.

Piatti Unici
Rouladen, Pasteten und Aufläufe

Vittorina Seghesio

Involtini di Cavolo
Kohlrouladen

Ich bin mein Leben lang am Herd gestanden«, sagt Vittoria Genovese, die in dem 120-Seelen-Dorf Nicola lebt. »Ich bin so daran gewöhnt, in der Küche zu stehen, daß ich es niemals leid werde, und außerdem leisten mir meine Enkelkinder Gesellschaft.« Mit dem Kochen begann sie im Alter von fünfzehn Jahren in einer Ferienkolonie, dann kochte sie eine Zeitlang in zwei Restaurants in Nicola, in dem einem mittags und in dem anderen abends. Doch seit die Familie 1982 die Trattoria Cervia erwarb, arbeiten sie und ihre Tochter Sonia nur noch dort.

Vittoria lernte das Kochen zunächst von ihrer Schwiegermutter, die aus Nicola stammt, und schließlich vom ganzen Dorf. Meistens aß man deftige Gerichte – Polenta, *panigacci*, *frittelle*.

Bei Vittorias Spezialitäten, zu denen auch diese Kohlrouladen gehören, handelt es sich ausschließlich um authentische Gerichte aus den Dörfern Liguriens und der Lunigiana. Einmal im Jahr, am Fest des Lokalheiligen, verwendet sie dieselbe Füllung für Sellerie, sonst aber rollt sie die köstliche Fleischmischung in Kohlblätter und serviert sie Freunden, Verwandten und den Besuchern von Nicola.

Für 4 bis 6 Personen
1 großer Kopf Wirsing (ca. 1 kg)
1 kg reife Tomaten oder 1/2 l italienische Eiertomaten aus der Dose einschließlich Saft
3 EL Olivenöl extra vergine
2 Zwiebeln, gehackt
1 Knoblauchzehe, leicht zerdrückt
Salz
schwarzer Pfeffer, frisch gemahlen
180 ml Milch

Füllung:
2 Scheiben Landweißbrot, zerpflückt
120 g Mortadella bester Qualität oder Prosciutto
120 g Kalbshackfleisch
60 g Prosciutto bester Qualität
2 Eier

3 EL glatte Petersilie, fein gehackt
1 TL Knoblauch, gehackt
1 Messerspitze Muskatnuß, frisch gerieben
Meersalz
schwarzer Pfeffer, frisch gemahlen
60 g Parmigiano Reggiano, frisch gerieben

Die Wirsingblätter am Strunk abschneiden und vorsichtig vom Kopf abziehen. Dabei darauf achten, daß die Blätter nicht zerreißen. Waschen und gründlich trocknen.

4 Liter Wasser zum Kochen bringen, Salz hinzufügen und die Wirsingblätter hineingeben. Nur etwa 2 Minuten kochen, bis sie zusammenfallen. Mit einem Schaumlöffel herausheben und in einem Sieb gut abtropfen lassen.

Für die Tomatensauce die Tomaten enthäuten, halbieren, durch ein Sieb drücken und die Kerne wegwerfen. Den Saft auffangen. Die Tomaten grob hacken.

In einer großen, schweren Schmorpfanne (sie sollte nicht aus Aluminium sein) das Öl erhitzen und die Zwiebeln darin bei schwacher Hitze etwa 15 bis 20 Minuten weich und glasig braten. Die Tomaten hineingeben, mit einem Holzlöffel zerdrücken und Tomatensaft, Knoblauch, Salz und Pfeffer zugeben. Bei schwacher Hitze 30 bis 45 Minuten ohne Deckel köcheln lassen.

Für die Füllung die Milch in einem kleinen Topf erwärmen, die Brotstücke hineinlegen und 10 bis 15 Minuten köcheln lassen, bis die Masse cremig ist. Dabei gelegentlich umrühren. Zum Abkühlen beiseite stellen.

Mortadella, Kalbfleisch und Prosciutto in der Küchenmaschine zerkleinern.

In einer mittelgroßen Schüssel die Eier, Petersilie, Knoblauch, Muskatnuß, Salz und Pfeffer und 30 g Parmiggiano Reggiano verquirlen.

Den Ofen auf 180 Grad vorheizen.

Ein Wirsingblatt auf der Arbeitsplatte ausbreiten und die mittlere Rippe herausschneiden. Die Füllung in Portionen entsprechend der Anzahl der Wirsingblätter aufteilen. Jede Portion zu einem Oval formen und auf ein Ende des Wirsingblattes legen. Das Wirsingblatt aufrollen und dabei die Seitenränder einklappen. Die Flüssigkeit mit der Hand herausdrücken. Mit einem Zahnstocher das Ende des Wirsingblattes feststecken oder die Roulade mit Garn umwickeln.

Eine dünne Schicht Tomatensauce auf dem Boden des Topfs verteilen, darauf eine Schicht Wirsingrouladen legen, erneut Tomatensauce und Wirsingrouladen übereinanderschichten und zum Schluß den restlichen Parmigiano Reggiano darüber streuen.

Etwa 30 Minuten im Ofen garen, bis der Käse angebräunt ist. Heiß oder lauwarm servieren.

Crostata di Fagiano
Fasanenpastete

Die würzige, mit viel Aufwand zubereitete Pastete, die seit Jahrhunderten in den großen Häusern Luccas auf den Tisch kommt, wird mit Fasan, *porcini*, *pancetta*, Polenta und Parmigiano Reggiano gefüllt. Sie macht zwar viel Arbeit, kann aber im voraus zubereitet und eingefroren werden. Laura Mansi Salom serviert dieses Gericht gern bei Büffets, da es sich vorzüglich für große Gästezahlen eignet.

Für 8 Personen

Teig:
200 g Mehl
1/2 TL Salz
150 g Butter
1 Ei, verquirlt

Füllung:
50 g getrocknete Steinpilze (Porcini)
Meersalz
150 g feingemahlenes Maismehl
1/4 l Milch und Sahne zu gleichen Teilen
100 g Parmigiano Reggiano, frisch gerieben
schwarzer Pfeffer, frisch gemahlen
100 g Pancetta, gewürfelt
1 EL Olivenöl extra vergine
1 kleiner Fasan (ca. 800–900 g), geviertelt
1/2 Zwiebel, fein gehackt
100 g Butter
1 TL frischer Thymian, gehackt
9 Wacholderbeeren, mit dem Messerrücken platt gedrückt
1 TL frischer Majoran, gehackt
1 1/2 TL frische Salbeiblätter, gehackt
80 ml trockener Weißwein

1 Eigelb, mit ein wenig warmem Wasser verquirlt

Für den Teig Mehl und Salz in einer Schüssel gut vermischen. Die Butter in 10 bis 12 Stücke teilen und mit den Fingern oder in der Küchenmaschine in die Mehlmischung kneten, bis sie die Konsistenz von grobem Maismehl hat. Anschließend das Ei untermischen und zu einem Teig verkneten. Auf einer leicht bemehlten Arbeitsfläche noch einmal kurz durchkneten. Zu einer dicken Scheibe formen und in Plastik- oder Frischhaltefolie wickeln. Mindestens 1 Stunde im Kühlschrank abkühlen lassen. Der Teig hält sich bis zu 3 Tage.

Den Ofen auf 180 Grad vorheizen. Eine möglichst beschichtete Springform von 28 Zentimeter Durchmesser mit Butter ausstreichen.

Den Teig in zwei Portionen teilen, wobei die eine doppelt so groß sein sollte wie die andere. Das kleinere Stück wieder in den Kühlschrank legen, das größere auf eine leicht bemehlte Arbeitsfläche legen und zu einem Kreis von 40 Zentimeter Durchmesser ausrollen.

Die Teigplatte vorsichtig über das Nudelholz schlagen und auf den Boden der vorbereiteten Form legen, so daß ein rundherum gleichmäßig hoher Rand entsteht. Boden und Seitenwände mit Alufolie bedecken und mit getrockneten Erbsen oder Bohnenkernen beschweren. Circa 10 Minuten backen; der Teig sollte gerade fest sein. Folie und Erbsen oder Bohnenkerne entfernen, den Boden mit einer Gabel einstechen und weitere 3 bis 5 Minuten backen, bis der Teig nicht mehr glänzt. Abkühlen lassen.

Für die Füllung die Pilze mit 1/2 Liter warmem Wasser bedecken und 30 bis 45 Minuten einweichen. Vorsichtig abgießen und die Pilze abtropfen lassen, dabei die Flüssigkeit auffangen. Pilze anschließend trockentupfen und grob hacken. Die Flüssigkeit durch ein mit einem Mulltuch oder Küchenpapier ausgelegtes Sieb gießen. Man braucht später 180 bis 250 Milliliter Pilzflüssigkeit.

3/4 Liter Salzwasser in einem hohen Topf zum Kochen bringen. Die Hitze reduzieren und das Maismehl langsam hineinrieseln lassen. Zuerst mit einem Schneebesen schlagen, dann ständig mit einem Holzlöffel umrühren, dabei leise köcheln lassen. Wenn sich die Polentamasse nach etwa 25 bis 35 Minuten vom Topfrand löst, die Milch-Sahne-Mischung einrühren. Die Hälfte vom Käse sowie Salz und Pfeffer hinzufügen. Die Polenta auf ein leicht geöltes Blech streichen und beiseite stellen. Den Ofen auf 190 Grad vorheizen.

Pancetta und Öl in einer schweren Schmorpfanne von 30 Zentimeter Durchmesser erhitzen, den Fasan hineingeben und bei starker Hitze rundherum goldbraun braten. Fasan herausnehmen, Zwiebelwürfel, Butter, Pilze, Kräuter und etwas Salz und Pfeffer in die Pfanne geben und kurz dünsten. Wein angießen und bei starker Hitze kochen, bis er verdampft ist. 80 Milliliter Pilzflüssigkeit hinzufügen, den Fasan wieder in die Pfanne legen, abdecken und bei mittlerer Hitze 10 bis 15 Minuten schmoren, bis er weich ist. Abkühlen lassen. Das Fleisch von den Knochen lösen.

Fasanfleisch, Polenta, Pilzmischung, Salz und Pfeffer sowie restlichen Parmiggiano Reggiano vermengen und auf der Teigplatte verteilen.
Das zweite Teigstück auf einer leicht bemehlten Arbeitsfläche zu einem Kreis von 28 Zentimeter Durchmesser ausrollen. Die überstehenden Teile des vorgebackenen Teigs mit einem verquirlten Ei einstreichen. Die rohe Teigplatte über die Füllung legen und den Rand zusammenrollen. Vorsichtig an den gebackenen Teigrand drücken. Mit verquirltem Eigelb bestreichen.
Die Springform auf der mittleren Schiene in den Ofen schieben und etwa 1 Stunde backen, bis die Pastete eine goldbraune Farbe hat. Dabei hin und wieder mit ein wenig Eigelb bestreichen. Heiß servieren.

Frico Cotto con Patate e Cipolla
Kartoffeln und Zwiebeln mit Käse gekocht

Dieses Rezept kennt man nur in Gianna Modottis Familie, die in der Abgeschiedenheit der karnischen Alpen lebt. Man darf das herzhafte, winterliche Gericht nicht mit dem knusprigen Frico aus dem Friaul verwechseln. Die Kartoffeln sollten nicht braun oder knusprig werden, sondern müssen, während sie langsam garen, weich bleiben. Gianna Modotti serviert dieses Frico lediglich mit weichen Rühreiern (Uova all'Aceto, Seite 272).

Für 4 Personen
2–3 EL Olivenöl extra vergine oder 30–45 g fetter Speck
2 mittelgroße Kartoffeln (ca. 450 g), geschält und gewürfelt
300 g Zwiebeln, gewürfelt
1/2 TL Salz
je ca. 220 g mittelalter und alter (mindestens 1 Jahr gereifter) Montasio oder Fontina, in feine Scheiben geschnitten

Olivenöl in einer möglichst beschichteten Bratpfanne von 25 bis 30 Zentimeter Durchmesser erwärmen. Kartoffeln und Zwiebeln hineingeben und bei schwacher bis mittlerer Hitze in circa 40 bis 45 Minuten weich garen. Eventuell nach und nach bis zu 12 Eßlöffel Wasser angießen. Dabei häufig umrühren und wenden, damit das Gemüse nicht anliegt. Mit Salz würzen. Ganz zum Schluß den Käse darüber streuen und untermischen, so daß er schmilzt. Sofort servieren.

Soufflé di Porri
Lauchflan mit cremiger Paprikasauce

Was Vittorina Seghesio ein Soufflé nennt, ist in Wirklichkeit ein hellgrüner Flan, der nicht aufgeht, sondern weich und cremig wie ein Pudding bleibt. Servieren Sie dieses köstliche Gericht mit der leuchtenden Paprikasauce als Hauptbestandteil eines Mittagessens oder zum Brunch. Man kann den Flan im voraus zubereiten und 20 Minuten bei 90 Grad im Ofen aufwärmen. Die Sauce wird getrennt erhitzt. Statt Lauch eignet sich auch – je nach Jahreszeit – pürierter Sellerie, Spinat oder Spargel.

Für 6 Personen
Flan:
6 große Stangen Lauch, davon nur der weiße Teil,
gut gesäubert und in Scheiben geschnitten
Salz
2 EL Butter

Besciamella (Bechamelsauce):
3 EL Butter
1 1/2 EL Mehl
3/8 l kochende Milch
2 Eier, zimmerwarm, verquirlt
schwarzer Pfeffer, frisch gemahlen
gut 1 Messerspitze Muskatnuß, frisch gerieben

Crema di peperoni (Paprikasauce):
3 bis 4 große rote Paprikaschoten, geröstet, enthäutet
und von Samen befreit
1 EL Butter
1 Knoblauchzehe, gehackt
1/2–1 TL Sardellenpaste
1/2–1 TL Olivenöl extra vergine
1 EL Sahne (nach Wunsch)

Für den Flan den Lauch 20 Minuten in Salzwasser kochen, abgießen, ausdrücken und mit Mixer oder Küchenmaschine pürieren. Zum Abkühlen beiseite stellen.
Den Ofen auf 90 Grad vorheizen. Eine 1 1/2-Liter-Souffléform oder 6 Förmchen gut mit Butter ausstreichen.
Für die Bechamelsauce 3 Eßlöffel Butter in einer schweren Kasserolle schmelzen, das Mehl nach und nach zugeben und mit einem Schneebesen kräftig einrühren. Bei mittlerer Hitze köcheln lassen, bis eine glatte Masse entstanden ist. Die kochende Milch angießen und rühren, bis die Mischung dick und weich ist. Weitere 5 bis 7 Minuten kochen. Vom Herd nehmen und kurz abkühlen lassen. Die verquirlten Eier, Salz, Pfeffer und Muskatnuß in die Sauce einarbeiten und abschmecken. Das Lauchpüree unterheben.
Die Mischung in die vorbereitete Souffléform oder die Förmchen füllen. Im Ofen 30 Minuten backen, dann die Temperatur auf 120 Grad erhöhen, bei einer großen Form weitere 40 bis 50 Minuten, bei mehreren Förmchen 20 Minuten backen. Der Flan ist gar, wenn man mit einem Messer hineinsticht und nichts klebenbleibt. Der Flan darf nicht aufgehen wie ein Soufflé, sondern muß flach bleiben wie ein Pudding. Die Souffléform bei offener Backofentür noch 10 Minuten im Ofen stehenlassen, Förmchen gleich herausnehmen. Anschließend kurz ruhenlassen.
Für die Paprikasauce unterdessen die gerösteten Paprikaschoten in einer Gemüsemühle oder einem Mixer zu einer cremigen Masse verarbeiten. Die Butter in einer kleinen Pfanne schmelzen, Knoblauch, Sardellenpaste, Olivenöl und pürierte Paprikaschoten hinzufügen und bei schwacher bis mittlerer Hitze etwa 10 Minuten köcheln lassen, bis sich alle Aromen gut vermischt haben. Dabei darauf achten, daß der Knoblauch nicht anbräunt. Zum Schluß eventuell Sahne hinzufügen.
Einen Löffel von der Sauce auf jeden Teller geben, die Lauchflans aus den Förmchen stürzen und in die Mitte der Sauce placieren. Bei einer großen Form den Flan auf einen Teller stürzen. Etwas Paprikasauce um den Flan verteilen. Die übrige Sauce dazu reichen.

Porträt Vittorina Seghesio

Die siebenundachtzigjährige Vittorina Seghesio kocht die traditionellen Piemonteser Gerichte zusammen mit ihrem fünfundzwanzigjährigen Enkelsohn Pierpaolo Rinaldi, der ein Diplom in Politikwissenschaft und einen Abschluß an der Hotelfachschule von Mondovi hat. Dabei geraten die beiden oft heftig aneinander, denn Vittorina mißt die Zutaten mit den Händen, mit der Messerspitze oder bündelweise ab, während ihr Enkel auf exaktem Abwiegen besteht. Sie probiert die Speisen nie, der Enkel hingegen meint, daß man probieren muß, um zu sehen, ob etwas gar ist, nachgewürzt werden muß, ob die Konsistenz stimmt. »Unsinn«, erwidert sie schroff. »Wenn man das Essen mit den Fingern und mit den Händen prüft, weiß man, ob es gut ist. Man muß nur genau hinsehen.«

Die kleine Frau mit den funkelnden Augen und dem nicht zu unterdrückenden Lachen, die ebenso schnell spricht wie sie sich bewegt, steht jeden Morgen um halb sechs Uhr auf. Um sechs Uhr sperrt sie die Eingangstür des Familienbetriebs auf – ein kleines Hotel mit Restaurant in der Stadt Monforte d'Alba im Piemont –, um den Arbeitern, die nach ihrer Nachtschicht mit dem Bus auf dem Stadtplatz eintreffen, Kaffee und Grappa zu servieren. Anschließend legt sie sich noch einmal hin – nur zu einem Nickerchen, wie sie sagt –, bevor sie in der Familientrattoria Mittag- und Abendessen kocht. In ihrer Freizeit wäscht und flickt sie die Wäsche für das Hotel.

Vittorina redet ununterbrochen und hält nur inne, wenn ihr Enkel sie darauf aufmerksam macht, daß sie wieder einmal in ihren Dialekt verfallen ist. Dann lächelt sie ihn nachsichtig an, und schon beginnt ihr Redeschwall mit den zahllosen Dialektausdrücken von neuem.

Vittorina hat Reisen unternommen, um zu sehen, wie andere Leute kochen. So fuhr

sie 1995 nach Perugia zu einem Kongreß von Köchen, wo sie die älteste und bewundertste Teilnehmerin war. Als sie im Jahr davor in Zürich kochte, eroberte sie alle im Sturm, obwohl sie der Landessprache nicht mächtig war.
Vor einigen Jahren hielt sich in Monforte eine fünfzehnköpfige Gruppe von Männern auf, die zwei Wochen in der dortigen Versuchsanstalt arbeiteten. Sie kamen jeden Tag zu Vittorina und bestellten immer Kartoffelgnocchi, die auf der Zunge zergehen. Signora Vittorina serviert dazu nur etwas Tomatensauce.
Vittorina Seghesio wurde in Monforte geboren und hat ihr ganzes Leben dort verbracht. Ihr Vater starb sehr jung, ihre Mutter war Pachtbäuerin, und ihre beiden Schwestern und ihr Bruder spielten draußen, während die vierzehnjährige Vittorina zu Hause blieb. So begann sie zu kochen. Sie probierte alle möglichen Gerichte aus, und heute, nach dreiundsiebzig Jahren, findet sie das Kochen immer noch spannend. Mit dreiundzwanzig heiratete sie und lebte von da an mit ihrem Mann und ihren vier Kindern auf dem Land bei Monforte. 1955 kaufte die Familie ein altes Haus mit Restaurant, das sie grundlegend erneuerten. »Die Schulden! Unvorstellbar!« Aber es dauerte nicht lange, da waren die Schulden abbezahlt. Den ganzen Herbst über kommen von weit her Gäste, um in der hügeligen Landschaft der Langhe zu essen, Barolo und Barbaresco und die anderen wunderbaren Weine der Region zu trinken und all die herrlichen Produkte aus diesem Teil des Piemont mit nach Hause zu nehmen: die weißen Trüffeln, die Wildpilze und die Plätzchen und Kuchen, die es nur hier gibt. Und sie kommen, um die Gerichte dieses Landstrichs zu kosten, die Vittorina immer noch mit Begeisterung zubereitet.
Manche Gäste sind sehr anhänglich geworden, andere scheuen nicht vor Anzüglichkeiten zurück: Einmal lud sie eine ganze Hochzeitsgesellschaft aus Turin zu einem großen Hochzeitsbankett nach Monforte ein; unter den Gästen waren zwölf Schotten, die in Kilts erschienen. Als sie einen von ihnen bat, seinen Rock zu heben und ihr seine behaarten Beine zu zeigen, lüpfte er ein wenig sein Gewand, grinste sie mit einem breiten Lächeln an und hob ihn noch ein Stück weiter. »Das macht mir nichts aus«, meinte sie daraufhin nur. »Machen Sie nur weiter.«
Wenn Vittorina ihrem Enkel die Cucina della nonna beibringt, achtet sie sehr darauf, daß er alles richtig macht. Denn wenn sie tot ist, wird er – wie so viele Köche in den Trattorien und kleinen Restaurants in ganz Italien – die Familientradition fortsetzen.
Viele Menschen macht es glücklich, eine so lebendige und leidenschaftliche Köchin kennenzulernen. Vor kurzem reagierte ein Mann, der zum Abendessen ins Restaurant kam, erstaunt, als er ihr Alter erfuhr. »Signora«, sagte er, »ich bin tief bewegt. Darf ich Ihnen einen Kuß geben?« Vittorina musterte ihn von oben bis unten und erwiderte: »Sie sind so nett, Sie dürfen mir zwei geben.«

Pasticcio di Riso
Risotto, gefüllt mit Fleisch, frischen Erbsen und Mozzarella

Laura Mansi Salom zeigte mir noch ein weiteres extravagantes Gericht der Aristokratie Luccas. Der gewürfelte Mozzarella, der kurz vor dem Backen unter das Fleisch gemischt wird, ist zwar nicht notwendig, aber sehr zu empfehlen. Die Backzeit sollte nicht mehr als 30 Minuten betragen, denn alle Zutaten sind bereits gar.

Für 8 bis 10 Personen

Risotto:
1–1 1/4 l Hühnerbrühe, vorzugsweise hausgemacht
2–3 EL Butter
1 weiße Zwiebel, gewürfelt
400 g Arborio-Reis
325 ml trockener Weißwein, zimmerwarm
20 Safranfäden oder
eine große Messerspitze Safranpulver,
in warmer Brühe aufgelöst

Ragù und Füllung:
3–4 EL Olivenöl extra vergine
1 Mohrrübe, gewürfelt
1 Stange Bleichsellerie, gewürfelt
1 Zwiebel, gewürfelt
2 1/2 EL glatte Petersilie, gehackt
200 g mageres Rinderhackfleisch
100 g Hühnerleber, gehackt
100 g Schinken, gehackt
Salz
schwarzer Pfeffer, frisch gemahlen
160 ml trockener Weißwein
125 ml Hühnerbrühe
1 weiße Zwiebel, gewürfelt
1 EL Butter
300 g frische, kleine Erbsen, enthülst, oder

eine 300-Gramm-Packung tiefgekühlte Erbsen, aufgetaut
220 g Mozzarella bester Qualität (nach Wunsch)

Für die Auflaufform:
3–4 EL Butter
25 g Semmelbrösel

Die Hühnerbrühe in eine 2-Liter-Kasserolle geben und leise köcheln lassen.
Die Butter in einer 2-Liter-Kasserolle mit schwerem Boden schmelzen. Zwiebeln hineingeben und etwa 5 Minuten weich und glasig dünsten, keinesfalls bräunen lassen. Reis hinzufügen und etwa 2 Minuten rühren, bis alle Körner rundherum mit Fett überzogen sind. Zunächst etwa die Hälfte des Weißweins angießen und ständig köcheln lassen, dabei umrühren, bis der gesamte Wein aufgesogen ist. Dann nach und nach die heiße Brühe angießen und 16 bis 18 Minuten köcheln lassen, bis der Reis weich und cremig ist. Währenddessen den Safran in ein wenig Brühe auflösen und nach der Hälfte der Kochzeit hinzufügen. Risotto beiseite stellen.
Den Ofen auf 180 Grad vorheizen.
2 bis 3 Eßlöffel Olivenöl in einer schweren Bratpfanne von 28 bis 30 Zentimeter Durchmesser bei schwacher bis mittlerer Hitze erwärmen. Mohrrübe, Sellerie, Zwiebel und Petersilie 10 bis 12 Minuten darin braten, bis die Zwiebel weich und glasig ist. Hackfleisch, Hühnerleber und Schinken hinzufügen, die Hitze erhöhen und 5 bis 7 Minuten mitbraten, bis das Fleisch gerade eben seine rosa Farbe verloren hat. Mit Salz und Pfeffer würzen. Den Weißwein angießen und bei starker Hitze etwa 7 Minuten kochen, bis er auf die Hälfte reduziert ist. Hühnerbrühe hinzufügen und weitere 5 Minuten kochen, bis die Mischung dickflüssig ist.
Die zweite Zwiebel in 1 Eßlöffel Öl und der Butter weich und glasig braten. Erbsen hinzufügen und weich dünsten. Kurz abkühlen lassen und zur Fleischmischung geben. Eventuell Mozzarella untermischen.
Boden und Ränder einer hohen Auflauf- oder Charlottenform von 24 bis 25 Zentimeter Durchmesser gründlich mit Butter bestreichen und leicht mit Semmelbröseln ausstreuen.
Den Risotto zur Hälfte in die Form geben, die Fleisch-Erbsen-Mischung darüber verteilen und mit der zweiten Risotto-Hälfte abschließen.
Die Timbale 30 Minuten im Ofen erhitzen.

Tiella
Muscheln, Kartoffeln und Reis im Tontopf

In Apulien zeigte mir jede Nonna ein Rezept für Tiella, ein Gericht, das nach dem Terracottatopf benannt ist, in dem es gebacken wird. Nachdem ich unzählige Varianten probiert hatte, entschied ich mich für die Tiella von Maria Andriani. Wie die meisten Köchinnen in Apulien öffnet Maria die Muscheln vor dem Kochen, gießt die in ihnen enthaltene Flüssigkeit ab und bewahrt sie auf; das Fleisch läßt sie auf den Schalenhälften, bis sie es in den Auflauf schichtet. Da das Öffnen lebender Muscheln äußerst schwierig ist, koche ich sie kurz, bis sie sich von selbst öffnen, hebe die Kochflüssigkeit auf, nehme das Fleisch aus den Muscheln und gebe es in die Auflaufmischung. Die Kartoffeln nehmen den Geschmack der Muscheln an, und die dünne Reiskruste gibt dem Gericht eine wunderbare Struktur.

Für 8 bis 10 Personen
450 g Miesmuscheln
6 EL Olivenöl extra vergine
450 g Kartoffeln, geschält und in dünne Scheiben geschnitten
Salz
schwarzer Pfeffer, frisch gemahlen
1 Zwiebel, gewürfelt
500 g große, reife Tomaten, enthäutet, von Kernen befreit und gewürfelt
1 Knoblauchzehe, gehackt
5 EL glatte Petersilie, fein gehackt
1 Lorbeerblatt
70 g Parmigiano Reggiano, frisch gerieben
100 g Arborio-Reis

Den Ofen auf 180 Grad vorheizen.
Die Muscheln gründlich waschen und abschrubben, die Bärte entfernen. In einen 1,5 Zentimeter hoch mit Wasser gefüllten Topf geben und abgedeckt bei sehr starker Hitze etwa 3 bis 4 Minuten kochen, bis sie sich gerade eben öffnen. Durch ein mit Mulltuch oder Küchenpapier ausgelegtes Sieb gießen und die Flüssigkeit, etwa 1/2 Liter, auffangen. Alle ungeöffneten Muscheln wegwerfen. Das Fleisch aus den Muscheln lösen und in eine Schüssel geben. Abgedeckt beiseite stellen.

Eine 24 x 33 Zentimeter große und 5 Zentimeter hohe Auflaufform oder eine 3-Liter-Kasserolle, am besten aus Ton, mit 2 Eßlöffel Olivenöl einfetten. Die Hälfte der Kartoffeln auf dem Boden verteilen und mit Salz und Pfeffer bestreuen. Die Kartoffeln mit den Zwiebelwürfeln, den Tomaten, dem Knoblauch und 1 Eßlöffel Petersilie bedecken. Mit Salz und Pfeffer bestreuen und mit 2 Eßlöffel Olivenöl beträufeln. Das Lorbeerblatt darauf legen.

Auf diese Schicht die Hälfte des Parmigiano Reggiano und die Hälfte der verbliebenen Petersilie streuen. Dann folgt eine Schicht mit den Muscheln, dem restlichen Parmigiano Reggiano und der Petersilie. Die zweite Hälfte der Kartoffeln darauf schichten, salzen und pfeffern und noch 2 Eßlöffel Olivenöl darüber träufeln. Zum Schluß den Reis darauf verteilen und etwa 180 Milliliter Muschelsud angießen.

In den vorgeheizten Ofen schieben und alle 10 Minuten mit der Flüssigkeit am Boden der Form begießen. Darauf achten, daß der Reis genügend Feuchtigkeit zum Garen hat.

Etwa 70 Minuten backen, bis die Kartoffeln weich und der Reis fast gar ist. Den Reis noch einmal mit 4 Eßlöffel Muschelsud begießen, die Form fest mit Alufolie bedecken und weitere 15 bis 20 Minuten garen, bis der Reis bißfest ist.

Aus dem Ofen nehmen und bei Zimmertemperatur etwa 15 Minuten abgedeckt stehen lassen, damit der Dampf in den Reis eindringen kann. Anschließend weitere 30 Minuten ohne Alufolie ruhenlassen. Warm oder bei Zimmertemperatur servieren. Zum Aufwärmen noch etwas Muschelsud zugießen und bei 180 Grad in den Ofen schieben. Das Gericht kann 6 Stunden vor dem Servieren zubereitet werden.

Timballo di Riso
Reis-Timbale

Die komplizierte, aber köstliche Reis-Timbale von Amelia Innocenti ist ein traditionelles Gericht. Man serviert es allenfalls mit einem Salat als Beilage.

Für 8 bis 10 Personen

4 EL feine Semmelbrösel zum Ausstreuen der Backform
60 g Butter
2–3 EL Olivenöl extra vergine
250 g Schweinswürste, fein gewürfelt
250 g Hühnerfleisch, fein gewürfelt

250 g Kalbfleisch, fein gewürfelt
250 g mageres Schweinefleisch, fein gewürfelt
Pommarola-Sauce (Seite 368)
1 kleine rote Zwiebel, gewürfelt
400 g Arborio-, Vialone-Nano- oder Carnaroli-Reis
60 ml trockener Weißwein
1 1/4–1 3/8 l möglichst selbstgemachte Hühnerbrühe
Parmigiano Reggiano, frisch gerieben
Muskatnuß, frisch gerieben
Salz
schwarzer Pfeffer, frisch gemahlen

Den Ofen auf 180 Grad vorheizen. Eine 34 x 22 Zentimeter große Auflaufform großzügig mit Butter einfetten und mit der Hälfte der Semmelbrösel ausstreuen. Überschüssige Brösel abschütten.

1 Teelöffel Butter und 2 Teelöffel Öl in einer Bratpfanne bei mittlerer Hitze erwärmen und das Hühnerfleisch darin goldbraun braten. Anschließend mit dem Rind- und dem Schweinefleisch ebenso verfahren. Fleisch und Pommarola-Sauce vermischen.

Für den Risotto 3 Eßlöffel Butter in einem hohen Topf bei mittlerer Hitze erwärmen. Wenn die Butter geschmolzen ist, die Zwiebeln etwa 5 Minuten darin glasig dünsten. Reis hinzufügen und 2 bis 3 Minuten rühren, bis alle Körner rundherum mit Fett bedeckt sind. Wein angießen und einkochen lassen. Inzwischen die Hühnerbrühe in einem 3-Liter-Topf zum Kochen bringen und nach und nach jeweils 1/8 Liter davon zum Reis gießen. Erst nachgießen, wenn die Flüssigkeit vollständig absorbiert ist. 16 bis 18 Minuten kochen, bis der Reis weich ist. Parmigiano Reggiano, Muskatnuß, Salz, Pfeffer und die restliche Butter hinzufügen.

Die Hälfte des Risottos in die Auflaufform füllen, das Fleisch darüber verteilen und mit dem restlichen Risotto abschließen. Mit Semmelbröseln bestreuen.

20 bis 30 Minuten backen, bis die Kruste eine goldbraune Farbe hat und die Timbale heiß ist. 5 Minuten ruhenlassen, damit sich die Aromen vermischen können.

Pasticcio di Maccheroni
Laura Mansi Saloms Timbale aus Pasta und Fleisch in Teigkruste

Diese opulente, extravagante und reichhaltige Pasta mit Fleisch und einer leicht süßen Teigkruste stammt vermutlich aus der Zeit, als es in der Toskana noch üblich war, zweimal am Tag mindestens drei Gänge zu verspeisen. Gewitzte Bonvivants dachten sich deshalb einen kulinarischen Trick aus, um solche starren Regeln zu umgehen, und kombinierten in einem einzigen Gericht die Zutaten mehrerer Gänge.
Die Timbale ist zweifellos kompliziert in der Zubereitung, aber man kann die verschiedenen Saucen und den Teig einen Tag im voraus zubereiten. Der Teig für die Hülle reißt sehr leicht, läßt sich aber, auch eingefroren, leicht flicken. Die Zuckermenge für die Teigkruste kann je nach Geschmack auf 2 Eßlöffel reduziert werden.

Für 12 Personen
Pasta frolla (Mürbteig für die Hülle):
150 g zimmerwarme Butter
100 g Zucker
Schale einer unbehandelten Zitrone, gerieben
1 Ei plus 1 Eigelb
300 g Mehl
eine Prise Salz

Ragù di carne (Fleischsauce):
ca. 60 g getrocknete Steinpilze
1/2 l warmes Wasser
2–3 EL Olivenöl extra vergine
1 Mohrrübe, fein zerkleinert
1 Stange Bleichsellerie, fein zerkleinert
1 Zwiebel, fein zerkleinert
300 g Rinderhackfleisch
100 g Schinken, fein gewürfelt
200 g Hühnerleber, fein zerkleinert
160 ml trockener Weißwein

60 ml Hühnerbrühe
60 ml Einweichwasser der getrockneten Steinpilze
1/2 Hühnerbrustfilet, in kleine Würfel geschnitten
1 TL Mehl
1 1/2 TL Butter
Salz

Besciamella (Bechamelsauce):
3 1/2 EL Butter
30 g Mehl
7/8 l handwarme Milch
Salz
schwarzer Pfeffer, frisch gemahlen
reichlich Muskatnuß, frisch gerieben

Pasta:
1 EL grobes Meersalz
knapp 500 g kurze Pasta wie Penne oder Rigatoni

Zum Bestreichen:
1 Eigelb, mit 1 TL Wasser verquirlt

Teigherstellung mit dem Rührgerät: Butterflocken und Zucker in der Küchenmaschine zu einer cremigen Masse verarbeiten. Zitronenschale, Ei und Eigelb zugeben und gut verrühren. Mit Salz gemischtes und gesiebtes Mehl hinzufügen und alles zu einem Teig verkneten. Eventuell auf einer leicht bemehlten Arbeitsfläche noch etwas durchkneten. Zu einer Kugel formen, mit Frischhaltefolie abdecken und mindestens eine Stunde im Kühlschrank ruhenlassen.
Teigherstellung mit der Hand: Gesiebtes Mehl, Zucker und Salz in eine mittelgroße Schüssel geben, die Zitronenschale darüber reiben und die Butterflocken hineinkneten, bis die Mischung die Konsistenz von grobem Maismehl hat. Eine Vertiefung in die Mitte drücken, Ei und Eigelb miteinander verquirlen und langsam in die Mischung einarbeiten, bis ein Teig entsteht. Weiter verfahren wie oben. Während der Teig im Kühlschrank ruht, die Fleischsauce zubereiten. Die getrockneten Pilze mit 1/2 Liter warmem Wasser bedecken und 30 Minuten einweichen lassen. Mit dem Schöpflöffel herausheben und über dem Einweichwasser gründlich ausdrücken. Das Wasser durch ein mit Gaze oder einer doppelten Schicht Küchenpapier ausgelegtes Sieb gießen und beiseite stellen. Die Pilze unter kaltem Wasser waschen, abtropfen lassen und trockentupfen. Grob hacken. In einer großen, schweren

Kasserolle das Öl erwärmen, Gemüse zugeben und bei mittlerer Hitze 5 bis 7 Minuten braten, bis die Zwiebeln goldgelb sind. Schinken, Hackfleisch, Hühnerleber und Pilze hinzufügen und weitere 5 bis 7 Minuten braten, bis das Fleisch nicht mehr rosafarben ist. Den Weißwein angießen und kochen, bis er verdampft ist, dann die Hühnerbrühe und das Pilzwasser zugeben. Die Mischung darf nicht trocken werden. Inzwischen das Hühnerfleisch im Mehl wenden und in einer anderen Pfanne kurz anbraten. Zur Fleischsauce geben. Die Mischung weitere 5 bis 7 Minuten schmoren lassen, bis der Großteil der Flüssigkeit verdampft ist. Mit Salz abschmecken und abkühlen lassen.

Für die Bechamelsauce die Butter in einem 2-Liter-Topf schmelzen. Vom Herd nehmen, das Mehl einrühren und gut verquirlen, bis keine Klumpen mehr vorhanden sind. Die Milch einrühren und bei mittlerer Hitze etwa 5 Minuten kochen, bis die Sauce dick wird. Durch ein Sieb passieren. Mit Salz, Pfeffer und Muskatnuß abschmecken. Die Sauce sollte eine flüssige Konsistenz haben. Zur Fleischmischung geben und auf Zimmertemperatur abkühlen lassen.

Inzwischen in einem großen Topf 4 Liter Wasser zum Kochen bringen, grobes Salz hinzufügen und die Pasta darin al dente kochen.

Die Pasta gut mit der Fleisch-Bechamel-Mischung verrühren. Mit Salz und Pfeffer abschmecken. Ein wenig abkühlen lassen.

Den Ofen auf 180 Grad vorheizen. Eine beschichtete Springform von 24 Zentimeter Durchmesser und mit hohem Rand oder eine entsprechende Keramikbackform großzügig mit Butter einfetten und leicht mit Mehl ausstreuen.

Den Teig in zwei Portionen teilen, wobei die eine dreimal so groß sein sollte wie die andere. Das größere Stück auf einer bemehlten Arbeitsfläche zu einer runden Platte von 38 Zentimeter Durchmesser ausrollen. Die Teigplatte darf nicht dicker als 6 Millimeter sein. Mit Mehl bestäuben. Zu einem Halbkreis und diesen noch einmal zu einem Viertelkreis übereinanderschlagen. In die vorbereitete Form legen und auseinanderfalten, so daß ein kleiner Rand über den Seitenwänden der Form stehen bleibt, und fest andrücken. Die gesamte Fleisch-Pasta-Mischung auf dem Boden verteilen.

Den restlichen Teig zu einer Scheibe mit 25 Zentimeter Durchmesser ausrollen und diese auf die Füllung setzen. Die Ränder zusammendrücken und ein wenig nach innen rollen. Mit verquirltem Ei bestreichen und mit einer Gabel Löcher in die Teigdecke stechen, damit der Dampf entweichen kann.

Etwa 35, keinesfalls aber länger als 55 Minuten backen, bis der Teig eine goldgelbe Farbe hat. Falls die Deckplatte zu schnell braun wird, mit Alufolie abdecken und weiterbacken. Aus dem Ofen nehmen und abkühlen lassen. Die Seitenwände der Pastete mit einem Messer von der Form lösen, die Pastete herausheben und auf einer Platte servieren.

Uova
Eiergerichte

Anna Marezza

Giovanna Lusignani

Cipollata
Zwiebel-Frittata

Eier von freilaufenden Hühnern, Oliven und Zwiebeln: In der Toskana und in Umbrien wird ein klassisches ländliches Abendessen mit den Zutaten zubereitet, die fast immer zur Verfügung stehen. Die Zwiebeln werden langsam in Öl gebraten, bis sie ihre Schärfe verloren haben und süß und cremig sind. Man kann dieses Gericht heiß oder zimmerwarm servieren oder, zwischen zwei Brotscheiben gelegt, zum Picknick mitnehmen.

Für 4 Personen

2–3 EL Olivenöl extra vergine
2 mittelgroße Zwiebeln, klein gewürfelt
6 Eier
Salz
schwarzer Pfeffer, frisch gemahlen

Das Olivenöl in einer möglichst beschichteten Pfanne von 22 Zentimeter Durchmesser bei schwacher Hitze erwärmen, die Zwiebeln hineingeben und 20 bis 30 Minuten weich garen, bis eine cremige Masse entsteht.

In einer mittelgroßen Schüssel die Eier mit Salz und Pfeffer leicht verquirlen. Über die Zwiebeln gießen und bei sehr schwacher Hitze 16 bis 18 Minuten braten, bis die Oberfläche fest ist. Dabei den Rand der Frittata mit einem Holzlöffel anheben, damit die Eimischung zum Pfannenrand läuft.

Einen flachen Teller auf die Pfanne legen, mit einer Hand festhalten und vorsichtig umdrehen. Die Frittata behutsam wieder in die Pfanne gleiten lassen und noch einmal kurz braten. Auf eine Platte legen und lauwarm servieren.

Uova all'Aceto
Rührei mit einem Tropfen Essig

Wer hätte geglaubt, daß man mit ein wenig Weinessig die köstlichsten Rühreier zaubern kann? Servieren Sie dieses Gericht mit Frico con patate e cipolla (Seite 255) wie Gianna Modotti, oder nehmen Sie die doppelte Menge Zutaten und servieren es als Hauptgericht.

Für 2 Personen
2 Eier
1/2 bis 3/4 TL Meersalz
1/2 TL Rotweinessig
schwarzer Pfeffer, frisch gemahlen
2 EL Butter

Die Eier mit Salz, Essig und Pfeffer verquirlen. Die Butter in einer möglichst beschichteten Pfanne von 20 Zentimeter Durchmesser bräunen. Vom Feuer nehmen und die Eimischung hineingießen. Bei möglichst schwacher Hitze verrühren, bis die Masse eine weiche sämige Konsistenz hat.

Uova in Porchetta
Pochierte Eier in Fenchel-Tomaten-Sauce

In Tomatensauce pochierte Eier heißen auch Uova in purgatorio, »Eier im Fegefeuer«, vielleicht weil die rote Tomatensauce an die Flammen der Hölle erinnert, vielleicht aber auch, weil Eier im Fegefeuer nicht so scharf sind wie Uova al diavolo, »Eier nach Teufelsart«, die mit Chili zubereitet werden. Doch ganz gleich, ob eine theologische Bedeutung hinter dem Namen steckt, dieses Gericht ist ausgesprochen einfach in der Zubereitung und weit mehr als eine Notlösung, wenn man sonst nichts daheim hat.

Adele Rondini, von der ich dieses Rezept habe, verzichtet zwar auf Feinheiten wie das Enthäuten der Tomaten und das Entfernen der Kerne – ich möchte dies aber dennoch empfehlen. Außerdem kann man ein paar Fenchelsamen mehr als angegeben zufügen.

Für 2 Personen
2 EL Olivenöl extra vergine
1 Knoblauchzehe, fein gehackt
750 ml italienische Tomaten aus der Dose, gehackt und ohne Saft, oder Tomatenpüree
2–3 Fenchelsamen
Meersalz
schwarzer Pfeffer, frisch gemahlen
4 Eier
4 Scheiben Landweißbrot, geröstet

Das Olivenöl in einer großen, weiten Pfanne erwärmen, Knoblauch zugeben und bei schwacher bis mittlerer Hitze etwa 3 Minuten garen, bis er weich ist und eine goldgelbe Farbe anzunehmen beginnt. Tomaten und Fenchelsamen hinzufügen und 20 bis 30 Minuten köcheln lassen, bis die Sauce eine sämige, aber nicht zu dicke Konsistenz hat. Mit Salz und Pfeffer abschmecken.

Die Eier aufschlagen und vorsichtig in die köchelnde Sauce gleiten lassen, abdecken und bei schwacher Hitze ohne Umrühren etwa 6 Minuten köcheln lassen, bis die Eier pochiert sind.

Jeweils eine Scheibe Brot auf zwei große Teller oder in Suppenschalen legen, ein wenig Sauce darüber gießen, die Eier mit dem Schaumlöffel aus der Pfanne heben und darauf legen, mit dem Rest der Sauce bedecken. Dampfend heiß servieren.

Frittata alle Patate
Frittata mit Kartoffeln und Pancetta

Etwas Einfacheres und Köstlicheres als diese Kartoffelfrittata, gewürzt mit Pancetta und Petersilie, kann man sich kaum vorstellen. So wie Anna Marezza aus dem Chianti dieses flache Omelett zubereitet, stellt es wirklich ein typisches toskanisches Gericht dar: fünf Zutaten, die auf erstaunlich einfache Weise kombiniert und in ein vielseitiges Hauptgericht verwandelt werden.

Annas Geheimnis: Sie verquirlt die Eier nur so lange, bis Eiweiß und Eigelb gut vermischt sind. Und sie verwendet eine gut eingefettete Pfanne aus Gußeisen oder eine beschichtete Pfanne und brät die Frittata bei möglichst schwacher Hitze, damit sie feucht bleibt. Man kann das Omelett auch unter den Ofengrill stellen, anstatt es zu wenden.

Für 4 bis 6 Personen

2–3 EL Olivenöl extra vergine oder Butter,
eventuell noch 1 EL zusätzlich
3 EL Pancetta oder Bauchspeck, gewürfelt
1 große oder 2 mittelgroße Kartoffeln, gekocht oder
gebacken, geschält und gewürfelt
4 Eier
Salz
schwarzer Pfeffer, frisch gemahlen
2 EL glatte Petersilie, fein gehackt

Das Olivenöl bei mittlerer Hitze in einer möglichst beschichteten Pfanne erwärmen und die Pancetta darin 7 bis 8 Minuten braten, bis das Fett knusprig ist. Kartoffeln hinzufügen und bei mittlerer Hitze goldgelb braten. Herausnehmen und kurz abkühlen lassen.

Die Eier in eine mittelgroße Schüssel aufschlagen und mit Salz und Pfeffer kurz verquirlen. Pancetta hinzufügen und – eventuell mit einem zusätzlichen Eßlöffel Olivenöl oder Butter – in die Pfanne geben und bei möglichst schwacher Hitze etwa 15 bis 18 Minuten braten, bis die Masse stockt. Dabei gelegentlich den Rand der Eimischung mit einem Holzlöffel anheben.

Einen flachen Teller auf die Pfanne legen, mit einer Hand festhalten und vorsichtig umdrehen. Die Frittata wieder in die Pfanne gleiten lassen und noch kurz auf der anderen Seite weiterbraten. Auf eine Servierplatte geben, mit Petersilie bestreuen und heiß oder zimmerwarm servieren.

Porträt Anna Marezza

Vier Generationen beherbergt das große toskanische Haus in einem weiten Tal südlich von Greve im Chianti. Jahrelang waren Anna Marezza, die mit siebenundvierzig Jahren schon Großmutter wurde, ihr Mann Giuliano und ihre Eltern *mezzadri*, Halbpächter, die mit wenig auskommen und hart arbeiten mußten. Bis heute sind Anna und ihr Mann wortkarg und zurückhaltend. Und sie können sich noch gut an die Zeit erinnern, die sie *la miseria nera*, das schwarze Elend, nennen.

Damals wohnten neun Personen im Haus. Gekocht wurde auf einem Herd, der mit Holzkohle beheizt wurde. Unter der Herdplatte befanden sich mehrere Kammern, in der die Holzkohle brannte. Die Familie ernährte sich von Bohnen, Bohnen und nochmals Bohnen, die mit Kräutern aus der Umgebung gewürzt waren. Und von Brot mit *companatico*, »etwas dazu«. Zum Abendessen kochten sie eine Kartoffel und eine Zwiebel. Sie machten Pasta aus Mehl und Wasser und träufelten ein wenig Öl darüber. »Wenn es mal ein Ei gab«, erzählt Anna mit ein wenig Staunen in der Stimme, »dann war das für uns eine Delikatesse.« Dann fügt sie noch traurig hinzu: »Jahrelang hatten wir Angst, nie wieder eines essen zu können.«

Vor zehn Jahren kauften Anna und Giuliano ihr aus grauem Stein errichtetes Bauernhaus, restaurierten es und bauten eine Heizung ein. Trotzdem ist es darin immer noch so kalt und zugig, daß stets ein Stuhl am Kamin steht, wo sich jeder abwechselnd aufwärmt.

Das Leben von Anna und Giuliano dreht sich bis heute um die Familie und den Bauernhof, wobei ihr Reich das Haus und die Küche sind und seines die Felder und das Getreide, der Wald und die Weinberge. Sie haben gelernt, aus nichts etwas zu machen. Anna pflückt Wildkräuter für Salate und Suppen und weiß genau, welche Sorten sie für welche Gerichte verwenden wird. Giuliano jagt kleine Tiere, findet mit großem Spürsinn riesige *porcini*, Steinpilze (der größte wog fast ein Kilogramm), und stellt Wein und Vin Santo aus eigenen Trauben her. Die beiden sind mit Ernst und Umsicht bei der Sache.

Ich mußte Anna lange drängen, ehe sie mir ein paar Gerichte nannte, die sie in der »finsteren Zeit« aßen: *Farinata* wurde aus kochendem Wasser mit einem Tropfen Öl und 2 bis 3 Eßlöffeln Mehl zubereitet. In einer Kaffeetasse wurde die Mischung mit ein wenig Salz zu einer sahneweichen Creme verquirlt. *Farinata* ißt man auch heute noch, allerdings wird sie mit Hühnerbrühe anstatt mit Wasser zubereitet, was Anna haßt. »Es klebt einem den Magen zusammen«, meint sie, »so daß man drei Tage lang ein Völlegefühl hat.«

Für *pappina coi cavallucci* verwendete man Plätzchen aus Siena, die in ein wenig Ziegenmilch getunkt wurden, sofern man welche hatte. Wenn nicht, nahm man statt dessen eine Mischung aus Wasser und Schweineblut. Anschließend wurden die Plätzchen gebraten und auf beiden Seiten mit Zucker bestreut.

Als ich Anna kennenlernte, war sie neunundvierzig und seit zweiunddreißig Jahren verheiratet. Ich hätte sie mindestens zehn Jahre älter geschätzt.

In all den schweren Jahren sagte sich ihr Mann stets: »Eines Tages wird dieses Haus uns gehören. Ich werde mein Stück Land haben und das Getreide, die Bäume und Reben pflanzen, die ich mir wünsche.« Das Land gehörte dem Gutsherrn, für den sie es bis 1961 bestellten. Als damals das Abgabesystem abgeschafft wurde, wurden Anna und Giuliano nicht von dem Land vertrieben, sondern begannen in einer Trattoria im Nachbarort Panzano zu arbeiten. Sechzehn Jahre lang kochte Anna dort, während ihr Mann auf dem Feld arbeitete. Sie erinnerte sich noch an einige Gerichte ihrer Kindheit, aber jetzt hatte sie zum erstenmal Gelegenheit, das traditionelle toskanische Essen mit zahllosen, köstlichen Zutaten zuzubereiten. Wenn Anna abends nach Hause zurückkehrte, ging Giuliano in die Trattoria und verdiente sich dort als Kellner ein wenig Geld hinzu. Beide erhielten Lohn und auch einen Teil des Gewinns. Als Giuliano neun Millionen Lire gespart hatte, ging er zum Gutsherrn, um sich endlich seinen Traum von einem eigenen Bauernhof zu erfüllen. Doch der Gutsherr wollte fünfzig Millionen. Im Jahr darauf hatte er zwar noch mehr erspart, aber es reichte immer noch nicht. Erst 1985 konnten er und Anna das Haus kaufen.

Da es keine Fenster hatte, pfiff der Wind durch die Ritzen, es gab kein Badezimmer, nur ein Loch, das draußen in die Erde gegraben war. Als Anna schwanger war und ihre Fruchtblase platzte, traute sie sich nicht, ein Krankenhaus aufzusuchen. Sie ging nach draußen, wusch sich in der primitiven »Badewanne« und lag dann ohne jede Heizung zehn Stunden lang in starken Wehen. Im Zimmer war es buchstäblich eiskalt. »Es macht einen stark«, meint Annas Mann dazu.

Nachdenklich sagt Anna zu mir: »Wenn ich meine Kinder so aufwachsen sehe, wird mir klar, daß ich wirklich *gelebt* habe.« Ihre Tochter ist Lehrerin und mit dem Arzt des Ortes verheiratet. »Heute wird einem alles abgenommen«, sagt Anna, »niemand ist mehr hungrig wie ein Wolf.«

Frittata con Cipolle bianche
Frittata mit weißen Frühlingszwiebeln

Vanna Corbellani Camerlenghis Frittata ist etwas reichhaltiger als das übliche italienische Omelett, denn sie fügt zusätzlich ein paar Tropfen Milch, eine Handvoll Semmelbrösel und eine beträchtliche Menge Parmesan hinzu. Verwenden Sie wenn möglich kleine weiße Frühlingszwiebeln, die eine verführerische Süße haben. Diese Frittata eignet sich wunderbar für einen Brunch oder ein sonntägliches Mittagessen. Man kann sie aber auch in kleine Keile zerschneiden, als Antipasto servieren oder zu einem Picknick mitnehmen.

Für 2 bis 4 Personen

1–2 EL Olivenöl extra vergine, plus ein wenig mehr für die Pfanne
6 weiße Frühlingszwiebeln, in feine Scheiben geschnitten
Salz
schwarzer Pfeffer, frisch gemahlen
4 Eier
80 g Parmigiano Reggiano, frisch gerieben
1–2 EL frische Semmelbrösel
1 TL Milch

Das Olivenöl in einer gußeisernen Kasserolle oder einer möglichst beschichteten Bratpfanne von 22 Zentimeter Durchmesser bei schwacher Hitze erwärmen. Die Zwiebeln hineingeben und bei sehr schwacher Hitze etwa 12 bis 15 Minuten braten, bis sie weich, aber nicht gebräunt sind. Mit einem Schaumlöffel herausnehmen, mit Salz und Pfeffer würzen und kurz abkühlen lassen.

Die Eier in einer mittelgroßen Schüssel mit einer Gabel leicht verquirlen, den Käse und zusätzlich noch etwas Salz und Pfeffer untermischen. Zwiebeln, Semmelbrösel und Milch hineinrühren. Wenn nötig, noch etwas Öl in die Pfanne geben und die Eimischung hineingießen. Bei möglichst geringer Hitze 13 bis 15 Minuten braten,

dabei die Frittata hin und wieder an den Seiten mit einem Holzlöffel anheben und die cremige Mischung zum Rand laufen lassen.
Wenn die Oberfläche fest ist, einen großen Teller oder einen großen, flachen Topfdeckel auf die Pfanne legen, mit einer Hand gut festdrücken und die Frittata vorsichtig darauf stürzen. Mit der gebratenen Seite nach oben wieder in die Pfanne gleiten lassen und noch kurz weiterbraten. Heiß oder lauwarm servieren.

Uova con la Peperonata
Hartgekochte Eier mit Paprikasauce

Signora Lusignani serviert die Sauce mit Eiern, aber auch mit Pollo alla griglia, Brathuhn. Sicher macht sie sich keine Gedanken darüber, was zuerst da war, das Huhn oder das Ei, denn sobald sie zusammen mit Paprika auftreten, spielen sie die erste Geige. Diese Sauce ist so vielseitig verwendbar, daß ich sie auch zu gegrilltem Fisch serviere oder in einen Risotto rühre.

Für 4 bis 6 Personen
4 große Paprikaschoten, 2 rote und 2 gelbe
3 EL Butter
1 Zwiebel, gewürfelt
4 EL frische Basilikumblätter, kleingeschnitten
3 ganze Nelken
1 EL Weißwein
Salz
6 Eier, hart gekocht

Die Paprikaschoten schälen, Seitenwände und Samen entfernen. In circa 1 Zentimeter breite Streifen, diese wiederum in kleine Würfel schneiden.
In einer großen, schweren Bratpfanne die Butter schmelzen, Paprika, Zwiebelwürfel, Basilikumblätter und Nelken hinzufügen und 10 bis 15 Minuten bei mittlerer Hitze braten, bis Zwiebeln und Paprika weich sind. Kurz vor dem Servieren die Nelken entfernen, Weißwein über die Mischung träufeln, kurz aufkochen und mit Salz abschmecken.
Die hartgekochten Eier halbieren, auf die Paprikasauce legen und den Rest der Sauce darüber verteilen.

Uova Sode con Salsetta
Gebratene, hartgekochte Eier in Safran-Zwiebel-Sauce

Die Familie von Antonietta de Blasi kennt zahlreiche wunderbare Eierrezepte. Bei diesem *Trompe-d'œil*-Gericht werden die hartgekochten Eier so lange gebraten, bis sie unten knusprig und goldgelb sind, während der obere Teil weich und weiß bleibt. Servieren Sie sie mit einer goldfarbenen Safransauce.

Für 6 Personen
6 Eier
2 Zwiebeln, fein gewürfelt
gut eine Messerspitze Safranfäden oder
Safranpulver, in 1/8 l warmem Wasser aufgelöst
60 ml Olivenöl extra vergine
40 g Mehl
Salz
schwarzer Pfeffer, frisch gemahlen
Olivenöl extra vergine zum Braten

Wasser in einem großen Topf zum Kochen bringen, die Eier hineinlegen, die Hitze reduzieren und 13 Minuten köcheln lassen. Das heiße Wasser sofort abgießen und durch kaltes ersetzen. Zum Abkühlen beiseite stellen.

Die Zwiebelwürfel und den in warmem Wasser aufgelösten Safran in eine mittelgroße Pfanne geben. Olivenöl hinzufügen und bei möglichst schwacher Hitze köcheln lassen, dabei bis zu 80 Milliliter warmes Wasser angießen, damit die Zwiebeln feucht bleiben. Etwa 30 Minuten köcheln lassen, bis die Zwiebeln weich und glasig sind und die Sauce ein wenig eingekocht ist. Bis hierher kann das Gericht vorbereitet werden.

Das Mehl in eine flache Schüssel geben und mit Salz und Pfeffer würzen. Eine mittelgroße Bratpfanne 2,5 bis 3 Zentimeter hoch mit Olivenöl füllen und dieses auf 190 Grad erhitzen. Es sollte brutzeln, wenn man eine Prise Mehl hineingibt. Die Eier schälen und die untere Hälfte in Mehl tauchen. Mit der bemehlten Seite nach unten auf einem Schaumlöffel in das Öl setzen; die Eier sollten nicht zu dicht nebeneinander liegen. Braten, bis die untere Hälfte knusprig und goldfarben ist. Auf Küchenpapier abtropfen lassen.

Die Eier auf einen Teller geben, mit Sauce begießen und heiß servieren.

Contorni
Beilagen

Andreina Pavani Calcagni

Giuseppina Peppino De Lorenzi

Bruglione
Braune Pilze und Wildpilze mit Knoblauch und Kartoffeln

Anna Marezza lebt im Chianti und bereitet Bruglione mit frischen Steinpilzen, *porcini*, zu, die in den umliegenden Wäldern wachsen und auf den Märkten im nahe gelegenen Panzano angeboten werden. Doch nicht jeder hat soviel Glück. Ein ausgezeichnetes Ergebnis läßt sich auch erzielen, indem man frische braune Pilze oder Cremini-Pilze, die einen intensiven, nussigen Geschmack haben, und getrocknete Porcini kombiniert. Die Porcini müssen zuvor in warmem Wasser eingeweicht werden, damit sie ihr Aroma entfalten können. Dieser cremige Pilz-Kartoffel-Eintopf paßt hervorragend zu Brathähnchen, Schweinefleisch, überhaupt zu allen einfachen Fleischgerichten. Anstelle der getrockneten Porcini, die manchmal schwer erhältlich sind, können Sie auch getrocknete französische Steinpilze *(cèpes)* nehmen. Falls Sie keinerlei Trockenpilze bekommen, verwenden Sie am besten ausschließlich frische Cremini oder Portobello-Pilze.

Für 4 bis 6 Personen

30 g getrocknete Porcini
450 g frische Cremini, braune Waldpilze oder Portobello-Pilze
3 EL Olivenöl extra vergine
2 Knoblauchzehen, gehackt
2 große Kartoffeln (450 g), geschält und gewürfelt
1 TL Meersalz
4 EL glatte Petersilie, gehackt

Die getrockneten Porcini mindestens 30 Minuten in etwa 350 Milliliter warmem Wasser einweichen, anschließend mit kaltem Wasser abspülen. In ein Sieb, das mit zwei Mulltuchlagen oder mit Küchenpapier ausgelegt ist, schütten, die Flüssigkeit auffangen und beiseite stellen. Die Pilze ausdrücken und das überschüssige Wasser in das Einweichwasser tropfen lassen. Noch einmal abspülen, trockentupfen und in feine Scheiben schneiden.

Die Kappen und Stiele der frischen Pilze mit einem feuchten Küchentuch oder einer kleinen feuchten Bürste abreiben, um Schmutzreste zu entfernen. In feine Scheiben schneiden und beiseite stellen.

Das Olivenöl in einer mittelgroßen, wenn möglich beschichteten Bratpfanne bei schwacher bis mittlerer Hitze erwärmen. Den Knoblauch höchstens zwei Minuten goldgelb dünsten. Frische Pilze, Porcini, Kartoffeln und 4 bis 8 Eßlöffel Einweichwasser hinzufügen, je nachdem, ob eine beschichtete Pfanne verwendet wird oder nicht. Bei mittlerer Hitze 30 bis 35 Minuten kochen, bis die Kartoffeln weich sind, wenn man mit einem Messer hineinsticht. Wenn das Gericht zu trocken wird, 3 bis 4 Eßlöffel Einweichflüssigkeit nachgießen. Salz und Petersilie untermischen und noch 1 bis 2 Minuten kochen lassen. Sofort servieren.

Pilze (*funghi*): Vor die Wahl gestellt zwischen gezüchteten weißen und den althergebrachten braunen Waldpilzen, den *cremini*, geben die italienischen Großmütter den Waldpilzen den Vorzug, denn ihr Aroma ist nussiger, voller und intensiver, ihr Fleisch fester. Portobello-Pilze sind ausgewachsene Cremini, unter ihren vollständig geöffneten Kappen breitet sich ein Fächer schokoladenbrauner Lamellen aus. Zur Reinigung verwendet man eine feuchte weiche Bürste. Keinesfalls sollte man die Pilze waschen, denn sie saugen sich voll Wasser wie ein Schwamm.

Während der Saison verwenden italienische Großmütter die frischen, in freier Natur wachsenden *porcini* (Steinpilze) mit dem feinen Wildgeschmack, das restliche Jahr über die getrockneten. Ein guter Ersatz für frische Porcini ist eine Mischung aus frischen Cremini und einer Handvoll getrockneter Porcini. Getrocknete Porcini müssen mindestens dreißig Minuten lang in lauwarmem Wasser eingeweicht werden. Dann nimmt man sie mit der Hand heraus und läßt sie über dem Einweichwasser abtropfen. Anschließend spült man sie mehrmals ab und tupft sie trocken. Das Einweichwasser siebt man durch ein Mulltuch oder durch Küchenpapier und stellt es zum Kochen beiseite.

Verdure a Buglione
Toskanischer Gemüseeintopf

Fotos aus den dreißiger Jahren zeigen Morena Spinelli, wie sie als kleines Mädchen hinter dem Verkaufsstand ihrer Eltern auf dem Markt von San Lorenzo in Florenz steht. Sie erinnert sich noch sehr gut daran, daß die Trauben von ihrem Stand einmal einen Preis gewannen.

Vielleicht hat sie dieser frühe Kontakt mit Gemüse zu der dicken Gemüse-Buglione inspiriert, in der eine Vielzahl von Zutaten zu einem bunten Eintopf vermischt sind. Es handelt sich um eine Abwandlung der klassischen Buglione aus der Gegend um

Siena, die traditionell aus Kaninchen-, Lamm- und Hühnerfleisch besteht – in früheren Jahrhunderten wohl ein Arme-Leute-Gericht, gekocht aus den Fleischresten von den Tafeln der Signori. Als ich mir die genaue Menge für jede Zutat notieren wollte, mußte Signora Spinelli lachen. »Was gerade da ist.« Sehen Sie einfach nach, was Sie in Garten, Speisekammer oder Kühlschrank für diesen einfachen, phantasievollen und köstlichen toskanischen Gemüseeintopf finden, und verwenden Sie Gemüsesorten, die es im Hochsommer gibt. Hüten Sie sich jedoch davor, zu viele Zucchini zu verwenden, nur weil diese gerade Ihren Garten überwuchern. Die Mischung der verschiedenen Aromen und Konsistenzen sollte möglichst ausgewogen sein.

Für 6 Personen

1 Aubergine, geschält und in gut 1 cm dicke Scheiben geschnitten und gewürfelt
2 mittelgroße rote Zwiebeln, in Scheiben geschnitten
60 ml Olivenöl extra vergine
3 Kartoffeln, geschält und gewürfelt
1 rote Paprikaschote, geröstet und enthäutet, ohne Stiel und Rippen, gewürfelt
2 Tomaten, enthäutet und kleingeschnitten
2–4 EL frisches Basilikum, zerpflückt
schwarzer Pfeffer, frisch gemahlen

Die Auberginenscheiben salzen und in ein Sieb legen, das auf einem Teller steht. Nach 1 Stunde Wasser abgießen und die Auberginen trockentupfen.
Zwiebeln und Olivenöl in eine große, schwere, wenn möglich beschichtete Bratpfanne geben und die Zwiebeln bei schwacher Hitze in circa 15 Minuten weich dünsten, dabei nicht braun werden lassen. Auberginenscheiben, Kartoffel- und Paprikawürfel dazugeben und immer wieder umrühren, damit nichts anbrennt. Nach 10 Minuten Tomaten, Basilikum, Salz und Pfeffer unterrühren, die Pfanne bis auf einen Spalt abdecken und weitere 35 Minuten bei sehr schwacher Hitze garen. Gelegentlich umrühren und das Gemüse wenden, bis der Eintopf eine dicke, sämige Konsistenz hat.

Carciofi Romani
Knusprige gefüllte Artischocken auf römische Art

An ihrem siebzigsten Geburtstag ließ Andreina Pavani Calcagni das Festmahl von einer anderen Person zubereiten, mit einer einzigen Ausnahme: den köstlichen Artischocken. Die Carciofi romani sind ihre Spezialität, ein Gericht, auf das alle sehnlichst warten. Andreina weiß, wie man es anstellt, daß die Artischocken samtweich und dennoch knusprig geraten. Dieses Gericht erinnert mich an die kleineren römischen Carciofi alla giudea, auch wenn diese mit einer Kräutermischung gefüllt und nicht fritiert werden.

Bevorzugen Sie beim Einkauf junge, mittelgroße Artischocken. Die Italiener erkennen das Alter an der Länge der Stiele: je länger der Stiel, desto jünger die Artischocke. Falls Sie welche mit Stiel finden, greifen Sie zu!

Ob die Artischocken weich werden, hängt in erster Linie vom richtigen Zuschneiden der Blätter ab. Sie werden vielleicht davor zurückschrecken, so viele Blätter einfach wegzuwerfen, aber das ist der Preis für die zarte Beschaffenheit. Wenn am Ende nur hellgrüne Teile zu sehen sind, können Sie sicher sein, daß keine harten Blätter mehr dabei sind.

Für 6 Personen

2 Zitronen
6 junge, mittelgroße Artischocken
2 Knoblauchzehen, wenn möglich von der aromatischen roten Sorte, gehackt
2 TL frischer Majoran, fein gehackt
2 TL glatte Petersilie, fein gehackt
3/4 TL frische Minze, fein gehackt
1 TL schwarzer Pfeffer, frisch gemahlen
eine Prise Salz
1/4 l Olivenöl extra vergine
1/4 l Wasser
80 ml trockener Weißwein

Kaltes Wasser in eine Schüssel geben und 1 1/2 in Scheiben geschnittene Zitronen hinzufügen.
Den Stiel der ersten Artischocke flach abschneiden, so daß man den Kopf aufrecht in den Topf stellen kann. Stiel mit einem Gemüseschäler zurechtstutzen und beiseite legen; mit ihm werden die Artischocken später im Kochtopf gestützt. Die äußeren Blätter entfernen: dazu die Blätter entweder umbiegen, bis sie abbrechen, oder mit einer Schere oder einem Messer abschneiden. Man hält die Artischocke mit einer Hand und arbeitet sich diagonal nach oben vor. So lange fortfahren, bis nur noch Blätter übrigbleiben, die am Ansatz hellgelb und an der Spitze hellgrün sind. Vorsicht: Wenn man zuviel abschneidet, zerfällt die Artischocke beim Kochen. Andreina wischt ihr Messer beim Arbeiten immer wieder an der übrigen halben Zitrone ab, ein wundervoller Trick, um das Braunwerden der Artischocke zu verhindern.
Die Artischocke umdrehen und mit einem kleinen Messer alle dunkelgrünen Fasern vom Boden entfernen. Zuletzt vorsichtig in der Mitte öffnen und das »Heu« mit einem Messer oder einem spitzen Löffel entfernen. Den Hohlraum gut ausspülen und die Artischocke sofort mit der Zitronenhälfte einreiben. Für 2 Stunden in das Zitronenwasser legen. Mit den übrigen Artischocken genauso verfahren.
Für die Füllung Knoblauch, Majoran, Petersilie und Minze in einer kleinen Schüssel vermischen. Pfeffern und vorsichtig salzen, denn Artischocken nehmen das Salz leicht auf. Die Füllung gleichmäßig in den Hohlräumen verteilen.
Die Artischocken aufrecht in einen nicht zu großen Topf stellen und zusätzlich mit den abgeschnittenen Stielen abstützen. 1/4 Liter Wasser und den Weißwein angießen. Der Wein verhindert, daß sich die Artischocken beim Kochen dunkelgrün verfärben. 1/3 des Olivenöls auf die Füllung träufeln, die restlichen 2/3 zu der Wein-Wasser-Mischung in den Topf geben. Abdecken und bei mittlerer Hitze so lange kochen, bis fast die ganze Flüssigkeit verdampft ist. Das dauert etwa 30 bis 35 Minuten. Lauschen Sie aufmerksam: Wenn der Wein und das Wasser verdampft sind, beginnt das Öl zu zischen wie beim Fritieren. Dies ist der Zeitpunkt, an dem man den Topf vom Herd nehmen muß.
Beim Umdrehen der Artischocken ist äußerste Vorsicht geboten. Ich verwende einen Salatlöffel und eine Zange, weil die Artischocken leicht zerfallen und das heiße Öl aus den Hohlräumen rinnt. Den Topf wieder zudecken und die Artischocken bei schwacher Hitze etwa 10 Minuten weitergaren, bis die Spitzen knusprig und schokoladenbraun aussehen. Dank Andreinas spezieller Technik entwickelt sich kein Dampf, denn im Topf befindet sich kein Wasser, nur Öl. Den Topf vom Herd ziehen, die Artischocken herausnehmen und umgedreht eine Stunde lang auf ein Küchentuch stellen, das das Öl allmählich aufsaugt.

Tips:

In Italien gibt es neben dem weißen auch hellroten Knoblauch, außerdem frischen Frühlingsknoblauch, der einer dicken Steckzwiebel ähnelt. Die meisten Italienerinnen verwenden das ganze Jahr über weißen Knoblauch, doch Andreina Pavani Calcagni aus Rom bevorzugt die rote Sorte wegen ihres volleren Aromas.

Wenn man den Knoblauch zusammen mit den Kräutern hackt, bleiben die kleinen Knoblauchstücke an den Kräutern haften und nicht am Schneidebrett.

Weißwein im Kochwasser verhindert, daß die Artischocken beim Kochen eine unappetitliche, graugrüne Färbung annehmen.

Porträt Andreina Pavani Calcagni

Als Andreina Pavani Calcagni mir die Tür öffnete, war sie mir auf Anhieb sympathisch. Die Dreiundsiebzigjährige ist eine hochgewachsene, schöne Frau mit hohen Wangenknochen und einer außergewöhnlich guten Haltung. Ehe man es sich versieht, erklärt sie bereits, daß ihre würdevolle Haltung von dem Korsett herrührt, das sie wegen ihrer Rückenbeschwerden trägt. Es wiegt so um die sechs bis acht Pfund. »Sehen Sie, wie stabil es ist«, sagt sie und klopft sich dabei auf die Rippen, woraufhin trotz der Seidenbluse ein eigenartig dumpfer Klang ertönt. »Sobald ich eine Bank betrete, gehen die Metalldetektoren los.«

Ebenso wie sieben Generationen der väterlichen Linie vor ihr ist auch Andreina eine echte Römerin, eine *romana,* obwohl die meisten Fremden kaum etwas von ihrem Rom kennen. Sie wohnt in einer riesigen, unpersönlichen Nachkriegssiedlung, die aus acht oder zehn vollkommen gleich aussehenden Hochhäusern an der Via Nomentana besteht. Individualität kommt hier allein durch die farbenfrohe Wäsche zum Ausdruck, die vom ersten bis zum zwölften Stock an den Wäscheleinen flattert. Andreina lebt schon seit dreiundvierzig Jahren in derselben Wohnung im vierten Stock, die sie einst mit ihrem Ehemann bezog, nur daß es damals keinen Aufzug gab. Ihre Schwiegermutter zog mit ihnen ein und blieb bis heute – 43 Jahre lang!

Inmitten all dieser grauen Eintönigkeit pflanzte Andreina auf ihrem winzigen Balkon einen herrlichen Garten, in dem prächtige Begonien und alle möglichen Kräuter wachsen. Einige dieser Kräuter verwendet sie auch für ihre Version der römischen Artischocken, die, wie man mir erzählte, die Konsistenz von Seide haben. Sie waren der Köder, der mich zu Andreina lockte, der Grund, warum ich nun in ihrer langen, engen, sonnendurchfluteten Küche stand und ihr zusah.

Sie begann mit *violette*, den kegelförmigen, heulosen Artischocken mit den lilafarbenen Blättern. Nur zwei Schritte auf den Balkon, schon hatte sie Salbei und *mentuccia* (wilde Minze) zur Hand, die sie zum Würzen brauchte. Was nun folgte, ließ mich fast schwindlig werden, es war Fingerfertigkeit höchster Perfektion, auch wenn Andreina behauptete, es sei lediglich eine Frage der Technik. Wie eine Zauberkünstlerin drehte sie die Artischocke korkenzieherartig und schnitt gleichzeitig die Blätter zu. Das Kochen lernte Andreina nicht von ihrer toskanischen Mutter, sondern von ihrer römischen Tante, der Schwester ihres Vaters, bei der sie als junge Frau lebte. Römischem Geschmack und römischer Tradition ist sie auch in den Gerichten, die sie kocht, treu geblieben. Um Fisch einzukaufen, fährt sie bis nach Ostia, das an der Küste bei Fiumicino liegt, weil der Fischhändler dort besonders frische Ware in großer Auswahl anbietet. Andreina zieht roten Knoblauch dem weißen vor, denn dieser schmeckt unaufdringlich und doch aromatisch. Und sie verwendet ausschließlich Olivenöl extra vergine.

Ihr Vater starb 1941, und da ihre Mutter, eine schöne, kindliche Frau, der Verantwortung nicht gewachsen war, übernahm Andreina als älteste und einzige Tochter das Kommando über den Haushalt. Es war mitten im Krieg, eine schreckliche Zeit, als es, wie sie sagt, »keine Heizung, keine Decken, keine Kleider, kein Essen« gab. Mit siebenundzwanzig lernte sie ihren Mann kennen; drei Jahre später heirateten sie. Und dann schilderte mir diese starke, stoische Frau, wie schwer das Leben als Staatsbedienstete 43 Jahre lang für sie war – *si stava male* –, als sie nach der Arbeit zu Hause noch waschen, bügeln, kochen, ihre Kinder Marco und Silvia und ihren Mann versorgen und Vorbereitungen für den nächsten Tag treffen mußte. Sie vergöttert ihre Kinder, doch als ich mich nach Enkeln erkundigte, kam wie aus der Pistole geschossen: »O nein, Gott sei Dank keine.« Obwohl Andreina mittlerweile pensioniert ist, bleibt sie ans Haus gefesselt, denn ihre siebenundneunzigjährige Schwiegermutter sitzt im Rollstuhl und muß wie ein Kind versorgt werden. Wie diese mir erzählte, ließ ihr Sohn nie zu, daß Andreina in der Küche blieb, während der Rest der Familie beim Essen war, sondern bestand darauf, daß sie sich mit den anderen zu Tisch setzte. Für eine Frau in ihrem Alter muß solch eine Einstellung revolutionär gewesen sein, denn es war früher üblich, daß die Frauen kochten, den Männern und Jungen das Essen auftrugen und später in der Küche alleine aßen. Bedingt durch ihre eingeschränkte Bewegungsfreiheit ist das Kochen zu Andreinas Leidenschaft geworden, bei der sie sich ganz entfalten kann. Andreina lädt gerne Gäste ein, die ihr beim Kochen über die Schulter schauen und ihre Köstlichkeiten probieren dürfen. Neben traditionellen römischen Gerichten kocht sie auch eigene Kreationen, zum Beispiel eine Pasta-Sauce, die mit einem kräftigen Schuß Wodka versetzt ist. Ihr Neffe war so verrückt danach, daß er sie nach dem Hauptgericht noch einmal zum Dessert haben wollte.

Ciambotto
Eine sommerliche Gemüsemischung

Im Molise und dem südlichen Latium wurde mir immer wieder diese köstliche Komposition aus verschiedenen Sommergemüsen serviert. Manche Köchinnen bereiten Ciambotto mit Kartoffeln zu, andere geben wegen der Schärfe ein paar Peperoni hinzu. Wie mir eine *nonna* erklärte, behält das Gemüse mehr Biß, wenn man es bei starker Hitze zubereitet, bei schwacher Hitze dagegen wird es schmelzend weich. Wie Sie sich entscheiden, hängt von Ihrem Geschmack ab.

Für 6 Personen
1 große runde Aubergine, fest und glänzend
1 TL Olivenöl extra vergine
1 Knoblauchzehe, geschält
350 g weiße Zwiebeln, gehackt
3 rote Paprikaschoten, von Kernen befreit und in 2,5 cm breite Stücke geschnitten
2 reife Tomaten, enthäutet, von Kernen befreit und grob zerkleinert
1 Handvoll frische Basilikumblätter
Salz
schwarzer Pfeffer, frisch gemahlen

Die ungeschälte Aubergine würfeln und 3 bis 4 Stunden in eine große Schüssel mit Salzwasser geben. Wasser abgießen, die Auberginenwürfel jedoch nicht abspülen oder abtrocknen. Zusammen mit 3 Eßlöffel Öl und der Knoblauchzehe in einen hohen Topf geben und bei starker Hitze unter häufigem Wenden 10 bis 15 Minuten braten, bis sie weich sind. Knoblauchzehe entfernen.

In einer schweren Pfanne das restliche Olivenöl erhitzen, Zwiebelwürfel darin etwa 15 Minuten weich dünsten. Paprikaschoten hinzugeben und bei mittlerer Hitze 15 bis 20 Minuten bißfest braten, gelegentlich umrühren. Die gebratenen Auberginen und Tomaten hinzugeben und noch einmal 15 Minuten garen. Kurz vor dem Servieren das Basilikum zerpflücken und darüber streuen. Mit Salz und Pfeffer abschmecken. Dieses Gericht kann man auch im voraus zubereiten, zugedeckt stehen lassen und ohne erneutes Erwärmen servieren.

Cicoria Lessata
Endivien- oder Löwenzahnblätter in Brühe

Dieses Gemüse paßt wegen seines bitteren Geschmacks hervorragend zu Schweinefleisch oder Fava-Bohnen. Es schmeckt am besten heiß oder zimmerwarm und läßt sich gut im voraus zubereiten. Nicht in den Kühlschrank stellen, Käse und Öl erst kurz vor dem Servieren dazugeben. Ich bereite häufig die doppelte Menge zu und verwende den Rest für Cecamariti (siehe Seite 300).

Für 4 bis 6 Personen
4 Köpfe krause Endivie oder 4 Bund Löwenzahnblätter
1/2 l Hühnerbrühe
1/2 TL Meersalz
1 1/2 EL Parmigiano Reggiano, frisch gerieben
1 1/2 EL Pecorino, frisch gerieben
3 EL Olivenöl extra vergine

Endivien säubern, Wurzelansätze entfernen, welke Blätter und beschädigte Stellen abschneiden. Mehrmals in kaltem Wasser waschen. Bei Löwenzahnblättern dicke Rippen und Stiele entfernen, ebenfalls mehrmals in kaltem Wasser waschen.
Einen halben Liter leicht gesalzenes Wasser in einem 3-Liter-Topf zum Kochen bringen, die Endivien hineingeben und etwa 5 Minuten unter gelegentlichem Umrühren köcheln lassen. Brühe angießen und circa 10 Minuten weiterkochen lassen, bis die Blätter weich sind.
Den geriebenen Käse hinzugeben, Olivenöl darüber träufeln.

Cicoria: Die Familie der Zichorie ist weit verzweigt. Die für dieses Rezept verwendete krause Endivie dünstet oder kocht man am besten. Den bittersüßen Eskariol mit seinen festen, knackigen Blättern und dem hellen Herz sollte man blanchieren, dünsten oder in Suppe weich kochen. *Cicoria catalogna* oder *puntarella*, der katalanische Chicorée, hat lange, feste, dickstämmige grüne Außenblätter. Er wird ungekocht serviert und vor dem Verzehr circa eine Stunde in Eiswasser gelegt, damit er milder wird. Man kann ihn aber auch in Salzwasser kochen und mit Olivenöl beträufelt servieren.

Melanzane Farcite
Auberginen mit Käse-Basilikum-Füllung

Das Besondere an diesem Gericht ist die optische Täuschung: Die Auberginen werden aufgeschnitten und dann mit der Füllung zwischen den Scheiben wieder zu einem Ganzen zusammengefügt. Wie Giuseppina Ianné Piazza behauptet, schmecken Auberginen heute nicht mehr so gut wie früher, allerdings macht bei diesem Rezept die aromatische Tomatensauce den Verlust wieder wett.
Solcherart zubereitet sind die Auberginen so sättigend, daß man sie als Hauptgericht reichen kann, entweder als Hauptgang eines Menüs oder als komplettes Gericht mit einem kleinen grünen Salat und knusprigem Landweißbrot.

Für 4 bis 6 Personen
2 große, runde, lilafarbene Auberginen,
fest und glänzend (ca. 900 g)
Salz
1/2 Zwiebel, sehr fein gehackt
1 Knoblauchzehe, gehackt
3 EL glatte Petersilie, fein gehackt
3 EL frisches Basilikum, gehackt
60 g Pecorino, gerieben
3–4 EL Semmelbrösel, wenn möglich frisch gerieben
2 zimmerwarme Eier
Salz, schwarzer Pfeffer, frisch gemahlen
ca. 4 EL Olivenöl extra vergine
Salsa di pomodoro siciliana (siehe Seite 369)

Auberginen waschen, Stielansätze entfernen und schälen. Quer in knapp 1 Zentimeter dicke Scheiben schneiden. Salzen und 1 Stunde in ein Sieb geben, damit der bittere Saft entweichen kann. Mit frischem Wasser gut abspülen und ausdrücken.
Für die Füllung Zwiebelwürfel, Knoblauch, Petersilie, Basilikum, geriebenen Käse, Semmelbrösel, Eier, Salz und Pfeffer zu einer festen Masse verrühren. Etwa eine Stunde stehenlassen.
4 Eßlöffel Olivenöl in einer großen, schweren, möglichst beschichteten Pfanne erhitzen und die Auberginenscheiben darin braten, bis sie weich und leicht gebräunt sind. Auf Küchenpapier abtropfen lassen.

Jede Auberginenscheibe mit der Füllung bestreichen und dann in der richtigen Reihenfolge wieder zu einer ganzen Frucht zusammensetzen.
Den Backofen auf 175 Grad vorheizen.
Die Tomatensauce zum Kochen bringen. Einen Teil davon in eine 30 x 15 Zentimeter große Auflaufform geben. Die beiden Auberginen hineinsetzen; sie sollten die Form ganz ausfüllen, damit sie nicht auseinanderfallen. Den Rest der Sauce darüber gießen. Falls die Sauce zu dick ist oder die Masse zu trocken wirkt, etwas warmes Wasser hinzugeben. 35 bis 40 Minuten backen, bis die Auberginen weich sind, wenn man sie mit einem scharfen Messer einschneidet.

Auberginen *(melanzane)*: In Italien findet man hauptsächlich vier Arten von Auberginen, die alle anders schmecken als jene, die es vor dem Zweiten Weltkrieg gab – so die einhellige Meinung aller Großmütter des Landes. Zu nennen sind die runde *Violetta di Firenze* mit der dunkelvioletten Haut, in Sizilien türkische Aubergine genannt, und die kleinere ovale, lilafarbene Sorte namens »schwarze Schönheit«. *Signorine* sind so lang und schlank wie die Frauen, nach denen sie benannt sind; sie heißen auch *Violetta lunga* und ähneln den japanischen Auberginen. *Larga morada*, die in Sizilien *Tunisina* heißen, sind rund und haben lilafarbene und weiße Streifen; die völlig weißen Exemplare haben ein festes Fleisch und schmecken relativ süß. Aber einerlei, für welche Sorte sie sich entscheiden: Italienische Großmütter achten stets darauf, daß die Früchte fest, glatt und glänzend sind.
In Italien werden Auberginen auf vielfältige Weise verarbeitet. Wenn die Früchte noch jung sind und eine dünne Schale haben, schält man sie überhaupt nicht. Manche Köchinnen lösen die bitteren Säfte heraus, indem sie die Scheiben mit grobem Salz einreiben. Andere geben sie zwischen 15 Minuten und 2 Stunden in eine Schüssel mit stark konzentriertem Salzwasser und drücken sie anschließend kräftig aus. Auf diese Weise werden die Auberginen nicht braun und bitter. Die Wässerung verhindert außerdem, daß die Auberginen beim Braten zuviel Öl aufnehmen, was wirklich von Vorteil ist, da diese Früchte eine erstaunliche Menge Öl aufsaugen können. Manche Sorten, wie etwa die kleine tränenförmige und die japanische Aubergine, haben keine bitteren Samen oder Säfte und müssen nicht gesalzen werden.

Melanzane Ripiene
Auberginen mit cremiger Füllung

Dieses Gericht von Giuseppina Peppino De Lorenzi ist ein Paradebeispiel der ländlichen italienischen Küche von höchster Qualität. Die Füllung zergeht auf der Zunge wie Kartoffelbrei, und man erkennt sofort, daß Signora de Lorenzi ein Gericht kreiert hat, das weit mehr ist als die Summe der einzelnen Zutaten. Man reicht es heiß oder zimmerwarm.

Für 6 Personen
3 große runde Auberginen (ca. 1,3 kg), fest und glänzend
Salz
3 EL Olivenöl extra vergine
1/2 weiße Zwiebel, gewürfelt
2–3 Tomaten, zerkleinert
1 Knoblauchzehe, gehackt
3 EL glatte Petersilie, gehackt
140 g Semmelbrösel, möglichst frisch gerieben
115 g würziger Pecorino, frisch gerieben,
z. B. Pecorino Romano, zusätzlich ein wenig zum Bestreuen
1 1/2 TL Kapern, wenn möglich in Salz eingelegt,
gut abgespült und fein gehackt
Salsa di pomodoro pugliese (siehe Seite 370)

Die Auberginen waschen. In einem großen Topf Wasser zum Kochen bringen, Salz hinzugeben und die Auberginen darin etwa 10 Minuten al dente kochen. Sie müssen so weich sein, daß man das Fleisch mit einem scharfen Messer leicht einschneiden kann, sollen aber ihre Form behalten. Abtrocknen, der Länge nach halbieren und das Fruchtfleisch mit einem scharfen Messer herauslösen, dabei etwa 1/2 Zentimeter Rand stehen lassen. Das Fruchtfleisch würfeln, in einem Küchentuch gut ausdrücken, um das Wasser zu entfernen, und zusammen mit den Schalen beiseite stellen.

Das Öl in eine Pfanne geben, Zwiebeln und Tomaten darin bei schwacher bis mittlerer Hitze dünsten. Nach etwa 10 Minuten, wenn die Zwiebeln weich sind, Auberginenwürfel, Knoblauch und Petersilie hinzufügen und bei schwacher Hitze etwa 10 bis 20 Minuten unter häufigem Umrühren weiterbraten. Es soll eine glatte,

weiche Masse entstehen. Falls diese zu trocken oder zu fest gerät, warmes Wasser angießen.
Den Backofen auf 160 Grad vorheizen.
In der Zwischenzeit die Semmelbrösel, den geriebenen Käse und die Kapern gut mit der Auberginenmasse vermengen und in die Auberginenschalen füllen. Die Auberginenhälften in eine geölte Auflaufform geben. Sie sollten festen Halt haben. Die Tomatensauce darüber gießen und mit ein wenig geriebenem Käse bestreuen.
50 Minuten bis 1 Stunde backen, bis die Füllung die Konsistenz von Kartoffelbrei hat und man die Auberginenschalen mit einem scharfen Messer leicht einschneiden kann. Kalt oder zimmerwarm servieren.

Funghetti di Melanzane
Auberginen auf Pilzart zubereitet

Dieses wundervolle Gericht ist ein Beweis für den italienischen Erfindungsreichtum. Italiener lieben Pilze. Und wenn sie keine Pilze zur Verfügung haben, ersetzen sie sie kurzerhand durch etwas, das so schmeckt wie die Pilze ihrer bewaldeten Hänge. Dieses Rezept, das ich von Giuseppina Peppino De Lorenzi aus Lequile bei Lecce habe, ist genauso einfach und schmackhaft, wie es aussieht.

Für 4 Personen
2 große runde Auberginen (900 g), fest und glänzend
Salz
1 1/2 El Olivenöl extra vergine
1 Zwiebel, gewürfelt
1 Knoblauchzehe, gehackt
3–4 kleine Tomaten, enthäutet, von Kernen befreit und zerkleinert
2 EL Kapern, gut abgespült und grob zerkleinert
1/4 TL getrocknete, zerriebene Chilischoten oder frisch gemahlener schwarzer Pfeffer, je nach Geschmack
2 EL glatte Petersilie, fein geschnitten

Die Auberginen schälen, den harten Stielansatz entfernen und in kleine Würfel schneiden. Mindestens 30 Minuten in Salzwasser legen, damit die bitteren Säfte austreten. Gut abspülen und trockentupfen.
Das Öl in einem Tontopf oder einer schweren, möglichst beschichteten Bratpfanne erhitzen und Auberginen, Zwiebel, Knoblauch und Tomaten darin braten. Nach 5 bis 6 Minuten Kapern hinzugeben und zugedeckt 15 bis 20 Minuten garen. Gelegentlich umrühren. Wenn die Auberginen weich sind, vom Herd nehmen und Chili und Petersilie darüber streuen. Mit Salz abschmecken. Heiß oder lauwarm servieren.

Tip: Gisa Sotis, Maria Michella Sorangelo und Giuseppina Peppino De Lorenzi gehören zu jenen süditalienischen Großmüttern, die die Auberginen zum Entfernen der Bitterstoffe nicht einsalzen. Sie legen sie statt dessen 1/2 bis 2 Stunden in Salzwasser und drücken sie kräftig aus. Auf diese Weise verfärben sich die Auberginen nicht und nehmen beim Braten oder Fritieren weniger Öl auf.

Melanzane nel Ragù con Marsala
Cremige Auberginen in Marsala-Sauce

Wie viele junge Ehefrauen damals zog Giovanna Passannanti nach ihrer Hochzeit 1938 von ihren Eltern direkt zu den Schwiegereltern. Die Neuvermählten lebten die Hälfte des Jahres auf einem großen Bauernhof in Sizilien, auf dem die ganze Familie mithalf. »Sogar die Alten konnten noch zupacken«, erinnert sie sich. In dieser kleinen, autarken Welt spielte sich das Leben hauptsächlich draußen ab. »Wir zogen unser ganzes Gemüse selbst, hielten Hühner und Kaninchen, von unseren Olivenbäumen ernteten wir Oliven, die wir zu Öl verarbeiteten, von unseren Weinstöcken Weintrauben, aus denen wir Wein kelterten.«
Das Kochen lernte sie von ihrer Mutter und ihrer Großmutter. Nach dem zu urteilen, was sie und ihre Schwiegertochter mir servierten, müssen beide hervorragende Köchinnen gewesen sein.
Dieses köstliche Gericht verdankt sein intensives Aroma und seine cremige Beschaffenheit der ausgewogenen Komposition der süßen Tomatensauce mit der fleischigzarten Aubergine und dem verführerischen Geschmack des Marsala. Sie können es schon frühmorgens zubereiten und später als Beilage zum Hauptgang reichen oder als Hauptgericht im Rahmen eines Mittagessens oder Brunchs.

Für 4 Personen als Hauptgericht, für 6 Personen als Beilage

3/8 l Olivenöl extra vergine
2 runde Auberginen, fest und glänzend
1/2 rote Zwiebel, gewürfelt
180 ml Salsa di pomodoro siciliana (siehe Seite 369)
zusätzlich 50 g frische Basilikumblätter, zerpflückt
80 ml trockener Marsala oder Rotwein
1/2 TL Meersalz
eine Prise Zucker (nach Wunsch)

Das Olivenöl in einem hohen, schweren Topf rasch auf 180 Grad erhitzen und die zwei ganzen Auberginen hinzugeben. Die Hitze reduzieren und die Auberginen 15 Minuten braten; dabei immer wieder wenden, bis sie auf allen Seiten braun und weich sind. Vorsichtig herausnehmen und beiseite stellen. Zwiebelwürfel ins Öl geben und bei mittlerer Hitze in circa 10 bis 15 Minuten goldgelb braten. Die Tomatensauce hinzufügen, die Hitze reduzieren und die Sauce dick einkochen lassen, dabei häufig umrühren. Nun den Marsala hinzugeben und ständig rühren, bis er verdampft ist. Nach und nach in kleinen Portionen einen halben Liter Wasser dazugießen. Die Masse ist zunächst sehr dünnflüssig, doch nach 10 Minuten ist sie beträchtlich eingedickt. Zum Schluß salzen und noch einmal aufkochen lassen.
Wenn die Sauce stark kocht, die Auberginen hineingeben und 30 Minuten bei schwacher Hitze köcheln lassen, bis die Sauce dickflüssig ist, dabei die Auberginen immer wieder wenden. Sollte die Sauce eine säuerliche Note haben, eventuell ein wenig Zucker hinzugeben. Wenn das Öl nach oben steigt, sind die Auberginen gar. Vorsichtig herausnehmen, auf einen Teller legen und mindestens 1 Stunde abtropfen lassen. Die Sauce in eine Schüssel gießen und in den Kühlschrank stellen, damit sich das Öl oben absetzt. So weit kann man das Gericht schon am Morgen vorbereiten. Zugedeckt bei Zimmertemperatur stehen lassen. Das Öl abgießen. Sauce kurz vor dem Servieren erhitzen, Auberginen bei Zimmertemperatur servieren.

Fave e Finocchio
Fava-Bohnen und Fenchel

Den Frühling erkennt man in Apulien unter anderem daran, daß schwarz gekleidete Frauen vor ihren Haustüren sitzen und, den Rücken der Straße zugewandt, Fava-Bohnen enthülsen. Dieses Gericht wird normalerweise im Frühling zubereitet, wenn die Fava-Bohnen noch jung sind und ihre Haut so zart ist, daß man sie nicht entfernen muß.

Für 4 Personen
900 g frische Fava-Bohnen
3 EL Olivenöl extra vergine
1 1/2 EL Pancetta oder durchwachsener Speck, fein gehackt
3 ganze Knoblauchzehen, zerdrückt
80 g wilder Fenchel, fein gehackt, oder feingehackte Fenchelspitzen
1/4–1/2 TL Fenchelsamen, zerstoßen
3 EL glatte Petersilie, fein gehackt
4–6 EL trockener Weißwein, Brühe oder Wasser
1 TL Meersalz
schwarzer Pfeffer, frisch gemahlen

Die Fava-Bohnen enthülsen. Wenn sie nicht jung und zart sind, die Haut entfernen (siehe Kasten S. 300).
Olivenöl in einer großen, schweren Kasserolle erhitzen und Pancetta darin 3 bis 4 Minuten braten. Knoblauch, Fenchelblätter, Fenchelsamen und Petersilie hinzufügen und bei mittlerer Hitze circa 5 Minuten dünsten, bis der Knoblauch goldgelb ist. Die Fava-Bohnen hinzugeben und in etwa 3 bis 5 Minuten weich dünsten. Mit dem Weißwein ablöschen, die Hitze erhöhen, abdecken und kochen, bis der Wein verdampft ist. Die Knoblauchzehen herausnehmen, mit Salz und Pfeffer abschmecken und sofort servieren.

Fava-Bohnen *(fave)*: Die auch als dicke Bohnen bekannten Fava-Bohnen werden überall in Mittel- und Süditalien angebaut und verzehrt. Manchmal ernten die Frauen die Bohnen erst, nachdem sie an der Pflanze getrocknet sind, enthülsen sie und lassen sie weiter trocknen. Enthülste, frische Fava-Bohnen werden mitsamt der Innenhaut eingefroren und erst vor dem Kochen geschält. Nur die ganz jungen Fava-Bohnen muß man vor dem Kochen nicht schälen. Um diese mühsame Arbeit zu erleichtern, überbrüht man die Bohnen kurz mit kochendem Wasser, dann läßt sich die Haut leicht entfernen.

Wilder Fenchel: Die saftigen Schößlinge junger Fenchelpflanzen mit ihren weichen Wedeln wachsen überall im italienischen Hügelland. Wenn Sie keinen wilden Fenchel finden, verwenden Sie das zarte Kraut von gezüchtetem Fenchel zusammen mit einer kleinen Handvoll Fenchelsamen.

Cecamariti
Gebratene Reste oder blinde Ehemänner

Dieses traditionelle ländliche Gericht aus Apulien, das ausschließlich aus Resten zubereitet wird, ist eine typische Wintermahlzeit. Es schmeckt so gut, daß es schon Ehemänner gegeben haben soll, die derart riesige Portionen davon verspeisten, daß sie erblindeten. Daher der Name!

Woher es stammt? Es ist ein weiteres phantasievolles Gemüsegericht der Familie De Lorenzi aus Lequile. Falls Sie keine Reste zur Verfügung haben, verwenden Sie tiefgekühlte oder frische Erbsen; Dosenbohnen gut abspülen und abtropfen lassen. Anstelle von *broccoli rape* können Sie auch normalen Brokkoli verwenden.

Für 6 Personen

60 ml Olivenöl extra vergine
2–3 Scheiben altbackenes Landweißbrot, gewürfelt
1 große oder 2 kleine Knoblauchzehen, zerdrückt, damit sich ihr Aroma entfalten kann
1 kleine frische Chilischote, gehackt, oder 1/8–1/4 TL getrocknete, zerriebene Chilischoten
300 g gekochte Erbsen oder Bohnen, z. B. Fava- oder Cannellini-Bohnen

450 g Broccoli rape, gekocht oder blanchiert und gedünstet
Meersalz

Das Öl in eine mittelgroße, schwere Bratpfanne geben und die Brotwürfel darin von allen Seiten gleichmäßig braun braten. Knoblauch und Chilischote hinzufügen und 2 bis 3 Minuten dünsten, bis der Knoblauch goldgelb ist. Die gekochten Erbsen, den Broccoli rape, Salz und etwa 3 Eßlöffel Wasser hinzufügen und bei mittlerer Hitze 15 Minuten schmoren, dabei häufig umrühren. Signora De Lorenzi entfernt den Knoblauch anschließend, man kann ihn aber auch im Topf lassen, denn er rundet den kräftigen Geschmack der Gemüsesorten ab. Mit etwas Olivenöl beträufeln und servieren.

Pacchetti di Verdure
Gebackene Gemüsetäschchen

Es gibt keine festen Regeln für die Füllung dieser Täschchen. Betrachten Sie Giulia Tondos Gemüseauswahl daher nur als Vorschlag. Es steht Ihnen frei, die Menge der Paprikaschoten oder Zwiebeln zu verdoppeln und eine feingeschnittene Fenchelknolle, ein paar dünne Spargelstangen oder feingeschnittenen Lauch hinzuzufügen. Nehmen Sie einfach, was Sie gerade haben, aber nehmen Sie nicht zuviel von einer einzelnen Gemüsesorte. Sie können die Täschchen am Morgen vorbereiten und kurz vor dem Essen fertigstellen. Im Kühlschrank halten sie auch bis zum nächsten Tag.

Für 4 bis 6 Personen
1 kleine Aubergine (350–450 g), geschält und diagonal
in 1/2 cm dicke Scheiben geschnitten
2 EL Salz
1–2 Kartoffeln, geschält und gewürfelt
1 rote Paprikaschote, enthäutet und in dünne Streifen geschnitten
2 reife Tomaten, enthäutet, von Kernen befreit und grob zerkleinert
1 große rote Zwiebel, sehr fein geschnitten
2 große Knoblauchzehen, gehackt
4 EL glatte Petersilie, fein gehackt
2 Zucchini, in dünne Scheiben geschnitten (nach Wunsch)
1 TL Meersalz

Pfeffer, frisch gemahlen
1/4 TL getrockneter Oregano
1/8 l Olivenöl extra vergine

2 Eßlöffel Salz in 1 Liter kaltes Wasser geben und die Auberginen darin mindestens 30 Minuten einweichen, bis sich das Wasser braun verfärbt. Wasser abgießen und die Auberginen trockentupfen.
Den Backofen auf 190 Grad vorheizen.
Kartoffeln, Paprikaschote, Aubergine, Tomaten, Zwiebel, Knoblauch, Petersilie und Zucchini in einer großen Schüssel mischen. In einer anderen Schüssel Meersalz, Pfeffer, Oregano und Olivenöl gut verrühren. Für die Taschen 6 circa 30 x 30 Zentimeter große Stücke Alufolie zurechtschneiden.
Die Gemüsemischung gleichmäßig darauf verteilen, die Kräuter-Öl-Mischung darüber träufeln. Die vier Ecken nach oben klappen und zusammendrücken. Wie bei einem Beutel die Zipfel fest zusammendrehen. Fortfahren, bis die gesamte Gemüsemischung verbraucht ist.
Die Päckchen auf ein Backblech geben.
20 bis 35 Minuten backen. Ob die Gemüse gar sind, kann man feststellen, indem man ein Päckchen öffnet und mit der Spitze eines scharfen Messers eine Kartoffel einschneidet. Wenn sie weich ist, ist auch das übrige Gemüse gar.

Patate e Peperoni
Kartoffeln und Paprikaschoten mit Olivenöl und grobem Salz

Was gibt es Besseres als rote Paprikaschoten und Kartoffeln mit gutem Olivenöl und ein wenig grobem Salz? Das Gericht schmeckt sowohl heiß als auch warm oder lauwarm. Annita di Fonzo Zannella, die Mutter des Bürgermeisters von Campodimele, jenem Dorf, in dem die Bewohner mindestens achtzig oder neunzig Jahre alt werden, hat dieses Gericht im Handumdrehen fertig.

Für 4 Personen
3 rote Paprikaschoten
3 Kartoffeln
6 EL Olivenöl extra vergine

2 mittelgroße Knoblauchzehen, gehackt
1 TL grobes Salz

Die Paprikaschoten im Ofen rösten, bis sie gleichmäßig schwarz sind. In einer Plastiktüte 30 Minuten ausdampfen lassen. Wenn sie so weit erkaltet sind, daß man sie anfassen kann, enthäuten, Kerne und Seitenwände entfernen und in 2 1/2 Zentimeter dicke Ringe schneiden.
Während die Paprikaschoten geröstet werden, die Kartoffeln in einem großen Topf mit Salzwasser in etwa 25 Minuten bißfest garen; schälen und in gut 1 Zentimeter dicke Scheiben schneiden.
Das Olivenöl in einer kleinen, schweren Bratpfanne bei mittlerer Temperatur erhitzen und den Knoblauch darin 2 bis 3 Minuten goldgelb dünsten. Nicht braun werden lassen. Paprika, Kartoffeln, Knoblauch, Öl und das grobe Salz gut vermischen. Das Gemüse muß gleichmäßig mit dem Öl und dem Salz bedeckt sein. Das Gericht heiß servieren, es schmeckt aber auch zimmerwarm sehr gut.

Peperoni Ripieni
Gefüllte rote und gelbe Paprikaschoten

Antonina Lo Nardo stammt aus Palermo, wo die roten und gelben Paprikaschoten von intensivem Geschmack und leuchtender Farbe sind. Auf den Straßenmärkten der Stadt, die wimmelnden Labyrinthen gleichen, preisen die Verkäufer lauthals ihre Waren an. Hier gibt es die besten Erzeugnisse, die Sizilien zu bieten hat.
Antoninas Gericht kann man als ersten Gang oder als Hauptgericht, zum Brunch oder zum Mittagessen reichen. Es wird heiß oder warm serviert.

Für 6 Personen
6 mittelgroße Paprikaschoten, 3 gelbe und 3 rote
1 mittelgroße, rote Zwiebel, sehr fein geschnitten
60 ml Olivenöl extra vergine
60 g Soppressata oder andere Salami, gewürfelt
60 g Mortadella, gewürfelt
50 g Brotwürfel, geröstet
70 g Pecorino, gerieben
115 g junger Schafskäse, am besten Caciotta oder

Provola, fein gewürfelt
1/2 l Salsa di pomodoro siciliana (siehe Seite 369)
Salz
schwarzer Pfeffer, frisch gemahlen
12 Scheiben Caciocavallo-Käse, ca. 1/2 cm dick aufgeschnitten

Die Paprikaschoten waschen und halbieren, Kerne und Seitenwände entfernen. Den Backofen auf 190 Grad vorheizen. Eine Auflaufform leicht mit Öl einfetten.
In einer kleinen Pfanne die Zwiebeln bei mittlerer Hitze etwa 10 Minuten in Olivenöl dünsten, bis sie goldgelb und weich sind. Zum Abkühlen beiseite stellen. In eine Schüssel geben und Soppressata, Mortadella, Brotwürfel, Pecorino und Schafskäse unter die Zwiebeln mischen. 3 bis 4 Eßlöffel Tomatensauce beiseite stellen, den Rest zu der Mischung geben. Mit Salz und Pfeffer abschmecken und löffelweise in die Paprikaschoten füllen. Auf jede Paprikaschote eine Scheibe Caciocavallo-Käse legen.
Die Paprikaschoten in die vorbereitete Form legen. Die restliche Tomatensauce darüber verteilen und 50 Minuten backen. Falls nötig, gelegentlich mit Wasser aufgießen. Warm oder lauwarm servieren.

Polpette di Patate
Fritierte Kartoffelbällchen

Als ein Freund diese von Emma Grassi Bensi zubereiteten Polpette kostete, rief er aus: *»Supplì toscani!«* Genau! Eine toskanische Variante der knusprigen römischen Reiskroketten mit Mozzarellastreifen. Goldbraun gebraten, bergen diese Kartoffelbällchen eine Füllung aus butterigem Stracchino-Käse, der mit ihrem dampfenden Innern verschmilzt.
Wenn Sie keinen Stracchino finden, nehmen Sie Taleggio oder einen anderen Weichkäse. Sie können auch Gorgonzola verwenden, der zur gleichen Familie gehört, aber nur die milde und nicht die vollreife Version, die viel zu pikant schmeckt.

Ergibt 16 Stück

4 mittelgroße, gelbfleischige Kartoffeln (ca. 900 g)
Salz
3 Eier, verquirlt
3/4 TL Meersalz
1 große Knoblauchzehe, fein gehackt
6 EL glatte Petersilie, gehackt
Schale von 1 unbehandelten Zitrone, abgerieben
3 EL und 70 g Semmelbrösel, frisch gerieben
30 g Parmigiano Reggiano, frisch gerieben
115 g Stracchino, Taleggio oder anderer italienischer Weichkäse
500–750 ml Olivenöl extra vergine oder anderes Pflanzenöl

Die Kartoffeln in einem mittelgroßen Topf mit kochendem Salzwasser in circa 25 bis 30 Minuten weich garen. Abgießen und kurz abkühlen lassen, anschließend schälen und zerstampfen oder durch eine Kartoffelpresse drücken. In einen möglichst beschichteten Topf geben und bei mittlerer Hitze ausdampfen lassen. Zum Abkühlen beiseite stellen.

Mit einem hölzernen Kochlöffel Eier, Meersalz, Knoblauch, Petersilie, Zitronenschale, 3 Eßlöffel Semmelbrösel und den Parmigiano Reggiano unterrühren und zu einer festen, aber geschmeidigen Masse verarbeiten. Mit der Hand 16 ovale Stücke formen, jeweils in der Größe eines großes Eis. Emma schlitzt die Polpette nach dem Fritieren auf und steckt ein kleines Stück Käse hinein, aber ich finde, es ist viel einfacher, den Käse vor dem Ausbacken in die Kartoffelmasse einzuarbeiten.

Die restlichen Semmelbrösel in einen Teller geben und die Kartoffelbällchen darin wälzen. Etwas flach drücken, so daß sie nicht dicker als 2,5 Zentimeter sind.

Das Öl in einer schweren, hohen Pfanne auf 175 Grad erhitzen. Um die Temperatur zu prüfen, ein paar Semmelbrösel hineinwerfen. Wenn sie sofort zischen und brutzeln, kann man mit dem Backen beginnen. Die Polpette auf einen Bratenwender geben und in das heiße Öl gleiten lassen, dabei nicht zu dicht nebeneinander setzen. Jeweils 1 1/2 bis 2 Minuten auf jeder Seite goldbraun braten, dann herausnehmen und auf Küchenpapier abtropfen lassen. Sofort servieren.

Pomodori Ripieni
Tomaten mit Reisfüllung

Die Zubereitungsart dieses traditionellen römischen Gerichts von Andreina Pavani Calcagni widerspricht eigentlich der gängigen Kochlehre. Tomaten in einem Backrohr zubereiten, das heiß genug zum Pizzabacken ist? So wenig Reis für die Füllung? Aber das Ergebnis spricht für sich. Die extreme Hitze konzentriert das süße Aroma der Tomaten und entzieht ihnen Flüssigkeit, die den Reis, zusammen mit dem Öl, genau richtig garen läßt.
Andreina schiebt Kartoffelscheiben zwischen die Tomaten, damit sie in der Auflaufform nicht aneinanderstoßen. Diese werden durch das heiße Olivenöl gar; wenn Sie möchten, können Sie die Tomaten am Ende der Garzeit aus dem Ofen nehmen und die Kartoffeln weiterbacken, bis sie knusprig sind.

Für 10 Personen

14 kleine oder 10 mittelgroße Tomaten (1350 g),
alle gleich groß und nicht zu reif
2 EL glatte Petersilie
20 g frisches Basilikum, gehackt
2 mittelgroße Knoblauchzehen, gehackt
1 TL frischer Majoran, gehackt
5 Blätter frische Minze
1 TL Meersalz
150 g Arborio- oder Carnaroli-Reis
6 EL Olivenöl extra vergine
1–2 Kartoffeln, geschält, der Länge nach halbiert
und dann in gut 1 Zentimeter dicke Scheiben geschnitten
1/4 TL getrockneter Oregano

Den Backofen auf 230 Grad vorheizen.
Die Tomaten gründlich waschen und abtrocknen. Oben waagrecht einschneiden, die Scheibe jedoch nicht ganz abtrennen; sie dient später als Deckel. Ein pfenniggroßes Stück unten abschneiden, damit die Tomate gut steht. Mit einem kleinen Messer und einem Löffel vorsichtig das Fruchtfleisch herauslösen, dabei die Schale etwa 1/2 bis 1 Zentimeter dick stehen lassen. Den Saft mit den Kernen wegschütten. Die ausgehöhlten Tomaten innen salzen und auf dem Kopf stehend abtropfen lassen,

während die Füllung zubereitet wird. Das Fruchtfleisch zerkleinern und in eine Schüssel geben.
Petersilie, Basilikum, Knoblauch, Majoran, Minze und Salz mit dem Fruchtfleisch vermischen. Den Reis und 4 Eßlöffel Olivenöl einrühren und gut vermischen.
Die Tomaten nicht zu dicht nebeneinander in eine leicht geölte Auflaufform setzen, die Kartoffelscheiben dazwischen stecken. Die Kartoffeln dienen dazu, die Tomaten abzustützen, legen Sie sie also überall dorthin, wo sie benötigt werden. Die Füllung in die Tomaten geben. Es macht nichts, wenn es zuviel ist, der Überschuß kann auf die Kartoffeln laufen. Das restliche Olivenöl über die Tomaten und Kartoffeln träufeln, dann den Oregano darüber streuen. Die Tomatendeckel auf die Füllung drücken.
20 Minuten backen, dann die Temperatur auf 190 Grad senken. Die Tomaten mit der Flüssigkeit, die sich in der Form angesammelt hat, begießen und noch einmal 25 Minuten backen. Überschüssige Flüssigkeit abschöpfen. Wenn die Kartoffeln noch nicht gar sind, noch einige Minuten im Ofen lassen oder grillen. Heiß servieren.

Pomodori con la Ruchetta
Tomaten mit Rucola

Adele Rondini zaubert diesen Salat im Handumdrehen und improvisiert, wenn ihr eine Zutat fehlt. Und so sollten Sie es ihrer Meinung nach auch halten.
Sie haben keine Sardellen? Es geht auch ohne.
Sie finden keinen Rucola? Nehmen Sie einfach ein wenig glatte Petersilie, eine Handvoll Basilikum und eine sehr fein geschnittene Knoblauchzehe. Ich habe auch schon zwei Sardellen zerdrückt und sie ohne Kräuter gleich mit Olivenöl, Essig und Pfeffer vermischt. Bei dieser Variante sollte man allerdings sparsam mit dem Salz umgehen.

Für 4 Personen
4 große, reife Tomaten
3 EL Olivenöl extra vergine
1 EL Rotweinessig
1/4 TL Meersalz
schwarzer Pfeffer, frisch gemahlen
80 g Rucola, in sehr feine Streifen geschnitten

2 ganze, in Salz eingelegte Sardellen, gut abgespült
und filetiert oder wahlweise
4 in Öl eingelegte Sardellenfilets, abgetropft

Die Tomaten halbieren und auf einen Teller setzen. Olivenöl, Essig, Salz und Pfeffer vermengen und darüber gießen. Die Rucola auf die Tomaten geben und darauf die Sardellen setzen, zum Beispiel sternförmig angeordnet.

Sformatino di Zucchine
Zucchini-Gratin

Ein Hoch auf Giulia Tondo. Bei Sformatino handelt es sich normalerweise um ein vornehmes Gemüsegericht mit Eiern und Béchamelsauce, serviert mit einer weiteren Sauce. Nicht bei ihr! Keine Béchamelsauce, auch sonst keine Sauce, keine Ringform: Nur der frische, zarte Geschmack der Zucchini, darauf eine Mischung aus Parmesan und Semmelbröseln, überbacken mit Provolone-Käse.
Ihr Sformatino könnte als einfaches Mittagessen serviert werden, man kann ihn aber auch als ersten Gang oder, in kleine Häppchen geschnitten, als Vorspeise reichen.

Für 4 Personen
4 junge Zucchini (ca. 330 g), in 1/2 cm dicke Scheiben
geschnitten
Salz
1 Zwiebel, gehackt
1 EL Olivenöl extra vergine
schwarzer Pfeffer, frisch gemahlen
6 EL Parmigiano Reggiano, frisch gerieben
2 EL glatte Petersilie, fein geschnitten
6 EL feine Semmelbrösel
220 g Provolone oder Caciocavallo, in 3 mm dicke Scheiben
geschnitten

Den Backofen auf 175 Grad vorheizen. Eine Backform von 20 Zentimeter Durchmesser leicht einölen.

Die Zucchinischeiben in kochendem Salzwasser 1 bis 2 Minuten blanchieren. Das Wasser abgießen und die Zucchini zum Abkühlen beiseite stellen.
Zwiebelwürfel bei mittlerer Hitze 8 bis 10 Minuten in Olivenöl weich und glasig dünsten. Zucchini und Zwiebeln in eine kleine Schüssel geben, vermischen und mit Salz und Pfeffer abschmecken.
In einer anderen Schüssel Parmigiano Reggiano, Petersilie und Semmelbrösel vermengen. Vorsichtig salzen, denn der Käse ist bereits sehr salzig, pfeffern und gut vermischen.
Auf den Boden der Form eine Schicht Zucchini und Zwiebeln geben, die Hälfte der Käsemischung darüber streuen, beides noch einmal wiederholen. Zum Schluß die Provolone-Scheiben darauf verteilen. 20 Minuten backen, bis der Käse geschmolzen und leicht gebräunt ist. Heiß servieren.

Torta di Verdura
Kartoffel-Spinat-Kuchen

Laura Mansi Salom weiß, was gute Küche ist, und sie liebt es, ihre Gäste mit überraschenden Kreationen zu verwöhnen. Allerdings möchte sie nicht zuviel Zeit auf die Zubereitung der Gerichte verwenden. Dieser köstliche pikante Kuchen besteht einfach aus zwei Schichten Kartoffelbrei, der mit Parmesan gewürzt wurde, und einer Spinatfüllung dazwischen. Aber welche Augenweide! Schneidet man ihn auf, kommt die leuchtend grüne Füllung zum Vorschein. Der Gemüsekuchen paßt zu gebratenem Fleisch oder Brathähnchen.

Für 6 Personen
1 kg Kartoffeln, geschält
Salz
3 Eigelb
2 Eier
100 g Parmigiano Reggiano, frisch gerieben
3/8 TL Muskatnuß, frisch gemahlen
3/4 TL Meersalz
schwarzer Pfeffer, frisch gemahlen
2 kg Spinat ohne Stiele
4 EL Butter

Backofen auf 175 Grad vorheizen. Boden und Rand einer Springform von 23 Zentimeter Durchmesser gut mit Butter bestreichen.

Die Kartoffeln in 20 bis 25 Minuten in Salzwasser weich kochen. Wasser abgießen, Kartoffeln zerstampfen oder durch eine Kartoffelpresse drücken. Zum Abkühlen beiseite stellen.

Eigelb, Eier, Parmesan, 1/4 TL Muskatnuß, Meersalz und Pfeffer zu den Kartoffeln geben und zu einer cremigen Masse verarbeiten.

In der Zwischenzeit den Spinat gut waschen, mindestens dreimal, um alle Schmutzreste zu entfernen. Tropfnaß in einen großen, hohen Topf geben, abdecken und 7 bis 10 Minuten kochen, dabei häufig wenden, damit alles gleichmäßig gart. Herausnehmen und abtropfen lassen. Mit Hilfe einer Kartoffelpresse das Kochwasser herausdrücken. Die Butter in einer schweren Bratpfanne erhitzen und den Spinat mit der restlichen geriebenen Muskatnuß würzen und kurz dünsten. Herausnehmen und mit einer *mezzaluna* oder einem Messer fein hacken. Keine Küchenmaschine verwenden, sie würde den Spinat pürieren.

Die Hälfte der Kartoffeln in die Springform füllen, am Rand 2 1/2 Zentimeter hochdrücken, Oberfläche glätten. Den Spinat darauf geben und darüber die restlichen Kartoffeln verteilen. Noch einmal glattstreichen.

20 bis 30 Minuten backen, bis die Oberfläche goldbraun ist. 5 Minuten ruhenlassen, dann aus der Form nehmen und auf einen Teller gleiten lassen. In Kuchenstücke schneiden und heiß servieren.

Tip: Um überschüssiges Wasser aus frisch gekochtem Spinat oder Mangold auszudrücken, eignet sich eine Kartoffelpresse hervorragend.

Zucchini kann man vor dem Kochen wie Auberginen salzen und anschließend abspülen. Oder wie Tomaten an der Sonne trocknen lassen. Auch Zucchiniblüten findet man während der Saison reichlich auf den Märkten. Man kann sie mit einer Vielzahl köstlicher Füllungen braten oder fritieren.

Zucchine di Gisa Sotis
Zucchini mit roten Zwiebeln und Basilikum

Gisa Sotis ist eine ausgezeichnete Köchin, die im Handumdrehen ein mehrgängiges Menü zaubert. Dazu gehört häufig folgendes Zucchinigericht, das trotz seiner Einfachheit ausgesprochen köstlich schmeckt. Wie sie das macht? Ein Würfel Hühnerbrühe ist das Geheimnis, er verfeinert das Gericht und intensiviert den Geschmack.

Für 4 bis 6 Personen

2 mittelgroße rote Zwiebeln, halbiert und in sehr dünne Ringe geschnitten
1 kg feste Zucchini, gewaschen, abgetrocknet und in gut 1 cm dicke Scheiben geschnitten
2–3 EL Olivenöl extra vergine
1 Würfel Hühnerbrühe
7 frische Basilikumblätter

Zwiebeln, Zucchinischeiben und Öl in eine große, möglichst beschichtete Bratpfanne geben und bei mittlerer Hitze circa 15 Minuten braten, bis sie etwas Farbe angenommen haben und weich sind. Den Brühwürfel zerkrümeln, dazugeben und abgedeckt bei mittlerer Hitze etwa 5 Minuten weiterbraten. Die Zucchini und die Zwiebeln sollten leicht gebräunt sein. Kurz vor Ende der Garzeit die Basilikumblätter zerpflücken und darüber streuen. Mit Salz abschmecken. Heiß oder lauwarm servieren. Man kann das Gericht auch in den Kühlschrank stellen und am nächsten Tag zimmerwarm servieren.

Dolci
Desserts

Giulia Tondo

Maria Andriani

Lisa Contini-Bonacossi

Crema Bacchica
Bacchus-Pudding

Gianna Modotti kündigte mir an, ein Dessert wie dieses hätte ich sicher noch nie gegessen, und sie hatte recht. Nach dem ersten Bissen zögern die Leute meist. »Wie seltsam«, sagen sie und wissen nicht so recht, was sie damit anfangen sollen. Und dann löffeln sie munter weiter.

Für 6 Personen
4 Eier
130 g Zucker
1/2 l lieblicher Weißwein,
z. B. Riesling oder Gewürztraminer
1/2 Zimtstange
3 ganze Nelken

Den Ofen auf 150 Grad vorheizen.
Eier gut miteinander verquirlen und beiseite stellen, bis der Schaum verschwunden ist (möglichst 4 Stunden vor der Zubereitung des Puddings).
Zucker und Wein mit der Zimtstange und den Nelken etwa 5 Minuten kochen. Zum Abkühlen beiseite stellen. Zimtstange und Nelken entfernen. Die verquirlten Eier durch ein Sieb in die Mischung passieren.
Die Ei-Wein-Mischung in Pudding- oder Flanförmchen gießen, in eine mit kochendem Wasser gefüllte Bratreine setzen, so daß die Förmchen etwa 1,5 Zentimeter hoch im Wasser stehen. 55 Minuten backen, bis der Pudding stockt. Wenn man mit einem Zahnstocher hineinsticht, sollte nichts daran hängenbleiben. Die Oberfläche bleibt goldgelb und bräunt nicht.

Kock di Pane con Salsa di Pere
Brotpudding mit Birnensauce

Mir schmeckt jedes Dessert von Gianna Modotti, aber dieser mit Mandeln gefüllte Brotpudding mit der köstlichen Birnensauce ist einfach genial – bodenständig und exquisit zugleich. Das Rezept stammt aus dem gebirgigen Osten Friauls, wo die Zeit der österreichisch-ungarischen Monarchie in der kulinarischen Tradition ihre Spuren hinterlassen hat.

Für 6 bis 8 Personen

Füllung:
3–4 Scheiben trockenes Landweißbrot für 140 g Semmelbrösel
7 EL lieblicher Wein wie Muskateller, Aleatico,
Recioto di Soave oder süßer Marsala
5 EL zimmerwarme Butter plus ein wenig für die Form
70 g Zucker plus ein wenig für die Form
2 Eigelb
4 Eier, getrennt
Schale von 1 unbehandelten Zitrone, abgerieben
1/4 TL Zimt
70 g Mandeln, 10 Minuten bei 175 Grad im Ofen geröstet
und fein gehackt
eine Prise Salz

Sauce:
6 reife Birnen
2 EL Butter
6 EL Zucker
80 ml Birnenschnaps oder Birnenlikör

Den Ofen auf 175 Grad vorheizen.
Eine 2-Liter-Charlotte- oder Souffléform oder eine Backform mit hohem Rand mit Butter einfetten. Das Brot in eine große Schüssel reiben und mit dem Wein beträufeln. Butter und Zucker schaumig schlagen. Nacheinander 6 Eigelb hinzufügen und jeweils gut verrühren, bis die Masse gebunden hat. Die abgeriebene Zitro-

nenschale, Zimt und Mandeln unterrühren. Die Masse zu den Brotbröseln geben. Eiweiß mit einer Prise Salz steif schlagen und unterheben.
Die vorbereitete Backform mit Zucker ausstreuen und die Füllung hineingeben. 40 Minuten backen. Wenn man mit einem Messer hineinsticht, darf nichts klebenbleiben.
Unterdessen die Sauce vorbereiten: Die Birnen schälen, Kerngehäuse entfernen und die Früchte in kleine Stücke schneiden. Butter in einer schweren 2-Liter-Kasserolle schmelzen, den Zucker einrühren und 4 bis 5 Minuten kochen, bis die Mischung karamelfarben ist. Birnen hinein geben und bei sehr schwacher Hitze dünsten, bis man mit einer Gabel leicht hineinstechen kann. Herausheben und durch ein Sieb passieren oder im Mixer oder in der Küchenmaschine pürieren. Den Birnenschnaps unterrühren. Brotpudding und Sauce warm servieren. Die Sauce kann man im voraus zubereiten und vorsichtig erwärmen.

Crema
Cremespeise

Dieses großartige Dessert von Luce Galante de Secly ist von weicher Konsistenz, aber etwas fester als eine Crème anglaise, und es erinnert ein wenig an Crème caramel. Eines der Zubereitungsgeheimnisse dieser weniger bekannten Cremespeise besteht darin, daß die Backform auf einem Küchentuch steht, während die Crème im *bagno maria* (Wasserbad) erhitzt und auf diese Weise gegen allzu große Hitze abgeschirmt wird. So behält das Dessert seine cremige Konsistenz.

Für 6 bis 8 Personen
1/2 l Milch
130 g Zucker
Schale von 1 unbehandelten Zitrone,
in dünne Streifen geschnitten
1/2 Vanilleschote, der Länge nach aufgeschlitzt (nach Wunsch)
1 EL plus 2 TL Mehl
5 Eigelb

Den Ofen auf 175 Grad vorheizen. Eine 2-Liter-Souffléform oder 6 kleine Förmchen gut mit Butter einstreichen.

Milch, Zucker, Zitronenschale und eventuell die Vanilleschote in einer 3-Liter-Kasserolle aus nichtoxidierendem Material bei mittlerer Hitze zum Kochen bringen. Sobald die Mischung kocht, vom Feuer nehmen und 3 bis 4 Minuten stehenlassen. Zitronenschale und Vanilleschote entfernen, Mehl hineingeben und verquirlen.
Eigelbe in einer mittelgroßen Schüssel zu einer cremigen, hellen Masse aufschlagen – 5 Minuten mit dem Handmixer oder 3 Minuten in der Küchenmaschine. Milchmischung in einem gleichmäßigen Strahl langsam dazugießen und dabei kräftig rühren. Wenn man zu schnell gießt, besteht die Gefahr, daß das Eigelb gerinnt.
Die Mischung durch ein Sieb in die vorbereitete Form passieren und mit Alufolie bedecken. Ein Küchenhandtuch falten und auf den Boden der Bratreine legen. Die Souffléform darauf setzen. Circa 2 Liter Wasser zum Kochen bringen und vorsichtig in die Bratreine gießen. Das Wasser sollte etwa bis 1 Zentimeter unterhalb des Randes der Form stehen.
50 Minuten backen. Wenn man mit einem Zahnstocher hineinsticht, darf nichts hängenbleiben. Die Bratreine aus dem Ofen nehmen und die Souffléform herausheben. Die Creme zimmerwarm servieren.

Budino Belga
Schokoladen-Mokka-Pudding aus Mantua

Anscheinend weiß niemand, warum dieses sehr alte und beliebte Dessert »Belgischer Pudding« heißt. Es wurde jahrhundertelang in den Küchen aristokratischer Familien in Mantua gekocht und ist etwas so Besonderes, daß niemand mit dem Rezept herausrücken wollte. Einmal servierte Vanna Corbellani Camerlenghi, die in der Stadt den Ruf einer hervorragenden Köchin genießt, das Dessert als Krönung einer Abendgesellschaft. Sie war ganz erstaunt, als die Gäste davon kosteten und verwundert ausriefen: »Das ist ja genau der Pudding, den meine Mutter immer gemacht hat!« Vanna hatte das Dessert schon seit Jahren nicht mehr zubereitet.
Sie brauchen eine 5 Zentimeter hohe Savarinform von 28 Zentimeter Durchmesser mit einem Fassungsvermögen von etwa 3 Litern, am besten beschichtet, damit sich der Pudding leichter herauslösen läßt. Nehmen Sie löslichen Espressokaffee, keine gemahlenen Bohnen. Den Karamel muß man sehr rasch in der Form verteilen, da er blitzschnell hart wird.
Man kann den köstlichen, jedoch keineswegs zu süßen Pudding einen Tag im voraus zubereiten.

Für 8 bis 10 Personen

100 g Vollmilch- oder Halbbitterschokolade
1 l Sahne
100 g Zucker
1 EL lösliches Espressopulver
4 Eier, gut verquirlt

Karamel:
200 g Zucker
4 EL Wasser

Ofen auf 175 Grad vorheizen.
Die Schokolade raspeln und in eine 2-Liter-Kasserolle mit schwerem Boden geben. Sahne, Zucker und Espressopulver zugeben. Die Schokolade bei sehr schwacher Hitze unter gelegentlichem Umrühren zum Schmelzen bringen. Dabei sorgfältig darauf achten, daß die Mischung nicht kocht. Sobald die Schokolade geschmolzen ist, beiseite stellen und auf Zimmertemperatur abkühlen lassen. Dann die verquirlten Eier unterrühren.
Zucker und Wasser in einer kleinen, schweren Kasserolle erhitzen. Bei mittlerer Hitze mit einem Metallöffel umrühren, und mit einem in kaltes Wasser getauchten Pinsel die Zuckerkristalle vom Rand in die Flüssigkeit schieben. Zum Kochen bringen und ohne umzurühren 5 bis 7 Minuten kochen lassen, bis die Flüssigkeit bernsteinfarben und karamelisiert ist. Dann die Savarinform sehr schnell damit ausgießen und zum Abkühlen beiseite stellen. Wenn man den Karamel knistern hört, die Eimischung hineingießen.
Die gefüllte Form in eine Bratreine stellen, kochendes Wasser in die Reine gießen, so daß die Savarinform bis zur Hälfte in Wasser steht, und mit Alufolie abdecken. 70 bis 80 Minuten backen, bis die schokoladenfarbene Oberfläche stockt. Wenn man mit einem Zahnstocher hineinsticht, darf nichts hängenbleiben. Wenn der Pudding ein wenig wackelt, macht das nichts, er wird beim Abkühlen fester. Auf Zimmertemperatur abkühlen lassen, mit Plastikfolie abdecken und in den Kühlschrank stellen. Zum Stürzen die Form kurz in heißes Wasser tauchen. Den Pudding mit einem scharfen Messer vom Rand lösen, einen Teller darauf legen und umdrehen.

Paradel
Apfel-Brot-Pudding

Hoch über dem Comer See erstreckt sich das Veltlin durch eine Berglandschaft, die bis an die Schweizer Grenze reicht. Zahllose Apfelplantagen durchziehen das Gebiet und liefern Unmengen von Früchten, die schon immer ihren Weg in einfache Nachspeisen fanden. Lina Vitali übernahm dieses Rezept von ihrer Schwiegermutter und gewann damit Jahre später einen ersten Preis. Kein Wunder: Die Äpfel werden weich, die Walnüsse bleiben knackig, und das Brot hat noch ein wenig Biß. Mit Walnuß- oder Rosinenbrot gerät der Paradel besonders köstlich.

Für 6 Personen

5 große Scheiben möglichst trockenes Landweißbrot (150 g)
180 ml Milch
5 Äpfel, am besten Jonagold oder Rote Delicious, geschält, das Kerngehäuse entfernt
50 g Zucker
Schale von 1 unbehandelten Zitrone, gerieben
12 Walnüsse, bei 175 Grad im Ofen geröstet und zerkleinert
1 zimmerwarmes Ei
1 TL Vanilleessenz
1 EL Butter

Etwa eine halbe Stunde vor der Zubereitung das Brot mit der Hand in Stücke reißen und in eine große Schüssel geben. Die Milch darüber gießen und zum Einweichen beiseite stellen.

Den Ofen auf 175 Grad vorheizen. Eine Backform, zum Beispiel eine Souffléform von 24 Zentimeter Durchmesser, mit Butter ausstreichen.

Die Äpfel in dünne Scheiben schneiden und zum Brot geben. Zucker, Zitronenschale und Walnüsse hinzufügen. Das Ei mit der Vanilleessenz verquirlen und in die Apfel-Brot-Mischung rühren.

Die Mischung gleichmäßig in der vorbereiteten Backform verteilen und Butterflocken darüber streuen. 60 bis 75 Minuten backen, bis die Apfelscheiben weich sind und der Pudding eine goldfarbene Kruste hat.

Budino della Nonna
Großmutters Schokoladenpudding

Es gibt wohl kaum ein Schokoladendessert, das die Hausmacherküche besser repräsentiert als dieses. Lachend bezeichnet Vittorina es als altmodisch, für mich aber ist es eine besonders feine und unvergeßliche Nachspeise.
Vittorina ist so geübt, daß sie den Karamel nur mit Zucker macht. Es ist aber leichter, ihn mit ein wenig Wasser zuzubereiten.

Für 10 Personen
Karamel:
200 g Zucker
4 EL kaltes Wasser

Pudding:
50 g Zucker
12 zimmerwarme Eier
70 g ungesüßter Kakao
2 TL gesüßter Kakao
ca. 26 kleine Amaretti, zerdrückt
1 1/2 l zimmerwarme Milch

Zucker und Wasser in einer kleinen, schweren Kasserolle erhitzen. Bei mittlerer Hitze mit einem Metallöffel umrühren und mit einem in kaltes Wasser getauchten Pinsel die Zuckerkristalle vom Rand in die Flüssigkeit schieben. Zum Kochen bringen und ohne umzurühren 5 bis 7 Minuten kochen lassen, bis die Flüssigkeit bernsteinfarben und karamelisiert ist. Dann sehr schnell eine möglichst beschichtete Savarinform von 28 Zentimeter Durchmesser und circa 4 Liter Fassungsvermögen damit ausgießen. Man kann auch eine Souffléform von 28 Zentimeter Durchmesser verwenden. Zum Abkühlen beiseite stellen.
Den Ofen auf 175 Grad vorheizen.
Zucker und Eier zu einer leicht schaumigen Masse verarbeiten. Den gesüßten und den ungesüßten Kakao hineinschütten und die Amaretti-Brösel unterheben. Die Milch einrühren und gut untermischen.
Die Mischung in die mit Karamel ausgestrichene Form gießen, diese in eine Bratreine setzen. Die Reine bis zur Hälfte mit kochendem Wasser füllen, die Form mit Alufolie

bedecken und 80 bis 90 Minuten backen. Der Pudding sollte die Farbe von Schokolade haben. Mit einem Zahnstocher prüfen, ob der Pudding gar ist. Wenn nichts kleben bleibt, ist der Pudding fertig. Auf Zimmertemperatur abkühlen lassen. Zum Stürzen siehe Anweisungen für Budino belga (S. 318).

Pasta di Crostata a Quadratino
Gittertorte mit Marmelade

Auf die Frage nach dem Großmutter-Dessert schlechthin würden die meisten Italiener wohl blitzschnell antworten: eine *crostata*, gefüllt mit Marmelade. Das Dessert ist in ganz Italien verbreitet, und jedes Kind kennt den süßen Kuchen, dessen Füllung meist hausgemacht ist.
Giulia Tondo backt so oft Crostate, daß sie stets ein wenig Teig aufhebt und einfriert, den sie dann für das Gitter des nächsten Kuchens verwendet; er läßt sich leicht mit den Fingern rollen.
Man kann den Teig im voraus zubereiten, einen Tag in den Kühlschrank stellen oder bis zu einem Monat einfrieren.

Für 2 Crostate von 22 und 20 cm Durchmesser
Teig:
350 g Mehl plus einige EL zusätzlich zum Ausrollen
100 g Zucker
1 TL Backpulver
eine Prise Salz
4 EL zimmerwarme Butter, kleingeschnitten
Schale von 1/2 unbehandelten Zitrone, abgerieben
2 EL Cointreau oder Grand Marnier
1 TL Vanilleessenz
3 EL Olivenöl extra vergine

Füllung:
800 g Marmelade, z. B. Apfelmarmelade (Seite 360);
500 g für die große, 300 g für die kleine Crostata

Zum Bestreichen:
1 Ei, mit 1 TL Wasser verquirlt

Mehl, Zucker, Backpulver und Salz in einer großen Schüssel vermischen, Butterstücke darüber streuen, mit den Fingern oder in der Küchenmaschine verkneten, bis die Mischung die Konsistenz von grobem Maismehl hat. Die abgeriebene Zitronenschale darüber streuen. Eier, Cointreau, Vanilleessenz und Olivenöl vermengen und mit der Mehlmischung zu einem Teig verarbeiten. Kurz kneten, bis der Teig weich ist; anschließend in zwei Portionen teilen: eine soll etwas größer als die andere sein. Ein Stück Plastikfolie auf die Arbeitsfläche legen, mit 1 Eßlöffel Mehl bestäuben, darauf ein Teigstück zu einem Quadrat flach drücken, mit ein wenig Mehl bestreuen, ein weiteres Stück Plastikfolie darüber legen und den Teig noch ein wenig flach drücken. Mit dem anderen Teigstück genauso verfahren. Für eine Stunde oder einen Tag in den Kühlschrank stellen oder bis zu einem Monat einfrieren.
Zum Backen den Ofen auf 200 Grad vorheizen und das Gitter auf die mittlere Schiene stellen. Eine Backform von 22 Zentimeter Durchmesser leicht mit Öl auspinseln.
Das größere Teigstück auf eine leicht bemehlte Arbeitsfläche legen. Knapp ein Viertel davon abschneiden und beiseite stellen. Mit einem Nudelholz kreisförmig (26 Zentimeter Durchmesser) ausrollen, zusammenklappen, den Halbkreis noch einmal zusammenfalten und in die vorbereitete Backform legen. Vorsichtig auseinanderfalten, so daß der Teig den Boden und die Seitenränder der Form vollständig bedeckt. Mit den Fingern fest andrücken und den überstehenden Rand abschneiden. Den Teig mit 500 g Marmelade bestreichen.
Die Arbeitsfläche leicht bemehlen. Den verbleibenden Teig zu einem 20 x 30 Zentimeter großen Rechteck ausrollen und mit einem Pizzaschneider oder einem Messer in 12 Streifen von 3,5 Zentimeter Breite schneiden. Mit Ei bestreichen und die Füllung gitterförmig damit belegen. Eventuell den Teig an den Rändern der Form mit einem Messer entfernen.
Mit dem zweiten Teigstück genauso verfahren, jedoch zu einer kreisrunden Platte von nur 22 Zentimeter ausrollen und in eine Form von 20 Zentimeter Durchmesser setzen.
Alle sichtbaren Teigteile mit Ei bestreichen. Auf der mittleren Einschubleiste in etwa 20 Minuten goldbraun backen. Auf einem Gitter auskühlen lassen.

Porträt Giulia Tondo

Zehn Crostate, sechs *pizze friulane*: Die Maßangaben von Giulia Tondos Rezepten sind so dimensioniert, daß ihre vier Kinder, deren Partner und ihre sechs Enkelkinder davon satt werden. Im Garten ihres Hauses, das mitten in Rom steht, wachsen Pfirsiche, Aprikosen, Granatäpfel, Birnen, Pflaumen und Mandarinen. Die Früchte verarbeitet Giulia zu Obstsirup, so daß sie immer *bibite*, Limonaden, für ihre Enkel im Haus hat. Körbe voller Aprikosen, Pflaumen und Pfirsiche verwandeln sich in Marmeladen für Crostate. Sogar mitten im Januar kann sie den Kindern Pfirsiche vorsetzen, die schmecken, als seien sie eben erst gepflückt worden, denn Giulia friert die Früchte im Hochsommer ein, wenn sie besonders saftig sind, und erweckt sie in den trüben Wintermonaten wieder zum Leben.

Giulia lernte das Kochen erst, als sie entdeckte, daß ihr sehr attraktiver Mann, ein Chirurg, regelmäßig bei einer seiner fünfzehn Mitarbeiterinnen zu Mittag aß. Ernestina, eine hübsche Blondine, war eine hervorragende Krankenschwester, die zufällig auch außerordentlich gut kochen konnte, und wenn Dr. Tondo abends nach Hause kam, beschrieb er seiner Frau, was sie für ihn gekocht hatte. »Ich konnte gar nichts«, erinnerte sich Giulia. Sie war selbst gelernte Krankenschwester, gab ihren Beruf aber wegen ihres Mannes auf: Junge Mütter hätten keine Zeit für eine Karriere, meinte er. Und so verordnete sie sich eine andere Ausbildung: »Ich lernte das Kochen, weil ich eifersüchtig war«, bekennt sie. Um sieben Uhr morgens betrat sie die Küche und blieb dort, bis ihr Mann um ein Uhr mittags nach Hause kam. Und das jeden Tag.

»Mein Vater sagte immer: ›Kauf kein Fleisch, wenn du den Metzger nicht so gut kennst wie deinen Bruder.‹« Diesen Rat hat Giulia sich zu Herzen genommen, und obwohl sie in Rom lebt, kauft sie Fleisch fast ausschließlich in Vetralla bei Viterbo, wo die Familie lange eine Wohnung hatte. Besonders die Würste, die es dort gibt, begeistern sie, denn ihr köstlicher Geschmack rührt daher, daß die Schweine in einem Eichenmischwald gehalten werden und sich von den Eicheln und Kastanien ernähren, die zu Boden fallen. Auch würde Giulia niemals einen Prosciutto essen, der nicht 18 Monate lang abgehängt wurde, oder ein Schwein, das nicht bei Nordwind und niedriger Temperatur geschlachtet wurde, oder Kalbfleisch, dessen Herkunft sie nicht kennt.

Giulia ist geradezu der Prototyp einer Nonna, deren Leben sich um die Familie dreht, die alles für ihre Kinder und Enkelkinder tut und an deren Alltag teilnimmt. Sie näht, strickt und kocht für sie. Obwohl schon über fünfundsiebzig, ist sie dauernd in Bewegung und fühlt sich wohl dabei. Sie trägt kein Make-up und kaum Schmuck, denn dies könnte ja Zeit in Anspruch nehmen und ihren Bewegungsdrang behindern. Für ihre Enkelkinder bereitet sie spezielle Gerichte zu, die sie mit in die Schule oder auf Ausflüge nehmen können, und ihrem Sohn, der auf Sardinien lebt, schickt sie dosenweise jene Haselnußplätzchen, die er so gern mag.

Giulia ist eine scharfe Beobachterin und gibt klare Anweisungen, die von sinnlichen Wahrnehmungen geprägt sind. Sie liebt das Seidige des Nudelteigs, zerdrückt einen Vorteig mit den Fingern, vermischt die Zutaten mit den Händen, und wenn sie Teig aus der Schüssel nimmt, scheint ihr ganzer Körper in Aktion zu treten.

Während sich um sie herum die Zutaten für die Speisen häuften, die sie gerade zubereitete, legte Giulia plötzlich das Nudelholz beiseite und verschwand. Dann kehrte sie mit einem schwarzen Seidenkleid in der Hand zurück, dessen gerafften Schoß Dreiecke aus geblümtem Stoff zierten – zweifelsohne das Kleid einer schlankeren Giulia. »Man geht auseinander, wenn man aufhört zu rauchen«, erklärte sie, »wenn man krank wird und Cortison nehmen muß, besonders aber, wenn der Mann stirbt. Die Liebe ist das einzige, was zählt.«

Ohne Zweifel hat sie ihren Mann sehr geliebt. Diese Liebe durchdringt alle Facetten ihres Lebens und umfängt auch die Familie. Ohne die regelmäßigen Anrufe ihrer Kinder würde sie, so glaubt sie, eingehen wie eine Pflanze ohne Wasser. Wie ihr Mann sie zu ihren phänomenalen Kochkünsten animierte, so sind es heute die Kinder, die sie ermuntern weiterzumachen. Als Giulia ihre Tochter und ihren Schwiegersohn in Houston besuchte, nahm sie einen Prosciutto in einer Pralinenschachtel mit und wickelte drei *guanciali* (gepökelte Schweinebacken, eine *pancetta*-ähnliche Spezialität aus dem Latium) in ein Seidenkleid. Sie habe, so schwört sie, für halb Houston kochen müssen. Die Freunde ihrer Tochter beschworen sie zu bleiben. Sie hatten sogar schon die Räumlichkeiten für ein Restaurant gefunden und versprachen, Stammkunden dort zu werden.

Giulia Tondo wuchs in einem Haushalt auf, in dem Essen und Kultur eine große Rolle spielten. Angesichts des heraufziehenden Faschismus wanderte ihr Vater mit seiner Frau und seinen sechs Kindern lieber nach Argentinien aus, als die Menschen, für die er die Verantwortung trug, zu gefährden. Zwölf Jahre später kehrte die ganze Familie nach Italien zurück. Giulias Liebe zu ihrem Land ist deutlich spürbar, ebenso ihre Freude daran, für ihre Familie zu kochen. »Es ist ganz einfach«, meint sie. »Wenn ich sehe, wie jemand Brot in die Sauce tunkt, bin ich glücklich.«

Crostata con il Savor
Gittertorte mit Obst und Nüssen

Ida Lancellotti empfiehlt, die Füllung für diese Crostata einen Tag im voraus zuzubereiten. Wenn der *savor* zu fest gerät, füge ich – auch wenn das wohl nicht im Sinne der Tradition ist – ein wenig Birnen-Apfel-Mus (Seite 361) oder Apfelsauce hinzu.

Ergibt eine Torte von 20 bis 22 cm Durchmesser

Teig:
300 g Mehl
1/2 TL Backpulver
150 g Zucker
eine Prise Salz
150 g zimmerwarme Butter
1 Ei
1 Eigelb
1/2 TL Vanilleessenz

Füllung:
500 g Savor (Seite 363)
6 getrocknete Feigen, grob zerkleinert
25 g Walnüsse, bei 175 Grad im Ofen geröstet und grob zerkleinert
50 g einfache Mürbteigplätzchen, zerbröselt
ca. 8 kleine Amaretti (100 g), zerbröselt
feine Semmelbrösel (nach Wunsch)

Teigherstellung mit der Hand: Mehl, Backpulver, Zucker und Salz in eine Schüssel geben und verrühren. Die Butter in kleine Stücke schneiden und mit dem Kochlöffel in die Mischung einarbeiten, bis sie die Konsistenz von grobem Maismehl hat. Langsam das Ei und danach das Eigelb einrühren und gründlich untermischen. Die Vanilleessenz einrühren. Den Teig herausnehmen und auf einer leicht bemehlten Arbeitsfläche gründlich, aber nur kurz kneten. Zu einer Scheibe flach drücken, in Plastikfolie wickeln und mindestens eine Stunde, jedoch nicht länger als einen Tag in den Kühlschrank stellen.

Teigherstellung mit dem Rührgerät: Butter und Zucker mit dem Quirl hellschaumig schlagen. Ei, Eigelb und Vanilleessenz in zwei Portionen zugeben und jeweils gründlich einarbeiten. Mehl, Backpulver und Salz hinzufügen und mit dem Rührhaken zu einem glatten, aber noch weichen Teig verarbeiten. Zu einer Kugel formen, diese zu einer Scheibe flach drücken, in Plastikfolie wickeln und mindestens eine Stunde, jedoch nicht länger als einen Tag in den Kühlschrank stellen.

Den Teig 30 bis 45 Minuten bei Zimmertemperatur stehenlassen. Auf einer leicht bemehlten Arbeitsfläche kurz durchkneten, so daß er weich genug zum Ausrollen ist. In zwei Portionen teilen, davon eine doppelt so groß wie die andere, das kleinere Stück abdecken. Das größere Stück auf einer leicht bemehlten Arbeitsfläche zu einem Kreis von 28 Zentimeter Durchmesser ausrollen und in eine leicht eingefettete Springform von 20 bis 22 Zentimeter Durchmesser legen. Der Teig sollte am Rand überstehen. Mit Savor füllen.

Den Ofen auf 200 Grad vorheizen.

Das zweite Teigstück auf der leicht bemehlten Arbeitsfläche zu einem großen Oval ausrollen. Mit einem Teigrädchen 8 jeweils 1,25 Zentimeter breite Streifen schneiden. Gitterförmig auf die Füllung legen und an den Seiten fest andrücken.

In 25 bis 30 Minuten goldbraun backen.

Torta con un Ripieno di Mandorle Tritate e Cioccolata
Schokoladen-Mandel-Torte

Das Rezept für diese festliche Torte stammt aus dem handschriftlichen Journal der Mutter von Signora Giovanna Passannanti, einer Sizilianerin von fast neunzig Jahren. Ich habe den kandierten Kürbis, der eigentlich für diese Torte verwendet wird, durch Orangeat ersetzt. Die Mischung aus Mandeln, Schokolade, Zitronenschale und Orangeat ist so köstlich, daß die meisten Gäste mehrmals zugreifen. Es ist kaum zu glauben, aber die Torte hält sich eine ganze Woche und schmeckt doch immer noch wie frisch gebacken!
Die Füllung muß sofort verarbeitet werden; wenn sie abkühlt, wird sie zu fest und läßt sich nicht mehr auftragen. In diesem Fall kann man sie mit ein wenig Wasser wieder streichfähig machen.

Ergibt eine Torte von 25 cm und
4 Törtchen von 5 cm Durchmesser

Teig:
250 g Mehl
60 g Zucker
3/4 TL Backpulver
eine Prise Salz
85 g Schweineschmalz bester Qualität oder Butter
60 ml trockener Marsala
Butter für die Form

Füllung:
500 g geschälte Mandeln
300 g Zucker
Saft und abgeriebene Schale von 2 unbehandelten Zitronen
150 g Halbbitterschokolade, gerieben
100 g Orangeat oder Zitronat

Auch wenn eine Nonna dies niemals tun würde, bereite ich den Teig manchmal mit dem Rührgerät zu: In der Küchenmaschine Mehl, Zucker, Backpulver und Salz vermengen. Schweineschmalz oder Butter darüber streuen und alles zu einer Mischung verarbeiten, die die Konsistenz von grobem Maismehl hat. Ei und Marsala in einer Tasse verrühren, bei laufendem Gerät durch einen Trichter zu den übrigen Zutaten geben und einarbeiten.

Teigherstellung mit der Hand: Mehl, Zucker, Backpulver und Salz in eine große Schüssel sieben. Schweineschmalz darauf verteilen und mit den übrigen Zutaten vermengen, bis die Mischung die Konsistenz von grobem Maismehl hat. In die Mitte eine Vertiefung drücken, Ei und Marsala hineingießen, gut vermischen und mit den trockenen Zutaten verkneten.

Den Teig zu einer dicken Platte formen, in Plastikfolie wickeln und mindestens eine Stunde im Kühlschrank ruhenlassen. Er hält sich im Kühlschrank 24 Stunden, im Gefrierschrank einen Monat.

Den Ofen auf 175 Grad vorheizen. Eine Backform von 25 Zentimeter Durchmesser gut mit Butter einfetten.

Etwa ein Fünftel des Teigs für das Gitter abschneiden, in Plastikfolie wickeln und in den Kühlschrank legen. Auf einer leicht bemehlten Arbeitsfläche das andere Teigstück zu einem Kreis von 28 Zentimeter Durchmesser ausrollen. Zur Hälfte falten und in die vorbereitete Form gleiten lassen. Überstehenden Teig abschneiden.

Für die Füllung die Mandeln in der Nußmühle oder im Mixer sehr fein mahlen. Bei Verwendung eines Mixers 2 Eßlöffel Zucker hinzufügen. Den restlichen Zucker und den Zitronensaft in eine möglichst beschichtete 3-Liter-Kasserolle geben und den Zucker bei mittlerer Hitze auflösen. Zitronenschale, Mandeln, Schokolade und Orangeat (oder Zitronat) hinzufügen. Bei schwacher Hitze gründlich vermischen, die Masse sollte aber noch feucht sein. Noch warm weiterverarbeiten.

Die Füllung auf dem Teig verteilen, sie sollte aber nicht über den Rand der Form hinausragen. Das zweite Teigstück zu einem 28 Zentimeter großen Quadrat ausrollen. Mit einem Teigrädchen in 10 jeweils 2,5 Zentimeter breite Streifen schneiden. Den Rand der Torte mit Wasser bestreichen, in jeder Richtung diagonal 5 Teigstreifen auf die Füllung legen, am Rand fest andrücken.

Die Torte in 35 bis 40, die Törtchen in 22 bis 25 Minuten goldbraun backen.

Torta di Mele Friulana
Apfel-Rosinen-Walnuß-Torte nach Art des Friaul

Diese Apfeltorte mit Walnüssen und Rosinen ist ein gutes Beispiel für die unwiderstehlichen Genüsse, die Gianna Modotti zubereitet.

Für 6 bis 8 Personen

Teig:
250 g Mehl
50 g Zucker
1 1/2 TL Backpulver
eine Prise Salz
150 g zimmerwarme Butter
1 Ei
4 TL Rum
1 TL Vanilleessenz
4 TL Wasser

Füllung:
2 EL Rosinen
1 EL Rum
ca. 450 g Äpfel, am besten Golden Delicious
30 g Walnüsse, fein gemahlen, oder Semmelbrösel
Schale von 1 unbehandelten Zitrone, abgerieben
50 g Zucker
1/2 TL Zimt

Puderzucker zum Bestreuen

Teigherstellung mit der Hand: Mehl, Zucker, Backpulver und Salz in einer Schüssel verrühren. Die Butter in kleine Stücke schneiden und mit zwei Messern oder mit den Fingern einarbeiten, bis eine Mischung von der Konsistenz groben Maismehls entsteht. Langsam das Ei einrühren und gründlich vermengen. Rum, Vanilleessenz und Wasser untermischen. Den Teig kurz zusammenkneten. Flach drücken und in Plastikfolie wickeln. Mindestens eine Stunde in den Kühlschrank stellen. Zimmerwarm weiterverarbeiten.

Teigherstellung mit dem Rührgerät: Butter und Zucker mit dem Quirl hell und cremig schlagen. Ei, Rum, Vanilleessenz und Wasser nacheinander zugeben und jeweils gut mit der Butter-Zucker-Masse vermischen. Mehl, Backpulver und Salz hinzufügen und mit dem Knethaken zu einem Teig verarbeiten. Flach drücken, in Plastikfolie wickeln und mindestens eine Stunde in den Kühlschrank stellen. Bei Zimmertemperatur weiterverarbeiten.

Den Ofen auf 175 Grad vorheizen. Eine möglichst quadratische, 22 Zentimeter große Backform mit herausnehmbarem Boden gut mit Butter einfetten.

Für die Füllung die Rosinen in eine kleine Schüssel geben, mit Rum begießen und mindestens 30 Minuten einweichen. Die Walnüsse bei 175 Grad 10 bis 12 Minuten im Ofen rösten. Äpfel schälen und reiben. In eine große Schüssel geben und mit Walnüssen, Rosinen mit Rum, Zitronenschale, Zucker und Zimt gut vermengen.

Den Teig auf eine leicht bemehlte Arbeitsfläche setzen und in zwei Hälften teilen. Jede Hälfte zu einem 25 bis 28 Zentimeter großen Quadrat ausrollen. Falls der Teig zu weich ist oder reißt, zwischen zwei große Stücke Plastikfolie legen und ausrollen. Er läßt sich leicht in der Form ausbreiten oder an Rißstellen zusammenflicken.

Ein Teigstück in die vorbereitete Form legen, so daß auch die Seitenwände bedeckt sind. Die Füllung gleichmäßig darauf verteilen. Mit der zweiten Teigplatte bedecken, die Ränder zusammendrücken und den Deckel mit einer Gabel mehrmals einstechen.

Auf der unteren oder mittleren Einschubleiste des Ofens in 45 Minuten goldbraun backen. Anschließend noch 20 bis 30 Minuten auf einem Gitter stehenlassen. In Quadrate schneiden, mit Puderzucker bestreuen und warm oder lauwarm servieren.

Torta della Nonna
Großmutters Torte

In Italien weiß jeder, daß eine Torta della nonna ein gedeckter Kuchen mit einer Cremefüllung ist, der mit Pinienkernen dekoriert wird. Lisa Contini Bonacossi, eine Nonna mit dreizehn Enkelkindern, hat eine herrliche Alternativ zur traditionellen Zubereitungsart gefunden: Sie gibt Ricotta und die Pinienkerne, die sonst auf die Tortenstücke gestreut werden, zur Füllung hinzu und aromatisiert sie mit selbstgemachtem Vin Santo. Jeder, der diesen Kuchen probiert, möchte sich am liebsten augenblicklich von Lisa adoptieren lassen. Früher backte sie jeden Tag eine solche Torte für ihre sieben Kinder, die sie genüßlich verspeisten, wenn sie aus der Schule kamen. Die Torte erhielt jedesmal einen anderen Namen, aber die Kinder fanden schließlich doch heraus, daß es immer dieselbe war, nur mit jeweils unterschiedlichen Füllungen – einmal mit Ricotta, ein anderes Mal mit Marmelade. Die ganze Familie wohnt heute in einem Haus neben der Weinkellerei Capezzana, dem ältesten Gut in der Toskana, das kontinuierlich verpachtet war. Der erste Vertrag wurde im Jahre 804 während der Herrschaft Karls des Großen unterzeichnet! Heute versammeln sich jeden Tag die Angehörigen von drei Generationen um den Tisch. Das lichtdurchflutete Eßzimmer war einst der Stall.

Bei der Zubereitung sollten Sie folgendes beachten: Die *pasta frolla* enthält sehr viel Butter und muß daher gut gekühlt werden. Am besten rollt man sie zwischen zwei Lagen Plastikfolie aus. Der Teig kann einen Tag im voraus zubereitet, eingewickelt mehrere Tage im Kühlschrank aufbewahrt oder bis zu einem Monat eingefroren werden.

Auch die Creme kann man einen Tag im voraus herstellen. Man sollte sie abgedeckt im Kühlschrank aufbewahren, bis sie gebraucht wird.

Für 8 Personen

Pasta frolla:
150 g zimmerwarme Butter
150 g Zucker
1 Ei
1 Eigelb
1 TL Vanilleessenz
280 g Mehl
eine Prise Salz
Schale von 1 unbehandelten Orange

Creme:
1/2 l Milch
150 g Zucker
Schale von 1 unbehandelten Zitrone,
in dünne Streifen geschnitten
3 Eigelb
einen Prise Salz
60 g Mehl
1 1/2 TL Vanilleessenz

Füllung:
625 g Ricotta, ausgedrückt

Creme (s. o.)
50 g Pinienkerne, zerkleinert
50 g Walnüsse, bei 175 Grad 10 Minuten im Ofen geröstet, zerkleinert
3–3 1/2 EL Vin Santo (nach Wunsch, jedoch sehr zu empfehlen; ersatzweise auch Rum)

Puderzucker zum Bestreuen

Teigherstellung mit dem Rührgerät: Die Butter schaumig rühren, den Zucker in einem gleichmäßigen Strahl einrieseln lassen und die Mischung hellschaumig schlagen. Ei und Eigelb nacheinander zugeben und alles zu einer weichen Masse verquirlen. Die Vanilleessenz einrühren. Mehl und Salz vermengen und die Schale einer Orange darüber reiben. Mit dem Knethaken unter die Butter-Zucker-Masse mischen und nur so lange kneten, bis ein einheitlicher Teig entsteht. Zu einer Scheibe flach drücken, in Plastikfolie wickeln und mindestens eine Stunde im Kühlschrank ruhenlassen.

Teigherstellung mit der Hand: Die Butter mit den Händen geschmeidig kneten. In eine Schüssel geben und mit dem Zucker vermengen. Ei und Eigelb, dann die Vanilleessenz zugeben. Die Orangenschale darüber reiben. Mehl und Salz hinzufügen und zu einem Teig verarbeiten. Zu einer Scheibe flach drücken, in Plastikfolie wickeln und mindestens eine Stunde im Kühlschrank ruhenlassen.

Für die Creme die Milch und die Hälfte des Zuckers in einem Topf aus nichtoxidierendem Material langsam zum Kochen bringen und die Zitronenschale hinzufügen. In einer Schüssel die Eigelbe und den restlichen Zucker sowie eine Prise Salz zu einer dicken, aber noch goldfarbenen Masse verquirlen. Das Mehl hineinsieben und kräftig rühren, damit sich keine Klumpen bilden. 1/8 Liter heiße Milch unterziehen, dann die Eimischung in die restliche Milch rühren. Bei mittlerer Hitze 2 bis 3 Minuten weiterrühren, bis die Masse dick wird. Sobald sie anfängt zu kochen, mit dem Schneebesen kräftig schlagen, die Hitze reduzieren und noch eine Minute rühren. Vom Herd nehmen und die Zitronenschale entfernen. Die Vanilleessenz einrühren. Die Creme in eine feuerfeste Glas- oder Chromschüssel gießen und eine Plastikfolie auf die Cremeoberfläche drücken. Sofort in den Kühlschrank stellen.

Den Ofen auf 180 Grad vorheizen. Eine hohe, möglichst beschichtete Springform von 24 oder 25 Zentimeter Durchmesser mit Butter einfetten und mit Mehl ausstreuen.

Die trockene Ricotta durch ein Drahtsieb in die Schüssel einer Küchenmaschine passieren. Nach und nach die gekühlte Creme mit dem Quirl einrühren. Nüsse und Vin Santo hinzufügen und vermischen.

Den gekühlten Teig in zwei Portionen teilen, die eine doppelt so groß wie die andere. Das größere Stück auf einer leicht bemehlten Arbeitsfläche zu einer Scheibe von 33 Zentimeter Durchmesser ausrollen. Hierzu am besten zuerst eine Scheibe von etwa 20 Zentimeter ausrollen, ein großes Stück Plastikfolie leicht bemehlen, die Teigplatte darauf setzen, ebenfalls leicht bemehlen und mit einem zweiten Stück Plastikfolie bedecken. Dann weiter ausrollen. Die Teigplatte vorsichtig von der Folie lösen, über das Nudelholz schlagen und die vorbereitete Springform damit auslegen. Wenn der Teig reißt, läßt er sich leicht wieder zusammenkleben. Mit den Fingerspitzen gleichmäßig auf den Boden und die Seitenwände bis fast zum oberen Rand der Form drücken. Die Füllung hineingießen. Das zweite Teigstück zu einem Kreis von 26 Zentimeter Durchmesser ausrollen und vorsichtig auf die Füllung legen. Überstehende Teigstücke abschneiden, die Ränder zusammendrücken und ein wenig nach innen aufrollen. Die Teigdecke mit einer Gabel mehrmals einstechen, damit der Dampf entweichen kann.
In etwa einer Stunde goldbraun backen. In der Mitte wird die Creme noch ein wenig weich sein. Darauf achten, daß die Torte nicht zu lange backt, damit die Füllung nicht flüssig wird und den Boden durchweicht. Die Torte mit Puderzucker bestreuen, sobald sie aus dem Ofen kommt. Auf einem Gitter abkühlen lassen. Am köstlichsten schmeckt die Torte, wenn sie lauwarm ist, deshalb am besten 2 bis 3 Stunden vor dem Servieren backen.

Pastatella
Mandel-Schokolade-Orangen-Törtchen

Marzia Buontempo aus Ururi hat – wer könnte ihr das verübeln? – ihr Leben lang gern Pastatella gegessen, aber das Rezept konnte sie ihrer Cousine, die es jahrelang für sich behielt, erst abschwatzen, als diese verkündete, sie habe das Backen aufgegeben. Das Rezept für die Torte mit der mit Apfelsine aromatisierten Schokoladenfüllung wurde von der Familie mütterlicherseits über Generationen geheimgehalten.
Die Törtchen eignen sich hervorragend als Dessert an Feiertagen, da sie sich gut halten und man sie wunderbar im voraus backen kann. Die Füllung muß mehrere Stunden vor dem Backen hergestellt werden, am besten am Abend vorher. Die *pasta frolla* wird mindestens eine Stunde vor dem Backen hergestellt, hält sich aber einen Tag im Kühlschrank und im Gefrierschrank einen Monat.

Für 14 Törtchen von 12 cm Durchmesser oder
6 Törtchen von 12 cm und eine Torte von 20 cm Durchmesser

Füllung:
250 g Mandeln, geröstet und zerkleinert
250 g Zucker
1 Ei plus 1 Eigelb, verquirlt
100 g Halbbitterschokolade, gerieben
100 g Orangeat oder Zitronat, fein gehackt
1 EL ungesüßter Kakao
ca. 5 EL lauwarmes Wasser
3 Eiweiß, bei Zimmertemperatur
eine Prise Salz

Pasta frolla:
300 g Mehl
75 g Zucker
1/2 TL Backpulver
eine Prise Salz
75 g zimmerwarme Butter
2 Eier
1/2 TL Vanilleessenz
geriebene Schale von 1 unbehandelten Zitrone

Für die Füllung mindestens 6 Stunden vor dem Backen, am besten jedoch am Abend zuvor, Mandeln und Zucker in einer Nußmühle oder in der Küchenmaschine zu einem feinen Pulver zerkleinern. In eine große Rührschüssel geben, die verquirlten Eier hineingeben. Schokolade, Orangeat oder Zitronat und Kakao unterrühren. Gerade soviel Wasser zugeben, daß eine weiche, dicke Masse entsteht. Sie sollte cremig, jedoch nicht flüssig sein. Eiweiß und Salz werden erst kurz vor dem Backen gebraucht, sollten aber Zimmertemperatur haben.

Für die Pasta frolla Mehl, Zucker, Backpulver und Salz in einer Schüssel vermengen. Mit den Fingern die Butter untermischen, bis die Masse die Konsistenz von grobem Maismehl hat. Die Eier, dann die Vanilleessenz zugeben. Die abgeriebene Zitronenschale darüber streuen und alles zu einem Teig verarbeiten. Zu einer Scheibe flach drücken, in Plastikfolie wickeln und mindestens eine Stunde im Kühlschrank ruhenlassen.

Den Ofen auf 220 Grad vorheizen. 14 Törtchenformen von 12 Zentimeter Durchmesser mit gewelltem Rand oder sechs Törtchenformen und eine Tortenform von 20 Zentimeter Durchmesser mit Butter oder Öl ausstreichen.

Den Teig halbieren und eine Hälfte abdecken. Auf einer leicht bemehlten Arbeitsfläche ein 28 Zentimeter großes Quadrat ausrollen, das 3 bis 6 Millimeter dick ist. Kreise von 14 Zentimeter Durchmesser ausstechen und die Förmchen damit auslegen. Mit dem zweiten Teigstück ebenso verfahren oder damit die große Tortenform auslegen.

Kurz vor dem Backen das Eiweiß mit einer Prise Salz zu einem festen Schnee schlagen und unter die Füllung heben. Die vorbereiteten Förmchen zu zwei Dritteln mit der Masse füllen.

Etwa 25 Minuten backen, bis Teig und Füllung eine hellbraune Farbe angenommen haben. Mit einem Zahnstocher prüfen, ob die Törtchen fertig sind, nichts darf daran hängenbleiben.

Torta di Riso
Reispudding

Reispudding gehört zu jenen hausgemachten Desserts, mit denen viele Kindheitserinnerungen verbunden sind. Schon seit Generationen bereiten Großmütter wie Vittoria Genovese aus dem kleinen ligurischen Städtchen Nicola diesen Nachtisch zu. Die Oberfläche hat eine hellgoldene Farbe, und das Innere duftet nach Zitrone und Rum. Beim Garen sinkt der Reis auf den Boden, während die cremige Masse nach oben steigt. Am besten serviert man Reispudding bei Zimmertemperatur. Wenn er im Kühlschrank aufbewahrt wurde, wärmt man ihn 20 Minuten vor dem Servieren bei 160 Grad im Ofen auf.

Verwenden Sie möglichst den italienischen Rundkornreis mit der Bezeichnung *»originario«*, damit der Pudding eine cremige Konsistenz bekommt; Arborio-Reis eignet sich ebenfalls für dieses Rezept. Man kann den Reis im voraus kochen.

Für 8 bis 10 Personen

100 g Rundkornreis
10 Eier, zimmerwarm
400 g Zucker
4–5 EL Rum oder Sambuca
1 l plus 60 ml Milch
1 EL Zitronenschale, abgerieben
1 TL Vanilleessenz

eine Prise Salz
1 EL Butter für die Backform

Wasser und Reis in einer mittelgroßen, schweren Kasserolle erhitzen und leise köcheln lassen. Den Topf fest verschließen und den Reis in 10 bis 15 Minuten lediglich al dente kochen, da er später noch weiter gart. Abgießen, beiseite stellen und auf Zimmertemperatur abkühlen lassen.

Den Ofen auf 175 Grad vorheizen. Eine Soufflé- oder Backform von 25 Zentimeter Durchmesser mit Butter einfetten.

Eier und Zucker verschlagen, bis sich der Zucker aufgelöst hat. Vittoria meint, das Geheimnis bei diesem Reispudding bestünde darin, die Ei-Zucker-Masse cremig, aber nicht schaumig zu schlagen. Den Rum sorgfältig einrühren, danach Milch, Zitronenschale, Vanille und Salz untermischen. Am Schluß den Reis vorsichtig unterheben. Die Reismischung in die vorbereitete Form geben. Noch einmal umrühren.

80 bis 85 Minuten backen, bis sich der Pudding von den Seitenwänden löst und an einem Prüfhölzchen nichts klebenbleibt. Beim Abkühlen wird der Pudding fest.

Timballo di Ricotta
Ricotta-Kuchen mit Zitronenaroma

Kein Kuchen, aber auch kein richtiger Pudding, zeichnet sich dieses Dessert aus den Marken durch die Zitronenglasur aus, die vor dem Servieren darüber gegossen wird. Erschrecken Sie nicht, wenn sich der Kuchen beim Abkühlen ein wenig vom Rand der Form löst oder vor Ihren Augen in sich zusammenfällt. Ich kann Ihnen versichern, daß er nichts von seinem köstlichen, cremigen Zitronengeschmack verliert.

Für 6 Personen
Butter und feine Semmelbrösel für die Form
3 Eier, getrennt
150 g Zucker
900 g frische Ricotta, ausgedrückt
60 ml Rum
3 EL Mehl

Schale von 1 unbehandelten Zitrone, abgerieben
1 TL Vanilleessenz
eine Prise Salz

Glasur:
60 ml Zitronensaft
2 EL Zucker

Den Ofen auf 175 Grad vorheizen. Eine 1 1/2-Liter-Souffléform oder eine dichte Springform von 22 Zentimeter Durchmesser mit reichlich Butter einfetten und mit Semmelbröseln ausstreuen.

Die Eigelbe mit dem Zucker zu einer lockeren, zitronengelben Creme verschlagen. Die Ricotta mit einem Mixer oder in der Küchenmaschine weich pürieren oder durch ein Drahtsieb passieren und in die Eimischung rühren. Rum, Mehl, Zitronenschale und Vanilleessenz gut untermischen. Eiweiß mit Salz steif schlagen und mit einem Spatel vorsichtig unter die Eimasse ziehen.

Die Mischung in die vorbereitete Backform füllen und glattstreichen. In 60 bis 75 Minuten goldgelb backen. Der Kuchen wird noch ein wenig wackeln, wenn man die Form leicht schüttelt. 5 Minuten abkühlen lassen.

Inzwischen Zitronensaft und Zucker verrühren, bis sich der Zucker aufgelöst hat. 2 bis 3 Eßlöffel auf dem Kuchen verteilen, 5 Minuten warten und den Kuchen nochmals mit der gleichen Menge einstreichen. Aufschneiden und über jede Portion noch ein wenig von dem Zitronenguß geben.

Torta di Ciliegie
Kuchen mit Kirschbelag

Gianna Modotti verwendet für diesen Kuchen dunkle Kirschen aus dem Veneto oder Friaul, wo sie zu Hause ist. Wählen Sie möglichst fleischige, dunkle und reife Früchte und eine hohe Kuchenform, weil der Teig stark aufgeht.

Für 8 Personen
150 g zimmerwarme Butter
150 g Zucker
3 zimmerwarme Eier, getrennt
3 EL Milch
1 TL Vanilleessenz
150 g Mehl
1 1/2 TL Backpulver
eine Prise Salz
450 g fleischige, reife, dunkelrote Kirschen, entsteint
2–4 EL Zucker, je nach Süße der Früchte

Den Ofen auf 175 Grad vorheizen. Eine Torten- oder Springform von 24 Zentimeter Durchmesser mit Butter einfetten und mit Mehl ausstreuen.
Butter und Zucker in etwa 5 Minuten zu einer lockeren, schaumigen Creme schlagen. Eigelbe nacheinander zugeben und jeweils gründlich untermischen. Milch und Vanilleessenz einrühren. Mehl und Backpulver vermischen und in die Schüssel sieben. Eiweiß mit einer Prise Salz sehr steif schlagen. Zunächst ein Viertel davon unter die Masse ziehen, dann den Rest.
Den Teig in die vorbereitete Form füllen und glattstreichen. Die Kirschen mit dem Zucker vermischen und darüber verteilen.
In 50 bis 60 Minuten goldgelb backen. Wenn man mit einem Messer hineinsticht, sollte nichts daran haftenbleiben. An mehreren Stellen prüfen. 15 bis 30 Minuten in der Form stehenlassen, dann erst herausnehmen und vollständig abkühlen lassen.

Torta Sbrisolona
Mürber Maiskuchen aus Mantua

Dieses köstliche Dessert aus Mantua mit seiner zarten Maismehlkruste, einem Hauch Zitronenaroma und einem kräftigeren Mandelgeschmack, ist unvergleichlich. Luisa Cappelli stammt zwar aus der Toskana, aber um diesen Kuchen für ihre Familie und ihre Freunde zu backen, blickt sie nur allzu gern über die Grenzen ihrer Region hinaus. Das Geheimnis liegt in der ungewöhnlichen Reihenfolge, in der die Zutaten verwendet werden. Scheuen Sie sich nicht, sie mit der Hand zu vermengen, denn die Bestandteile sollen nur gerade eben zu einem Teig verarbeitet werden.

Für 6 Personen
200 g Zucker
eine Prise Salz
Schale von 2 unbehandelten Zitronen, abgerieben
1 TL Vanilleessenz
2 Eier
200 g zimmerwarme Butter
240 g Mehl
120 g grobes Maismehl, in der Steinmühle vermahlen, oder Polenta
120 g feines Maismehl
200 g frische Mandeln, grob zerkleinert
2 EL Hagelzucker

Den Ofen auf 175 Grad vorheizen. Eine 22 Zentimeter große quadratische Backform mit Butter einfetten und leicht mit Mehl ausstreuen.
Den Zucker in eine große Schüssel geben und in die Mitte eine Vertiefung drücken. Salz und geriebene Zitronenschale hinzufügen. Vanilleessenz und Eier verquirlen und mit dem Zucker verrühren. Stückchenweise die Butter einarbeiten. In einer zweiten Schüssel Mehl und Maismehl vermengen und zunächst mit einem Spatel unter die Eier-Zucker-Mischung rühren, dann mit den Händen verkneten. Die Mandeln hinzufügen und ebenfalls mit den Händen in den bröseligen Teig arbeiten. Dabei nicht zu fest drücken. Auf keinen Fall mit der Küchenmaschine verkneten.
Den Teig klumpenweise in die vorbereitete Form geben und mit der Hand gleichmäßig verteilen. Mit dem Hagelzucker bestreuen.

30 bis 40 Minuten auf der mittleren Einschubleiste backen. Währenddessen die Ofentür nicht öffnen. Ohne die Form herauszunehmen, mit einem Zahnstocher prüfen, ob der Teig gar ist. Es darf nichts daran klebenbleiben. Eventuell noch etwas länger backen. Herausnehmen und sofort mit einem Messer vorsichtig in Rhomben oder lange, schmale Streifen schneiden. Traditionell wird der Kuchen zerteilt, indem man mit der Faust auf die Mitte schlägt, so daß er in kleine Teile zerspringt.
Die aufgeschnittene Sbrisolona eine Stunde bei Zimmertemperatur ruhenlassen und dann servieren.

Torta della Zucca
Kürbistorte

Keiner, der diesen köstlichen Kürbiskuchen probiert, kann es bei einer Portion bewenden lassen, doch niemand ahnt auch nur, daß der verführerische Geschmack auf die Mischung aus Kürbis, Apfel, dunklem, ölhaltigem Kakao und Plätzchenbröseln zurückzuführen ist.
Signora Vitali zerdrückt die Plätzchen mit einem Nudelholz, doch das läßt sich genauso gut mit einem Mixer bewerkstelligen. Statt einem Reinette-Apfel – Signora Vitali schwört auf diese Sorte –, der eine matte, rotgelbe Schale hat, kann man auch einen Gala-Apfel verwenden.
Die Torta della zucca ist ein gutes Beispiel für ein Dessert, das mit einfachsten Zutaten hergestellt wird und trotzdem köstlich schmeckt.

Für 8 Personen
1 kg Kürbis
325 ml Milch
eine Prise Salz
200 g Amaretti, zerdrückt
100 g einfache Butterplätzchen, zerdrückt
1 Ei, leicht verquirlt
2 EL Zucker
Schale von 1 unbehandelten Zitrone, abgerieben
3 EL Kakao
1 Apfel, geschält, das Kerngehäuse entfernt, gerieben
1 EL Butter

Den Ofen auf 200 Grad vorheizen. Eine Springform von 25 Zentimeter Durchmesser mit Butter ausstreichen.
Kürbis schälen, Samen entfernen und das Fleisch in dünne Scheiben schneiden. In eine Backform von 22 oder 25 Zentimeter Durchmesser geben, Milch mit Salz darüber gießen und auf der mittleren Einschubleiste in den Ofen stellen. Etwa eine Stunde backen, dabei gelegentlich mit einem Löffel umrühren. Die Milch wirft Blasen, und die Masse wird dick. Mit einer Gabel prüfen, ob der Kürbis weich ist. Die Milch sollte am Ende fast ganz aufgesogen sein.
Das Kürbisfleisch im Mixer pürieren oder durch ein Sieb passieren. In eine große Schüssel geben und etwa 160 Gramm Amaretti sowie die zerdrückten Butterplätzchen gut untermischen. Ei, Zucker und abgeriebene Zitronenschale hinzufügen und ebenfalls gut vermengen. Zum Schluß den Kakao hineinsieben und den geriebenen Apfel unterrühren, so daß eine dicke Masse entsteht. In der vorbereiteten Form gleichmäßig verteilen. Kleine Butterflöckchen und die restlichen Amaretti-Brösel darüber streuen.
70 bis 80 Minuten auf der mittleren Einschubleiste des Ofens backen, bis sich die Torte vom Rand der Form löst. Mit einem Zahnstocher prüfen, ob die Torte gar ist – es darf nichts daran haftenbleiben. Warm bis lauwarm servieren.

Bensone
Mürber Mokkakuchen aus Modena

Die Italiener frönen in vielerlei Weise ihrer Liebe zum Süßen – man beobachte nur einmal, wie viele Löffel Zucker sie in ihre Espressotäßchen schaufeln. Doch ihre Leidenschaft gilt auch so einfachen hausgemachten Kuchen wie dem Bensone, einem traditionellen Dessert, das zwischen den Fingern zerbröselt und auf der Zunge zergeht. Dieser einfache S-förmige Kuchen ist nicht allzu süß und leicht herzustellen.

Für 8 Personen
Teig:
400 g Mehl plus 3–4 EL zum Kneten
3/4 TL Backpulver
3/4 TL Natron
150 g Zucker
eine Prise Salz

Schale von 1 unbehandelten Zitrone, abgerieben
100 g zimmerwarme Butter, in kleine Stücke geschnitten
2 zimmerwarme Eier
6 EL Milch
1 TL Vanilleessenz

2 EL Butter für die Backbleche

Glasur:
60 ml Milch
2 EL Hagel- oder Rohrzucker

Den Ofen auf 175 Grad vorheizen. Zwei 33 x 43 Zentimeter große Backbleche mit Backpapier auslegen.

Mehl, Backpulver, Natron, abgeriebene Zitronenschale und Zucker in einer großen Keramik- oder Glasschüssel vermengen. Die Butterstückchen darüber streuen und nacheinander mit den Fingern hineinkneten, bis die Mischung die Konsistenz von grobem Maismehl hat. In die Mitte eine Vertiefung drücken. Eier, Milch und Vanilleessenz verquirlen und in die Mulde gießen. Alles vorsichtig zu einem Teig verarbeiten. Dabei eventuell noch ein wenig Mehl hineinkneten, so daß ein geschmeidiger weicher Teig entsteht. Man kann den Teig 24 Stunden vor dem Backen herstellen und im Kühlschrank aufbewahren.

Den Teig auf einer leicht bemehlten Arbeitsfläche in zwei gleich große Stücke teilen und diese zu etwa 5 Zentimeter dicken und 45 Zentimeter langen Würsten rollen. Flach drücken und die Enden glattstreichen. Die beiden Backbleche mit Backpapier auslegen, etwa 1 Minute im Ofen erwärmen und dann das Papier mit Butter einfetten. Jeweils in die Mitte eine Teigrolle legen, zu einem S formen und mit einem Messer dreimal parallel einschneiden. Mit Milch bestreichen und dann mit dem Zucker bestreuen.

Auf der mittleren Einschubleiste des Ofens in 25 bis 30 Minuten goldbraun backen. Mit einem Zahnstocher prüfen, ob der Bensone gar ist. Es darf nichts daran klebenbleiben. Nicht zu lange backen. Auf ein Gitter stellen. In Scheiben schneiden und warm oder bei Zimmertemperatur servieren. Einen süßen Wein, zum Beispiel Lambrusco Amabile oder Moscato d'Asti, dazu reichen oder zum Nachmittagskaffee servieren.

Tozzetti
Rosinen-Nuß-Plätzchen

Kaum zu glauben, daß diese köstlichen Tozzetti als Dessert für die Fastenzeit entstanden sind – vielleicht als Ausgleich für die Entbehrungen der dunklen Wintermonate vor Frühlingsbeginn. Tozzetti machen zwar ihrem Namen alle Ehre und sind hart und trocken, doch schon beim ersten Bissen werden Sie von dem unwiderstehlich feinen Aroma überrascht sein.

Ergibt 6 Dutzend Plätzchen
50 g Korinthen
1 EL Curaçao oder Cognac
400 g Mehl
200 g Zucker
1 1/2 TL Backpulver
1/4 TL Salz
80 g Butter oder Schweineschmalz bester Qualität oder Butter und Schweineschmalz zu gleichen Teilen, zimmerwarm
3 Eigelb
180 ml Milch
2 EL Pinienkerne
2 EL Orangeat, gehackt
50 g Mandeln, bei 175 Grad im Ofen geröstet, grob zerkleinert
1/4 TL Anissamen

1 Ei, mit ein wenig Wasser verquirlt

Korinthen 30 Minuten in Curaçao oder Cognac marinieren. Ausdrücken und die Flüssigkeit aufbewahren.
Den Ofen auf 175 Grad vorheizen. 2 Backbleche leicht einfetten und bemehlen.
Zubereitung mit der Hand: Mehl, Zucker, Backpulver und Salz in einer großen Rührschüssel vermengen. Die Butter mit den Fingern einarbeiten, so daß die Mischung die Konsistenz von grobem Maismehl hat. In die Mitte eine Vertiefung drücken. Eigelb, Curaçao oder Cognac und Milch verquirlen und in die Mulde gießen. Nach und nach die trockene Mischung vom Rand her in die Eimasse kneten.

Wenn der Teig eine gleichmäßige Konsistenz hat, auf eine leicht bemehlte Arbeitsfläche setzen und zu einem Rechteck flach drücken. Korinthen, Pinienkerne, Orangeat und Mandeln jeweils zur Hälfte darüber streuen und in den Teig kneten, bis sie gleichmäßig verteilt sind. Die Arbeitsfläche noch einmal leicht bemehlen, den Teig erneut zu einem Rechteck flach drücken und mit den restlichen Korinthen, Pinienkernen, dem Orangeat und den Mandeln sowie den Anissamen genauso verfahren.
Zubereitung mit dem Rührgerät: Mehl, Backpulver und Salz vermischen und beiseite stellen. Butter und Zucker in etwa 3 Minuten zu einer hellen, cremigen Masse aufschlagen. Eigelbe nacheinander zugeben und jeweils gründlich einarbeiten. Curaçao oder Cognac sowie die Milch einrühren. Die Mehlmischung darüber sieben und bei niedrigster Geschwindigkeitsstufe untermischen. Die restlichen Zutaten mit der Hand in den Teig kneten.
Arbeitsfläche und Hände leicht bemehlen und den Teig in sechs gleich große Stücke teilen. Jeweils zu einer 22 Zentimeter langen und 5 Zentimeter dicken Rolle formen. Wenn der Teig zu weich ist, 1 bis 2 Stunden in den Kühlschrank stellen. Die Rollen im Abstand von mindestens 5 Zentimetern auf die vorbereiteten Backbleche legen. Ein wenig flach drücken und mit dem verquirlten Ei bestreichen.
In circa 20 Minuten hellgelb backen, so daß sie nur gerade eben fest sind. Vom Blech nehmen, etwa 10 Minuten abkühlen lassen, damit man sie anfassen kann, und jeweils diagonal in gut 1 Zentimeter dicke Scheiben schneiden. Im Abstand von 0,5 Zentimeter aufrecht auf die Backbleche stellen und in 15 bis 18 Minuten goldbraun und fest backen. Man kann sie auch auf die Seite legen und nach 7 Minuten wenden. Auf einem Gitter abkühlen lassen.

Dolce di Mandorle
Mandelplätzchen mit Wildkirsche

Noch niemand, der von diesem Gebäck gekostet hat, hat es bei einem Plätzchen belassen können, sagt Marzia Buontempo, eine hervorragende Bäckerin am heimischen Herd, die heute in ihrem Heimatort im Molise Hochzeitstorten und alle möglichen Süßigkeiten für Brautpaare herstellt. Die Geschmackskombination dieses Gebäcks – die knackigen Mandeln und der erstaunlich herbe Geschmack der Kirschen – läßt jeden verzückt zum nächsten Plätzchen greifen.

Ergibt 3 Dutzend Plätzchen

2 Eiweiß
175 g Zucker
350 g blanchierte Mandeln
1/2 TL Zimt
Schale von 1 unbehandelten Zitrone, abgerieben
2 TL Rum, Crème de cacao oder Sambuca
36 Amarenakirschen
ca. 120 g Puderzucker

Den Ofen auf 150 Grad vorheizen. Zwei Backbleche mit Backpapier auslegen.
Eiweiß mit dem Rührgerät steif schlagen. Während die Maschine läuft, 140 Gramm Zucker hineingeben und weiterrühren, bis der Eischnee feste, glänzende Spitzen hat. Die Mandeln mit dem restlichen Zucker im Mixer fein zerkleinern. Unter den Eischnee haben, dann Zimt, abgeriebene Zitronenschale und Rum unterziehen.
Eine Schüssel mit kaltem Wasser neben die Arbeitsfläche stellen, um die Hände darin einzutauchen. Den Puderzucker auf einen Teller sieben. Die Hände befeuchten und ein walnußgroßes Stück der Eischneemasse zu einer Kugel formen. In einer Hand flach drücken, eine Kirsche hineinlegen und diese mit dem Teig umschließen. Im Puderzucker rollen. Mit dem Rest des Teigs und den übrigen Kirschen ebenso verfahren. Die Kugeln im Abstand von 4 Zentimetern auf die vorbereiteten Backbleche legen.
In 30 bis 35 Minuten hellgelb backen. Die Plätzchen sollen außen fest und innen noch weich sein.

Spumicini
Mandelbaisers

Ursprünglich backte Maria Andriani diese exquisiten Mandelplätzchen mit Zitronenaroma nur, um übriggebliebenes Eiweiß zu verarbeiten. Die Plätzchen sind mehr als nur eine köstliche Abwandlung der traditionellen Baisers. Ich backe am liebsten viele kleine Plätzchen in Petit-Four-Förmchen, während Maria weniger und größere Baisers in Muffinschälchen aus Papier herstellt.

Ergibt 16 bis 18 Plätzchen von 6 cm Durchmesser
oder 80 kleine, in Petit-Four-Förmchen gebackene Plätzchen

250 g blanchierte Mandeln, gerieben
250 g extra feiner Zucker
Schale von 1 unbehandelten Zitrone, abgerieben
6 Eiweiß
eine Prise Salz

Den Ofen auf 150 Grad vorheizen.
Die Mandeln mit einer Nuß- oder Kaffeemühle oder einer Küchenmaschine zu feinem Mehl zermahlen. Bei Verwendung eines Mixers 2 Eßlöffel Zucker zugeben. In eine große Schüssel füllen, Zucker und Zitronenschale hinzufügen und gut vermengen. Die 6 Eiweiß mit einer Prise Salz steif schlagen und unter die Mandelmischung heben.
Je 1 Teelöffel von der Masse in kleine Petit-Four-Förmchen füllen oder Muffin-Papiermanschetten von 6 Zentimeter Durchmesser mit der Masse füllen und auf ein Backblech setzen.
Kleine Plätzchen in etwa 30, größere in 40 bis 45 Minuten hellbraun backen. Die Oberfläche sollte fest sein.

Porträt Maria Andriani

Maria Andriani spricht mit widerstreitenden Gefühlen über La Badessa, das einst größte Gut in ganz Apulien. Sie wurde in einem Bauerndorf unweit des Gutes geboren, aber wuchs eigentlich auf La Badessa auf, das damals dem Conte Caracciolo di Forino aus Neapel und seiner französischen Gattin gehörte. Als Maria nach dem Krieg dorthin kam, war sie so erstaunt über die Größe des Anwesens, daß sie es für ein Dorf hielt.

Zunächst kam Maria zum Wäschewaschen – auf der Fahrradlenkstange ihres Vetters Nicolino, der sie auch dann nach La Badessa fuhr, wenn Schnee lag. Ihre Mutter war Wäscherin, die zusätzlich auf dem Feld arbeitete, ihr Vater war an Tuberkulose erkrankt und Invalide. Sobald die Kinder groß genug zum Arbeiten waren, schickten die Eltern die Söhne in deutsche Fabriken und Maria und ihre ältere Schwester, obwohl ohne jegliche Ausbildung, nach La Badessa. Kurze Zeit später aber ging die Schwester auf eine Nonnenschule, und die kleine, schmächtige Maria blieb allein zurück. Damals bekam sie zum erstenmal ein Zimmer und ein Bett für sich allein, und zum erstenmal war sie ganz auf sich gestellt. Aber sie war entschlossen, es zu etwas zu bringen.

Wie ein Dorf in der Feudalzeit, so war auch La Badessa beinahe autark. Zum Personal, das aus vier bis fünf Familien bestand, gehörte ein Mann, der sich nur um die Schafe und Kühe, sowie ein zweiter, der sich um die großen Pferdeställe kümmerte. La Badessa hatte nicht nur einen eigenen Tischler, sondern auch eine Näherin, einen Gärtner und eine Köchin. Aus der Kuhmilch wurden Sahne, Sauerrahm und Käse gemacht, die Schafwolle zu Decken, Überwürfen und Mänteln verarbeitet. Maria und Nicolino, die im Jahr 1954 heirateten, halfen bei der Olivenernte, und das Öl, das sie aus den Oliven preßten, reichte für das ganze Jahr.

Die österreichische Gouvernante, die die Caracciolo-Kinder erzog, trug auch die Verantwortung für die Küche. Sie war eine kaltherzige Frau, die hohe Anforderungen stellte – »schlimmer als ein General« –, und Maria mußte alle Zutaten vorbereiten. Wenn etwas schiefging, gab die Gouvernante Maria die Schuld. Als die Gouvernante schließlich das Gut verließ, übernahm Maria ganz allein deren Aufgaben. Das Kochen lernte sie bei der Contessa, die ihr die französische und österreichische Küche beibrachte – allerdings ohne jeglichen Knoblauch und ohne Zwiebeln, und das in Süditalien! Das zierliche Mädchen mußte auf einem großen gekachelten Herd mit Messingknöpfen riesige Töpfe herumschieben und die Hand in den Ofen halten, um die Hitze zu prüfen. Maria stellte 20 Kilo Marmelade auf einmal her und kochte für so viele Abendgäste, daß sie und Nicolino unzählige Angebote bekamen, als die Familie Caracciolo 1964 von La Badessa wegzog. Maria, eine grazil und vornehm wirkende grauhaarige Frau, mit der ich mich in Squinzano bei Lecce unweit von La Badessa traf, wurde Mutter und Großmutter. Sie und Nicolino bauten ihr geräumiges Haus Zimmer für Zimmer aus, und heute strahlt es ebensoviel Herzlichkeit und Gastfreundschaft aus wie seine Bewohner. Die Küche, in der Maria ihre alchimistischen Künste vollführt, ist mit allen Geräten ausgestattet, die sich eine Köchin nur wünschen kann, und das Eßzimmer mit den schönen Schränken voller Porzellan und Silber bietet bequem Platz für acht Personen. Im Garten wachsen nicht nur Zitronen und Orangen, sondern auch exotische Zitruspflanzen wie *mandarancio* und chinesische Mandarinorangen, deren Schalen Maria zum Backen kandiert. Kräuter wachsen in Hülle und Fülle und dienen zum Würzen der apulischen Gerichte.

Maria ist ein wandelndes Lexikon, was die regionalen Gerichte betrifft. Obwohl sie nie ein apulisches Gericht gekocht hatte, bevor sie La Badessa verließ.

Maria kochte für mich *cavatelli*, die typischen apulischen Nudeln, und vermischte sie mit gedünstetem Brokkoli. Ihre Fleischbällchen sind walnußgroß, und da Maria sie in fast rauchend heißem Öl brät, sind sie in Sekundenschnelle fertig, hüpfen in der Pfanne und nehmen so wenig Öl auf, daß sie ihr leichtes und feines Aroma bewahren. Marias eingelegte Auberginen, Pilze und Artischocken haben nichts von der intensiven Säure, die ich bei anderen eingelegten Gemüsen festgestellt habe. Ihr Geheimnis: Eine Mischung aus Wasser und Essig zu gleichen Teilen wird zum Kochen gebracht, dann blanchiert man darin kurz die Gemüse, läßt sie abtropfen, stellt sie zum Abkühlen beiseite und bedeckt sie mit Öl.

Wenn ein gebürtiger Apulier das typische Gericht seiner Region nennen soll, würde er zweifellos antworten: *tiella*, ein köstlicher Eintopf aus Muscheln, Kartoffeln, Tomaten und Käse mit einer knusprigen Reisschicht, in der Muschelbrühe gegart. In Apulien kocht jede Nonna, ja, ich wage zu behaupten, jede Köchin Tiella. Marias Variante ist besonders wohlschmeckend und erstaunlich einfach in der Zubereitung.

Maria und Nicolino hängen sehr aneinander, und mit den Caracciolos halten sie engen Kontakt. Maria besucht immer noch die Contessina, wie sie die Braut des Sohnes und Erben von La Badessa schon immer nannte. »Sie sind wie eine zweite Familie für mich«, meinte Maria, denn sie vergißt nicht, wie sehr sie ihr Leben bereichert haben, als sie vor vierzig Jahren nach La Badessa kam. Ihre gegenseitige Zuneigung war damals sehr wichtig für sie und ist es auch heute noch – eine Beziehung, die sich mit ihren Erinnerungen und ihrem Leben fest verwoben hat.

Sofficini Portoghesi
Buttergebäck auf portugiesische Art

Immer wenn ihr Sohn mit seiner Familie nach Squinzano bei Lecce kommt, das tief im Süden Apuliens liegt, backt Maria Andriani diese Plätzchen, die er dann mit nach Hause in den Norden nimmt. Vor ein paar Jahren, als ihr Sohn wieder einmal mit der gefüllten Blechdose unterwegs war, sah er zufällig in Treviso das Hinweisschild zu einem Dessert-Wettbewerb. Er ging hin, gab die Plätzchen ab und bekam dafür den ersten Preis. Maria fühlte sich zwar geschmeichelt, war aber nicht sonderlich überrascht. Ihre Freunde haben sie immer wieder um das Rezept gebeten, aber bis heute hat sie es niemandem verraten. Es bleibt ihr Geheimnis.

Ergibt etwa 2 Dutzend Plätzchen
75 g Zucker
150 g Butter
2 Eigelb
Schale von 1 unbehandelten Zitrone, abgerieben
200 g Mehl
eine Prise Salz

1 Eigelb, mit 1 TL Wasser verquirlt

Zucker und Butter mit einem Handmixer 5 bis 6 Minuten oder im Rührgerät 4 bis 5 Minuten zu einer hellschaumigen Masse schlagen. Die Eigelbe nacheinander gut untermischen. Die Zitronenschale einrühren. Mehl und Salz in die Schüssel sieben und alles zu einem glatten Teig verkneten. In Plastikfolie wickeln und eine Stunde im Kühlschrank ruhenlassen.

Den Ofen auf 175 Grad vorheizen. Die Backbleche mit Butter einfetten oder mit Backpapier auslegen.
Den Teig in zwei Portionen teilen und die eine Hälfte abdecken. Die andere Hälfte auf einer leicht bemehlten Arbeitsfläche zu einem 6 Millimeter dicken Rechteck ausrollen. Plätzchen von 6 Zentimeter Durchmesser ausstechen. Mit der zweiten Teighälfte ebenso verfahren. Die Plätzchen auf die vorbereiteten Backbleche legen. Mit verquirltem Eigelb bestreichen und mit einer Gabel ein Gittermuster einritzen. In 15 Minuten hellgold backen.

Dolce per i Morti
»Allerheiligen«-Plätzchen

Man braucht nur einen Blick auf die Zutaten zu werfen, die Marzia Buontempo für diese knusprigen Gewürzkekse zusammenstellt, um zu ahnen, daß dies ein sehr altes Traditionsrezept ist. Hirschhornsalz, ein Treibmittel, das nebenbei auch die Trockenheit des Gebäcks erhöht, macht die Plätzchen knuspriger. Man kann es durch die gleiche Menge Backpulver und Natron ersetzen. Statt *saba*, die Marzia verwendet (siehe Seite 359), nehme ich Johannisbeergelee.
Die Plätzchen wurden im Molise immer zu Allerheiligen gebacken. Nehmen Sie sie aus dem Ofen, wenn sie noch ein wenig weich sind, denn bei Zimmertemperatur werden sie im Nu hart.

Ergibt 5 bis 6 Dutzend Plätzchen
500 g Mehl
125 g Zucker
2 TL Hirschhornsalz oder 2 TL Backpulver und
2 TL Natron
1 TL Zimt
1/2 TL Nelkenpulver
Schale von 1 unbehandelten Zitrone, abgerieben
Schale von 2 unbehandelten Mandarinen oder
Navelorangen, abgerieben
125 g blanchierte Mandeln, bei 175 Grad im Ofen geröstet
und zerkleinert
100 g Blockschokolade, gerieben

120 ml Espresso, mit 1 EL Zucker gesüßt, zimmerwarm
280 g Johannisbeergelee
2–3 EL Olivenöl extra vergine

Puderzucker zum Bestäuben

Den Ofen auf 175 Grad vorheizen. 4 Backbleche mit Backpapier auslegen.
Mehl, Zucker, Hirschhornsalz, Zimt und Nelkenpulver in einer großen Schüssel vermengen. Zitronen- und Orangenschale in die Mischung reiben. Mandeln und Schokolade einrühren. Mit Espresso und Johannisbeergelee gut vermischen, am besten mit den Händen. Das Olivenöl schnell einrühren. Eventuell noch etwas mehr hinzugeben.
Eine Schale mit Wasser neben die Arbeitsfläche stellen. Die Hände anfeuchten und walnußgroße Stücke vom Teig nehmen, zu kleinen Kugeln rollen und mit etwa 2,5 Zentimeter Abstand auf die vorbereiteten Backbleche setzen. Mit dem Rücken eines angefeuchteten Löffels ein wenig flach drücken und die Ränder mit den Fingern glattstreichen.
Etwa 15 Minuten backen, bis die Plätzchen fest, aber nicht hart und nur an den Rändern hellbraun sind. Aus dem Ofen nehmen und sofort mit Puderzucker bestäuben. Auf Gittern abkühlen lassen.

Biscotti di Prato
Biscotti aus Prato

Lisa Contini-Bonacossi ist halb Venezianerin und halb Toskanerin, gesteht aber: »Mi sento più toscana« – Ich fühle mich eher als Toskanerin. Im väterlichen Familienstammbaum, der im Eßzimmer an der Wand hängt und 480 Personen umfaßt, findet man fast alle großen Familiennamen Italiens. Außerdem gibt es ein Familienporträt von Tintoretto.
Lisas Biscotti di Prato sind *eccezionale* – einfach außergewöhnlich. Wenn Sie den Teig in einer Küchenmaschine herstellen, behalten Sie ein Eigelb zurück, bis Sie die Masse zu einem Teig verarbeitet haben. Möglicherweise brauchen Sie es nicht.

Ergibt 4 Dutzend

500 g Mehl
300 g Zucker
2 1/8 TL Natron
2 1/8 TL Backpulver
1 TL Meersalz
100 g Butter, geschmolzen und abgekühlt
4 Eier
3 Eigelb
1 TL Vanilleessenz
Schale von 2 unbehandelten Orangen, abgerieben (1 1/2 TL)
100 g ganze Mandeln, 10 Minuten
bei 175 Grad im Ofen geröstet und grob zerkleinert

1 Eigelb

Den Ofen auf 175 Grad vorheizen. 2 Backbleche von mindestens 38 Zentimeter Länge mit Butter einfetten und mit Mehl ausstreuen.

Mehl, Zucker, Natron, Backpulver und Salz in einer großen Rührschüssel gut mischen. Mit den Fingern die geschmolzene, abgekühlte Butter untermengen, so daß die Mischung die Konsistenz von grobem Maismehl hat. Eier, Eigelbe und Vanilleessenz mit der abgeriebenen Orangenschale verquirlen, zur Mehlmischung geben und mit den Händen zu einem weichen Teig verarbeiten. Die Mandeln gut in den Teig kneten. Falls nötig, noch ein wenig Mehl darüber stäuben. Nicht zu lange kneten.

Den Teig in vier gleich große Stücke teilen. Auf einer leicht bemehlten Arbeitsfläche jeweils zu einer 5 bis 6 Zentimeter dicken Rolle formen. Diese auf die vorbereiteten Backbleche legen. Eigelb verquirlen und den Teig damit bestreichen.

In 35 Minuten goldbraun backen. Der Teig sollte beim Berühren fest sein. Aus dem Ofen nehmen und die Rollen zum Abkühlen auf ein Gitter legen, bis man sie anfassen kann. Mit einem scharfen, geriffelten Messer diagonal in etwa 2 Zentimeter dicke Scheiben schneiden. Mit der Schnittseite nach oben auf die Backbleche legen und weitere 10 bis 15 Minuten backen. Auf Gittern abkühlen lassen.

Dischi

Sandwich-Plätzchen mit Marmelade

Diese köstlichen, mit Marmelade gefüllten, sandwichartigen Plätzchen kommen aus Vasto in den Abruzzen. Marzia Buontempo backte einmal 150 Kilo für eine Hochzeit. Dazu mußte sie eine ganze Woche lang Tag und Nacht arbeiten, und dann brachte sie sie zum Gemeindeofen. Dort wurden sie gebacken, nachdem das Brot fertig war und der Ofen genau die richtige Temperatur für die Plätzchen hatte.
Der Teig darf keine Risse haben, da sonst die Marmelade beim Backen austritt. Undichte Stellen werden einfach mit einer dickeren Schicht Puderzucker bestäubt.

Ergibt etwa 30 Plätzchen
500 g Mehl
1 1/2 TL Backpulver
150 g Zucker
eine Prise Salz
200 g kalte Butter oder 100 g kalte Butter plus
100 g Schweineschmalz bester Qualität
2 Eier
2 Eigelb
2 TL Vanilleessenz
250 ml dickflüssige Marmelade

Puderzucker zum Bestäuben

Ich stelle den Teig der Einfachheit halber in der Küchenmaschine her, obwohl keine Nonna das tun würde: Mehl, Backpulver, Zucker und Salz im Rührgerät vermischen. Kalte Butterstückchen hinzufügen und weiter rühren, bis die Masse die Konsistenz von grobem Maismehl hat. Eier, Eigelbe und Vanilleessenz verquirlen und, während die Maschine läuft, zu der Masse geben. Nur so lange weiterrühren, bis ein grober Teig entsteht. Herausnehmen und kurz auf der Arbeitsfläche durchkneten. Zu einer dicken Scheibe flach drücken, in Plastikfolie wickeln und mindestens eine Stunde im Kühlschrank ruhenlassen.
Den Ofen auf 175 Grad vorheizen. 2 bis 3 Backbleche einfetten oder mit Backpapier auslegen.
Den Teig in zwei Portionen teilen und die eine Hälfte abdecken. Auf einer leicht

bemehlten Arbeitsfläche von der Mitte aus zu den Rändern 4 bis 6 Millimeter dick ausrollen (nur in eine Richtung ausrollen!). Kreise von 7,5 Zentimeter Durchmesser ausstechen. Überschüssiges Mehl von der Teigunterseite entfernen.

Die Ränder der Teigscheiben mit wenig Wasser befeuchten. Knapp 1 Eßlöffel Marmelade in die Mitte setzen, einen Rand von 2,4 Zentimeter lassen. Eine zweite Scheibe darauf legen und die Ränder fest zusammendrücken. In 4 Zentimeter Abstand auf die vorbereiteten Backbleche legen. Mit der zweiten Teighälfte ebenso verfahren.

In 10 bis 12 Minuten goldbraun backen. Sofort mit Puderzucker bestäuben, auf ein Gitter setzen und auf Zimmertemperatur abkühlen lassen.

Marzapane
Mandelplätzchen mit Zitronenaroma

Zitrone und Mandeln: eine unschlagbare Mischung aus Maria Andrianis Küche. Sie wendet einen raffinierten Trick an: Der Teig wird statt mit einem Nudelholz mit einem Brotmesser geformt, das mit Zitronensaft befeuchtet ist, damit es nicht am Teig klebenbleibt.

Ergibt 30 bis 40 Plätzchen
250 g geschälte Mandeln
Schale von 1/2 unbehandelten Zitrone, abgerieben
3/4 TL Vanilleessenz
2 Eiweiß
200 g Zucker (bei Verwendung einer Küchenmaschine etwas mehr)

Den Ofen auf 175 Grad vorheizen. Zwei Backbleche mit Backpapier auslegen.

Die Mandeln 10 Minuten im Ofen rösten und zum Abkühlen beiseite stellen. In einer Nußmühle, im Fleischwolf oder in der Küchenmaschine zerkleinern. Bei Verwendung einer Küchenmaschine 2 Eßlöffel vom Zucker hinzufügen und nur so lange mahlen, bis die Mischung die Konsistenz von grobem Maismehl hat. In eine mittelgroße Schüssel geben und mit abgeriebener Zitronenschale und Vanilleessenz vermengen.

Die 2 Eiweiß in einer Rührschüssel steif schlagen. Weiterrühren und nach und nach

Zucker hinzufügen, bis der Eischnee glänzende Spitzen hat. 2 Eßlöffel davon beiseite stellen. Den Rest vorsichtig mit den Mandeln vermischen.

Die Arbeitsfläche leicht bemehlen. Wenn die Masse sehr klebrig wirkt, die Hände befeuchten und den Teig zu einem Viereck formen. Ein Messer mit dem Saft der halben Zitrone befeuchten und das Teigstück damit zu einem 25 x 15 Zentimeter großen Rechteck auseinanderdrücken. In beiden Richtungen diagonal in 2,5 Zentimeter breite, rhombenförmige Streifen schneiden. Einen Spatel mit Zitronensaft beträufeln und damit die Plätzchen auf die vorbereiteten Backbleche setzen. Mit dem restlichen Eischnee bestreichen.

In 15 bis 22 Minuten hellbraun backen. Auf einem Gitter abkühlen lassen.

Dispensa
Eingemachtes und Eingelegtes, Saucen und Liköre

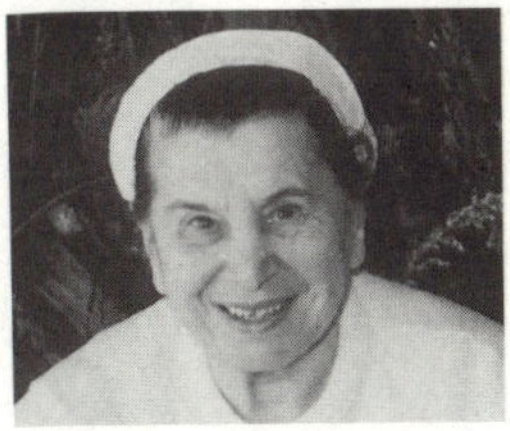

Ida Lancellotti

Luce Galante de Secly Lusignani

Saba
Sirup aus frischen Trauben

Lange bevor Zucker in Gebrauch kam, verwendete man *saba*, der wie Honig ein natürliches Süßmittel ist. Der vielschichtige, interessante Geschmack ohne die schwere Süße des Zuckers erinnert an Melasse, vermischt mit zu Sirup verkochten Rosinen.

Ida Lancellotti kocht jeden Herbst Saba, die sie dann das ganze Jahr über verwendet. Einer alten Tradition folgend, wird weiche, heiße Polenta auf einem großen Teller aufgetürmt, und jeder höhlt sich an der Stelle, wo er sitzt, eine Vertiefung aus. Dort hinein gießt man dann als Geschmacksgeber eine Portion Saba. Kinder essen gern mit Schnee vermischte Saba – wohl der Ursprung der Eistüte –, und Signora Lancellotti stellt mit diesem Sirup *savor* her, eine besonders verlockende Marmelade aus Äpfeln, Kürbis und Quitten.

Ergibt etwa 1 1/4 Liter

2 kg reife, möglichst geschmacksintensive, dunkle Trauben; besonders geeignet sind Trauben für die Weinherstellung

Trauben waschen, die Beeren abzupfen und diese mit einem Stößel zerstampfen oder in der Küchenmaschine zerkleinern. Durch ein Sieb passieren und die Flüssigkeit in einer schweren 5-Liter-Kasserolle auffangen. Etwa eine Stunde bei ganz schwacher Hitze köcheln lassen, dabei immer wieder den Schaum abschöpfen. Dann bei starker Hitze sprudelnd kochen, bis ein dicker Sirup entsteht. Saba hält sich 4 bis 5 Tage im Kühlschrank, kann aber auch eingemacht oder eingefroren werden.

Marmellata di Uva e Mele
Apfelmarmelade mit Saba

Diese Marmelade ist fast so dunkel wie Melasse, hat eine dicke Konsistenz und einen intensiven Apfelgeschmack. Da sie nicht sonderlich süß ist, schmeckt sie besonders köstlich als Füllung für eine Crostata. Das Rezept stammt von Lina Morasini aus Pergola bei San Lorenzo in Campo nelle Marche. Man muß zuerst eine Saba herstellen (siehe Seite 359).

Ergibt 1/2 Liter
180 g Saba (Seite 359)
3 Äpfel, am besten Golden Delicious, geschält,
das Kerngehäuse entfernt, und kleingeschnitten
3 große Streifen unbehandelte Zitronenschale
100 g Zucker

Alle Zutaten in einen möglichst beschichteten 2–3-Liter-Topf aus nichtoxidierendem Material geben. 1 1/2 bis 2 Stunden bei sehr schwacher Hitze langsam köcheln lassen. Dabei gelegentlich den Schaum abschöpfen und darauf achten, daß die Mischung nicht am Topf klebt. Gelierprobe machen: Den Saft von einem kalten Metallöffel träufeln lassen. Wenn er in einem dickflüssigen Band herunterläuft und nicht in einzelnen Tropfen, ist die Marmelade fertig.
Man kann die Marmelade sofort verwenden, etwa für eine Crostata, oder aber in ein sterilisiertes Halbliterglas füllen und mit Cellophan oder einem Schraubdeckel verschließen.

Marmellata Espressa
»Schnelle« Birnen-Apfel-Marmelade

Diese »schnelle« Marmelade ist eine samtige Mischung aus Birnen und Äpfeln, die dick eingekocht werden, so daß man sie als Tortenfüllung oder für Plätzchen verwenden kann. Adele Rondini gibt einfach alle Zutaten in einen Topf und läßt sie langsam einkochen. Wenn möglich, sollte man wegen ihres natürlichen Pektins ein paar unreife Birnen hinzufügen.

Ergibt 5 Gläser à 225 g

1 kg feste Birnen, ungeschält und in Spalten geschnitten
1 kg Äpfel, ungeschält und in Spalten geschnitten
1/8 l trockener Marsala
1/8 l Weißwein
3/4 TL Zimt
Schale von 1 unbehandelten Zitrone, abgerieben
150 g Zucker

Alle Zutaten in einen möglichst beschichteten Topf aus nichtoxidierendem Material geben. Abdecken und bei mittlerer Hitze 1 bis 1 1/4 Stunde leise sprudelnd kochen lassen. Dabei immer wieder umrühren und darauf achten, daß die Mischung nicht am Boden anliegt. Wenn sie dick ist und die Fruchtstücke weich sind, durch ein Sieb passieren oder in der Gemüsemühle oder der Küchenmaschine pürieren. Keinen Mixer verwenden. Im Kühlschrank hält sich die Mischung etwa 1 Woche. Für eine längere Aufbewahrung Gläser in der Spülmaschine sterilisieren und heiß verwenden oder mindestens 10 Minuten in einem großen Topf mit Wasser auskochen. Die Deckel und Gummiringe gut auswaschen und trocknen. Die Gummiringe können auch zusammen mit den Gläsern ausgekocht werden. Marmelade bis 1 Zentimeter unter den Rand in die Gläser füllen, gut verschließen und 20 Minuten in kochendem Wasserbad sterilisieren.

Perata
Birnenmarmelade

Für diese köstliche Birnenmarmelade verwendet Luce Galante de Secly die intensiv duftenden, rosafarbenen Petruccine-Birnen, die fest, saftig und süß sind. Sie kommen schon im Juni und Juli auf den Markt und sind so klein, daß sie bis vor kurzem an Schweine verfüttert wurden. Es war einfach zu mühsam, das Gehäuse zu entfernen. Im Gegensatz zu den meisten anderen Frauen schält Luce die Birnen.
Um dem hervorragenden Geschmack von Luces Marmelade möglichst nahe zu kommen, verwende ich eine Mischung aus Butterbirnen und getrockneten Birnen.

Ergibt 6 Gläser à 225 g
200 g getrocknete Birnen aus biologischem Anbau
2 kg Butterbirnen
750 g Zucker
2 EL Zitronensaft

Mindestens sechs Einmachgläser in der Spülmaschine spülen, so daß sie steril und heiß sind; oder die Gläser spülen, einen großen Topf Wasser zum Kochen bringen und die Gläser darin 10 Minuten auskochen. Deckel und Gummiringe gut auswaschen und trocknen. Die Gummiringe können auch zusammen mit den Gläsern ausgekocht werden. Die getrockneten Birnen mit warmem Wasser bedecken und 20 bis 30 Minuten einweichen. Abgießen und fein schneiden.
Die frischen Birnen gründlich waschen. Schälen, Stengel und Kerngehäuse entfernen und die Früchte in kleine Stücke schneiden. Mit Zucker und Zitronensaft in eine Schüssel geben und 2 bis 3 Stunden stehenlassen. In einen Topf aus nichtoxidierendem Material füllen und zum Kochen bringen. Luces Geheimnis besteht darin, einen breiten Topf zu nehmen und immer nur eine kleine Menge darin zu kochen. Zunächst erscheint die Mischung trocken, doch je heißer sie wird, um so mehr Saft bildet sich. Kochen lassen, bis die Mischung fest zu werden beginnt. Wenn die Marmelade in dicken Tropfen von einem kalten Metallöffel fällt, die Hitze auf ein Minimum reduzieren und unter ständigem Rühren mit einem Holzlöffel weiter köcheln lassen, bis der Sirup schwer wird. Die Masse in einer Küchenmaschine oder einem Mixer pürieren. Sie hält sich eine Woche im Kühlschrank.
Zum Konservieren Gläser und Deckel trocknen. Bis 1 Zentimeter unter dem Rand füllen, fest verschließen und im Wasserbad 20 Minuten sterilisieren.

Savor
Marmelade aus Äpfeln, Quitten und Weintrauben

Ida Lancellotti beginnt mit der Herstellung des Savor, wenn die letzten Trauben geerntet werden. Man kann ihn wie Chutney zu gekochtem Fleisch oder Würsten, z. B. zu *cotechino*, servieren, als Füllung für Plätzchen oder – was mir am besten schmeckt – für Ida Lancellottis Crostata con il savor (Seite 326) verwenden.
Wenn Sie keine *saba* herstellen wollen, kaufen Sie in einem türkischen Lebensmittelgeschäft Bekmez, eine Traubenmelasse aus konzentriertem Traubensaft.

Ergibt etwa 1 Liter
1 kg Saba (siehe Seite 359)
1 EL Zucker
150 g Kürbis, geschält, von Samen befreit und in Würfel geschnitten
3 oder 4 (ca. 450 g) Golden Delicious, geschält, das Kerngehäuse entfernt, und kleingeschnitten
1 kleine Quitte, geschält, das Kerngehäuse entfernt, und in dünne Scheiben geschnitten

Alle Zutaten in eine schwere, möglichst beschichtete 3-Liter-Kasserolle geben. 2 bis 3 Stunden leise köcheln lassen und dabei gelegentlich den Schaum abschöpfen. Die Mischung darf nicht am Boden anliegen. Wenn sie auf ein Drittel bis ein Viertel der ursprünglichen Menge reduziert ist, ist sie fertig.
In den folgenden Tagen verwenden oder in sterile Gläser füllen und luftdicht abschließen.

Fichi Ammandorlati
Getrocknete Feigen, gefüllt mit Mandeln und Orangeat

In Italien werden Unmengen verschiedener Feigensorten gepflückt, einen Tag lang in der Sonne getrocknet und dann für 15 Minuten bei niedriger Temperatur in den Ofen geschoben. In Ururi, einer albanischen Gemeinde im Molise, füllen die Frauen Feigen mit einer gerösteten Mandel und träufeln ein wenig Sambuca darüber, in Matera kommen zur Mandel noch geriebene Orangenschale und zerstoßene Fenchelsamen hinzu. Gefüllte Feigen sind ein hervorragender Begleiter zum Espresso nach dem Essen. Man kann sie monatelang in einer luftdichten Dose aufbewahren und zu Weihnachten verschenken – vorausgesetzt natürlich, man widersteht der Versuchung, sie schon vorher alle aufzuessen.
Wenn Sie keine getrockneten grünen Feigen aus Italien finden können, verwenden Sie statt dessen Kalmyrna-Feigen.

Ergibt etwa 60 Stück
900 g getrocknete weiche Feigen
60 g ungeschälte Mandeln, 10 Minuten bei 175 Grad im Ofen geröstet
2 EL fein geriebene Orangenschale
1/2–1 TL Fenchelsamen, leicht zerdrückt
Rotwein oder Sambuca

Den Ofen auf 200 Grad vorheizen.
Die harten Stiele von den Feigen entfernen. Eine Öffnung hineinschneiden, in der eine Mandel Platz hat (die Feige jedoch nicht durchschneiden). Ein wenig Orangenschale und ein paar Fenchelsamen hineinstreuen und eine Mandel hineinschieben. Fest zusammendrücken.
Die gefüllten Feigen auf ein Backblech setzen, mit ein wenig Rotwein oder Sambuca beträufeln und etwa 5 Minuten backen, so daß die Feigen leicht karamelisieren.

Funghi sott'Olio
Pilze in Öl

Maria Andriani aus Apulien und Teresa Frate aus dem Molise kochen die Pilze kurze Zeit in Wasser und Essig, bevor sie sie in Öl einlegen. So halten sie sich ein ganzes Jahr.

Ergibt 2 Gläser à 225 g
700 g frische braune Pilze ohne Stiel
3/4 l Weißweinessig
1 1/2 TL grobes Meersalz
2 Lorbeerblätter
2 Knoblauchzehen, halbiert
1/4 l Olivenöl extra vergine

Die Pilze mit feuchtem Küchenpapier reinigen.
Wasser, Essig und Marmelade in einem nichtoxidierenden 2-Liter-Topf zum Kochen bringen und die Pilze hineingeben. Sobald die Mischung erneut zu kochen beginnt, die Pilze mit einem Schaumlöffel herausnehmen und in einem Sieb gut abtropfen lassen. Mehrere Stunden mit einem Teller beschweren, damit die Flüssigkeit austritt, und beiseite stellen. Sie sollten zur weiteren Verarbeitung kalt sein, höchstens aber Zimmertemperatur haben.
Mit Lorbeerblättern und Knoblauchzehen in zwei sterilisierte Gläser füllen und mit den Fingern fest in das Gefäß drücken. Das Olivenöl darüber gießen und mit einem Messer innen an den Seitenwänden entlangfahren, damit keine Luftblasen im Öl bleiben. Die Gläser fest verschließen und mindestens 6 Wochen durchziehen lassen.

Variante: Statt der Lorbeerblätter ein paar Minzeblätter und kleinen Chilistücke zu den Pilzen geben.

Melanzane sott'Olio
Auberginen in Öl
nach einem Rezept von Giuseppina de Lorenzi

Ergibt 3 Gläser à 225 g
2 runde Auberginen (ca. 900 g)
3 EL grobes Meersalz
rote Chilischoten, gehackt (nach Geschmack)
1 1/2 TL getrockneter Oregano
4 Knoblauchzehen, fein gehackt
3/8 l Olivenöl extra vergine

Von den Auberginen die Stielenden entfernen, das Gemüse schälen und in 3 Millimeter dicke Scheiben schneiden. In eine Schüssel legen und dabei jede Schicht mit Salz bestreuen. Mit Konservendosen beschweren und 12 Stunden stehenlassen.
Abgießen und in einem Küchentuch fest ausdrücken, damit der bittere Saft austritt. Weiter verfahren wie bei Funghi sott'olio (Seite 365).
Nach dem Abkühlen die Auberginen mit den zerkleinerten Chilischoten, dem getrockneten Oregano, den Knoblauchzehen und dem Öl in drei Gläser füllen.

Salsa di Verdure
Sommergemüse in Öl

Ida Lancellotti macht das Sommergemüse im August ein, wenn es im vollsten Saft steht, und verwendet es in den kalten Wintermonaten. Entgegen allen Erwartungen hat dieses Gemüse nicht den üblichen sauren Geschmack, sondern behält seinen Biß und seine Süße. Ich serviere es zu aufgeschnittenem Fleisch wie beispielsweise zu Truthahnwurst (Seite 199).

Ergibt 3 Gläser à 1/2 Liter
300 g grüne Bohnen, in 2,5 cm lange Stücke geschnitten
300 g Mohrrüben, gewürfelt
1 große Zwiebel, gewürfelt
1 EL Zucker
1/8 l Olivenöl extra vergine
1 EL Meersalz
800 ml Weißweinessig
600 g rote Paprikaschoten, gewürfelt
Olivenöl extra vergine zum Konservieren

Drei Einmachgläser mit breiter Öffnung zum Sterilisieren in der Spülmaschine spülen oder mindestens 10 Minuten in Wasser auskochen. Die Gummiringe können zusammen mit den Gläsern ausgekocht werden. Die Deckel separat waschen und trocknen.
Alle Zutaten mit Ausnahme der Paprikaschoten und des Olivenöls zum Konservieren in einen schweren Suppentopf geben und 15 Minuten köcheln lassen. Paprikaschoten hinzufügen und weitere 7 Minuten köcheln lassen. Abgießen und zum Abkühlen beiseite stellen. Das Gemüse in die Gläser füllen, mit Olivenöl bedecken und fest verschließen.

Sugo Finto
»Falsche« Sauce

Diese Tomatensauce heißt »finto«, weil sie zwar wie Fleischsauce zubereitet wird, aber keinerlei Fleisch enthält. In einem Land, in dem Fleisch Mangelware war, Gemüse dagegen täglich zur Verfügung stand, zeigt dieses Rezept, wie phantasievoll die Großmütter auch in Notzeiten zu wirtschaften wußten. Reichen Sie die Sauce zu Nudeln oder Polenta.

Für 4 Personen
4 EL Olivenöl extra vergine
1 mittelgroße weiße Zwiebel, sehr fein gewürfelt
1 Mohrrübe, sehr fein gewürfelt
1 Stange Bleichsellerie, sehr fein gewürfelt

Nadeln von einem Zweig frischem Rosmarin, gehackt
3 frische Salbeiblätter, gehackt
5 frische Basilikumblätter, zerpflückt
4 EL glatte Petersilie, fein gehackt
2–3 saftige, reife Tomaten (400–450 g), enthäutet, von Kernen befreit und zerkleinert, oder
1 Dose (400 g) italienische Eiertomaten, ohne Saft und zerkleinert
Salz
schwarzer Pfeffer, frisch gemahlen

Olivenöl in einer großen Bratpfanne mit schwerem Boden oder einer beschichteten Kasserolle bei mäßiger Hitze erwärmen. Zwiebel, Mohrrübe, Rosmarin, Salbei, Basilikumblätter und Petersilie hinzufügen und bei schwacher bis mittlerer Hitze 10 bis 15 Minuten dünsten, bis die Zwiebeln weich und glasig sind; nicht braun werden lassen. Tomaten und Salz dazugeben und aufkochen lassen. Hitze reduzieren und 20 bis 30 Minuten köcheln, bis die Sauce eingedickt ist. Eventuell zwischendurch heißes Wasser angießen. Vom Herd nehmen und mit Pfeffer würzen.

Variante: Wenn die Gemüse gedünstet sind, 80 Milliliter trockenen Rotwein angießen, 5 bis 7 Minuten kochen lassen, bis nur noch wenig Alkohol in der Pfanne ist. Weiter verfahren wie oben angegeben.

Pommarola
Sauce aus Sommertomaten

Wahrscheinlich gibt es in Italien so viele Tomatensaucen wie Köchinnen. Diese Sommersauce jedoch unterscheidet sich von anderen insofern, als das Gemüse und die Kräuter zusammen mit den Tomaten gedünstet werden.

Für 6 Personen
1 kg reife, frische Tomaten, möglichst Eiertomaten
1 Zwiebel, in Scheiben geschnitten
1 Mohrrübe, in Scheiben geschnitten
1 Stange Bleichsellerie, in Scheiben geschnitten

1 kleine Knoblauchzehe, leicht zerdrückt
3 frische Basilikumblätter
5 Zweige glatte Petersilie
1 TL Meersalz
Zucker (nach Wunsch)

Die Tomaten gründlich waschen und die Stielansätze entfernen. Kleine Tomaten halbieren, große vierteln. Alle Gemüse in eine schwere Kasserolle geben, in der sie reichlich Platz haben. Mit einem Holzlöffel umrühren und abgedeckt bei sehr schwacher Hitze 1 bis 1 1/2 Stunden köcheln lassen. Wenn die Tomaten zu einer dicklichen Masse eingekocht sind, alles durch eine Gemüsemühle drehen oder durch ein Sieb passieren, um Samen und Häute zu entfernen, die der Sauce einen bitteren Geschmack verleihen. Mit Salz und eventuell etwas Zucker abschmecken.

Salsa di Pomodoro Siciliana
Sizilianische Tomatensauce

Giovanna Passannanti bei der Zubereitung ihrer herrlichen Tomatensauce zuzusehen, war für mich eine Offenbarung. »Ich koche mit der Nase«, erklärte sie mir beiläufig. »Sobald der Duft aufsteigt, muß man den Knoblauch zur Sauce geben.« Giovanna läßt den Deckel immer einen Spalt offen, während die Mischung köchelt, und drückt die Tomaten durch ein Sieb, um Haut und Samen zu entfernen.

Ergibt etwa 1/2 Liter für ca. 500 g Pasta
1 kg reife Tomaten, am besten Eiertomaten, grob zerkleinert
1 kleine weiße Zwiebel, fein gehackt
4 Knoblauchzehen: 3 ganze und 1 gehackte
2–3 EL Olivenöl extra vergine
Blätter von 1 Bund frischem Basilikum, zerpflückt
1/2–3/4 TL Meersalz
Zucker (nach Wunsch)

Tomaten, Zwiebel und ganze Knoblauchzehen in einer großen Kasserolle aus nichtoxidierendem Material bei mittlerer Hitze und mit spaltbreit geöffnetem Deckel kochen lassen. Umrühren. Nach 10 Minuten durch ein Sieb passieren.

Das Olivenöl in einer kleinen Bratpfanne erwärmen und den gehackten Knoblauch darin dünsten. Sobald der typische Knoblauchduft aufsteigt, vom Feuer nehmen und den Knoblauch mit dem Öl zur Tomatenmischung geben. Die Basilikumblätter hinzufügen und weitere 10 Minuten köcheln lassen. Mit Salz und eventuell ein wenig Zucker abschmecken.

Salsa di Pomodoro Pugliese
Apulische Tomatensauce

Eine weitere wunderbare Tomatensauce für jede Jahreszeit. Maria Andriani bereitet sie mit Weißwein zu.

Ergibt 1/2 Liter
8 mittelgroße reife Tomaten, grob zerkleinert
2–3 EL Olivenöl extra vergine
1 Zwiebel, fein gehackt
80 ml Weißwein
7 frische Basilikumblätter, zerpflückt
Salz

Die Tomaten in einer schweren 3–4-Liter-Kasserolle aus nichtoxidierendem Material bei mittlerer Hitze 10 Minuten kochen lassen. Durch ein Sieb passieren, um Haut und Kerne zu entfernen.
Währenddessen das Olivenöl in einer Pfanne erwärmen, Zwiebel hineingeben und bei mittlerer Hitze in etwa 10 Minuten goldbraun braten. Den Weißwein angießen, Hitze erhöhen und sprudelnd kochen lassen, bis der Wein verdampft ist. Tomatensauce und Basilikum unterrühren und bei sehr schwacher Hitze weitere 15 bis 20 Minuten köcheln lassen, bis die Sauce eingedickt ist. Mit Salz abschmecken.

Porträt Luce Galante de Secly

Luce Galante de Seclys Heiterkeit und ihre weiche Stimme ziehen Menschen magisch an. Ihre bezaubernde Art erweckt in jedem den Wunsch, ihr nahe zu sein und von ihrer Wärme und Herzlichkeit umfangen zu werden. Bis heute lebt sie in demselben Haus, in dem schon ihre Mutter aufgewachsen ist, einem riesigen, wunderbar eingerichteten Palazzo in Lecce mit mehreren ineinander übergehenden Bibliotheksräumen voller antiquarischer Bücher. Ihr Vater, ein bedeutender Büchersammler, war Herausgeber der großen süditalienischen Zeitung »La Gazetta del Mezzogiorno«. Zahlreiche Regale sind mit ledergebundenen Erstausgaben gefüllt, die er gesammelt hat.

Luce gefällt das Haus mit den hübschen handgemalten neapolitanischen Bodenfliesen, den schönen alten Familienporträts und Ölgemälden und den kostbaren Möbeln. Das Haus selbst, Ende des fünfzehnten Jahrhunderts auf antiken Ruinen errichtet, war im Besitz verschiedener Adelsfamilien, und sie alle genossen die Nähe zu dem römischen Theater aus dem zweiten Jahrhundert, das sich in einem Garten befindet, zu dem man vom Haus aus Zugang hat. Luce kümmert sich um die Unmengen von Geranien, die in alten Marmortöpfen auf dem Balkon stehen – der erste Farbfleck, der ins Auge sticht, wenn man den Hof betritt, bevor der Blick auf die große Kutsche aus dem neunzehnten Jahrhundert fällt.

Nach einem Gang durch das Haus (es hat einen runden Grundriß), das Luce mir voller Stolz präsentiert, erreichen wir die Küche, die aus drei ineinander übergehenden Räumen besteht. In einem steht ein Kühlschrank, der ausschließlich Marmeladen und Eingemachtem vorbehalten ist. In dem anderen befindet sich ein langer, rechteckiger Holztisch, den die Finger und Hände von zahlreichen Köchinnen und Essern, die ihn berührten, zum Glänzen gebracht haben, ferner ein riesiges Spülbecken aus Marmor mit einem langen Abtropfbrett sowie Schränke voller kulinarischer Zutaten. Luce liebt alles, was mit Kochen und Essen zu tun hat. Seit 37 Jahren beschäftigt sie denselben Koch, der ihre Rezepte und Wünsche in- und auswendig kennt. Trotzdem geht sie immer noch oft in die Küche, und ihre Freunde lassen sich gern von ihr einladen. Sie stellt großartige Marmeladen, Zitronenlikör und andere Getränke aus den Früchten ihres Zitrusgartens selbst her, oder auch die rosafarbene *cotognata*, eine Art Quittenbrot, das mit Kaffee zum Nachtisch gereicht wird. »Wir verwenden niemals gezüchtetes Obst oder Gemüse. Wir warten, bis die entsprechende Jahreszeit kommt, und nehmen dann das, was gerade wächst.« Ihre Großmutter war ausschließlich mit Küche und Haushalt beschäftigt, so wie nach ihr Luces Mutter. Und Luce selbst hält es nicht anders, obwohl dieses Thema sie, wie sie meint, nicht ganz in dieser Ausschließlichkeit bestimmt. Jedenfalls spricht sie gern übers Essen. Wir verbringen Stunden damit, die alten Rezepte ihrer Mutter zu studieren. Dann kommt Rosella, ihre Tochter, mit ihrem Mann und ihrem vierzehnjährigen Sohn, der offenbar sehr an Luce und der Familie hängt. Er lebt mit seinen Eltern in einem anderen Gebäude des großen Palazzo. Luces Sohn und seine Familie wohnen in einem Gebäudeflügel auf der anderen Seite, so daß die ganze Familie unter einem Dach versammelt ist. Jeden Morgen macht Luces Enkel auf dem Weg in die Schule einen Abstecher in die Küche. »O ja«, meint er mit weit aufgerissenen Augen. »Immer wird in dem großen Topf etwas gekocht, und der große Löffel rührt und rührt.«

Auf Luces rundlichem Gesicht erscheint ein freudiges Lächeln. Was Rosella in spöttischem Ton sagt, stimmt tatsächlich: »Diese Gesellschaft lebt immer noch in den Düften und Gerüchen ihrer Saucen, Plätzchen und Marmeladen.«

Limoncino
Zitronenlikör

Ein köstlicher *digestivo* von Luce Galante de Secly. Sie züchtet in ihrem Garten in Lecce alle möglichen Zitronensorten, darunter auch die *limoni veraci*, die sie für diesen Likör verwendet. Ein Gang durch den Garten ist ein eindrucksvolles Erlebnis, genauso wie der Blick durch das kleine Gartentor jenseits der Orangen-, Limonen- und Zitronenbäume, durch das man das römische Theater sieht, das von der einstigen Bedeutung Lecces zeugt. Die Stadt selbst schmücken zahlreiche Palazzi, Villen und Kirchen, die Ende des siebzehnten, Anfang des achtzehnten Jahrhunderts aus dem goldgelben Stein dieser Gegend errichtet wurden.

Ergibt 1 1/4 Liter
5 reife Zitronen,
möglichst aus biologischem Anbau
1/2 l Wodka
500 g Zucker

Die Schalen der Zitronen gründlich abwaschen und sorgfältig nur den gelben Teil abschälen. Eventuell die noch verbliebene weiße Haut herausschneiden und die Schale in ein 1-Liter-Glas oder eine Flasche legen. Wodka darüber gießen. Abdecken und 8 Tage lang in der Sonne stehenlassen.
Zucker und 1/2 Liter Wasser in einer schweren Kasserolle zum Kochen bringen. Umrühren, bis sich der Zucker aufgelöst hat, und bei 80 Grad in etwa 10 Minuten zu einem Sirup einkochen. Zum Abkühlen beiseite stellen.
Die Zitronen-Wodka-Mischung durch ein Mulltuch oder einen Kaffeefilter aus Papier gießen. Die gefilterte Flüssigkeit wieder in das Glas geben und den Zuckersirup untermischen. Mindestens 10 bis 15 Tage stehenlassen. Luce lagert den Likör monatelang, und er schmeckt ganz hervorragend.

Nocino
Walnußlikör

In der Emilia Romagna hat jede auf dem Land lebende Familie ein eigenes Rezept für Nocino, alle aber verwenden weiche, grüne Walnüsse, bei denen sich noch keine harte Schale gebildet hat. Die Nüsse werden am 24. Juni, dem Fest des San Giovanni, gepflückt, wenn sie noch vom Tau des vergangenen Abends feucht sind. Die Menge der Walnüsse, die für den Likör benötigt werden, variiert je nach Rezept, hat aber meist eine rituelle Bedeutung. Der hier beschriebene Likör wird mit 21 Nüssen zubereitet – eine besonders bedeutungsvolle Zahl, da die Drei für die Dreifaltigkeit und die Sieben für die Kardinaltugenden steht.
Offenbar wurde Nocino ursprünglich in der Garfagnana hergestellt, der wunderschönen toskanischen Bergregion oberhalb Luccas, ist aber seit langem in der Emilia Romagna heimisch. Dieses Rezept stammt aus Modena, wo der Likör lange Zeit an Festtagen als Digestif nach einem üppigen Mahl und reichlichem Weingenuß getrunken wurde. Auf dem Land wird oft ein Teil des Likörs von Generation zu Generation aufbewahrt und jedes Jahr mit frischem Likör aufgefüllt.
Welche rituelle Bedeutung die Nocino-Herstellung hat, zeigt sich unter anderem daran, daß der Wacholderzweig, der von einem ausgewachsenen Baum stammen soll, abgebrochen – nicht abgeschnitten – werden muß und einen daumendicken Durchmesser haben soll.
Ich verwende Nocino für Pasta alle noci, denn er verleiht der Walnußsauce einen besonderen Pfiff.

Ergibt 1 Liter

21 weiche, grüne Walnüsse, die mit einem Messer leicht zu schneiden sind
1 l 80prozentiger Wodka, Grappa oder Aquavit
4 Nelken
1,25 cm Zimtstange
Schale von 1 unbehandelten Orange, in Streifen geschnitten
7,5 cm von einem frischen Wacholderzweig
400 g Zucker

Die Walnüsse säubern, aber nicht waschen, und vierteln. In ein fest verschließbares Glas mit einer 15 Zentimeter breiten Öffnung geben. Den Wodka darüber gießen, Nelken, Zimtstange, Orangenschale und Wacholdersirup hinzufügen und gut umrühren. Das Glas 40 Tage bis 2 Monate lang in die Sonne stellen und dabei alle 3 Tage gut durchschütteln. Die Flüssigkeit nimmt bald eine dunkelbraune Färbung an. Danach durch ein Mulltuch in eine große Schüssel filtern.

Zucker und 300 Milliliter Wasser in einer schweren Kasserolle zum Kochen bringen und kräftig umrühren, bis sich der Zucker aufgelöst hat. Den Schaum abschöpfen und 10 Minuten köcheln lassen. Zum Abkühlen beiseite stellen.

Die gefilterte Flüssigkeit in das Glas zurückschütten, den Zuckersirup untermischen und den Wacholderzweig wieder hinzufügen. Glas fest verschließen und bis Weihnachten bei Zimmertemperatur stehenlassen. Von Zeit zu Zeit kosten und nach einem Monat den Wacholderzweig entfernen.

Die Walnüsse herausnehmen. Man kann sie essen oder in eine Flasche geben, mit Marsala bedecken und nach 3 bis 4 Wochen als leichten Likör servieren.

An Weihnachten den Walnußlikör erneut filtern und bis Ostern oder bis zum nächsten Weihnachtsfest stehenlassen. In Weinflaschen füllen. Jetzt kann man ihn trinken.

Danksagung

Ohne all die wunderbaren Großmütter, Großtanten und ihre Töchter, Enkelinnen, Nichten, Großnichten, Schwiegertöchter und -söhne, die ich in Italien kennengelernt habe, wäre dieses Buch nie zustande gekommen. Allen Familien bin ich für ihre Hilfe und ihre Gastfreundschaft zu tiefem Dank verpflichtet.

Die Liste all der Menschen, die mich in Italien unterstützten, ist unglaublich lang. An erster Stelle möchte ich meinen Dank richten an Marina Colonna, Mary Taylor Simeti und Anna Tasca Lanza für ihre herzliche Gastfreundschaft und ihre wunderbare Hilfe. Zu denen, die mir mit größter Freundlichkeit und Hilfsbereitschaft begegneten, gehören ferner Enea Angelucci und seine Frau Teresa Stoppoloni, Franco Azzali, Danilo Baroncini und Susan Lord, Kinta Beevor, Rolando Beramendi, Massimo und Patrizia Biagiali, Professoressa Franca Bimbi, Nadia Calestani, Professoressa Marlis Z. Cambon, Giovanni Minuccio Cappelli, Shirley Caracciolo, Bruno Ceretto, Sammie Daniels, Alessandra del Boca, Rosetta Dorigo, Nicole Douek, Daniela Falini, Patience Gray, Familie Guerra, Familie Lancellotti (Ida, Emilio, Francesco, Angelo und Zdena), Carla Lionello, Antonio Marella, Terenzio Montesi, Giuseppe Morandi, Lina Morasini, Maria Rosario Stoja Muratore, Giovanna Passannanti, Professoressa Luisa Passerini, Paola Pettini und ihre bezaubernde Familie, Anna Maria Petrocchi, Graziella Picchi, Michaela Rocca, Marcello Salom, Franco Santasilia, Sofia Savelli, Grazia Sotis und ihre Familie, Alfredo Talin, Ilario Taus, Cav. Angelo Tomassetti, Leonardo Tondo, Marc Van Put, Franca Virga, Baronessa Winspear.

Danken möchte ich auch meinen großartigen Freunden und Reisebegleitern: Ed, Nancy, Corby, Fred und Faith.

Zwei Freundinnen möchte ich besonders erwähnen: Esther Prigioni und Katherine Vaz. Ich bin ihnen ewig dankbar für ihre Großzügigkeit und Hilfsbereitschaft.

Gar nicht vorstellen kann ich mir, was ich getan hätte ohne den Rat, die Ideen und Hinweise von Linda und Marisa Bassett, Claudio Cambon, Linda Connor, Carla Deykin, Maria Teresa di Suvero, Paola Sensi Isolani, Diana Ketcham, B. K. Moran, Alison Owings, Rose Scherini, Amy Smith und Paula Wolfert. Mein besonderer Dank geht an Fran Gage, die mir ihren Fragebogen und ihre Checkliste zur Verfügung stellte, sowie an Carol Helstovsky, deren Bibliographie mir eine große Hilfe war.

Zutiefst dankbar bin ich Farina Achuck, Maxine Bloom, Maria S. Carey, Susie Farnworth, Joe Frescatore, Cyra McFadden, Colleen McGlynn, Beth und Bruce

McLean, Jean McMann, Tasha Prysik, Peggy Rash, Gretchen Shopoff, Carol Sinton und den bemerkenswerten Frauen der Familie Vaz, Bettylu und Katherine – sie alle haben sich zum Probieren der Gerichte zur Verfügung gestellt.
Ein besonderer Dank geht auch an die Italienische Handelskommission in New York und an Franco Vitulli in Rom sowie an alle Mitarbeiter des Oldways Preservation Trust in Boston. Und an Arlene Wanderman, derer ich an dieser Stelle gedenken möchte.
Susan Friedland war meine begeisterte und verständnisvolle Verlegerin und Fred Hill wie immer ein aufmerksamer und sorgfältiger Agent. Wieder einmal hat Joel Aviron eines meiner Bücher wunderbar gestaltet. Zu großem Dank verpflichtet bin ich der unerschrockenen Carla Lionello, die sich um die Umschlagfotos kümmerte, und Serafino Amato, der herrliche Bilder beisteuerte. Die außergewöhnliche Lektorin Sharon Silva ist eine wahre Heldin.
Außerordentlich dankbar bin ich den Menschen, die mich während der Entstehung des Buches liebevoll umsorgten: Ellie Coppola, Julie Freiberg, Sally Lilienthal, Jean McMann, Carie Matthias und Cynthia Wardell.
Nie vergessen werde ich, wie John das ganze Unternehmen begleitete und sich durch ein weiteres Buch von mir buchstäblich hindurchaß. Herzlich danken möchte ich schließlich Alison und Matthew, die mich auch diesmal enthusiastisch unterstützten und viele gute Vorschläge einbrachten.

Ausgewählte Literatur

Aiolfi, Maria Teresa. *1900 to 1923: Vent'anni di civiltà contadina in un paese del Cremasco*. Mailand: Giuffre Editore, 1988.

Artusi. *Von der Wissenschaft des Kochens und der Kunst des Genießens*. München: Mary Hahn, 1998.

Barbagli, Marzio. *Sotto lo stessto tetto: Mutamenti della famiglia in Italia dal XV al XX secolo*. Bologna: Il Mulino, 1984.

Bimbi, Franca. *Il genere e l'età*. Mailand: Franco Angeli, 1993.

Bimbi, Franca, und Grazia Catellano. *Madri e Padri*. Mailand: Franco Angeli, 1993.

Boni, Ada. *La Cucina Romana*. Rom: Newton Compton Editori, 1983.

Caldwell, Lesley. »Italian Feminism: Some Considerations« in: *Women and Italy: Essays on Gender, Culture and History*. Hg. Baranski, Zygmunt G. und Shirley W. Vinall. New York: St. Martin's, 1991.

Camporesi, Piero. *Alimentazione, folclore, società*. Parma: Practiche Editrice, 1980.

Gray, Patience. *Honey from a Weed*. New York: Harper & Row, 1987.

Mafai, Miriam. *Pane Nero*. Mailand: Oscar Mondadori, 1987.

Revelli, Nuto. *L'anello forte. La donna: storie di vita quotidiana*. Turin: Einaudi, 1985.

Sada, Luigi. *La cucina Pugliese*. Rom: Newton Compton Editori, 1994.

Register